JN436499

채무불이행과 부당이득의 최근 동향

김재형 · 제철웅 편

박영사

머 리 말

이 책은 채무불이행과 부당이득에 관해 최근 학계에서 제기되고 있는 새로운 법적 문제를 분석하는 글을 모은 책입니다.

2012년 10월에 양창수 선생님께서 화갑을 맞이하였습니다. 선생님께서 민법학을 연구하면서 쌓은 업적과 학계 및 실무에 대한 영향을 생각한다면 전체 학계와 실무계가 참여하는 화갑기념논문집을 봉정하는 것이 온당한 일이고, 선생님이야말로 그러한 영예를 누릴 만한 분임은 누구도 부정할 수 없을 것입니다.

그러나 평소에 선생님께서는 화갑기념논문집과 관련된 여러 폐습을 지적하면서 당신과 관련해서는 화갑기념논문집을 받지 않겠다는 의사를 여러 차례 밝혔습니다. 이러한 상황에서 선생님의 뜻을 거슬려가며 화갑기념논문집을 추진할 수 없는 일이었습니다. 그렇다고 제자 그리고 학계 후배의 자리에서 선생님의 학은을 입은 사람들로서 이 기회를 그냥 지나갈 수도 없었습니다. 그리하여 여러 분들의 의견을 수렴한 결과, 선생님의 화갑을 축하하는 의미로 선생님의 지도를 받았던 제자들이 모여 심포지엄을 열기로 하였습니다. 학계와 실무에서 활동하는 제자들이 최근 연구하는 주제를 편한 마음으로 발표하기로 하였고, 다만 주제는 가급적 선생님께서 집중적으로 연구하였던 채무불이행과 부당이득으로 정하였습니다.

이 심포지엄은 2012년 11월 30일 오후 2시부터 서울대학교에서 개최되었습니다. 발표자들이 흥미로운 연구들을 발표해 주었고, 직접 발표를 하지 않았던 분들도 활발하게 토론에 참여하였습니다. 심포지엄은 매우 편안하고 자유로운 분위기에서 진행되었습니다. 그 안온한 지적 분위기 덕택에 마치 선생님의 지도를 받으며 대학원에서 교류하던 시절로 돌아간 것 같은 느낌마저 들었습니다.

심포지엄을 준비했던 저희들은 이 날 발표되었던 글들을 모아 책으로 펴냅니다. 활발한 토론을 함께 담을 수 없어 아쉽지만, 출판된 내용만으로도 최근 채무불이행 및 부당이득과 관련해 제기되고 있는 여러 문제들에 관해 새로운 인식을 얻을 수 있을 것이라고 기대합니다. 동시에 이들 글에서 선생님께서 연구자로서 그리고 교사로서 보여준 영향도 다시 한 번 확인할 수 있을 것이라고 생각합니다.

존경과 감사의 마음을 담아 이 책을 선생님께 바칩니다.

2013년 10월 12일

집필진을 대표하여

김재형 · 제철웅

차　례

제 1 편

채무불이행

의사흠결과 채무불이행 사유의 관계

—착오 개념의 정립을 중심으로—

전 원 열*

Ⅰ. 서

착오의 사전적 의미는 "사람의 인식과 객관적 사실이 일치하지 않고 어긋나는 일"이고, 우리 민법 이론과 관련해서도 광의의 착오를 이와 같이 보는 데에는 (착오 개념을 광의와 협의로 나누어 보아야 하는지에 관해서는 견해들이 다르나, 적어도 광협으로 나눈다면 광의의 착오의 개념을 이와 같이 파악하는 데에는) 다툼이 없다. 그리고 이와 같이 광의로 착오의 개념을 파악한다면 동기의 착오가 여기에 포함되나, 민법 제109조가 그 문언 자체로는 동기의 착오를 고려하지 않고 있다는 데 대해서도 다수의 견해가 일치하고 있다.

이와 같이 현행 민법 제109조가 동기의 착오를 직접 규율하지 않는다는 점을 보면, 그리고 착오 중에서 실무상 가장 자주 문제되는 것이 오히려 동기의 착오라는 점을 생각해 보면, 현행민법이 착오로 인한 취소를 인정하는 범위는 너무 좁다. 그러나 다른 한편으로는 현행민법이 착오로 인한 취소를 인정하는 범위는 너무 넓다. 즉 착오가 법률행위의 내용의 중요 부분에 관한 것이기만 하면 그 의사표시 상대방이 착오사실을 알았는가 또는 알 수 있었는가에 관계 없이 원칙적으로 취소

* 김·장 법률사무소 변호사.

가 허용된다는 점에서는 민법상의 착오는 너무 넓다.

상대방이 착오자의 착오를 유발하였는지, 혹은 인식하였는지가 착오 문제를 다룸에 있어서 핵심적인 요소일 터라는 점은—민법 제109조는 이를 무시하고 있지만—누구나 상식적으로 쉽게 알 수 있는 점이다. 실무상으로도 자주 문제되는 경우가 일방의 착오가 아니라 쌍방의 착오이고,[1] 외국의 입법례 등을 보아도,[2] 착오의 요건에 상대방이 어떻게 하였느냐가 중시되고 있다.

주지하듯이, 우리나라 대법원 판례는 동기의 착오에 관하여 원칙적으로 "동기의 착오가 법률행위의 내용의 중요부분의 착오에 해당함을 이유로 표의자가 법률행위를 취소하려면 그 동기를 당해 의사표시의 내용으로 삼을 것을 상대방에게 표시하고 의사표시의 해석상 법률행위의 내용으로 되어 있다고 인정되면 충분하고 당사자들 사이에 별도로 그 동기를 의사표시의 내용으로 삼기로 하는 합의까지 이루어질 필요는 없지만, 그 법률행위의 내용의 착오는 보통 일반인이 표의자의 입장에 섰더라면 그와 같은 의사표시를 하지 아니하였으리라고 여겨질 정도로 그 착오가 중요한 부분에 관한 것이어야 한다."고 판시하고 있다.[3] 그러나 실제 판결례들을 검토해 보면, 어느 경우에 그 동기가 법률행위의 내용이 된다고 보는 것인지 명확한 기준이 있지 아니하다.

다른 한편으로 실무상 '동기의 착오'에 해당한다고 주장되는 사안

---

1) 계약의 경제적 균형이 깨어져 그 계약을 무르고 싶어하는 일방 당사자가 어떤 사실에 대한 착오를 주장하면, 상대방 당사자가 "나는 애초부터 그 사실의 진실을 알고 있었다"라고 주장하는 일은 거의 없다. 자신은 알았으면서 위 일방의 무지를 이용하였다는 점이 법률적으로 묵시적 기망에 이를 수도 있고, 도덕적으로도 비난받을 일이라고 생각하기 때문인 듯하다. 이런 경우 타방 당사자의 반응은 대개 "나도 몰랐지만, 그래도 계약은 지켜야 하는 것 아니냐" 정도이다. 결국 쌍방의 착오가 훨씬 자주 문제된다.

2) 아래 Ⅲ.에서 상세히 본다.

3) 대법원 1989. 12. 26. 선고 88다카31507 판결; 대법원 1998. 2. 10. 선고 97다44737 판결; 대법원 2000. 5. 12. 선고 2000다12259 판결 등.

을 살펴보면, 그 중 상당수가 표의자의 인식과 (旣存의) 객관적 사실이 불일치하는 사안이 아니라, 계약 후의 사정으로 인하여 표의자의 계약 체결 당시의 장래의 기대 내지 희망이 성취되지 않는 것으로 판명되었다는, 즉 표의자의 장래기대와 그 후의 실제 발생사실이 불일치하는 사안에 해당하고 있다. 이하에서 자세히 보겠지만, 이러한 장래기대와 실제 발생사실의 불일치는 착오 개념과는 구별되어야 하는 별개의 문제이다. 이 불일치는 원칙적으로는 계약법상 문제되지 않는 것이다. 즉 계약은 이행되어야 하는 것이며, 장래기대의 불성취가 있다고 해서 계약불이행을 정당화할 사유가 될 수는 없다. 다만 계약 이후 발생한 사정 중에서 예외적으로 신의칙이 적용되어야 할 사안이 있을 수는 있을 것이다. 그런데, 이 불일치가 비교적 자주 발생하는 사안이다 보니, 각국의 민사법은 이 불일치에 대하여, 신의칙을 특화한 법률개념 또는 장치들을 적용하고 있다{미국법상 실행불가능(impracticability) 법리, 독일법상 행위기초론, 일본법상 사정변경 원칙 등}.

계약불이행의 정당화 사유로서의 실행불가능 법리 또는 사정변경 원칙 등은 본래 의사흠결 이론의 일부로서의 錯誤論과는 먼 거리에 있는 논점들인데, 위에서 본 바와 같이 우리나라 학설과 실무상 (동기의) 착오의 개념이 후발사정에 의한 장래 기대의 불성취까지 포괄하는 경우가 많다 보니, 의사흠결 이론과 계약불이행 정당화 사유가 만나는 상황이 발생하였다. 또한 우리나라뿐만 아니라 세계 각국에서도 실무상 맞닥뜨리는 실제 사안에서는 관점에 따라 기존 사실에 대한 착오로도, 혹은 장래 기대의 불성취로도 해석할 수 있는 상황이 종종 발생한다는 점도[4] 이러한 교차에 기여하고 있다. 이런 교차 상황에서, 계약 후의

4) 이와 같이 2가지 법리에 모두 해당한다고 해석가능한 상황이 있을 수 있다는 점에 대해서는 미국에서도 마찬가지의 설명이 있다. 아래 Ⅲ. 5.에서 설명할 Richardson Lumber Co. v. Hoey 사건(219 Mich. 643, 189 N.W. 923(1922)) 및 Aluminum Co. of America v. Essex Group, Inc. 사건(499 F. Supp. 53) 등 참조.

사정 중에 채무불이행 정당화 사유로 인정되는 것과 착오 사이의 개념· 요건의 차이를 비교검토해 보는 것은 의미가 있을 것이다. 특히 우리나라에서 착오의 개념 혼란이 더욱 두드러진다고 생각되므로 이런 비교검토는 더 필요할 것이다.

이하에서는, 먼저 우리나라 실무상 '계약 후의 사정으로 장래에 대한 기대가 달성되지 않은 일'이 얼마나 자주 착오 문제로 둔갑하는지에 관하여 살펴본 후(이러한 개념의 혼란을 명시적으로 지적하는 기존 한국 문헌은 찾아보기가 쉽지 않다), 장래기대와 기존사실에 대한 착오를 엄격히 구별하는 외국의 각 입법례들을 검토한다. 그리고 미국법상 후발사정으로 인한 장래기대 불성취 문제를 취급하는 실행불가능(impracti-cability) 법리에 관하여 착오 법리와 비교하여 검토한 후, 마지막으로 우리나라 민법개정위원회가 내놓은 착오 규정 개정안에 관하여 검토한 다음 마무리하도록 하겠다.

한 가지 덧붙이자면, 위에서 말한 광의의 착오 개념도 착오를 완전히 커버하지는 못하고 있다. 즉 실무상 자주 문제되는 착오는 반드시 객관적 사실에 관한 것이 아니어서, 법률에 대한 착오도 종종 문제되며, 아래 Ⅲ.에서 살펴볼 PECL 및 PICC도 법률 착오를 착오규정의 적용대상으로 삼고 있다. 그러나 법률의 착오에 대해서까지 본고에서 다룰 능력은 없어서, 이는 본고의 검토 대상에서 제외하기로 한다.

Ⅱ. 우리 실무상의 '착오' 개념 혼란

1. 대법원 판결례

(1) 일부 대법원 판결, 가령 대법원 1972. 3. 28. 선고 71다2193 판결[5]은, 착오는 의사표시 당시에 이미 존재하던 사실과 표의자 인식과

5) 집20(1)민, 160.

의 불일치를 가리킨다고 명확히 판시하고 있다. 즉 "… 민법 제109조의 의사표시에 착오가 있다고 하려면, 법률행위를 할 당시에 실제로 없는 사실을 있는 사실로 잘못 깨닫거나, 아니면 실제로 있는 사실을 없는 것으로 잘못 생각하듯이 표의자의 인식과 그 대조사실과가 어긋나는 경우라야 할 터이므로, 표의자가 행위를 할 당시에 장래에 있을 어떤 사항의 발생이 미필적임을 알아 그 발생을 예기한 데 지나지 않는 경우는, 표의자의 심리상태에 인식과 대조에 불일치가 있다고는 할 수 없어 착오로 다룰 수는 없다 하겠다."라고 명시적으로 판단하고 있다.

(2) 그러나 이런 입장이 일관된 것은 아니다.

가령 대법원 2000. 5. 12. 선고 2000다12259 판결[6]은 명백히 장래의 기대가 어긋난 사안을 두고서, "동기의 착오가 문제되는 사안"이라고 진단한다.

판결의 사안은 다음과 같다. 이 사건 매매계약 체결 당시에 중개인들이 이 사건 토지 중 약 20~30평 정도가량만 도로에 편입될 것이라 하여 원고는 그렇게 알고 이 사건 토지에 주택을 신축하기 위하여 이 사건 토지를 매수하였고 이러한 점은 모두 계약 체결 과정에서 현출되어 원·피고가 이를 알고 있었다. 그 후 실제로 이 사건 토지에서 분할되어 고양시 소유로 편입되는 면적이 197평으로 정해졌다. 이 197평은 이 사건 토지의 전체 면적의 약 30%에 해당하는 것이어서 남은 토지만으로는 원고가 매매계약을 체결한 목적을 달성할 수 없게 되자, 원고는 1997년 7월경 피고에게 착오를 이유로 매매계약을 취소하였다.

대법원은 "원심이 … 원고가 이 사건 매매계약이 착오에 의한 것임을 이유로 그 취소의 의사표시를 한 것이 적법하다고 본 것은 정당하고, 거기에 착오에 있어서 중요한 부분에 관한 법리오해의 위법이 있다고 할 수 없다."고 판단하였다.

---

6) 공2000. 7. 1.(109), 1417.

위 사안을 보면, 계약체결 당시 도로편입면적이 확정되어 있지 않았던 점은 분명해 보이고, 따라서 이는 착오의 개념과 맞지 않는다. 오히려 대법원이 살짝 언급한 "계약목적 달성 불능"[7]의 문제에 해당하는 것이다.

(3) 대법원 1989. 12. 26. 선고 88다카31507 판결[8]도 장래기대의 어긋남을 동기의 착오인 듯이 판단하고 있다.

판결의 사안은 다음과 같다. 원고(투자금융 주식회사)가 1983. 9. 23. 소외 영동개발주식회사("영동개발")에게 위 회사발행의 만기 1983. 10. 24.로 된 약속어음 15매 합계 금 1,500,000,000원을 어음할인하는 방법으로 위 금원을 대여하기로 약정함에 있어서, 피고(은행)가 지급보증서를 영동개발에게 발행하였고, 영동개발이 그 지급보증서를 위 어음할인 의뢰시에 원고에게 교부하였다. 영동개발은 본건 어음할인 이전에도 원고로부터 1982. 12. 3., 1983. 3. 2., 같은 해 5. 26., 같은 해 8. 23. 등 4회에 걸쳐 액면 금 1,500,000,000원의 어음할인을 하였고 그때마다 피고는 보증기한이 각 그 할인어음의 만기와 같은 새로운 지급보증서를 발행하여 영동개발을 통하여 원고에게 교부함으로써 영동개발의 할인어음채무를 지급보증하였는데, 각 그 어음의 만기때마다 영동개발은 원고에게 "할인어음채무의 연기를 위하여 새로운 지급보증서를 받아갈 테니 연기하여 달라"고 요청하고 원고가 이에 동의하면 그 뜻을 피고에게 말하고 새로운 지급보증서를 발급받아 이를 원고에게 제출하여 원고로부터 어음할인을 받아 그 할인대전을 종전 지급보증서의 결제자금으로 피고에게 입금하였다. 위 1983. 8. 23.자 할인어음의 지급기일인 1983. 9. 23. 원고는 종전의 예에 따라 피고 발행의 8. 23.자 지급보증서를 교환에 회부하자 영동개발의 상무이사 권오진은 원고 회사 영업부

7) 영미법에서 말하는 'frustration of purpose'이다.
8) 공1990. 2. 15.(866), 361.

장에게 위 할인어음채무의 지급기일을 연기해 줄 것을 요청하여 원고로부터 종전에 해 오던 방식에 따라 영동개발이 피고로부터 새로운 지급보증서를 받아오면 이를 담보로 영동개발에게 액면 금 1,500,000,000원의 어음할인을 해 줌으로써 할인어음채무의 지급기일을 실질적으로 연기해 주기로 약속받았다. 영동개발이 피고에게 그런 변제기 연장의 합의가 이루어졌음을 알리자 피고도 이에 동의하여 액면금은 8.23.자 지급보증서와 같고 보증기한만 같은 해 10. 24.로 연장된 본건 지급보증서를 발행하여 피고직원이 이를 가지고 영동개발직원과 함께 원고회사에 가서 영동개발 발행의 어음을 할인의뢰할 때 위 지급보증서를 함께 교부하였다. 그런데 원고는 당시 영동개발이 연대보증하고 있던 소외 서일종합건설주식회사 발행의 약속어음 3매 중 1983. 9. 23. 만기가 도래한 액면 금 400,000,000원이 결제되어야 한다면서 어음금할인대전의 지급을 보류하였고, 이에 피고는 원고에게 본건 지급보증서는 '연기용'이니 위 8. 23.자 지급보증서의 결제를 위한 어음할인대전을 교부해주든지 아니면 지급보증서를 반환해 달라고 요구하였다. 그런데도 위 결제대전이 피고은행에 입금되지 아니하자 피고는 자체자금으로 구 지급보증서를 결제하고 다음날인 9. 24. 원고에게 본건 지급보증서에 기한 보증을 취소하였다.

위 사실관계에 대하여 대법원은, "피고가 본건 지급보증서를 발행한 것은 원고가 원판시 어음할인대전을 영동개발에게 지급하여 위 8. 23.자 지급보증서의 결제자금으로 입금될 것으로 알고 보증행위를 하였다 할 것이므로 만일 원고의 위약으로 위 어음할인대전이 피고에게 입금되지 않을 것을 알았다면 본건 지급보증서를 발행하지 않았을 것임이 명백하므로, 피고는 본건 지급보증서를 발행함에 있어서 법률행위의 중요한 부분에 관한 동기의 착오가 있었다 할 것이다."라고 하면서 착오로 인한 의사표시라는 이유로 취소를 허용하고, "본건 지급보증에는 법률행위의 동기에 착오가 있다고 하여 피고의 취소항변을 받아들인 원심의 조치는 정당한 것이고 거기에 소론과 같은 동기의 착오에 관한 법리오해의 위법이 없다."라고 판시하고 있다.

위 사안에서 "원고 회사가 위 지급보증서를 교부받으면 그 상당액을 1983. 8. 23.자 지급보증서의 결제자금으로 입금할 것"이라는 점은, 피고 회사의 장래에 대한 기대에 불과한 것이다. 물론 과거의 거래 경험으로 보아 확실성 높은 기대라고 할 수는 있겠지만, 이것을 두고 지급보증행위 시점에 이미 존재하던 기존의 사실이라고 말할 수는 없는 것이다.

2. 하급심 판결례

(1) 하급심 판결들도 마찬가지로 동기의 착오 개념에서 시간 기준을 종종 무시한다. 하급심 판결 중 공간되는 숫자가 많지 않아서 이런 무시 사례를 대량으로 발견할 수는 없지만, 실무가의 경험으로는 하급심 재판에서 법률가들에 의하여 주장되는 동기의 착오 사례 중에는 장래의 기대가 어긋나게 된 경우가 오히려 더 많은 듯하다. 이하에서 공간된 몇 가지 하급심 판결례만 살펴본다.

(2) 먼저 부산지법 동부지원 2009. 3. 26. 선고 2008가합3342,4505, 5492 판결[9]을 본다. 이 판결의 사안은 다음과 같다. 부산 해운대구 수영만에 오피스텔을 지어 분양한 피고 건설회사가 그 분양계약에 즈음하여 수분양자들에 대하여, "나대지 상태인, 오피스텔과 바다 사이의 부지는 면적이 넓지 않아서 4층 이상의 고층빌딩은 건축되지 않을 것"이라고 설명하면서 바다 전망이 아주 좋음을 강조하였다. 그러나 원고들에 대한 분양을 마친 후, 피고 회사는 다른 건설회사인 소외 회사를 설립하고 그 명의로 위 나대지를 매입하여 22층 콘도를 건설함으로써

9) 각공2009상, 773.

원고들의 바다 전망을 거의 막아 버렸다.

원고들이 착오를 이유로 분양계약 취소를 주장한 데 대하여, 법원은 "오피스텔 수분양자가 분양계약을 체결할 당시 인접 부지에 고층 건물이 들어서지 않을 것이라고 믿은 점은 동기의 착오에 해당하지만, 이러한 매수 동기는 분양계약의 내용으로 표시되었다고 볼 수 있고, … 분양계약 내용의 중요 부분에 착오가 있는 때에 해당하여 분양계약을 취소할 수 있다."고 판시하였다.

이것이 동기의 착오인가?

(3) 그 외에도 계약 후 사정 때문에 장래 예상 내지 기대가 실현되지 않은 것을 "동기의 착오"로 파악한 하급심 판결례는 다음과 같이 많이 있다. 다만 아래 중 상당수는 그 주장을 배척하기 위한 수단으로서 '동기의 착오'라는 용어를 사용하면서, 이는 동기의 착오에 불과하고 법률의 중요부분의 착오라고 할 수 없으므로 착오 주장을 받아들일 수 없다는 식으로 판시하고 있다.[10)]

1) 대구고등법원 1982. 4. 22. 선고 81나741 판결: 피고가 원고와 계약을 체결하게 된 사연이 동인의 수지타산으로는 동 계약을 체결하면 약 4천만 원 정도의 이익을 얻을 것으로 예상하였기 때문이나, 물가의 변동 등으로 실제로는 위 금액정도의 손실을 보게 된 사안(동기가 표시되지 아니하였음을 이유로 취소는 인정되지 않음).

2) 서울지방법원 1996. 8. 22. 선고 95가합106957 판결: 고속도로 휴게소의 연간 매출액이 실제 매출액의 3배 이상에 이를 것이라 잘못 알고 입찰에 응하여 그 휴게소 운영권 임대차계약을 체결한 사안.

3) 부산지방법원 2007. 11. 21. 선고 2007가합1077 판결: 아파트 분

---

10) 아래 1), 2) 판결은 대법원 종합법률정보 사이트(http://glaw.scourt.go.kr/jbsonw/jbson.do)에서, 그리고 3)~8) 판결은 로앤비 사이트(http://www.lawnb.com)에서 검색하였다.

양광고 중 뉴타운 건설, 근린공원 및 산책로 등에 대한 내용이 실현될 것으로 믿고 분양계약을 체결한 사안(중요부분에 대한 착오가 아님을 이유로 취소는 인정되지 않음).

4) 서울중앙지방법원 2005. 1. 19. 선고 2004가합28578 판결: 임대료 수입에 대하여 착오에 빠져 분양계약을 체결하였다는 사안(중요부분에 대한 착오가 아님을 이유로 취소는 인정되지 않음).

5) 서울고등법원 1998. 1. 26. 선고 97나11562 판결: 재건축조합이 재건축사업을 추진함에 있어 조합원들의 의견과 주장을 충분히 수렴, 반영하여 그들의 재산권에 대한 정당한 보장이 이루어지도록 사업을 추진하리라고 믿고 조합에 가입한 사안(동기가 표시되지 아니하였음을 이유로 취소는 인정되지 않음).

6) 서울고등법원 1998. 9. 30. 선고 98나13671 판결: 일정 영업수입을 올릴 수 있을 것으로 착오하여 동업계약을 체결한 사안(동기가 표시되지 아니하였음을 이유로 취소는 인정되지 않음).

7) 서울중앙지방법원 2004. 10. 6. 선고 2004가합4800 판결: 상가건물에 영화종합아카데미가 입점하면 상권이 크게 형성되어 운영하려던 커피숍의 영업이 잘될 것이라고 믿고 분양계약을 체결한 사안.

8) 서울고등법원 1996. 7. 5. 선고 96나5140 판결: 분양회사가 보장한 이윤이 배당되고, 지분소유권에 프리미엄이 붙어 2배의 가격으로 거래되는 것으로 오인하고 분양계약을 체결하였으나 사실은 그것이 불가능한 사안(동기가 표시되지 아니하였음을 이유로 취소는 인정되지 않음).

Ⅲ. 입법례상의 착오의 개념: '장래의 기대'와 관련하여

1. 유럽계약법원칙[11][12]

14년에 걸친 제1차 Lando 위원회의 작업성과를 모은 '유럽계약법원칙 제1부'가 1995년에 나온 후, 제2차 Lando 위원회의 작업성과를 추가하고 도합 131개의 조항을 배열하여 1998년 11월에 출간된 '유럽계약법원칙 제1부 및 제2부'는 Article 4:103에서 착오(mistake)에 관한 규정을 다음과 같이 두고 있다.

Article 4:103: Fundamental Mistake as to Facts or Law
(1) A party may avoid a contract for mistake of fact or law existing when the contract was concluded if:
 (a) (i) the mistake was caused by information given by the other party; or
  (ii) the other party knew or ought to have known of the mistake and it was contrary to good faith and fair dealing to leave the mistaken party in error; or
  (iii) the other party made the same mistake,
 and
 (b) the other party knew or ought to have known that the mistaken party, had it known the truth, would not have entered the contract or would have done so only on fundamentally different terms.
(2) However a party may not avoid the contract If:
 (a) in the circumstances its mistake was inexcusable, or
 (b) the risk of the mistake was assumed, or in the circumstances should be borne, by it.

---

11) Principles of European Contract Law. 이하 필요에 따라 PECL이라 약칭한다.
12) 유럽계약법원칙을 토대로 한 2009년 공통참조기준초안(Draft of Common Frame of Reference; DCFR)은 따로 검토하지 않는다.

위 조항에서 알 수 있듯이, 유럽계약법원칙 제4:103조는 착오의 요건을 중심으로 규정을 하고 있지만, 위 Article 4:103의 (1)은 착오의 개념요소를 보여주고 있다. 즉 착오란 a) 사실이나 법에 관한 것(mistake of fact or law)이고, b) 계약체결 당시에 이미 존재하고 있는 것(existing when the contract was concluded)이어야 한다.

필자가 주목하고 싶은 점은, 그 시간적 개념요소이다. Article 4:103은 계약체결 당시에 이미 존재하고 있는(existing when the contract was concluded) 착오만이 Article 4:103이 취급하는 착오라고 명시함으로써, "장래의 기대"의 불성취는 이 착오규정에서 취급하는 대상이 아니라는 점을 분명히 하고 있다.

그 외에도 유럽계약법원칙이 동기의 착오를 개념상 배제하지 않고 있다는 점을 지적해 두고자 하며, 착오의 효과 즉 취소 또는 계약조정에 관해서는 조문 위주로 간단히 지적해 두고 넘어가고자 한다.[13)]

---

13) 유럽계약법원칙에서 錯誤의 일반적 효력은 당사자가 계약의 전부(제4:103조) 혹은 일부(제4:116조)를 취소하는 것이다. 다음으로 계약을 취소하는 것이 신의성실에 반한다고 볼 경우에는 제4:105조가 계약의 조정을 인정한다. 마지막으로 상대방에게 손해배상을 청구할 수도 있다. 즉 상대방이 제공한 잘못된 정보로 인하여 錯誤를 일으킨 경우에는, 본질적 錯誤를 이유로 계약을 취소할 수 없더라도 제4:106조에 의하여 손해배상을 청구할 수 있다. 그리고 본질적 錯誤를 상대방이 알았거나 알았어야 했던 경우, 계약을 취소하거나 혹은 조정으로 취소하지 못했더라도 제4:117조에 의하여 손해배상을 청구할 수 있다. 관련된 조문은 다음과 같다.

Article 4:116: Partial Avoidance

If a ground of avoidance affects only particular terms of a contract, the effect of an avoidance is limited to those terms unless, giving due consideration to all the circumstances of the case, it is unreasonable to uphold the remaining contract.

Article 4:105: Adaptation of Contract

(1) If a party is entitled to avoid the contract for mistake but the other party indicates that it is willing to perform, or actually does perform, the contract as it was understood by the party entitled to avoid it, the contract

2. UNIDROIT 국제상사계약원칙

주지하듯이, UNIDROIT 국제상사계약원칙(UNIDROIT PRINCIPLES OF INTERNATIONAL COMMERCIAL CONTRACTS; 이하 PICC라고 약칭)은

---

is to be treated as if it had been concluded as the that party understood it. The other party must indicate its willingness to perform, or render such performance, promptly after being informed of the manner in which the party entitled to avoid it understood the contract and before that party acts in reliance on any notice of avoidance.

(2) After such indication or performance the right to avoid is lost and any earlier notice of avoidance is ineffective.

(3) Where both parties have made the same mistake, the court may at the request of either party bring the contract into accordance with what might reasonably have been agreed had the mistake not occurred.

Article 4:106: Incorrect Information

A party who has concluded a contract relying on incorrect information given it by the other party may recover damages in accordance with Article 4:117(2) and (3) even if the information does not give rise to a fundamental mistake under Article 4:103, unless the party who gave the information had reason to believe that the information was correct.

Article 4:117: Damages

(1) A party who avoids a contract under this Chapter may recover from the other party damages so as to put the avoiding party as nearly as possible into the same position as if it had not concluded the contract, provided that the other party knew or ought to have known of the mistake, fraud, threat or taking of excessive benefit or unfair advantage.

(2) If a party has the right to avoid a contract under this Chapter, but does not exercise its right or has lost its right under the provisions of Articles 4:113 or 4:114, it may recover, subject to paragraph (1), damages limited to the loss caused to it by the mistake, fraud, threat or taking of excessive benefit or unfair advantage 'The same measure of damages shall apply when the party was misled by incorrect information in the sense of Article 4:106.

(3) In other respects, the damages shall be in accordance with the relevant provisions of Chapter 9, Section 5, with appropriate adaptations.

로마에 있는 사법통일국제협회(the International Institute for the Unification of Private Law)가 1994년 5월에 국제상사계약에 관한 일반적 원칙을 정립하여 발표한 것이다.[14] 현재는 2010년판 PICC를 볼 수 있는데, PICC는 Article 3.2.1에서 명확하게 착오의 개념정의 규정을 두고 있다.

> Article 3.2.1 (Definition of mistake) Mistake is an erroneous assumption relating to facts or to law existing when the contract was concluded.

그리고 동조에 대한 comment에서 다음과 같이 설명한다.

> "이 조항은, 착오는 계약체결 시점에 존재하는 사실적, 법적 상황에 대한 틀린 가정(erroneous assumption)에 관한 것이어야 함을 보여주고 있다. 이렇게 시간 요소를 정해 놓는 것은, 착오 규정 및 그 구제수단이 적용되는 사안과 채무불이행에 관한 사안을 구별하기 위해서이다. 실제로, 관점을 취하기에 따라서는, 전형적인 착오 사안이 계약 이행을 방해하는 장애물에 관한 사안인 듯이 종종 보이기도 하기 때문이다. 어느 당사자가 사실적, 법적 맥락을 잘못 인식하여 계약을 체결함으로써 그 계약의 전망을 잘못 판단하였다면, 여기에는 착오 규정이 적용된다. 다른 한편, 어느 당사자가 당시 상황은 정확히 이해하였으나 그 계약의 전망을 잘못 판단한 다음에, 나중에 가서 이행을 거절한다면, 이 사안은 착오 사안이 아니라 채무불이행 사안이다."

14) 2010년 버전의 전문 및 공식 comment가 http://www.unidroit.org/english/principles/contracts/main.htm에 올라와 있다. PICC의 성립과정에 대하여는, 양창수, 유럽계약법원칙에 대한 일고 및 그 번역, 민법연구 제6권(2001), 320면 이하 참조.

즉 계약 당시에 존재하던 사정에 관한 착오만이 (다른 요건이 충족되는 경우에) 구제를 받을 수 있는 착오이고, 장래의 기대를 그르친 경우는 단순한 채무불이행일 뿐이지 그와 같이 잘못 기대한 당사자가 — 그에게 이행을 강제하는 것이 신의칙 위반의 수준에 이르지 않는 한— 어떤 구제를 구할 수 있는 경우가 아니라는 것이다.

PICC 역시 동기의 착오를 배제하지 않고 있다는 점을 지적하고 싶고, 나머지 효과 등에 관해서는 검토를 생략한다.[15]

3. BGB

독일은 민법전을 제정함에 있어서 착오의 논점을, 실무상 빈번히 발생하는 문제상황에 비추어 규정하였다기보다는, 법률행위 이론 내지 의사표시 이론의 일부로서 파악하고 있다. 더 구체적으로 말하자면, BGB는 착오를 의사흠결(Willensmangel)의 하나로서 파악하고, 이것이

---

15) PICC는 ARTICLE 3.2.2에서 착오의 요건과 효과를 아래와 같이 규정하고 있다.
ARTICLE 3.2.2 (Relevant mistake)

(1) A party may only avoid the contract for mistake if, when the contract was concluded, the mistake was of such importance that a reasonable person in the same situation as the party in error would only have concluded the contract on materially different terms or would not have concluded it at all if the true state of affairs had been known, and

(a) the other party made the same mistake, or caused the mistake, or knew or ought to have known of the mistake and it was contrary to reasonable commercial standards of fair dealing to leave the mistaken party in error; or

(b) the other party had not at the time of avoidance reasonably acted in reliance on the contract.

(2) However, a party may not avoid the contract if

(a) it was grossly negligent in committing the mistake; or

(b) the mistake relates to a matter in regard to which the risk of mistake was assumed or, having regard to the circumstances, should be borne by the mistaken party.

의사흠결 중 표의자가 의사흠결을 인식하지 않고 있는 경우[16]라고 이해하여 조문화하였다. 즉 BGB의 입장에서는 의사표시의 動機는 고려하지 않는 것이 원칙이다(BGB 제119조).[17]

BGB 제119조[18]는 다음과 같이 규정한다.

제119조[錯誤로 인한 取消]

① 의사표시를 함에 있어서 내용에 관하여 착오가 있었거나 그러한 내용의 의사표시 자체를 할 의사가 없었던 사람은 그가 그 사실을 알고 또 사정을 합리적으로 판단하였다면, 의사표시를 하지 아니하였으리라고 인정되는 때에는 의사표시를 취소할 수 있다.

② 사람이나 물건의 性狀에 관한 착오도, 그 성상이 거래상 본질적이라고 여겨지는 경우에는, 의사표시의 내용에 대한 착오로 본다.[19]

그러나 이런 조문하에서는, 실무상 빈번히 발생하는 동기의 착오

---

16) 이것과 대비하여, 의사흠결 중 표의자가 의사흠결을 인식하고 있는 경우가 제116조의 심리유보, 제117조의 허위표시, 제118조의 해학표시이다.

17) 다만 사기, 강박의 경우는 그것이 의사표시의 동기에 작용한 것이더라도 제123조가 이를 대상으로 삼는다.

18) BGB 조문의 번역은 양창수, 독일민법전, 박영사에서 옮겨온 것이다. 이하 BGB 번역은 마찬가지이다.

19) § 119 Anfechtbarkeit wegen Irrtums

(1) Wer bei der Abgabe einer Willenserklärung über deren Inhalt im Irrtum war oder eine Erklärung dieses Inhalts überhaupt nicht abgeben wollte, kann die Erklärung anfechten, wenn anzunehmen ist, dass er sie bei Kenntnis der Sachlage und bei verständiger Würdigung des Falles nicht abgegeben haben würde.

(2) Als Irrtum über den Inhalt der Erklärung gilt auch der Irrtum über solche Eigenschaften der Person oder der Sache, die im Verkehr als wesentlich angesehen werden.

를 어떻게 처리해야 하는지라는 문제가 발생한다. 독일에서 일찍부터[20] 행위기초(Geschäftgrundlage)에 관한 이론이 발달한 것도 이러한 필요성과 무관하지 않다고 보인다.

BGB 제119조가 해결해 주지 못하던 동기의 착오 문제를 포함하여, 우리 민법상 신의칙 적용대상이라고 생각되는 일정 범주의 문제를 해결하려는 목적으로, 종래부터의 행위기초론을 입법화하여 2002년에 개정된 BGB 제313조는 다음과 같이 규정하고 있다.

제313조[行爲基礎의 攪亂][21]

① 계약의 기초가 된 사정이 계약체결 후에 현저히 변경되고, 그 변경이 만일 당사자들이 이를 예견할 수 있었다면 계약을 체결하지 아니하였거나 다른 내용으로 계약을 체결하였을 것인 경우에, 개별적인 경우의 모든 사정, 특히 계약상 또는 법률상의 위험분배를 고려하면 당사자 일방에게 원래의 계약에 구속되는 것을 기대할 수 없는 때에는, 계약의 변응을 청구할 수 있다.

20) 이미 1921년부터 Örtmann이 주창하였다.

21) § 313 Störung der Geschäftsgrundlage

(1) Haben sich Umstände, die zur Grundlage des Vertrags geworden sind, nach Vertragsschluss schwerwiegend verändert und hätten die Parteien den Vertrag nicht oder mit anderem Inhalt geschlossen, wenn sie diese Veränderung vorausgesehen hätten, so kann Anpassung des Vertrags verlangt werden, soweit einem Teil unter Berücksichtigung aller Umstände des Einzelfalls, insbesondere der vertraglichen oder gesetzlichen Risikoverteilung, das Festhalten am unveränderten Vertrag nicht zugemutet werden kann.

(2) Einer Veränderung der Umstände steht es gleich, wenn wesentliche Vorstellungen, die zur Grundlage des Vertrags geworden sind, sich als falsch herausstellen.

(3) Ist eine Anpassung des Vertrags nicht möglich oder einem Teil nicht zumutbar, so kann der benachteiligte Teil vom Vertrag zurücktreten. An die Stelle des Rücktrittsrechts tritt für Dauerschuldverhältnisse das Recht zur Kündigung.

② 계약의 기초가 된 본질적인 관념이 잘못된 것으로 밝혀진 경우도 사정의 변경과 동시된다.

③ 계약의 변응이 불가능하거나 당사자 일방에게 기대될 수 없는 경우에는, 불이익을 입은 당사자는 계약을 해제할 수 있다. 계속적 계약관계에서는 해제가 아니라 해지를 할 수 있다.

그러나 신의칙의 하나의 구현이라고 평가되는 이 행위기초 조문은, 행위기초의 판단 시점을 정하지 않고, 기존사실에 관한 동기의 착오도 행위기초에 속하고 '장래의 기대' 역시 행위기초에 속한다고 봄으로써, '기존 사실에 대한 착오에 해당하는 사안'과 '애초부터 채무불이행의 문제이되 극단적인 상황변화 때문에 구제가 주어져야 하는 사안' 사이의 구별을 불명확하게 만들었다.[22)]

계약의 등가관계 파괴 및 목적달성불능이 주로 문제되는 객관적 행위기초론을 제외하고 보면, 착오와 관련되는 것은 주관적 행위기초론이라고 하겠다. 그런데 주관적 행위기초론에서 문제삼는 사정은 반드시 계약 당시 이미 존재하는 사정에 국한되는 것은 아니다. 가령 Larenz는 주관적 행위기초를 다음과 같이 설명한다.[23)] 즉 주관적 행위기초란, "계약당사자 쌍방에 공통한 표상(Vorstellung) 또는 기대(Erwartung)로서, 만약 그것이 옳지 않았음을 알았더라면 원래 계약을 체결하지 않았거나 적어도 일방 당사자에게 부당하게 요구될 수 없을 정도로, 계약의 체결시에 당사자가 그것에 의하여 이끌려지는 것"이라

22) 권영준, 위험배분의 관점에서 본 사정변경의 원칙, 민사재판의 제문제, 한국사법행정학회, 2010, 306면은, "행위기초는 일방의 동기처럼 잠정적이고 무형적인 것은 아니지만 그렇다고 계약의 내용에 편입될 만큼 명시적인 것도 아니어서, 계약내용과 동기의 중간에 위치한다."고 설명하고 있다.

23) Karl Larenz, Allgemeiner Teil des bürgerlichen Rechts, 9.Aufl., C. H. Beck, 2004., S. 698 ff.

고 한다. 즉 "장래의 기대"를 주관적 행위기초에 포함시키고 있는 것이다.

4. 일본 민법

일본 민법은 독일민법 제1초안을 계수한 것으로서 Savigny의 의사주의에 관련하여 BGB보다 더 충실하다고 평가되고 있다. 착오에 관하여서는 제95조 하나만을 두어서, "의사표시는 법률행위의 요소에 착오가 있는 때에는 무효이다. 단 표의자에게 중대한 과실이 있는 때에는 표의자 스스로 그 무효의 주장을 하지 못한다."라고 정하고 있다.[24)]

일본민법은 착오가 고려되는 경우를 종류로 지정하지 않고 "법률행위의 要素"의 착오의 경우에만 이를 고려하도록 규정하고 있는데, 이는 고려되는 착오를 "의사와 표시의 불일치"의 관점에서 규율한 것이라고 보인다. 일본민법 수정안 이유서에서도, 법률행위의 요소에 착오가 있는 때에는 "표의자가 의욕한 것과 표시된 것이 매우 심하게 부합하지 않는다"라고 설명하고 있다고 한다. 뿐만 아니라, 일본민법 기초자가 일본 구민법상의 개별적인 착오가 법률행위의 요소의 착오인지를 검토한 결과를 보더라도, 기초자는 '의사와 표시의 불일치'라는 관점에서 착오를 파악하고 있다. 즉 일본민법 기초자는 합의의 性質·目的·原因의 착오와 法律의 착오가 要素의 착오에 해당하며, 당사자의 身上의 착오는 要素의 착오로 될 수도 있고 되지 않을 수도 있다고 하며, 그 밖의 착오는 요소의 착오가 아니라고 설명한다.[25)]

이와 같이 일본민법은 동기의 착오에 관하여는 명문의 규정을 두

---

24) 中松纓子, "錯誤", 星野英一外 編 民法 講座 I(民法總則), 1987, 388면, 417면에 의하면, 일본민법 제95조는 프랑스 민법 및 학설의 영향을 많이 받았던 일본 구민법의 착오규정(재산편 제309~311조)을 독일민법 제1초안의 형식으로 완전히 변경을 가한 것이라고 한다.

25) 廣中俊雄, 民法修正案(前三編)の理由書, 1987, 145면.

지 않고 있다. 일본민법 수정안 이유서에 의하면, 일본민법의 기초자는 착오를 의사와 표시의 불일치로만 파악하여 동기의 착오를 고려하지 않는다. 같은 맥락에서 일본민법 수정안 이유서는, "물건의 품질·수량 또는 가격 등은 당사자 자신의 책임으로 이를 鑑定하여야 함이 원칙"이고, 따라서 행위의 목적인 물건 자체에 대하여는 아무런 착오가 없고 단지 품질 등에 대하여만 착오가 있는 때에는 의사표시에 아무런 영향도 미치지 않는다고 한다.[26)]

이와 같이 일본민법 제95조가 의사와 표시 사이의 불일치만을 문제삼고 있는 탓에, 실무상 훨씬 자주 등장하는 동기의 착오를 어떻게 취급할 것인가라는 문제가 일본민법이 시행된 후에 즉시 대두하였다. 이에 따라 주지하는 바와 같이 우리나라 각 착오 관련 학설의 근원이 된 다양한 견해대립이 생기게 되었던 것이다.

요약하면, 일본은 현재 민법상의 착오 규정에 의할 때, 한편으로는 착오로 인한 무효를 인정하는 범위가 너무 넓고(상대방의 知·不知를 불문하고 착오 의사표시는 무효가 된다), 다른 한편으로는 착오로 인한 무효를 인정하는 범위가 너무 좁아서(동기의 착오를 불인정), 우리나라와 비슷한 문제상황에 놓여 있다.

이런 문제를 해결해 보고자, 일본의 학계는 일찍부터 독일의 행위기초론을 일본 입장에서 받아들인 "사정변경 원칙"을 논의하여 오고 있다. 그러나, 일본의 사정변경 원칙은 그 요건에 관한 논의가 너무 막연하고 학자마다 차이가 있어서, 민법의 신의칙을 곧바로 적용하는 것과 별반 다를 바 없다는 생각이 들 정도이다. 즉 동기의 착오 문제와 사정변경 원칙과의 관계가 어떻게 되는지, 장래기대 불성취는 착오 문제와 완전히 구별되어 있는지 등에 관한 일본 학설과 판례의 입장은 그리 분명해 보이지 않는다.

26) 廣中俊雄, 위 책, 146면.

5. 미 국 법

미국 역시 PECL이나 PICC처럼 계약법상 착오 개념에 동기의 착오를 일찍부터 포함하였고, 다른 한편으로 時間 기준도 일찍이 도입하였다.

제2차 Restatement 제151조는 "착오란 사실과 일치하지 않는 인식이다."라고 하고,[27] 제152조는 쌍방의 착오로 인한 취소의 요건에 관하여 다음과 같이 정하고 있다. 즉 제2차 Restatement 제152조[28]는 (1) 착오는 계약 체결 시점에 쌍방의 기본적 전제에 관한 것이어야 하고,[29] (2) 그 착오가 쌍방의 이행의 교환에 대하여 중대한 영향을 미쳐야 하고, (3) 착오 주장자가 착오의 위험을 부담하지 않았어야 한다고 하고 있다.

또한 일방의 착오로 인한 취소의 요건을 규정한 제153조[30]도 위

---

27) § 151. Mistake Defined

A mistake is a belief that is not in accord with the facts.

28) § 152. When Mistake of Both Parties Makes a Contract Voidable

(1) Where a mistake of both parties at the time a contract was made as to a basic assumption on which the contract was made has a material effect on the agreed exchange of performances, the contract is voidable by the adversely affected party unless he bears the risk of the mistake under the rule stated in § 154.

(2) In determining whether the mistake has a material effect on the agreed exchange of performances, account is taken of any relief by way of reformation, restitution, or otherwise.

29) 미국 계약법 교과서에서, 착오에 관한 이정표적 케이스로서 늘 설명되는 사례는 Sherwood v. Walker 판결이다(66 Mich. 568, 33 N.W. 919(1887)). 이는 Aberlone 농장의 암소 Rose의 매매계약에 관한 분쟁으로서, 매매계약 체결 당시 쌍방은 Rose가 불임인 줄 알고, 임신가능 암소 가격의 1/10의 가격으로 합의를 하였는데, 계약 후에 매도인은 Rose가 임신중임을 발견하였고, 인도를 거부하였다. 법원은 매도인이 계약을 취소할 수 있다고 하였다.

30) § 153. When Mistake of One Party Makes a Contract Voidable

Where a mistake of one party at the time a contract was made as to a basic assumption on which he made the contract has a material effect on

(1), (2), (3)의 요건은 동일하게 규정한 다음, 이에 추가하여 (4) 그 계약의 이행을 강제하면 그 결과가 터무니없이 비도덕적인 정도라야 하며, (5) 상대방이 그 착오를 알 수 있었거나 과실로 알지 못하여야 한다고 한다.[31]

이와 같이, Restatement상으로도 착오라는 용어는 '계약 체결 시점에' 존재하고 있는 사실과 부합하지 않는 인식을 가리킨다고 명확히 설명되고 있다. 향후 발생할 이벤트를 포함하여, 계약 후에 어떤 상황이 존재하게 되리라고 기대하였으나 그것이 잘못되었음이 판명되는 경우는 착오가 아니며, 단지 "예측오류"(poor prediction)일 뿐이라고 설명된다.[32] 원론적으로는 이 두 가지 개념 사이에 구분선을 긋기가 어렵지 않다. 가령 계약 시점에 매매목적물인 특정 상품이 존재한다고 잘못 인식한 경우에는 명백한 착오인 반면에, 그 상품이 인도시까지 그대로 존속할 거라고 믿은 것이 잘못으로 판명된 경우에는 이는 단순한 예측오류이다.

그러나 상황이 점진적으로 변화하거나, 상당한 기간에 걸쳐서 여

---

the agreed exchange of performances that is adverse to him, the contract is voidable by him if he does not bear the risk of the mistake under the rule stated in §154, and

(a) the effect of the mistake is such that enforcement of the contract would be unconscionable, or

(b) the other party had reason to know of the mistake or his fault caused the mistake.

31) 그 외에도 Restatement에서 착오에 관한 규정은 제154, 155, 157, 158조가 있다. 제154조는 어떤 경우에 일방 당사자가 착오의 위험을 인수하였다고 볼 것이냐에 관한 규정이고, 제155조는 착오로 계약문서의 표현에 문제가 있을 때에 이를 정정할 수 있는 경우에 관한 규정이며, 제157조는 착오자의 단순 과실만으로 구제가 거부되지는 않는다는 조항, 제158조는 구제방법에 관한 조항이다.

32) E, Allan Farnsworth, Julia L. Brickell and Stephen P. Chawaga, Relief for Mutual Mistake and Impracticability, 1 Journal of Law and Commerce 2 (1981).

러 이벤트가 발생한 경우에는 그 구분선이 애매해져서, 그 잘못이 계약 당시에 존재한 사실에 관한 인식의 오류인지 여부를 판단하기가 어려워진다.[33]

Aluminum Co. of America v. Essex Group, Inc. 사건(499 F. Supp. 53)의 사안은 계약체결 전의 기존 사정에 대한 착오인지, 계약체결 후의 사정으로 애초의 기대가 성취될 수 없게 된 경우인지 판단하기가 쉽지 않은 사안이다. 1967년에 체결된 16년짜리 장기계약에서 ALCOA는 Essex로부터 제공받은 알루미나(알루미늄 원료)를 가지고서, 용융 알루미늄(molten aluminum)으로 가공하여 Essex에게 공급해 주기로 하였다. 계약이 만기에 이르면 5년을 연장할 수 있는 옵션을 Essex가 가지고 있었다. 계약상 대금조항은 연도별로 일정하게 상승하는 조건을 규정하고 있었는데, 그 기준 중 일부는 산업용 원자재 도매물가지수(wholesale price index)였다. 1979년에 이르러 분명해진 점이, 도매물가지수가 ALCOA의 에너지 비용의 급격한 증가를 전혀 따라가지 못하고 있다는 점이었고, 계약 조건대로 하자면, ALCOA는 6천만불을 손해볼

33) Richardson Lumber Co. v. Hoey 사건(219 Mich. 643, 189 N.W. 923(1922))에서는, 매도인의 부동산 위에 적치한 철로받침목을 매수인에게 매도하는 계약이 체결되었는데, 체결 당시 그 인근 건물의 지하에서 화재가 이미 발생한 상태였으나, 계약 당사자들은 그 사실을 몰랐다. 계약 시점에서 양 당사자는 위 매매목적물이 안전하다고 믿었던 것이다. 계약 후 곧 불이 옮겨붙어, 철로받침목들이 타 버렸다. 법원은, 매매계약 당사자들이 철로받침목이 인도시까지 안전하리라고 예측을 한 것이고 그 예측이 잘못되었을 뿐이라고 판단할 수도 있었겠지만, 법원은 그러지 아니하고, "위와 같은 화재는 계약 후에 계약목적물을 파손시키는 사고에 해당하는 것이 아니다. 본건에서 화재는 계약 당시 이미 존재한 사실이다."라고 판시하였다.

다른 사건에서 토지매수인은 그 토지를 테니스 및 수영 클럽으로 이용하려고 매수하였으나, 실은 계약체결 며칠 전에 도시계획 위원회가 이러한 그 토지의 이런 용도로의 사용을 금지하는 도시계획조례 수정안을 공표한 상태였다. 쌍방 모두 이것을 몰랐다. 법원은 이미 법률이 수정된 것은 아니었지만, 쌍방 당사자는 도시계획상 위와 같은 사용이 허용되지 않는 일은 없을 것이라고 전제하고 있었으므로 착오에 해당한다고 보았다.

상황이었다. ALCOA는 쌍방의 착오를 주장하였다. 제1심 법원이 인정한 사실에 의하면, 쌍방이 도매물가지수를 기준으로 삼은 것은, 도매물가지수가 수년간 ALCOA의 실제 비(非)인건비 비용 변동을 잘 반영하고 있다는 점을 면밀하게 조사, 확인한 후에, 향후의 ALCOA의 인건비 외 비용의 변동을 가격에 반영하기 위해서였다. 법원의 결론은, 이 점을 볼 때, 당사자들이 장래 사태에 대한 예측을 잘못하였다기보다, 본질적으로 현존하는 사실에 대한 착오가 있다는 것이며, 법원은 ALCOA의 채무는 실행불가능(impracticable)하게 되었다고 판시하였다.[34]

이상에서 본 바와 같이, 계약 후에 정확하게 밝혀진 어떤 상황이 그 계약의 등가교환관계를 붕괴시키는 경우에, 미국법상 계약 당사자들은 착오 주장을 하기도 하지만, 그것이 계약 후에 발생한 사정이라고 인정될 경우를 대비하여 실행불가능(impracticability)[35] 주장을 하기도 한다. 이 2가지 주장이 미국법상 실제 소송에서 함께 주장되는 일은 종종 있지만, 이 2가지는 미국법상으로도 그 연원이 전혀 다른 것이다. 둘 다 미국 계약법상의 이론이기는 하지만, 착오 이론은 오래 전부터 계약에 있어서 코먼로상 발달해 온 개념이고, 실행불가능(impracticability) 이론은 영국 코먼로상으로도 역사가 짧은 이행불능 법리(the doctrine of impossibility)가 20세기 중반 이후에 변형, 확대된 이론이다.

영국은 상대적으로는 계약의 구속력을 강하게 보는 편이고, 전통적으로 신의칙에 의한 채무불이행 정당화는 인정하지 않는 입장이었으

34) 이 판결을 실행불가능(impracticability)의 선도적 판례로 설명하기도 한다.

35) impracticability의 적절한 번역어는 찾기 어렵다. 김영두, 계약관계에 있어서 이행청구권의 실현 불능 사유, 韓國司法行政學會, 民事法學 50號(2010. 09) 343 이하는 '실현불능'이라고 번역하고 있고, 박찬주, 經濟的 不能에 관한 概念 定立의 必要性, 大韓辯護士協會, 人權과 正義 396號(2009. 8) 6면 이하는 '경제적 불능'이라고 번역하고 있으며, 그 외에 '급부불능'이라고 하는 번역례도 있는 듯하다. 권영준, 위 논문, 318면 이하와 같이 '실행불가능' 정도로 번역하는 것이 가장 적절하지 않을까 싶다.

나, 계약의 구속력을 완화할 필요성이 차츰 제기되자 1863년에 Taylor v. Caldwell 판결[36]에서 이행불능의 법리(the doctrine of impossibility)를 처음 인정하였다. 즉 계약책임은 엄격책임(strict liability)이므로 채무가 이행불능(Impossibility of Performance)이 되어 원래의 급부를 이행하지 못하면 채무자는 배상책임을 지는 것이 원칙이며, 과거에는 그 예외를 인정하지 아니하였으나, 위 Taylor 판결에 이르러, 그 이행불능이 채무자의 귀책사유(고의, 과실) 없이 생긴 경우에는 책임을 면한다는 법리를 선언하였다. 이것이 원래의 이행불능 항변(Defense of Impossibility)이다.

20세기 중반 이후 미국 법원은 위 이행불능 법리가 요구하는 '완전한 불능'에 이르지 않더라도, 거의 불능에 가까운 사정이 있으면 실행불가능 항변(defense of impracticability)을 할 수 있다고 하기에 이르렀다.

이와 같이 착오와 실행불가능 항변은 연원이 전혀 다른 것이지만,

36) Taylor v. Caldwell 판결은, 음악회를 개최하기 위한 연주장 임대차계약을 체결하였는데, 이행기 전에 그 연주장이 당사자의 책임 없는 사유(화재)로 소실되자, 임차인이 임대인에게 계약위반을 이유로 손해배상을 청구한 사안에서, 계약이행기에 일정한 목적물이 존재하는 것이 계약의 당연한 전제로 되어 있는 경우에는 계약자의 과실에 의하지 아니하고 목적물 멸실에 의한 이행불능이 되면 당사자는 면책된다는 묵시적 조건이 존재한다고 보아 임차인의 청구를 배척한 사례이다.

Taylor v. Caldwell 판결이 사정변경의 원칙을 적용한 사례는 아니지만, 그 판결에서 법원이 면책의 근거를 '계약에 존재하는 묵시적 조건'에서 구함으로써, 계약 당시 당사자가 기대할 수 없었던 사정의 변경에 의해 계약목적을 달성할 수 없게 되거나 계약의 이행이 현저히 곤란해진 경우로까지 위 판결의 법리가 확대적용될 수 있었고, 결국 사정변경이라는 신의칙과 관련을 맺게 되었다.

묵시적 조건이론은 1903년의 Krell v. Henry 사건 등 이른바 대관식 사건에서, 계약성립시에 당사자가 기대했던 일정한 사태가 발생치 않음으로 인하여 계약목적의 달성이 불능으로 된 경우에까지 확대되었으며, 이러한 과정을 거쳐서 단순히 목적물이 물리적으로 멸실된 경우뿐만 아니라 계약목적의 달성불능의 경우도 포함하는 상위개념으로서 Frustration의 법리가 형성되었다.

실무상 동일 사안에서 이 두 가지 법리가 중복 주장되는 경우가 종종 있으므로, 미국법상 이 2가지 개념과 그 요건의 구별을 알아보는 것이 우리 민법상 착오 개념을 정립하는 데에도 도움이 될 듯하여, 이는 章을 바꾸어 검토하기로 한다.

Ⅳ. 미국법상 착오(mistake)와 실행불가능(impracticability)의 비교

1. 실행불가능 법리의 성립

위에서 언급하였듯이, 미국법은 20세기 중반에 이르러, 경제적인 불능(즉 사실적으로, 물리적으로 불능인 것은 아니지만, 이를 이행하는 데에 현저히 많은 비용이 들어서 그 이행을 하는 채무자에게 큰 손실이 발생하는 경우)의 경우에도 위 이행불능 법리를 확장하려 시도하였으며, 이것이 바로 실행불가능 법리(impracticability)이다. 즉 미국 법원은 애초 예상보다 이행이 '곤란해진' 경우에 대해서도 이행불능 법리를 적용하는 것이 타당하지 않을까 시도하였는데, 이러한 확장이 필요했던 것은, 극단적인 사례들에 있어서 정의로운 결과를 내놓기 위해서였다. 1952년에 공표된 UCC가 이러한 확장 시도의 선두에 서서, 실행불가능(impracticability) 개념을 조문상에 정면으로 도입하였다.[37)]

37) UCC §2-615. Excuse by Failure of Presupposed Conditions.

Except so far as a seller may have assumed a greater obligation and subject to the preceding section on substituted performance:

(a) Delay in delivery or non-delivery in whole or in part by a seller that complies with paragraphs (b) and (c) is not a breach of his duty under a contract for sale if performance as agreed has been made impracticable by the occurrence of a contingency the non-occurrence of which was a basic assumption on which the contract was made or by compliance in good faith with any applicable foreign or domestic governmental regulation or order whether or not it later proves to be invalid.

Restatement도 채무불이행 정당화 사유로서, 이행불능(impossibility) 개념을 조문화하는 대신, 이를 확대한 실행불가능(impracticability) 개념을 조문화하였다. 제261조, 제262조, 제263조가 실행불가능에 관하여 규정하고 있고,[38] 학자들은 이 조문들의 impracticability는 impossibility를 포함하는 개념이라고 일치하여 해석하고 있다.

한편으로, 신의칙의 파생원칙이라고 할 수 있는 이 실행불가능 개념에 있어서, 그 실행불가능을 야기한 사정을 반드시 계약 후의 사정에만 한정할 이유는 없다는 주장이 대두하여, Restatement는 "기존 사실

(b) Where the causes mentioned in paragraph (a) affect only a part of the seller's capacity to perform, he must allocate production and deliveries among his customers but may at his option include regular customers not then under contract as well as his own requirements for further manufacture. He may so allocate in any manner which is fair and reasonable.

(c) The seller must notify the buyer seasonably that there will be delay or non-delivery and, when allocation is required under paragraph (b), of the estimated quota thus made available for the buyer.

38) Restatement (Second) § 261. Discharge by Supervening Impracticability

Where, after a contract is made, a party's performance is made impracticable without his fault by the occurrence of an event, the non-occurrence of which was the basic assumption on which the contract was made, his duty to render that performance is discharged, unless the language or the circumstances indicate to the contrary.

Restatement (Second) § 262. Death or Incapacity of Person Necessary for Performance

If the existence of a particular person is necessary for the performance of a duty, his death or such incapacity as makes performance impracticable is an event, the non-occurrence of which was a basic assumption on which the contract was made.

Restatement (Second) § 263. Destruction, Deterioration or Failure to Come Into Existence of Thing Necessary for Performance

If the existence of a specific thing is necessary for the performance of a duty, its failure to come into existence, destruction, or such deterioration as makes performance impracticable is an event, the non-occurrence of which was a basic assumption on which the contract was made.

에 기한 실행불가능(Existing Impracticability) 법리"를 제266조 제1항[39]에 별도로 규정하기에 이르렀다. 이에 따라 계약체결시 이미 존재하는 사정을 계약당사자가 인식하지 못한 사안에서, 착오와 실행불가능은 중복적용이 가능하다는 점이 분명해졌다.

그러나 그 후 실행불가능 법리를 확대하는 것은 곤란하다는 견해가 여전히 우세하여, 현재 미국 민사법 학설상으로 실행불가능 법리가 그리 중요하게 다루어지지는 않고 있는 듯하다.[40] 그리고 "기존 사실에 기한 실행불가능(Existing Impracticability) 법리" 역시, 문헌들에서 그다지 다루어지지 않고 있는 것으로 보아서, 착오 법리와의 관계에서 더욱 힘을 잃은 것으로 생각된다.

여기서 잠깐, 미국법상의 실행불가능(impracticability)과 독일에서 말하는 경제적 불능(wirtschaftliche Unmoglichkeit) 개념 사이의 차이를 짚어보는 것이 좋을 듯하다. 독일에서 '이행이 불가능하게 되지는 않았지만 채무자가 이행을 위하여 상당한 경제적 손실을 초래하여야 하는 경우'를 경제적 불능이라고 하는데, 미국법상 실행불가능(impracti-

39) § 266. Existing Impracticability or Frustration

(1) Where, at the time a contract is made, a party's performance under it is impracticable without his fault because of a fact of which he has no reason to know and the non-existence of which is a basic assumption on which the contract is made, no duty to render that performance arises, unless the language or circumstances indicate the contrary.

(2) Where, at the time a contract is made, a party's principal purpose is substantially frustrated without his fault by a fact of which he has no reason to know and the non-existence of which is a basic assumption on which the contract is made, no duty of that party to render performance arises, unless the language or circumstances indicate the contrary.

40) 가령, Chitty on Contracts, Vol. 1., General Principles, Sweet & Maxwell은 방대한 내용에도 불구하고 impracticability를 거의 설명하지 않고 impossibility 위주로 설명을 할 뿐이며, Treitel, The Law of Contract, 12th ed., Sweet & Maxwell 같은 표준적인 교과서도 짧은 설명 중에 '거의 인정되기 어려운 항변'이라고 언급하고 있다.

cability)은 그런 경제적 불능에만 한정되는 것은 아니므로, 양자가 상당 부분 겹치기는 하지만 후자가 전자를 포함하는 개념이라고 보인다. 일찍이 독일에서 1904년의 제국법원 판결에서 경제적 불능이 불능으로 인정된 바 있으나, 그 후 1922년 제국법원은 경제적 불능의 원칙을 포기하고 여기에 해당할 수 있는 사안들을 행위기초의 상실로 취급하였다(이제 독일에서는 BGB 제313조가 경제적 불능 사안에서 경우에 따라 적용될 것이다). 즉 양자 모두 신의칙에서 파생한 개념들로서, 이제는 미국법상 실행불가능 개념과 독일의 행위기초론이 각각 유사한 영역에서 작용하는 것으로 생각된다.

2. 실행불가능 항변이 성립하기 위한 요건

미국법상 실행불가능(impracticability) 법리가 적용되기 위한 요건은 다음의 4가지로 정리해 볼 수 있다.[41]

(1) 원래 예정된 방식으로 이행하는 것이 'impracticable'하여야, 즉 극히 곤란하여야 한다.

계약의 이행이 불가능(impossible)하다는 점, 가령 특정인의 급부를 필요로 하는 경우에 그 사람의 사망, 그리고 화재, 질병, 운하차단, 정부통제로 인한 불능 등 '불가능' 사유는 비교적 분명하다. 그러나 'impracticable'한지 여부는 그 정도(degree)에 따라 판단되는 것이어서 명확한 설명을 하기가 어렵다. 적어도 단순한 비용증가는 여기에 해당하지 않는다는 점은 분명하다. 그리고 실행불가능(impracticability)은 주관적인 것이 아니라 객관적인 것이어야 한다.

(2) 이행을 실행불가능하게 만든 그 이벤트(event)가 이를 주장하

---

41) Claude d. Rohwer, Gordon D. Schaber, Contracts 4^{th}ed., West Nutshell Series, 383면 이하 및 Treitel, The Law of Contract, 12^{th}ed., Sweet & Maxwell, 940면 이하 참조.

려고 하는 당사자의 고의, 과실 없이 발생하였어야 한다.

(3) 그 이벤트가 발생하지 않으리라는 것이 계약체결의 전제였어야 한다.

이 점에 관해서는 UCC §2-615, Comment 4가 설명하고 있다. 매매계약에 있어서 매매목적물의 장래의 가격변동은 당연한 것이다. 이행기를 장래로 하는 매매계약을 체결하는 기본적인 이유는 자신을 장래의 가격변동으로부터 보호하기 위한 것이며, 계약의 양 당사자는 가격이 변동하리라는 점을 잘 알고 있다. 따라서 상당히 큰 가격변동이 발생하더라도, 그 미발생은 계약체결의 전제가 아니라고 보아야 한다. 가격변동 외의 시장상황 변화 중에서는 계약체결의 전제가 되는 사항이 있을 수 있다. 예컨대 원료의 심각한 부족으로 생산이 불능한 경우 등이 그것이다.

(4) 그 항변을 주장하는 당사자가 지금 주장하는 이벤트의 위험을 계약 당시에 인수하지 않았어야 한다.

3. 실행불가능 항변을 받아들인 대표적인 판결례들

위에서 언급하였던 Aluminum Company of America v. Essex Group Inc, 499 F Supp 53 (WD Pa, 1980) 판결 외에, 실행불가능(impracticability) 항변을 인정한 판례로서 대표적인 것으로는 (1) Mishara Construction Company, Inc v. Transit-Mixed Corp, 310 NE2d 363 (Mass, 1974), (2) Asphalt International, Inc v. Enterprise Shipping Corp, S.A., 667 F2d 261 (CA 2, 1981), (3) Selland Pontiac-GMC, Inc v. King, 384 NW2d 490 (Minn App, 1986) 등이 있다.

이들 사례 외에 실행불가능 항변을 배척한 판결례는 많으나, 받아들여준 판결례는 드물고, 또한 이는 타당한 태도라고 생각된다.

4. 미국법상 착오 법리와 실행불가능 법리의 차이점

미국법상 설명되는, 착오(mistake) 법리와 실행불가능(impractica-bility) 법리 사이의 차이점을 요약해 보면 다음과 같다.[42]

첫째, 착오가 성립하려면, 계약 당사자가 그 계약체결 당시 존재한 사실에 관하여 잘못된 인식을 가졌어야 한다. 미래 상황에 대한 잘못된 믿음은 예측오류일 뿐이고, 이를 이유로 구제받아야 한다는 주장을 할 수는 없다. 따라서 착오 이론은 계약체결 전의 상황에만 관련된다. 반면에 실행불가능(impracticability) 법리에는 그런 제한은 없다. 이행을 실행불가능하게 만드는 이벤트가 계약체결 전에 발생하였는지, 후에 발생하였는지는 문제되지 않는다. 그러므로, 실행불가능 주장을 하는 당사자는 자신의 이행에 대한 장애가 계약체결 당시에 이미 존재한 사실관계로부터 발생하였음을 입증할 필요가 없다.

두 번째 차이는, 착오가 이행에 미치는 영향과, 실행불가능을 야기하는 이벤트가 이행에 미치는 영향 사이의 차이이다. 이 차이를 보면 착오 법리가 받아들여지는 경우가 더 많음을 알 수 있다. 착오 주장을 하는 자는 그 착오가 자신의 이행에 중대한 영향(material effect)을 미쳤음을 입증해야 한다고 설명되지만, 이 중대성은 그 착오 때문에 계약상 합의된 서로간의 급부 사이에 "중대한 불균형"이 발생하였다는 점만 보여주면 족하다. 즉 일반적으로, 계약상의 교환이 일방 당사자에게 상당히 더 이득이 되고, 다른 당사자에게 상당히 덜 이득이 되는 쪽으로 변화하였다는 점만 보여주면 충분하다. 따라서 쌍방의 급부의 금전적 가치에 중대한 변화가 생겼다는 점만으로 구제가 정당화될 수 있다.

---

42) E, Allan Farnsworth, Julia L. Brickell and Stephen P. Chawaga, Relief for Mutual Mistake and Impracticability, 1 Journal of Law and Commerce 2 (1981), 26면 이하 참조. 여기서 논의되는 착오는 주로 "쌍방의 착오"이다.

반면에 실행불가능을 이유로 구제를 받으려면, 당사자는 그 실행불가능을 야기한 이벤트가 이행을 불가능 또는 거의 불가능하게 만들었음을 입증하여야 한다. 예컨대, 계약에서 발생할 금전손실은 구제를 정당화하기에 충분하지 않다.

세 번째 차이점은, 상황이 인식했던 것과 다르다는 점을 알지 못한 귀책사유가 있는 당사자에 대하여, 어떤 경우에 법원이 구제를 허용하는가에 관해서이다. 착오의 경우에는, 그 착오에 중대한 과실(gross negligence)이 있는 경우에만 구제를 거부한다. 반면에, 실행불가능에 있어서는, 이행이 이미 실행불가능하다는 점을 확인하지 못한 과실이 있으면,[43] 구제를 받지 못하는 것으로 보인다.[44]

위와 같이 차이점을 검토해 보면, 미국 법원은, 실행불가능 사례임을 주장·입증하는 경우보다 착오 사례임을 주장·입증하는 당사자에 대하여 —그가 착오의 위험을 인수한 것이 아니라면— 더 많은 구제를 허용한다는 점을 알 수 있다. 이런 태도가 분명히 드러나는 부분이, 법원이 구제를 부여함에 있어서 요구되는 당사자의 불이익의 정도를 착오에 있어서 낮게 본다는 점, 그리고 장애를 인식하지 못한 잘못에 관하여 다른 정도를 적용한다는 점이다.

왜 그런가에 대한 답변은 분명하다. 즉 그 차이는 계약의 본질에서 나온다. 계약이라는 것은 미래의 행위를 다루는 것이고, 미래에 가야 알 수 있는 위험을 예측함에 있어서의 잘못은 스스로 책임져야 하는 것

43) 채무자가 "existing impracticability"를 주장하는 경우에만 이런 사례가 가능하다. 위에서 본 바와 같이 impracticability 항변은 그 이벤트의 발생에 관하여 원래 시간적 제한이 없지만, 대부분의 경우는 계약 후의 사정변경을 이유로 하고 있고, 예외적으로만 이미 존재하였던 사정에 의한 impracticability 가 주장된다.

44) E, Allan Farnsworth, Julia L. Brickell and Stephen P. Chawaga, Relief for Mutual Mistake and Impracticability, 1 Journal of Law and Commerce 2 (1981), 27면.

이다. 미국법하에서도, 잘못된 예측이 구제받는 경우는 가장 극단적인 상황에서뿐이다. 즉 과거에는 "이행불능"(impossibility)이 문제되는, 그리고 이제는 "실행불가능"(impracticability)이 문제되는 극단적인 상황에서만 잘못된 예측이 구제받을 수 있으며, 이행불능이나 실행불가능이 구제받는 경우는 실무상으로도 아주 드물다.

V. 착오 규정의 개정안에 관하여

우리나라 민법상 착오 조항이 기능을 발휘하려면, 입법에 기대하는 것이 최선이다. 지금까지는 민법 제109조가, 실무상 대부분의 사례인 동기착오 문제에 관하여 요건 제시기능을 하지 못함으로 인하여, 실무는 착오 문제를 거의 신의칙 문제 수준으로, 즉 전체 상황을 종합하여 대충 결론을 내리는 수준으로 처리하고 있는 듯한 느낌마저 든다.

종전 민법개정위원회에서[45] 제109조를 담당한 제1소위원회에서 제109조에 대한 개정심의가 있었고, 처음 제안된 개정은 다음과 같다.

제109조 ①: 현행과 동일.

② 당사자 또는 물건의 성상에 관한 착오도 거래상 중요한 의미가 있는 것으로 인정될 때에는 제1항을 적용한다.

③ 현행 제109조 제2항과 같고, 다만 "전항"을 "제1항 및 제2항"으로 수정함.

제109조의2(신설): ① 제109조에 의하여 의사표시를 취소한 자는 상대방이 그 의사표시의 유효함을 믿었기 때문에 받은 손해를

---

45) 2004년에 민법개정안을 제출한 민법개정위원회를 가리킨다. 현재 운영되고 있는 제2차 민법개정위원회에서는 아직 민법 제109조에 대한 개정안이 정식으로 발표되지 않았다.

배상하여야 한다. 그러나 그 배상액은 의사표시가 유효한 경우에 생길 이익액을 넘지 못한다.

② 제1항의 규정은 상대방이 표의자의 착오를 알았거나 알 수 있었을 경우에는 적용하지 아니한다.

위 개정안은 주로 독일민법의 조문내용을 반영한 것에 불과하다(독일민법의 착오규정이 문제해결능력이 부족하다는 점은 위에서 본 바와 같다). 즉 위 개정안 제109조 제2항은 독일민법 제119조 제2항을, 제109조의2는 독일민법 제122조를 참조한 것이다. 이에 대하여 새로운 개정안이 제출되었고 그 내용은 아래와 같다.[46)]

제109조: ① 상대방 있는 의사표시는 법률행위의 내용 또는 그 동기의 중요한 부분에 착오가 있고, 다음 중 어느 하나에 해당할 때에는 취소할 수 있다.

1. 그 착오가 상대방에 대하여도 중요한 의미가 있을 때
2. 상대방이 표의자의 착오를 알았거나 알 수 있었을 때
3. 상대방이 그 착오의 원인을 제공한 때

② 무상행위는 법률행위의 내용 또는 그 동기의 중요한 부분에 착오가 있으면 취소할 수 있다.

③ 현행 제109조 제2항과 같고, 다만 "전항"을 "제1항 및 제2항"으로 수정함.

후자의 개정안은, 동기의 착오를 포섭하고 있고 외국의 현대 입법

46) 윤진수, 민법상 착오규정의 입법론적 고찰: 민법개정위원회에서의 소수의견, 이십일세기 한국민사법학의 과제와 전망: 심당 송상현 교수 화갑기념논문집 (2002. 01) 37면.

례들의 태도와 마찬가지로 상대방의 인식 및 기여를 주요 요건으로 포섭하고 있어서 훨씬 우월한 문제해결능력을 보여준다고 할 수 있다. 그러나 이 후자의 개정안은 민법개정위원회 전체회의에서 3인[47]의 지지밖에 얻지 못하여, 전자의 안이 최종 개정안으로 채택되었다.[48] 아직 우리나라에서 현행 제109조의 기능 부전이 덜 심각하게 인식되어서 그런 것이 아닐까 생각해 본다.

필자의 생각으로는 위 후자의 개정안이 기본적으로 타당하다. 그에 더하여, 법률행위 당시에 이미 존재하는 사항에 관한 잘못된 인식만이 착오에 해당한다는 (PECL, PICC 등에서 규정되어 있는) 착오의 개념에 관한 규정이 추가로 개정안에 포함되어서, 실무가들의 개념 혼란을 제거해 주기를 희망한다.

Ⅵ. 결　　론

槪念은 思考를 결집하는 노드(node)이다. 개념의 명료화 없이는 사고가 명료화되지 않는다. 우리 민법상 착오 개념은 명료화되어 있지 못하였다. 다른 한편 법률상의 '개념'은 실제 문제를 해결하는 데에 이바지하여야 한다. 그러나 우리 민법상 착오 개념은 문제해결에 이바지하고 못하고 있다.

우리 민법상 착오 개념을 명료화하는 첫번째 작업은 '장래 기대' 문제를 착오에서 모두 걷어내는 일이 되어야 한다. 장래 기대 문제와 기존사실 인식 문제를 명확히 분리하여, 착오 법리가 문제되는 사안과 사정변경 원칙 등 신의칙류의 법리가 문제되는 사안을 구별하여야, 법

47) 후자의 개정안의 제안자인 윤진수 위원 및 양창수 위원, 이상경 위원.

48) 그러나 주지하듯이 이 민법개정안은 제17대 국회의 임기만료로 자동폐기되었고, 현재 제2차 민법개정위원회가 운영되고 있다.

률요건 인식에서 혼란이 발생하지 않는다.

그리고 현행 착오규정의 문제점(현행민법이 착오로 인한 취소를 인정하는 범위가 한편으로는 너무 좁고 다른 한편으로는 너무 넓다는 점)을 분명하게 인식한다면, 착오 규정 민법개정안은 한편으로는 동기의 착오를 포섭하여야 하고 다른 한편으로는 상대방의 인식 및 기여를 주요 요건으로 포섭하여야 하며, 또한 법률행위 당시에 이미 존재하는 사항에 관한 잘못된 인식만이 착오에 해당함을 선언함으로써, 착오의 개념규정을 명백히 하여야 한다.

履行拒絕의 法理

신 동 현*

Ⅰ. 서

다소간의 편차가 있긴 하지만 다른 법분야와 마찬가지로 민사적 법률관계에 관한 규율 역시 사회·문화의 변화와 새로운 거래유형이나 영역의 등장 등을 발전의 동력으로 삼는 경우가 종종 발견된다. 그러나 한편으로는 기존의 법적 규율이나 이론체계가 새로이 검토되고 재정립될 필요성이, 종래의 것과 구별되는 새로운 거래 유형이나 영역의 등장 등에 기인하기보다 이미 존재하고 있던 법현상에 대한 숙고와 체계내부의 검토에 의하여 촉발되는 경우도 많이 있음은 주지의 사실이다. 그러한 숙려와 재정립은 학자들의 이론적 성찰의 모습으로 나타나기도 하고 재판례 또는 법실무에서의 규율의 형태로 나타나기도 한다.

본고에서 검토하고자 하는 이행거절의 법리는 새로운 법현상의 등장이라기보다는 이미 예전부터 존재하였지만 다른 채무불이행의 현상과 구별하여 주목하지 않았던 법적 문제에 대한 새로운 체계화의 시도에 해당하는 것으로 볼 수 있다. 특히 우리나라에 있어 이행거절에 관한 규율은 주로 재판례를 통해 어느 정도 독자적인 법리를 형성하여 가는 중이고 이행거절에 관한 이론적 성찰은 그리 오래되지 않은 것으로 보인다.1)

---

* 한림대학교 법행정학부 조교수.

이행거절과 관련되는 문제는 우리나라에만 고유한 현상은 아니고 채권관계를 규율하는 모든 법제에 공통된 것으로서 각 나라마다 대비되는 연혁적 발전과 규율체계를 보이고 있으므로 그에 관한 상세한 비교법적 고찰이 우리나라에서의 이행거절의 법리에 대한 논의에도 많은 도움이 될 것이 분명하지만 사정상 그러한 비교법적 고찰은 다음으로 미루기로 하고,[2] 본고에서는 주로 우리나라에서의 논의와 재판례를 중심으로 이행거절의 법리를 고찰하고자 한다. 그리하여 이하에서는 먼저 이행거절에 관한 우리 학계에서의 이론적인 논의를 간략히 살펴본 후 재판례에 나타난 이행거절의 법리를 고찰하는 순서로 논의를 진행하고자 한다.

Ⅱ. 이행거절에 관한 이론적 논의

1. 채무불이행으로서의 이행거절

채무불이행으로서의 이행거절이란 채무자가 채무의 이행이 가능함에도 이를 행할 의사가 없음을 채권자에 대하여 진지하고[3] 종국적으로 표시하여 객관적으로 보아 채권자로 하여금 채무자의 임의의 이행을

---

1) 이행거절에 관한 학계에서의 본격적인 논의는 梁彰洙, 民法入門, 博英社, 1991, 182면 이하; 民法注解 〔Ⅸ〕, 博英社, 1995, 311면 이하(梁彰洙 집필); 梁彰洙, "獨自的인 債務不履行類型으로서의 履行拒絕", 民法學論叢·第二(厚巖郭潤直先生古稀紀念), 博英社, 1995, 162면 이하에서 비로소 나타나는 것으로 보인다.

2) 이행거절에 관한 비교법적인 개관으로는 무엇보다 梁彰洙, "獨自的인 債務不履行類型으로서의 履行拒絕", 民法研究 第4卷, 博英社, 1997, 122-131면과 成升鉉, "履行期 前의 履行拒絕과 民法 第544條 但書", 法曹 제53권 제4호, 法曹協會, 2004, 130-169면; 成升鉉, "韓國民法에서의 履行拒絕制度와 그 비교법적 고찰", 民事法研究 제15집 제1호, 大韓民事法學會, 2007, 41-60면을 참조.

3) 재판례에 대한 고찰부분에서 확인하게 되는 바와 같이 판례는 이행거절의 개념과 관련하여 '진지하고'라는 표현대신 '명백히'라는 표현을 주로 사용하고 있다. 이에 관해서는 이하의 Ⅲ. 2.에서 살펴보기로 한다.

더 이상 기대할 수 없게 하는 행태를 말한다.[4)]

이행거절은 채무자의 명시적인 의사표시에 의해서도 가능하고 이행거절의 의사표시를 추단할 수 있는 채무자의 행태(Verhalten)에 의해서도 가능하며 여러 가지 기준에 의하여 이행거절의 유형을 분류해 볼 수도 있지만, 이행거절의 분류 중에서 주로 의미가 있는 것은 이행기 도래를 기준으로 한 이행기 도래 전의 이행거절과 이행기 도래 후의 이행거절로의 구분이다.[5)]

이행거절의 채무불이행유형으로서의 독자성을 부정하는 입장은 이행기 후의 이행거절을 이행지체의 특수한 유형으로 보아 이행지체에 관한 민법의 규정을 적용할 수 있고 또한 이것을 이행기 전 이행거절에도 확대적용(유추적용)하는 것으로 충분하다고[6)] 하는 반면에, 채무불이행유형으로서의 독자성을 인정하는 입장은 이행거절이 독자적인 불이행유형으로 자리잡을 수 있느냐는 주로 이행기 전의 이행거절에 어떠한 법률효과를 인정할 것인가에 달려 있는 문제라고 하여 이행기 전의 이행거절의 문제에 중점을 두는[7)] 차이를 보인다. 가령 전자의 입장 중에는 "보통 이행거절은 채무자가 이행기를 도과한 후에 이행을 거절하는 것이 일반적 모습"[8)]이라고 하는 서술을 하고 있음에 반해, 후자의 입장 중에는 "이행기 후의 이행거절이 오히려 이행거절의 특수한 경우가 될 것이다"[9)]라고 서술하고 있음을 발견할 수 있다.

---

4) 梁彰洙(註 2), 121면.

5) 김상용, "채무불이행 책임의 체계에 관한 비교고찰(2)", JURIST 통권 제380호, 청림인터렉티브, 2002, 85면.

6) 金亨培, 債權各論[契約法], 新訂版, 博英社, 2001, 263면; 池元林, "債務不履行의 類型에 관한 硏究", 民事法學 제15호, 韓國民事法學會, 1997, 399−400면.

7) 金東勳, "債務不履行의 類型에 따른 契約解除 法理의 재구성", 人權과 正義 통권 제328호, 大韓辯護士協會, 2003, 69면; 成升鉉, "履行期 前의 履行拒絶과 民法 第544條 但書", 法曹 제53권 제4호, 法曹協會, 2004, 169−170면; 梁彰洙(註 2), 135면.

8) 金亨培(註 6), 262면.

그러나 이행거절의 독자성을 부정하는 입장에서도 채무자가 이행기 전에 채무내용의 실현을 거부하는 경우에는 신의성실의 원칙에 기초하여 채권자가 이행기까지 기다리지 않고 이행의 최고 없이 계약을 해제하고 손해배상을 청구할 수 있다고 하거나,[10] 민법 제544조 단서의 확대해석을 통하여 이행기 전이라도 최고 없이 해제권이 발생한다고 하고 있으므로,[11] 결국 채무자의 이행거절이 채권자에게 계약해제권이나 손해배상청구권을 발생시키는 채무불이행에 해당한다는 점에 대해서는 이행거절의 독자성을 인정하는 입장과 부정하는 입장 간에 차이가 없다고 할 수 있을 것이다.[12]

2. 채무불이행의 한 유형으로서의 독자성 여부

민법 제390조는 채무불이행에 관하여 '債務者가 債務의 內容에 좇은 履行을 하지 아니한 때'라는 추상적인 표현을 사용함으로써 채무불이행의 태양에 관하여 포괄조항주의(일반조항주의)를 채택하였음에도 불구하고, 우리 학계에서는 독일과 일본 민법학의 영향에 따라 채무불이행의 모습을 이행지체·이행불능·불완전이행의 세 가지로 나누는 것이 일반적인 견해였다.[13] 그러나 그러한 세 가지의 채무불이행의 모습 중의 어느 것에도 속하지 않지만, 역시 일종의 채무불이행으로서 처리하는 것이 적절한 경우들이 밝혀지기 시작하였고, 이행거절 또한 그러

9) 金東勳(註 7), 69면.

10) 金亨培(註 6), 262－263면; 김형배·김규완·김명숙, 민법학강의: 이론·판례·사례, 제11판, 신조사, 2012, 923면.

11) 池元林, 民法講義, 第10版, 弘文社, 2012, 1032면.

12) 김은엽, "채무불이행의 유형으로서의 이행거절과 이행거절의 판단", 不動産訴訟(실무자료 제4집), 유로, 2010, 584면.

13) 郭潤直, 債權總論, 第6版, 博英社, 2011, 75면; 註釋民法[債權總則(1)], 第3版, 韓國司法行政學會, 2000, 417－418면(李銀榮 집필); 註釋民法[債權總則(1)], 第3版, 韓國司法行政學會, 510면(崔興燮 집필).

한 유형에 해당할 것인지가 문제되고 있다. 그리하여 이행거절에 관한 학계에서의 논의는 주로 이행거절이 독자적인 채무불이행의 한 유형으로서 인정될 수 있을 것인가 아니면 기존의 채무불이행유형에 포함될 수 있겠는가를 중심으로 이루어지고 있다.

(1) 채무불이행의 독자적 유형임을 부정하는 입장

먼저 이행거절은 이행지체라는 불이행유형에서 발생되는 특수한 현상형태로 파악하는 것이 보다 순리적이라는 견해[14]가 있다. 즉 이행거절은 실현가능한 이행을 지체하는 사안을 전제로 하여 발생된 현상에 지나지 않으며, 이행지체와 무관하게 독자적인 의미를 가지는 것이 아니라고 한다. 그리고 보통 이행거절은 채무자가 이행기를 도과한 후에 이행을 거절하는 것이 일반적 모습이며 이행기 이전의 채무자의 이행거절에 대해서도 이행기 후의 이행거절에 관한 법리를 확대적용(유추적용)하는 것으로 충분할 것이므로 이행거절 자체는 이행지체라는 유형 속에서 발생되는 특수한 경우로 파악해야 한다는 것이다.

다음으로 채무불이행의 체계에 관한 종래의 통설적 입장인 '폐쇄적 3유형론'을 비판함과 동시에 '열린 유형론'을 취할 것과 채무불이행의 중심이 이행불능에서 이행지체로 옮겨져야 함을 주장하지만,[15] 이행거절은 이행지체의 하부유형으로 파악해야 한다는 견해[16]가 있다. 이 견해는 채권자의 의사 또는 이익이라는 관점에서 접근한다면 이행거절은 여전히 이행이 가능함에도 불구하고 장차 이행기가 도래하면 채권자가 급부의 실현을 강제(민법 제389조)할 수 있다는 점에서 이행지체와 본질적 차이가 없다는 것이다. 다만 이행거절에서는 일반적인 이행지체에서와는 달리 채무자가 이행기의 도과 여부에 관계없이 이행거절의

14) 金亨培(註 6), 2001, 263면.
15) 池元林(註 6), 379-380면, 386면.
16) 池元林(註 6), 399-400면.

의사를 진지하고 종국적으로 표시하였다는 부수적인 점에 특수성이 있으므로 그에 대한 배려가 있어야 하는바, 이행기를 기다려 강제이행을 할 수도 있지만 그에 갈음하여 비록 이행기 전이라 하더라도 민법 제395조의 최고 등이 없이 전보배상을 청구할 수 있고 민법 제544조 단서의 확대해석을 통하여 이행기 전이라도 해제권이 발생할 수 있다는 정도의 의미를 부여하는 것으로 족할 뿐, 별도의 불이행유형으로 인정할 실익은 없다고 한다.

또한 채무자의 의무에는 급부의무와 기타의 행위의무가 있으므로 채무불이행은 크게 급부의무 위반과 기타의 행위의무 위반으로 나눌 수 있다는 전제하에, 기타의 행위의무 위반은 하나의 유형으로 다루면 되므로 논리상 채무불이행의 유형으로는 이행지체 · 이행불능 · 불완전급부 · 기타의 행위의무의 위반의 네 가지만 있으며 그 밖의 유형은 인정될 수 없다는 견해[17]가 있다. 이 견해 역시 이행거절은 급부의무 위반의 한 유형에 해당하는 이행지체의 특수한 경우인 것으로 보고 있다.

이상에서 살펴본 견해들은 이행거절을 이행지체의 한 형태로 파악하고 있으므로 이행거절의 독자성을 인정하는 견해들에서와 같이 이행거절의 법적 근거를 이행지체 관련 규정과 별도로 찾아야 할 필연성은 없다고 할 것이다. 그리하여 대체로 이행거절의 문제는 민법 제544조 단서의 확대적용(유추적용)에 의하여 해결할 수 있는 것으로 보고 있다.

(2) 채무불이행의 독자적 유형으로 인정하는 입장

먼저 비교법적인 뒷받침과 실제적인 이유 및 우리 민법전 자체에서의 端緖 등을 기초로 이행거절의 독자성을 인정할 수 있다는 견해[18]가 있다. 즉 채무자의 의사에 기한 임의이행의 불실현에 해당하는 이행

17) 송덕수, 新민법강의, 제5판, 박영사, 2012, 994면.

18) 梁彰洙, "1993년 民法 判例 槪觀", 民法硏究 第3卷, 博英社, 1995, 492면; 同(註 2), 122면, 132－133면, 143－147면.

거절은 이행불능 중 주관적 불능과 유사성을 가지므로 그 법률효과에 있어서도 채무가 이행불능이 된 것과 같은 구제수단이 부여되어도 좋을 것이라 하여 이행지체와 구별하는 한편, 채권자가 여전히 강제이행을 청구할 수 있어야 한다는 점에서 이행거절은 이행불능과도 구별된다고 한다. 또한 거래의 실제를 보더라도 이행거절의 경우에 이행기를 기다리지 않고 바로 불이행을 인정할 필요가 있으며, 채무불이행에 관한 일반조항주의를 취하고 있는 민법 제390조와 이행지체에 관한 제544조 단서 및 제395조, 그리고 이행제공에 관한 제460조가 이행거절을 독자적인 불이행유형으로 파악하는 데 실정법적인 端緖가 될 수 있을 것이라 한다.[19)]

다음으로 우리 민법이 제390조의 채무불이행에 관한 포괄적인 규정으로 인해 채무불이행유형의 전개에 대하여 열린 태도를 취하고 있는 데서 이행거절의 법적 근거를 찾고 이행거절로 인한 계약해제의 법리가 풍부한 판례의 집적으로 판례법을 이루어 이행거절이 이행불능, 이행지체에 이어 독자적인 제3의 해제사유의 유형으로 자리잡고 있다는 견해[20)]가 있다. 즉 이행거절을 이행불능 및 이행지체와 구별되는 독자적인 유형으로 구분하는 가장 큰 실효성은 해제의 행사요건의 차이에 있어서, 이행지체에 있어서는 최고를 요하는 반면 이행거절의 경우에는 최고가 필요하지 않으므로 이행거절은 이행지체와 구별되고, 이

19) 한편 梁彰洙(註 2), 147면은 이행거절이 채무불이행의 독자적인 유형으로서 고유한 의미를 가지는 것은 주로 이행기 전의 이행거절의 경우여서 이행기 후의 이행거절은 많은 경우에 이행지체에 관한 규정들(민법 제395조, 제544조 등)을 합목적적으로 해석하여 이행불능의 법리에 근접시킴으로써 적절하게 처리할 수도 있을 것이라는 점을 일단 인정하지만, 이어서 일단 이행거절이 독자적인 불이행유형으로 인정되는 경우에는 그러한 일종의 '內部細工'이 불필요하고 단적으로 이행거절의 법리로써 처리할 수 있다고 함으로써 이행거절의 독자성 인정이 이행기 후의 이행거절에 있어서도 의미가 있는 것임을 밝히고 있다.

20) 金東勳(註 7), 68-69면; 同, "이행거절의 철회와 계약해제", JURIST 통권 제411호, 청림인터렉티브, 2006, 266면.

행불능의 경우에는 이행불능시에 계약이 실질적으로 자동 해소되는 데 비해 이행거절에 있어서는 해제권의 행사가 있어야 하는 차이점과 이행거절의 경우에는 이행거절의 의사표시를 철회할 가능성이 열려 있다는 점에서 이행거절이 이행불능과도 구별되는 독자적인 유형이 되고 있다고 한다.

또한 이행거절이 독자적인 유형으로 인정될 수 있을 것인지는 민법의 입법자가 이행거절의 유형에 대하여 가졌던 입법의도의 탐구로부터 출발하여야 한다고 하여 민법 제544조 단서규정의 입법과정을 검토한 후 해석론을 거쳐 이행기 전 이행거절은 채무불이행유형으로서의 독자성을 갖는 것이라고 하는 견해[21]가 있다. 즉 현재의 민법 제544조 단서규정에 해당하는 민법초안 제533조의 단서에 관한 민법안심의록의 내용[22]을 살펴보면 민법의 입법자는 이행거절로 인하여 계약을 해제하고자 하는 경우에 최고를 요하는 것이 부적절한 것이라 판단하여 이행거절법리를 민법에 수용한 것으로 볼 수 있다고 한다.[23] 따라서 민법 제544조 단서규정은 이행기 후의 이행거절의 경우에 직접 적용되어야 하지만 이행기 전 이행거절에는 적용될 수 없고 이행기 전 이행거절은 이행지체 및 이행불능과 엄격하게 구분되므로 독자성이 인정되어야 하며 이에 대해서는 제544조 단서와 제390조 등이 유추적용되어야 한다고 한다.

21) 成升鉉(註 7), 170－174면.

22) 民法案審議錄 上卷, 國會民議院事務處, 1957, 316－317면.

23) 참고로 1950년대의 우리 입법자가 과연 이행거절문제를 전혀 모르고 채무불이행법을 만들었는지는 의심스럽다고 하면서 민법 제544조 단서를 예로 들어 이는 舊民法(일본민법)에는 없던 규정으로서 분명 이행거절문제를 예상하고 둔 신설규정으로 보인다는 지적으로는 註釋民法[債權總則(1)], 第3版, 韓國司法行政學會, 2000, 514면(崔興燮 집필).

3. 소 결

이상에서 이행거절이 독자적인 채무불이행유형이 될 수 있을 것인지에 대한 견해의 대립에 관하여 살펴보았다. 그러나 이행거절이 이행지체의 한 유형에 불과하다고 평가하는 견해들도 이행거절의 채무불이행으로서의 성격을 부정하고 있는 것은 아니라는 점은 이미 전술한 바와 같다. 또한 우리나라에 있어 이행거절법리의 형성은 주로 판례의 전개를 통하여 이루어졌으며,[24] 학계의 이론적 성찰은 주로 이행거절의 채무불이행유형으로서의 독자성에 관한 것이었음도 역시 전술하였다. 이행거절에 독자성을 인정할 수 있을 것인지는 이행거절유형이 기타의 채무불이행유형, 즉 이행지체, 이행거절 등과 그 요건이나 효과에 있어 차이가 있는지가 관건이 될 것이다. 그리고 그러한 판단은 결국 이행거절법리가 구체적으로 나타나고 있는 재판례의 분석을 통해 가능하게 될 것이다. 따라서 이하에서는 재판례에 나타난 이행거절의 모습을 살펴본 후 이행거절법리에 관하여 판단해 보고자 한다.

Ⅲ. 재판례에 나타난 이행거절의 법리

1. 이행거절법리의 전개

이행거절은 이행기의 도과를 기준으로 이행기 전의 이행거절과 이행기 후의 이행거절로 구분할 수 있으며 채무불이행유형으로서의 독자성이 주로 논의되고 있는 것은 이행기 전의 이행거절이라는 점은 전술한 바와 같다. 이행거절에 관한 재판례를 살펴보면 두 가지 유형 모두에 대하여 이행거절의 법리가 전개되고 있음을 확인할 수 있다.

24) 무엇보다 중요한 것은 판례가 전개하고 있는 이행거절의 법리이며 이는 실제적으로도 극히 중요한 기능을 한다는 지적으로는 梁彰洙(註 2), 133면.

가령 대법원 1992. 9. 14. 선고 92다9463 판결[25]은 "쌍무계약인 부동산 매매계약에 있어 매수인이 이행기일을 도과한 후에 이르러 매도인에 대하여 계약상 의무 없는 과다한 채무의 이행을 요구하고 있는 경우에는 매도인으로서는 매수인이 이미 자신의 채무를 이행할 의사가 없음을 표시한 것으로 보고 자기 채무의 이행제공이나 최고 없이도 계약을 해제할 수 있다 할 것이다(下線은 필자 추가, 이하 동일)"라고 하여 이행기 후의 이행거절에 관하여 판시하고 있으며, 부동산 매도인이 중도금의 수령을 거절하였을 뿐만 아니라 계약을 이행하지 아니할 의사를 명백히 표시한 경우 매수인은 신의성실의 원칙상 소유권이전등기의무 이행기일까지 기다릴 필요 없이 이를 이유로 매매계약을 해제할 수 있다고 한 사안에 해당하는 대법원 1993. 6. 25. 선고 93다11821 판결[26]과 "계약상 채무자가 계약을 이행하지 아니할 의사를 명백히 표시한 경우에 채권자는 신의성실의 원칙상 이행기 전이라도 이행의 최고 없이 채무자의 이행거절을 이유로 계약을 해제하거나 채무자를 상대로 손해배상을 청구할 수 있고, 채무자가 계약을 이행하지 아니할 의사를 명백히 표시하였는지 여부는 계약 이행에 관한 당사자의 행동과 계약 전후의 구체적인 사정 등을 종합적으로 살펴서 판단하여야 한다"라고 판시하고 있는 대법원 2005. 8. 19. 선고 2004다53173 판결[27]은 이행기 전의 이행거절에 관한 사안에 해당한다.

후술하는 Ⅳ. 1. 이하에서 살펴보겠지만 민법 제544조 단서에 관한 민법안심의록의 내용에 비추어 생각해 보면 이미 민법의 입법 당시에도 이행기 후의 이행거절에 관한 문제에 관하여 이행거절법리를 염두에 두고 있었던 것으로 보인다. 그리고 이행기 전의 이행거절의 문제를

25) 대법원 1992. 9. 14. 선고 92다9463 판결(공1992, 2872).
26) 대법원 1993. 6. 25. 선고 93다11821 판결(공1993하, 2111).
27) 대법원 2005. 8. 19. 선고 2004다53173 판결(공2005하, 1498).

포함하는 이행거절법리가 일반적으로 적용될 수 있는 법리로서 제시된 것은 그 이유를 뒷받침하고 있는 논거를 명확하게 들고 있는 점에 비추어 볼 때 적어도 이미 언급한 바 있는 대법원 1993. 6. 25. 선고 93다11821 판결로 볼 수 있는 여지도 있을 것이다.[28)]

즉 당해 판결은 "원심이 위와 같은 사실을 인정하고 이에 터잡아 위 피고는 중도금의 수령을 거절하고 계약을 이행하지 아니할 의사를 명백히 표시한 것이라고 판단한 것은 옳다(당원 1990.11.23. 선고 90다카14611 판결 참조). 또한 권리의 행사와 의무의 이행은 신의에 좇아 성실히 하여야 하는바, 민법은 채권자가 목적물의 수령을 지체하는 경우 채무자가 이를 공탁하거나 자조매각할 수 있는 제도를 마련하고 있지만(제487조, 제490조 참조), 이는 채무자가 계약내용을 유지하려고 할 때에만 사용할 수 있을 뿐이어서 이 제도들만으로는 채무자의 보호에 불충실하므로, 채권자에게 계약을 이행할 의사가 전혀 없고 채무자로서도 그 계약관계에서 완전히 벗어나기를 원한다면 특별한 사정이 없는 한 채무자의 이러한 의사를 존중함이 신의성실의 원칙에 비추어 타당하다고 할 것이다. 돌이켜 이 사건을 보면 원심이 인정한 대로 피고들은 중도금의 수령을 거절한데다가 이 사건 매매계약을 이행할 의사가 없음이 분명한데, 만약 원고가 피고들의 중도금 수령거절과 계약이행의 의사가 없음을 이유로 이 사건 매매계약을 해제할 수 없다고 해석한다면, 원고로서는 중도금을 공탁한 후 잔대금 지급기일까지 기다렸다

28) 梁彰洙(註 2), 136－139면. 대법원은 종전부터 채무자의 이행거절의 추단적 행위가 인정되는 경우 이를 계약불이행으로 보는 취지의 판시를 하여 오다가 대법원 1993. 6. 25. 선고 93다11821 판결에서 "부동산 매도인이 중도금의 수령을 거절하였을 뿐만 아니라 계약을 이행하지 아니할 의사를 명백히 표시한 경우 매수인은 신의성실의 원칙상 소유권이전등기의무 이행기일까지 기다릴 필요 없이 이를 이유로 매매 계약을 해제할 수 있다"라고 판시하여 명시적으로 이행기 전 이행거절에 관한 판시를 시작한 이래 이행거절 자체를 원인으로 한 계약해제 및 손해배상을 인정하고 있다는 지적으로는 김은엽(註 12), 584－585면.

가 잔대금의 이행제공을 하고 피고들이 자기들 의무인 소유권이전등기의무의 이행제공을 하지 아니한 때에야 비로소 위 계약을 해제할 수 있다는 결론에 이르게 되는바, 어차피 피고들이 위 소유권이전등기의무의 이행을 제공하지 아니할 것이 분명한 이 사건에서, 원고에게 위와 같은 방법을 취하라고 요구하는 것은 불필요한 절차를 밟고 또다른 손해를 입도록 강요하는 게 되어 오히려 신의성실에 어긋나는 결과를 초래할 뿐이라고 여겨지므로 원심이 원고로서도 위와 같은 사유를 내세워 이 사건 매매계약을 해제할 수 있다고 판단하였음은 옳고"라고 판시하여 이행기 전 이행거절을 원인으로 한 계약해제를 인정하는 근거로서 신의성실의 원칙을 제시하고 있다.

그러나 위 판시의 내용은 '이행거절' 자체를 들어 정면으로 채무불이행책임의 문제를 다루고 있는 것으로 볼 수는 없다는 점에서 이행거절을 독자적인 채무불이행유형으로서 인정하고 있는 재판례로 단정할 수는 없는 것으로 보인다.[29)]

그에 비해 대법원 2005. 8. 19. 선고 2004다53173 판결[30)]은 "계약상 채무자가 계약을 이행하지 아니할 의사를 명백히 표시한 경우에 채권자는 신의성실의 원칙상 이행기 전이라도 이행의 최고 없이 채무자의 이행거절을 이유로 계약을 해제하거나 채무자를 상대로 손해배상을 청구할 수 있고, 채무자가 계약을 이행하지 아니할 의사를 명백히 표시

29) 당해 판결에 대하여 梁彰洙, "2005년도 民事判例 管見", 法學 제47권 제1호, 서울大學校法學研究所, 2006, 324면은 "이 판결은 반드시 이행거절을 독자적인 채무불이행유형으로 정면에서 의식하고 있었다고는 말하기 어렵다. 그렇기 때문에 「신의성실의 원칙」을 끌어들여 해제권 발생의 결과를 정당화하고 있는 것이 아닐까?"라고 평가하고 있다. 참고로 이성용, "부동산의 매도인이 중도금의 수령을 거절할 뿐더러 계약을 이행하지 아니할 의사가 명백한 경우, 매수인의 해제권의 유무", 대법원판례해설 제19호(1993년), 법원도서관, 123면 이하는 이 판결을 채권자지체를 이유로 계약을 해제할 수 있을 것인지의 문제와 관련되는 사안인 것으로 보고 있다.

30) 대법원 2005. 8. 19. 선고 2004다53173 판결(공2005하, 1498).

하였는지 여부는 계약 이행에 관한 당사자의 행동과 계약 전후의 구체적인 사정 등을 종합적으로 살펴서 판단하여야 한다"라고 하여 손해배상을 청구하는 근거가 '이행거절'임을 명시적으로 밝히고 있다는 점에서 적어도 이 판결에 이르러서는 판례상 이행거절의 법리가 확립된 것으로 볼 수 있을 것이다.[31)32)] 다만 이 판결도 이행거절로 인한 계약해제와 손해배상의 법적 근거를 여전히 신의성실의 원칙에서 찾고 있음을 확인할 수 있다.

또한 이행거절과 직접적으로 관련된 사안이 아니라는 전제하에 이행거절법리와 유사하게 판단하고 있는 원심의 판결을 파기하면서 이행거절에 관하여 언급하고 있는 다음의 판결을 주목할 필요가 있다. 즉 대법원 2009. 3. 12. 선고 2008다29635 판결[33)]은 "원심이 인정한 사실에 의하면, 피고는 위와 같이 원고가 잔금 지급을 제공하였음에도 자신의 의무에 관하여 스스로 이행지체에 빠진 후에 이 사건 계약이 오히려

---

31) 梁彰洙(註 29), 327면. 이 판결은 아직 그 이행기가 도래하지 아니한 사건에서, 채무자가 계약을 이행하지 아니할 의사를 명백히 표시한 경우에, 채권자는 신의성실의 원칙상 그 이행기 전이라도 이행의 최고 없이 채무자의 이행거절을 이유로 계약을 해제하거나 채무자를 상대로 손해배상을 청구할 수 있음을 명시적으로 밝힌 최초의 대법원판결이라는 점에 그 의의가 있다는 지적으로는 이주원, "이행기 전의 이행거절과 채무불이행(2005. 8. 19. 선고 2004다53173 판결: 공2005하, 1498)", 대법원판례해설 제57호(2006년), 법원도서관, 330면.

32) 대법원 2007. 9. 20. 선고 2005다63337 판결(공2007하, 1626)이 "이행지체에 의한 전보배상에 있어서의 손해액 산정은 본래의 의무이행을 최고하였던 상당한 기간이 경과한 당시의 시가를 표준으로 하고, 이행불능으로 인한 전보배상액은 이행불능 당시의 시가 상당액을 표준으로 해야 할 것인바(대법원 1990. 12. 7. 선고 90다5672 판결, 대법원 1997. 12. 26. 선고 97다24542 판결 등 참조), 채무자의 이행거절로 인한 채무불이행에서의 손해액 산정은, 채무자가 이행거절의 의사를 명백히 표시하여 최고 없이 계약의 해제나 손해배상을 청구할 수 있는 경우에는, 이행거절 당시의 급부목적물의 시가를 표준으로 해야 할 것이다"라고 판시하며 이행거절을 이행지체 및 이행불능과 대비시키고 있는 것도 참고할 필요가 있을 것이다.

33) 대법원 2009. 3. 12. 선고 2008다29635 판결(공보불게재).

원고의 귀책사유로 피고에 의하여 해제되었다고 주장하면서 자신이 수령하였던 계약금 상당액을 공탁하였다는 것이다. 그렇다면 다른 특별한 사정이 없는 한 피고는 원고가 이행을 최고하더라도 자신의 의무를 이행하지 아니할 의사를 미리 표시하였다고 할 것이다. 그리고 그러한 경우에 원고는 민법 제544조 단서에 의하여 이행의 최고 없이도 이 사건 매매계약을 해제할 수 있다. 원심은 위와 같은 사실을 인정하고도 피고가 자신의 채무를 이행할 의사가 없음을 확정적·종국적으로 표시하였다고 하기 어렵다고 판단하여 원고의 계약해제 주장을 배척하였다. 그러나 이행지체 등과 대등하게 채무불이행의 한 유형으로서 민법 제390조에 기하여 손해배상청구권 등을 발생시키는 요건으로서의 이행거절(대법원 2005. 8. 19. 선고 2004다53173 판결 참조)과 이미 이행지체 등에 빠진 채무자에 대하여 이행의 최고 없이 계약 해제권이 발생하기 위한 요건으로서의 "미리 이행하지 아니할 의사를 표시한 경우"를 반드시 동일하게 볼 이유는 없는 것이다"라고 판시하고 있다. 설령 당해 사안이 이행거절에 관한 것이 아니라고 할지라도 본 판결이 이행거절에 대하여 독자적인 채무불이행의 유형으로서 인정하고 있는 것과 그 법적 근거를 채무불이행에 관하여 포괄조항주의를 취하고 있는 민법 제390조에서 찾고 있음은 명백하게 확인할 수 있을 것이다.[34)]

참고로 최근의 대법원 2011. 2. 10. 선고 2010다77385 판결[35)]이

---

34) 그러나 당해 판결 이후에 나온 대법원 2009. 9. 24. 선고 2009다32560 판결(공보불게재)은 "채무자가 채무를 이행하지 아니할 의사를 명백히 표시한 경우에 채권자는 신의성실의 원칙상 이행기 전이라도 이행의 최고 없이 채무자의 이행거절을 이유로 계약을 해제하거나 채무자를 상대로 손해배상을 청구할 수 있고, 채무자가 채무를 이행하지 아니할 의사를 명백히 표시하였는지 여부는 채무 이행에 관한 당사자의 행동과 계약 전후의 구체적인 사정 등을 종합적으로 살펴서 판단하여야 한다(대법원 2007. 9. 20. 선고 2005다63337 판결 등 참조)"라고 판시하여 종래의 판결들과 마찬가지로 이행거절로 인한 계약해제와 손해배상의 법적 근거를 여전히 신의성실의 원칙에서 찾고 있는 것에 주의할 필요가 있다.

"채무불이행에 의한 계약해제에 있어 미리 이행하지 아니할 의사를 표시한 경우로서 이른바 '이행거절'로 인한 계약해제의 경우에는 상대방의 최고 및 동시이행관계에 있는 자기 채무의 이행제공을 요하지 아니하여(대법원 1992. 9. 14. 선고 92다9463 판결 참조) 이행지체 시의 계약해제와 비교할 때 계약해제의 요건이 완화되어 있는바, 명시적으로 이행거절의사를 표명하는 경우 외에 계약 당시나 계약 후의 여러 사정을 종합하여 묵시적 이행거절의사를 인정하기 위하여는 그 거절의사가 정황상 분명하게 인정되어야 한다"[36]라고 판시하고 있는 것에서도 이제 이행거절법리는 판례상 확립된 것으로 평가할 수 있을 것으로 판단된다.

2. 이행거절의 요건과 관련하여

채무불이행으로서의 이행거절을 전술한 바와 같이 채무자가 채무의 이행이 가능함에도 이를 행할 의사가 없음을 채권자에 대하여 진지하고 종국적으로 표시하여 객관적으로 보아 채권자로 하여금 채무자의 임의의 이행을 더 이상 기대할 수 없게 하는 행태[37]로서 정의한다면, 그 요건으로는, 채무의 이행이 가능할 것과 이행거절의사가 진지하고 종국적으로 표시되었을 것, 그리고 객관적으로 보아 채권자로 하여금 채무자의 임의의 이행을 더 이상 기대할 수 없을 것 등이 인정되어야

---

35) 대법원 2011. 2. 10. 선고 2010다77385 판결(공2011상, 558).

36) 이와 거의 동일한 취지의 판시는 이미 대법원 2006. 11. 9. 선고 2004다22971 판결(공보불게재)에서 발견할 수 있다. 즉 당해 판결에서는 "채무불이행에 의한 계약해제에 있어서 미리 이행하지 아니할 의사를 표시한 경우로서, 이른바 '이행거절'로 인한 계약해제의 경우, 최고 및 동시이행관계에 있는 자기 채무의 이행제공을 요하지 아니하여(대법원 1992. 9. 14. 선고 92다9463 판결 참조) 이행지체시의 계약해제와 비교할 때 계약해제의 요건이 매우 완화되어 있으므로, 명시적으로 이행거절의사를 표명하는 경우 이외에 계약 당시나 계약 후의 여러 사정을 종합하여 묵시적 이행거절의사를 인정함에 있어서는 이행거절의사가 명백하고 종국적으로 표시되어야 할 것이다"라고 판시하고 있다.

37) 梁彰洙(註 2), 121면.

할 것이다. 그리고 그러한 이행거절의사는 채무자의 명시적인 의사표시에 의해서도 가능하고 이행거절의 의사표시를 추단할 수 있는 채무자의 행태(Verhalten)에 의해서도 가능함은 이미 밝힌 바와 같다.

재판례에서는 위의 요건들 중 주로 이행거절의사의 인정여부와 그 판단기준이 문제되고 있다.

가령 앞서 본 대법원 2006. 11. 9. 선고 2004다22971 판결은 "이른바 '이행거절'로 인한 계약해제의 경우 … 명시적으로 이행거절의사를 표명하는 경우 이외에 계약 당시나 계약 후의 여러 사정을 종합하여 묵시적 이행거절의사를 인정함에 있어서는 <u>이행거절의사가 명백하고 종국적으로 표시되어야 할 것이다</u>"이라고 판시하고 있는데, 이행거절의사가 '진지'하다는 표현 대신 '명백'하다는 표현을 사용하고 있다.[38] 그러나 그러한 표현형식상의 차이에도 불구하고 그 의미는 동일한 것으로 취급해도 무방할 것이다.[39] 이행거절의 의사가 '종국적'이라고 함은 채무자가 이를 翻意할 여지가 없는 것으로서, 즉 채무자가 그 의사를 바꾸어 채무의 이행으로 나아갈 가능성이 객관적으로 인정되지 않아야 한다는 의미이다. 이행거절의 의사가 종국적이어야 한다는 것을 이행거절의 철회와 연결지어서 파악하거나,[40] 채무자의 이행거절의사가

38) 이행거절과 관련된 다른 판례들도 대체로 '명백'이라는 표현을 사용하고 있다. 가령, 대법원 1993. 6. 25. 선고 93다11821 판결(공1993하, 2111); 대법원 2005. 8. 19. 선고 2004다53173 판결(공2005하, 1498); 대법원 2008. 10. 23. 선고 2007다54979 판결(공보불게재) 등. 참고로 대법원 2011. 2. 10. 선고 2010다77385 판결(공2011상, 558)은 "묵시적 이행거절의사를 인정하기 위하여는 그 거절의사가 정황상 분명하게 인정되어야 한다"라고 하여 '분명하게'라는 표현을 쓰고 있으나 이 역시 '명백'하다는 것과 같은 의미로 볼 수 있을 것이다.

39) 참고로 Emmerich, Das Recht der Leistungsstörungen, 4. Aufl., C.H. Beck, 1997. S. 242는 이행거절은 누가 보더라도 종국적이고 진지한(unmißverständlich endgültig und ernstlich) 것이어서 채무자가 결코 임의이행을 하지 않을 것이 명백한 것이어야 한다고 서술하고 있다.

40) 이주원(註 31), 329면. 金東勳(註 7), 70면도 같은 취지인 것으로 보인다.

“종국적”인 것이 이행거절의 構成的 요소임에도 채무자가 이를 일방적으로 철회하여 번복하는 것을 허용할 수 있는지는 의문이라는 지적[41]도 있으나, 이행거절의사의 종국성은 이행거절당시를 기준으로 판단하여야 할 것이므로[42] 철회와는 판단의 기준시점이 다르다고 할 수 있고, 또한 이행거절의 철회는 철회라는 별개의 제도에 의하여 인정되는 것으로서 이행거절의사의 종국성과는 평면을 달리하는 것이라 하겠다. 따라서 이행거절의 철회의 문제는 이행거절의 효과 또는 종료와 관련되는 것이라 할 것이므로 본고에서도 이행거절의 효과의 부분에서 살피기로 한다.

이행거절의사의 표명은 준법률행위의 일종인 의사의 통지에 해당하므로 이에 대해서도 법률행위의 해석에 관한 기준이 적용될 수 있을 것이다.[43] 그러므로 “쌍무계약에 있어서 당사자의 일방이 미리 자기 채무를 이행하지 아니할 의사를 표명한 때에는 상대방은 이행의 최고나 자기 채무의 이행의 제공 없이 계약을 해제할 수 있고, 이러한 의사의 표명 여부는 계약의 이행에 관한 당사자의 행동과 계약 전후의 구체적 사정 등을 종합적으로 살펴서 판단하여야 하는 것이다”라는 대법원 1997. 11. 28. 선고 97다30257 판결[44]의 설시와 앞서 살펴본 바 있는 대법원 2005. 8. 19. 선고 2004다53173 판결[45]의 “계약상 채무자가 계

41) 김규완, “債務不履行 體系의 再定立－要件側面의 一端－”, 民事法學 제43－2호, 韓國民事法學會, 2008, 26면 註 76.

42) 이와 관련해서는 채무자의 이행거절로 인한 채무불이행에서의 손해액 산정의 기준시점에 대하여 “채무자의 이행거절로 인한 채무불이행에서의 손해액 산정은, 채무자가 이행거절의 의사를 명백히 표시하여 최고 없이 계약의 해제나 손해배상을 청구할 수 있는 경우에는, 이행거절 당시의 급부목적물의 시가를 표준으로 해야 할 것이다”라고 판시하고 있는 대법원 2007. 9. 20. 선고 2005다63337 판결(공2007하, 1626)도 참고할 수 있을 것이다.

43) 梁彰洙(註 2), 146－147면.

44) 대법원 1997. 11. 28. 선고 97다30257 판결(공1998상, 74).

45) 대법원 2005. 8. 19. 선고 2004다53173 판결(공2005하, 1498).

약을 이행하지 아니할 의사를 명백히 표시한 경우에 채권자는 신의성실의 원칙상 이행기 전이라도 이행의 최고 없이 채무자의 이행거절을 이유로 계약을 해제하거나 채무자를 상대로 손해배상을 청구할 수 있고, 채무자가 계약을 이행하지 아니할 의사를 명백히 표시하였는지 여부는 계약 이행에 관한 당사자의 행동과 계약 전후의 구체적인 사정 등을 종합적으로 살펴서 판단하여야 한다"라는 판시는 그러한 맥락에서 이해할 수 있을 것이며, 판례가 추상적이나마 이행거절의사에 대한 판단기준을 제시하고 있는 것으로 평가할 수 있을 것이다.

이행거절의 의사가 인정될 수 있는 구체적인 경우들로는 ① 채무자가 계약의 불성립이나 무효 등을 주장하는 경우, ② 오히려 상대방이 계약을 위반하였다고 근거 없이 주장하거나, 나아가 이를 이유로 계약의 해제를 주장하는 경우, ③ 계약의 내용을 다투거나 채무의 감경을 구하거나 새로운 조건을 내세워 계약내용의 변경을 요구하거나 또는 채무가 完濟되었다고 적극적으로 주장하는 등으로, 채무의 이행과 관련하여 부당한 요구 또는 주장을 하는 경우, ④ 상대방이 제공하는 반대급부를 수령하지 않는 경우, ⑤ 계약의 존속기간이 도과한 후 장기간이 경과한 경우, ⑥ 자신의 주소 등 연락처를 알려주지 않아 상대방이 이행의 최고를 할 수 없게 한 경우 등을 들 수 있다.[46]

위 경우에 해당하는 재판례를 간단히 언급하면 다음과 같다.

먼저 채무자가 계약의 불성립이나 무효 등을 주장하는 사안으로서는, 매도인과 매수인 사이에 토지매매계약을 체결하면서 매매대금의 지급방법 및 매매토지에 관한 기존의 임대차관계 승계 등에 관해 특약을 했음에도 매수인이 매도인의 계속된 특약사항의 이행촉구에도 불구하고 그 특약의 존재를 부정하면서 이를 이행하지 아니하였다면 매수인은 위 특약사항을 이행하지 아니할 의사를 분명하게 표시하였다고

46) 民法注解 〔IX〕(註 1), 332-338면(梁彰洙 집필).

할 것이므로 매도인은 자기의 채무의 이행제공이 없더라도 매매계약을 해제할 수 있다고 한 대법원 1997. 11. 28. 선고 97다30257 판결[47]을 들 수 있다.

다음으로 채무의 이행과 관련하여 부당한 요구 또는 주장을 하는 사안으로서는, 부동산매수인이 계약상 지위 양도에 관한 매도인의 승낙을 받지 못하여 매도인에 대한 관계에서 여전히 잔금지급채무를 부담하는데도, 매수인지위가 양수인에게 이전되었다고 주장하면서 양수인에 의한 잔금지급의 보장책도 없이, 계약상 지위 양도에 의한 잔금지급채무이행에 명시적으로 반대하는 매도인에게 양수인에 대한 소유권이전등기서류의 이행제공 및 잔금지급의 최고를 요구하는 한편, 매수인 스스로 매도인에게 잔금지급채무를 이행할 계획이 없다면, 매수인은 매매계약상 자기 채무를 이행하지 아니할 의사를 표명한 것이라고 판단한 대법원 2006. 9. 28. 선고 2006다24353 판결[48]을 들 수 있다.

마지막으로 자신의 주소 등 연락처를 알려주지 않아 상대방이 이행의 최고를 할 수 없게 한 사안으로서는 "계약관계에 있는 당사자 일방이 미리 그 채무를 이행하지 아니할 의사를 표시한 경우에는 상대방은 이행의 최고를 하지 아니하고서도 바로 계약을 해제할 수 있는 것이고, 채무를 이행할 의사의 유무는 계약 당시나 계약 후의 여러 가지 구체적 사정에 따라 판단하여야 할 것인바, 매매계약을 함에 있어서 매수인이 자기의 귀책사유로 인한 채무불이행의 경우 상대방의 계약해제권의 행사를 회피할 목적으로 자신의 주소를 허위기재하거나 실지 주소를 매도인에게 알리지 아니하고 소재를 밝히지 아니하여 매도인은 과실 없이 매수인의 소재를 알지 못함으로써 자기의 채무의 이행을 제공하여 상대방의 이행을 최고할 수 없게 된 채 이행기가 도과한 경우에는

47) 대법원 1997. 11. 28. 선고 97다30257 판결(공1998상, 74).
48) 대법원 2006. 9. 28. 선고 2006다24353 판결(공보불게재).

특별한 사정이 없는 한 매수인에게 있어서는 이행의 의사가 없다고 봄이 상당하다"라고 판시하고 있는 대법원 1990. 11. 23. 선고 90다카14611 판결[49]을 들 수 있을 것이다.

그에 반해 이행거절이 인정되지 않은 경우의 재판례로는 다음 사안들을 들 수 있다.

먼저 매매대금의 일부로 남아 있는 금액에 관하여 매수인이 매도인에 대한 다른 반대채권의 상계로써 전액 지급된 것으로 주장하면서 소유권이전등기의 이행을 소구한 것만으로는 매수인이 자기의 채무를 이행할 의사가 없음을 명백히 한 것이라고 단정할 수 없다고 한 대법원 2000. 11. 24. 선고 2000다49053 판결[50]이 그러한 예에 해당한다.

다음으로 채무자의 행위가 단순히 부수적 채무를 불이행한 것에 불과하였던 사안에 대하여 이행거절의사가 명백히 표시된 것으로 볼 수 없다고 한 대법원 2006. 11. 9. 선고 2004다22971 판결[51] 역시 그러하다.

3. 이행거절의 효과와 관련하여

이행거절 역시 그 독자성의 인정여부와 무관하게 채무불이행에 해당하는 것으로서 파악되고 있으므로 일반적인 채무불이행의 효과인 강제이행청구권, 계약해제권과 손해배상청구권이 인정될 수 있으며 그 밖에 이행거절에 특수한 종료원인으로서의 이행거절의 철회가 문제된다. 재판례에서 전개하고 있는 이행거절법리를 고찰해 보면 다음과 같은 사실을 발견할 수 있다. 즉 그 효과와 관련하여 이행거절이 다른 채무불이행유형과 차이점을 보이는 점은 이행불능에서와 달리 여전히 강

49) 대법원 1990. 11. 23. 선고 90다카14611 판결(공1991, 166).
50) 대법원 2000. 11. 24. 선고 2000다49053 판결(공2001상, 146).
51) 대법원 2006. 11. 9. 선고 2004다22971 판결(공보불게재).

제이행청구를 할 수 있다는 것과 이행지체와 다르게 이행최고나 자기 채무의 이행제공 없이 계약해제 및 손해배상청구를 할 수 있고 그 경우 해제와 전보배상의 청구는 이행기 전이라도 이행기까지 기다리지 않고 즉시 할 수 있다는 점, 그리고 특수한 종료원인으로서 철회가 인정된다는 점이다. 이하에서는 이러한 이행거절의 법리를 실제 재판례들에서 확인해 보기로 한다.

먼저 대법원 2011. 2. 10. 선고 2010다77385 판결[52]은 "채무불이행에 의한 계약해제에 있어 미리 이행하지 아니할 의사를 표시한 경우로서 이른바 '이행거절'로 인한 계약해제의 경우에는 상대방의 최고 및 동시이행관계에 있는 자기 채무의 이행제공을 요하지 아니하여(대법원 1992. 9. 14. 선고 92다9463 판결 참조) 이행지체 시의 계약해제와 비교할 때 계약해제의 요건이 완화되어 있는바"라고 하며, 대법원 2005. 8. 19. 선고 2004다53173 판결[53] 역시 같은 취지에서 "계약상 채무자가 계약을 이행하지 아니할 의사를 명백히 표시한 경우에 채권자는 신의성실의 원칙상 이행기 전이라도 이행의 최고 없이 채무자의 이행거절을 이유로 계약을 해제하거나 채무자를 상대로 손해배상을 청구할 수 있고" 라고 판시하고 있다. 또한 대법원 1993. 6. 25. 선고 93다11821 판결[54]은 부동산 매도인이 중도금의 수령을 거절하였을 뿐만 아니라 계약을 이행하지 아니할 의사를 명백히 표시한 경우 매수인은 신의성실의 원칙상 소유권이전등기의무 이행기일까지 기다릴 필요 없이 이를 이유로 매매계약을 해제할 수 있다고 하여 이행기 전의 이행거절에 대하여 이행기까지 기다리지 않고 즉시 계약을 해제할 수 있는 것으로 보고 있다. 이와 같이 재판례가 이행거절의 경우 이행최고나 이행제공 없이 계

52) 대법원 2011. 2. 10. 선고 2010다77385 판결(공2011상, 558).
53) 대법원 2005. 8. 19. 선고 2004다53173 판결(공2005하, 1498).
54) 대법원 1993. 6. 25. 선고 93다11821 판결(공1993하, 2111).

약해제 및 손해배상청구를 할 수 있다고 하거나 이행기까지 기다리지 않고 즉시 계약을 해제할 수 있다고 보는 근거를 신의성실의 원칙 등에서 찾고 있음은 이미 살펴본 바와 같다.

다음으로 이행기 전의 이행거절로 인하여 채권자가 이행기가 도래하기 전에 손해배상을 청구하는 경우 그 손해액 산정의 기준시점이 문제될 것인바, 대법원 2007. 9. 20. 선고 2005다63337 판결[55]은 "이행지체에 의한 전보배상에 있어서의 손해액 산정은 본래의 의무이행을 최고하였던 상당한 기간이 경과한 당시의 시가를 표준으로 하고, 이행불능으로 인한 전보배상액은 이행불능 당시의 시가 상당액을 표준으로 해야 할 것인바(대법원 1990. 12. 7. 선고 90다5672 판결, 대법원 1997. 12. 26. 선고 97다24542 판결 등 참조), 채무자의 이행거절로 인한 채무불이행에서의 손해액 산정은, 채무자가 이행거절의 의사를 명백히 표시하여 최고 없이 계약의 해제나 손해배상을 청구할 수 있는 경우에는, 이행거절 당시의 급부목적물의 시가를 표준으로 해야 할 것이다"[56]라고 판시하여 그 손해액 산정시를 이행거절 당시로 보고 이행거절을 이행지체 및 이행불능과 대비하고 있다.

이행거절의 철회는 이행거절의사의 종국성과 구별되는 것으로서 이행거절의 효과 또는 특수한 종료원인의 문제라는 것은 전술한 바와 같다. 재판례에서도 이행거절의 철회를 인정하고 있다. 즉 대법원 2003. 2. 26. 선고 2000다40995 판결[57]은 "쌍무계약에 있어서 계약당사자의 일방은 상대방이 채무를 이행하지 아니할 의사를 명백히 표시한 경우에는 최고나 자기 채무의 이행제공 없이 그 계약을 적법하게 해제할 수 있으나, 그 이행거절의 의사표시가 적법하게 철회된 경우 상대방으로

55) 대법원 2007. 9. 20. 선고 2005다63337 판결(공2007하, 1626).
56) 대법원 2008. 5. 15. 선고 2007다37721 판결(공보불게재)도 같은 내용의 판시를 하고 있다.
57) 대법원 2003. 2. 26. 선고 2000다40995 판결(공2003상, 891).

서는 자기 채무의 이행을 제공하고 상당한 기간을 정하여 이행을 최고한 후가 아니면 채무불이행을 이유로 계약을 해제할 수 없다고 할 것이다"라고 하고 있으며,[58] 대법원 1991. 3. 27. 선고 90다8374 판결[59] 역시 이행거절의 철회를 인정하는 전제하에 "단지 화해하자고 말한 것만 가지고는 자기의 채무를 이행하지 아니할 의사표명을 철회한 것이라고 보기 어렵다"라고 판시하고 있는 것이다.

Ⅳ. 결론에 갈음하여

1. 이상에서 우리나라의 재판례에서 전개되고 있는 이행거절의 법리를 이행거절의 요건과 효과를 중심으로 살펴보았다. 우리 학계에서의 이론적 논의는 주로 이행거절이 다른 채무불이행의 유형과 독자성을 갖는 것인가를 중심으로 이루어지고 있음은 이미 밝힌 바와 같다. 이행거절의 독자성의 인정여부는 결국 이행거절이 다른 채무불이행의 유형들과 요건 및 효과상에서 본질적인 차이를 갖고 있는가에 의하여 정해져야 할 것이다.[60] 그리고 그러한 판단을 함에 있어서는 이행거절 사안들이 실제로 문제가 되고 있는 재판례에서의 모습들과 규율태도 역시 하나의 참고자료가 될 수 있을 것이다. 이하에서는 앞서 살펴본 바를 바탕으로 이행거절의 독자성여부를 간단히 정리하고자 한다.

이행거절에 관한 재판례를 보면 이행지체나 이행불능과는 별도로 이행거절 자체를 원인으로 하여 계약해제 및 손해배상 등의 청구가 판

58) 대법원 1989. 3. 14. 선고 88다1516, 1523, 88다카10029, 10036 판결(공1989, 603)도 마찬가지 취지이다.

59) 대법원 1991. 3. 27. 선고 90다8374 판결(공1991, 1256).

60) 채무불이행에서 중요한 것은 구성요건상의 유형구별이 아니라 오히려 구제수단의 유형적 구별이라는 지적으로는 註釋民法[債權總則(1)](註 23), 514면 註 33, 515면(崔興燮 집필).

단되고 있음은 이미 확인한 바와 같다. 즉 이행거절은 이행불능이나 이행지체와 마찬가지로 그 자체만으로 채무불이행책임의 객관적 요건을 충족시키는 독자적인 유형으로서 취급되고 있는 것이다. 이행거절의 요건 자체에 대해 채무자의 명백하고 종국적인 이행거절의 의사표시가 있는가의 판단이 중점을 이루고 있으며 그러한 이행거절의사의 판단기준으로서 제시되고 있는 사유들의 양상 또한 그 근거가 될 수 있을 것이다. 이는 이행불능이나 이행지체의 요건과는 완전히 상이한 것이다. 그 외에 급부 자체의 이행이 없는 점에서 불완전이행이나 부수의무의 위반과 본질적인 차이가 있음은 별도의 언급을 요하지 않을 것이다. 또한 이행거절의사의 진지성과 종국성에 비추어 생각해 볼 때 채무불이행책임의 주관적 요건인 귀책사유와 관련하여 이행거절에 있어서는 주로 고의가 상정될 수 있으리라는 점도 이행거절을 다른 채무불이행유형과 구별짓게 하는 점이 아닐까 한다.

효과의 측면에서도 이행거절은 다른 채무불이행유형과 구별된다. 즉 본래의 급부에 대한 채권자의 이익과 계약을 존속시키고자 하는 채권자의 의사를 보호할 필요가 있으므로 채권자에게 선택적으로 강제이행청구와 손해배상청구가 인정되고 전보배상뿐 아니라 이행기까지 기다려 지연배상을 청구할 수도 있어야 한다는 점에서 이행불능과 차이가 있으며, 이행최고나 자기 채무의 이행제공 없이 계약해제 및 손해배상청구를 할 수 있고 그 경우 해제와 전보배상의 청구는 이행기 전이라도 이행기까지 기다리지 않고 즉시 할 수 있다는 점에서 이행지체와도 차이가 있다.[61)]

이행거절의 독자성을 부정하고 이행거절을 이행지체의 하부유형이

61) 이행불능 · 이행지체 · 이행거절의 세 유형으로 구분하는 가장 큰 실효성은 해제의 행사요건의 차이가 있다는 지적으로는 金東勳(註 7), 69면; 손재종, "매매계약과 계약금 약정의 법률관계 검토 — 대법원 2008.3.13선고 2007다73611 사건 중심으로 —", 不動産學硏究 제15집 제2호, 韓國不動産分析學會, 2009, 74면.

나 특수한 유형으로 보는 견해들은, 이행지체와 해제에 관한 민법 제544조 단서가 이행지체 중에 이행거절이 있는 경우 최고 없이도 계약을 해제할 수 있도록 규정하고 있는 점에서 그 논거를 찾고 이를 이행기 전의 이행거절에도 확대적용(유추적용)할 수 있다고 주장하고 있지만,[62] 이행최고나 자기 채무의 이행제공 없이 즉시 계약해제 및 손해배상청구를 할 수 있게 하는 것은 이행거절의 의사 속에 본래의 급부를 이행하지 않겠다는 확고한 뜻이 표현되어 있기 때문에[63] 인정되는 이행거절의 고유한 특성인 것이지[64] 이행지체의 특수한 사정인 것은 아니다.[65] 물론 제544조 단서의 '債務者가 미리 履行하지 아니할 意思를 表示한 경우'에서 '미리'라는 말은, 이행기의 도과 후 최고기간의 경과 전을 뜻하는 것으로 새기는 것이 형식논리에 합당한 것이므로[66] 제544조 단서는 이행지체 중의 이행거절을 대상으로 하고 있는 것이지만, 이에 관한 민법안심의록의 내용을 살펴보면 同 조문은 입법자가 이행거절법리를 염두에 두고 신설한 것임을 확인할 수 있다. 즉 현행 민법 제544조에 해당하는 민법초안 제533조의 심의경과에는 "債務者가 미리履行하지아니할意思를 表示한境遇라도 明文이없는 現行法下에서는 催告를要하는것으로 解釋하는것이判例通說이다(口頭催告로 足하다는 學說도

62) 池元林(註 6), 399면 註 108은 민법 제544조가 "履行遲滯와 解除"라는 표제하에 단서에서 "債務者가 미리 履行하지 아니할 意思를 表示한 경우"를 규정하고 있는 점도 결국은 이행거절이 이행지체의 한 유형임을 전제로 한 것으로 볼 수 있을 것이라고 한다.

63) 註釋民法[債權總則(1)], 第3版, 韓國司法行政學會, 2000, 483면(李銀榮 집필부분).

64) 이행최고나 자기 채무의 이행제공이 필요하지 않은 것은 이행거절에 있어 이행기를 가리지 않고 공통적으로 인정될 수 있는 것이다.

65) 채무의 이행기 도래 후 채무자의 이행거절이 있는 경우에도 채권자는 자신의 반대급부의 이행(혹은 이행제공)을 하기 전이라면 채무자에게 이행지체의 책임을 물을 수 없으므로, 이행기 후의 이행거절을 여전히 논할 실익이 있다는 지적으로는 김은엽(註 12), 583면 註 1.

66) 金亨培(註 6), 262면.

있다). 本條但書는 瑞債第一O八條第一號의 立法例에 따른것이다"[67]라고 적혀 있다. 이는 민법 제544조 본문과 동일한 내용을 규정하고 있는 일본민법 제541조에서와 다르게 제544조 단서의 내용을 신설하면서, 스위스채무법 제108조의 입법례를 참조하고 있다는 것을 의미한다. 이행거절사안은 스위스채무법 제108조 제1호[68]에 해당하는 대표적인 예로서 평가되고 있으며,[69] 민법 제544조 단서에 해당하는 규정을 갖고 있지 않은 일본에서는[70] 이행거절의사가 표시된 경우라 하더라도 해제를 위해서는 최고가 필요하다는 것이 여전히 현재의 통설과 판례의 태도이다.[71] 즉 민법 제544조 단서의 본질은 민법안심의록의 심의경과에

67) 民法案審議錄 上卷(註 22), 316－317면.

68) OR Art. 108

Die Ansetzung einer Frist zur nachträglichen Erfüllung ist nicht erforderlich:

1. wenn aus dem Verhalten des Schuldners hervorgeht, dass sie sich als unnütz erweisen würde;

스위스채무법 제108조

다음 각 호의 경우에는 이행을 위한 猶豫期間의 설정이 필요하지 아니하다.

1. 채무자의 行態로부터 猶豫期間의 설정이 無益하다고 인정되는 때

69) Basler Kommentar zum Obligationenrecht Ⅰ(Art. 1－529 OR)/Wiegand, 4. Aufl., 2007, Art. 108 Rn. 2(S. 628); OR kommentar: Schweizerisches Obligationenrecht/Kren Kostkiewicz, 2. Aufl., 2009, Art. 108 Rn. 2(S. 317).

70) (履行遅滞等による解除権)

民法 第五百四十一條　当事者の一方がその債務を履行しない場合において、相手方が相当の期間を定めてその履行の催告をし、その期間内に履行がないときは、相手方は、契約の解除をすることができる。

일본민법 제541조 [이행지체 등에 의한 해제권]

당사자 일방이 그 채무를 이행하지 않는 경우에 상대방이 상당한 기간을 정하여 그 이행의 최고를 하고 그 기간 내에 이행이 없는 때에는 상대방은 계약의 해제를 할 수 있다.

71) 谷口知平·五十嵐清(編), 新版注釋民法(13) 債權(4), 有斐閣, 1996, 675面(山下末人).

비추어 보면 이행지체에서도 인정되는 속성이라기보다는 이행거절법리를 도입한 것으로 보인다.[72] 또한 이행지체 중에 급부가 이행불능이 되는 경우 이행지체가 종료하고 이행불능이 되는 것으로 보는 통설의 태도[73]에 비추어 볼 때, 이행지체 중에 이행거절이 있는 경우에도 이행지체는 종료하고 이행거절의 문제로 전환되는 것으로 파악할 수 있는 여지가 있다는 점도 민법 제544조 단서를 이행지체보다는 이행거절의 측면에서 이해하는 것을 가능하게 한다. 이와 같이 해제나 손해배상을 위해 최고가 필요하지 않다는 것은 이행지체와 구별되는 이행거절의 본질적 특성인 것이다.

이행거절의 종료원인으로서 철회가 인정되는 점도 이행거절을 다른 채무불이행유형과 구별하게 하는 특징이 된다. 채무자가 본래의 채무를 이행하기로 하는 이행거절의 철회는 원래의 채권관계를 실현시키기 위한 것으로서, 채권자가 실제로 계약해제의 의사표시를 하지 않고 있는 한에서는 채권자에게 별다른 불이익이 되지 않기 때문에 그 철회가 인정될 수 있는 것이다. 그러나 이행불능에서는 철회를 상정할 수 없으며 이행지체 역시 실제의 이행이나 불능이 되어야 종료하는 것이지 의사의 철회만으로는 종료할 수 없다는 점에서 이행거절과 차이가 있다.

이와 같이 이행거절은 그 요건과 효과에 있어 다른 채무불이행유형과 구별되는 본질적 차이를 지니고 있으며 그러한 차이는 이행거절을 채무불이행의 한 유형으로 인정할 수 있게 하는 가장 큰 근거가 될 수 있을 것이다. 이러한 특징들에 기초하여 우리 재판례에서 이행거절의 법리가 전개되고 있음은 이미 살펴본 바와 같다. 이행거절의 독자성을 인정한다면 이행기 전의 이행거절과 이행기 후의 이행거절의 문제

72) 앞의 註 23도 참조.
73) 郭潤直(註 13), 83면, 89면.

를 통일적으로 구성하는 것도 가능하게 될 것이다.[74] 이행거절에 대한 명시적 규정이 없는 현재의 법상황에서는 결국 그 법적 근거를 채무불이행에 관하여 포괄조항주의를 취하고 있는 민법 제390조에서 찾을 수 있을 것이다. 재판례 중에도 이행거절의 법적 근거에 대하여 민법 제390조를 언급하고 있는 재판례도 있었지만 다수의 판례는 신의성실의 원칙을 들고 있음은 전술한 바와 같다. 이행거절의 독자성의 인정과 그 법리의 발전은 그러한 재판례에도 장차 영향을 미칠 수 있을 것이다.

2. 이행거절의 법리는 입법에 의해서도 그 향방이 정해질 수 있을 것이다. 그 한 예로서 독일의 경우를 보면, 종래 이행거절을 '적극적 계약침해' 또는 '적극적 채권침해'(positive Vertrags- oder Forderungsverletzung)의 한 태양인 것으로 취급하여 왔던 독일에서는, 이행거절에 대한 규정을 두고 있는[75] '국제물품매매계약에 관한 UN협약(United Nations Convention on Contracts for the International Sale of Goods, CISG)' 제72조[76]를 참고하여,[77] 2002년 1월 1일부터 시행되는

74) 앞의 註 19도 참조.

75) Kommentar zum UN-Kaufrecht: Übereinkommen der Vereinten Nationen über Verträge über den internationalen Warenkauf (CISG)/Brunner · Hurni, 2. Aufl., Springer, 2010, Art. 72 Rn. 11(S. 982); Schlechtriem, Internationales UN-Kaufrecht, 3. Aufl., Mohr Siebeck, 2005, Rn. 272, 273(SS. 180-182); Schlechtriem · Schwenzer, Commentary on the UN Convention on the International Sale of Goods (CISG), 3rd ed., Oxford, 2010, Art 72 No. 32(p. 979).

76) CISG Article 72

(1) If prior to the date for performance of the contract it is clear that one of the parties will commit a fundamental breach of contract, the other party may declare the contract avoided.

(2) If time allows, the party intending to declare the contract avoided must give reasonable notice to the other party in order to permit him to provide adequate assurance of his performance.

(3) The requirements of the preceding paragraph do not apply if the

민법의 개정을 통하여 이행거절의 법리를 민법전에 명문화하였다.[78]

---

other party has declared that he will not perform his obligations.

국제물품매매계약에 관한 UN협약 제72조

(1) 계약의 이행기일 전에 당사자 일방이 본질적 계약위반을 할 것이 명백한 경우에는, 상대방은 계약을 해제할 수 있다.

(2) 시간이 허용하는 경우에는, 계약을 해제하려고 하는 당사자는 상대방이 그 이행에 대하여 적절한 보장을 제공할 수 있도록 상대방에게 합리적인 통지를 하여야 한다.

(3) 前項의 요건은 상대방이 그 의무를 이행하지 아니하겠다고 선언한 경우에는 적용되지 아니한다.

77) BT－Drucks. 14/6040 vom 14.05.2001, S. 186.

78) BGB §323 Rücktritt wegen nicht oder nicht vertragsgemäß erbrachter Leistung

(1) Erbringt bei einem gegenseitigen Vertrag der Schuldner eine fällige Leistung nicht oder nicht vertragsgemäß, so kann der Gläubiger, wenn er dem Schuldner erfolgslos eine angemessene Frist zur Leistung oder Nacherfüllung bestimmt hat, vom Vertrag zurücktreten.

(2) Die Fristsetzung ist entbehrlich, wenn

1. der Schuldner die Leistung ernsthaft und endgültig verweigert,

(4) Der Gläubiger kann bereits vor dem Eintritt der Fälligkeit der Leistung zurücktreten, wenn offensichtlich ist, dass die Voraussetzungen des Rücktritts eintreten werden.

독일민법 제323조[급부의 불이행 또는 계약에 좇지 아니한 이행으로 인한 해제]

① 쌍무계약에서 채무자가 이행기가 도래한 급부를 실행하지 아니하거나 계약에 좇아 실행하지 아니한 경우에, 채권자는 채무자에 대하여 급부 또는 추완을 위하여 상당한 기간을 정하였으나 그 기간이 도과된 때에는 계약을 해제할 수 있다.

② 다음의 경우에는 기간설정은 요구되지 아니한다,

1. 채무자가 급부를 진지하게 종국적으로 거절한 때,

④ 해제의 요건이 충족됨이 명백한 경우에는 채권자는 급부의 이행기가 도래하기 전이라도 계약을 해제할 수 있다.

BGB §281 Schadensersatz statt der Leistung wegen nicht oder nicht wie geschuldet erbrachter Leistung

(2) Die Fristsetzung ist entbehrlich, wenn der Schuldner die Leistung

2004년에 제시되었던 우리나라의 민법개정안 역시 계약해제에 한하는 것이긴 하지만 일정 부분이나마 이행거절의 문제를 포섭할 수 있을 제544조의2의 신설에 관한 내용을 포함하고 있었다. 그 내용은 다음과 같다.79)

제544조의2(債務不履行과 解除)

① 債務者가 債務의 內容에 좇은 履行을 하지 아니한 때에는 債權者는 相當한 期間을 정하여 그 履行을 催告하고 그 期間內에 履行하지 아니한 때에는 契約을 解除할 수 있다. 그러나 債務者의 故意나 過失없이 그 履行이 이루어지지 아니한 때에는 그러하지 아니하다.

② 債權者는 다음 各號의 경우에는 第1項의 催告를 하지 아니하고

---

ernsthaft und endgültig verweigert oder wenn besondere Umstände vorliegen, die unter Abwägung der beiderseitigen Interressen die sofortige Geltendmachung des Schadensersatzanspruchs rechtfertigen.

독일민법 제281조[급부의 불이행 또는 채무에 좇지 아니한 이행으로 인한 전보배상]

② 채무자가 급부를 진지하게 종국적으로 거절한 때 또는 쌍방의 이익을 형량하면 손해배상청구권의 즉시 행사를 정당화하는 특별한 사정이 있는 때에는 기간설정은 요구되지 아니한다.

BGB § 286 Verzug des Schuldners

(2) Der Mahnung bedarf es nicht, wenn

3. der Schuldner die Leistung ernsthaft und endgültig verweigert,

독일민법 제286조 [채무자지체]

② 다음의 경우에는 최고를 요하지 아니한다,

3. 채무자가 급부를 진지하게 종국적으로 거절한 때,

번역은 梁彰洙(譯), 독일민법전: 총칙·채권·물권, 博英社, 2008을 참조.

79) 이에 관해서 상세하게는 법무부(編), 민법(재산편) 개정 자료집 Ⅱ, 2004, 236－260면 이하를 참조.

契約을 解除할 수 있다.

1. 債務의 履行이 不能하게 된 때
2. 債務가 履行되지 아니할 것이 明白하게 豫見되는 때
3. 契約의 性質 또는 當事者의 意思表示에 의하여 一定한 時日 또는 一定한 期間內에 履行하지 아니하면 契約의 目的을 達成할 수 없을 境遇에 債務者가 그 時期에 履行하지 아니한 때

위 개정안 제544조의2의 내용 중에서 특히 제2항 제2호인 '債務가 履行되지 아니할 것이 明白하게 豫見되는 때'가 바로 이행거절과 관련되는 사항인 것으로 평가할 수 있다. 이행거절과 관련되는 내용에 대한 민법의 개정은 당연히 이행거절의 법리에 관한 이론과 재판례에 큰 영향을 미치게 될 것이다. 그 推移를 주의깊게 관찰할 필요가 있음은 多言을 요하지 않는다 하겠다.

채무불이행의 유형으로서의 이행거절의 비교법적 연구

— 프랑스 민법전과 프랑스법계의 민사법의 연구와 우리 법의 시사점에 관한 소고 —

김 성 수*

Ⅰ. 들어가며[1)]

"이행기 전에 채무자가 그 의무를 이행하지 아니할 것이 명백한 경우에 채권자는 이에 대하여 어떻게 하여야 하는가? 가령 채무자가 그의 채무를 이행하지 아니할 의사를 표시하거나 또는 여러 사정에 의하여 볼 때 이행기가 되어도 이행할 능력을 상실한 경우가 그러하다. 이행기가 된 후에는 어느 법체계에 의하든지 채권자에게 계약의 해제와 불이행으로 인한 손해배상이 인정되는 것은 분명한 것이다. 하지만 그렇게 하려면 채권자는 이행기까지 기다려야 하고 그러면 채권자는 다른 거래를 하고자 하여도 상대방이 나중에 이행할 가능성이 여전히 있어서 상당히 불확실한 가운데 있게 된다. 채권자가 이러한 것에서 이행기가 되기 전에 벗어날 수 있는가?"[2)]

---

* 경찰대학교 법학과 부교수, 법학박사.

1) 이 논문은 2011년도 유기천교수기념 사업출판재단 해외연구보조비에 의하여 지원되었음.

2) 이러한 문제제기는 가령 H. Beale, A. Hartkamp, H. Kötz, D. Tallon, *Cases*,

이러한 문제를 이행기 전의 이행거절이라고 한다. 이 문제에 대하여 우리 법에서도 1990년 최초로 문제가 제기된 이후[3] 이를 시발점으로 하여 현재까지 이에 대하여 크고 작은 논의가 전개되고 있다.[4][5]

Materials and Text on Contract Law, Hart Publishing, 2002, 777쪽 참조; 이러한 문제에 대하여는 비교법적으로 다음 결론을 도출할 수 있다: 영국법과 프랑스법은 이 점에 관하여 영미법과 대륙법계의 법체계라는 근본적 차이에도 불구하고 상당히 유사한 결론에 도달한다. 이 경우 채권자는 그 계약을 해제하고 손해배상을 청구할 수 있다. 다만 영국에서는 이를 즉시 할 수 있지만 독일에서는 유예기간(Nachfrist)을 정한 이행최고(Kündigung)를 한 후에 할 수 있다. 이와 달리 프랑스법은 상당히 다른 태도를 취한다. 본 논문은 이러한 질문과 결론에 대하여 특히 프랑스법의 태도를 살펴보고 이를 기초로 비교법적으로 최근의 여러 나라의 규정을 비교법적으로 비교하고 우리 법의 시사점을 살펴보고자 하는 것이다.

3) 이러한 점에 대하여 최초로 문제를 제기한 것이 바로 본 화갑논문집을 받으시는 양창수 대법관님의 다음 논문이었다. 양창수, 독자적인 채무불이행유형으로서의 이행거절, 민법학논총, 곽윤직 박사 고희기념논문집, 1995, 제2집, 162쪽 이하 참조; 이 논문은 이 문제에 대한 당시까지의 중요한 비교법적 성과의 검토를 한 후에 다시 이행기 전의 이행거절을 인정하고 있는 우리 판례를 분석하고 이에 근거하여 적극적으로 우리 법에 도입을 시도하고 있다. 이러한 결론은 그 후에도 계속 일관되게 유지되고 있다. 가령 곽윤직/양창수, 민법주해(9), 채권(2), 박영사, 1995, 224쪽 이하(제390조 부분); 법무부, 민법(재산편) 개정자료집, 2004. 11(제390조와 제544조의 논의 부분) 참조; 이행거절을 채무불이행의 유형의 하나로서 도입하고자 하는 것은 우리 법에서는 적어도 위의 논문이 최초의 시도라고 할 수 있다. 물론 이행거절'론'의 단서는 이미 이전의 교과서에서도 간략한 언급은 있었지만 이는 주로 제390조가 채무불이행을 포괄적, 일반적으로 규정할 수 있고 주로 불완전이행의 법적 근거를 설명하기 위한 서론적인 것이었고 이행거절을 종래의 이행지체, 이행불능, 불완전이행과 독립된 유형으로 하여 설명하지는 아니하였다.

4) 이행거절에 관한 자세한 비교법적 연구로는 성승현, 이행기 전의 이행거절과 민법 제544조 단서, 법조 2004. 4, 127쪽 이하; 동, 한국민법에서의 이행거절제도와 그 비교법적 고찰, 민사법연구 제15집 제1호, 2007. 6, 39쪽 이하가 있다. 특히 우리 민법 제544조 단서의 입법자의 의사에 근거하여 이행거절을 입론하고 있다; 기타의 것으로는 김상용, 이행거절의 법적 처리에 관한 비교고찰, 법학연구(연세대), 제20권 제1호, 1쪽 이하; 동, 채무불이행 책임의 체계에 관한 비교고찰2, JURIST 2002. 5, 79쪽 이하; 김동훈, 채무불이행의 유형에 따른 계약해제 법리의 재구성, 인권과 정의 제328조, 62쪽 이하; 지원림, 채무불이행의

우리 민법은 채무불이행에 관하여 「채무의 내용에 좇은 이행을 하지 아니한 때」라고 하여 일반개념으로 규정(제390조 본문)한다.[6] 이 규정에 대하여 종래의 학설은 채무불이행의 일반유형을 이행지체·이행불능·불완전이행으로 3분하는데 일치하였지만[7][8] 이러한 3유형만으로

유형에 관한 연구, 민사법학 제15호, 1997, 399쪽 이하; 이주원, 이행기 전의 이행거절과 채무불이행(2004다53173), 대법원판례해설 제57호(2005년 하반기), 법원도서관, 2006, 318쪽 참조; 다만 초두의 문제 제기 중 주로 불이행의 의사에 의한 이행거절에 논의가 집중되어 있고 이행능력의 상실로 인한 경우는 논의가 없다. 아마도 우리 민법 제544조 단서와 관련된 것에 연유한 것으로 보이는데 비교법적으로는 이행거절의 논의는 이행무능력이 된 경우도 포함한다.

5) 종래의 논의는 일부 문헌에서 채무불이행의 기타 유형으로 간략하게 언급되는 정도이었다. 이행거절을 명시하는 것으로는 가령 곽윤직, 채권총론, 제6판, 박영사, 2003, 71쪽; 김증한·김학동, 채권총론, 제6판, 박영사, 1998, 74쪽; 이은영, 채권총론, 개정판, 박영사, 1999, 204쪽이 있다. 하지만 이러한 문제제기와 달리 최근에는 국내의 교과서에서도 이행거절과 채무불이행의 유형에 관한 논의와 평가가 적극적으로 등장하고 있다. 가령 김형배, 채권각론(계약법), 신정판, 박영사, 2001, 261-263쪽; 송덕수, 신민법강의, 제5판, 박영사, 2012, C-148, 994쪽 등 참조.

6) 또한 그 구체적 유형으로 이행지체(제387조, 제392조, 제395조, 제544조, 제545조)와 이행불능(제390조 단서, 제546조)을 각각 규정한다.

7) 다만 종래에도 이러한 3분론 이외의 논의의 필요성은 인정되고 있었다. 가령 곽윤직, 앞의 책, 70쪽에서는 채무불이행의 유형과 관련하여 다음과 같은 일반서술이 있다(그 이전의 판에서도 이러한 서술은 계속 있었다): '채무자가 이행이 가능함에도 불구하고 이행기 전에 이행을 강하게 거절하고, 그 거절의 의사를 뒤집을 낌새가 전혀 보이지 않는 경우(이를 학자들은 이행거절이라고 함)에는 이를 <u>이행기가 닥쳐온 후에 이행지체로서 처리할 수는 있으나 그러한 처리보다는 이를 특수한 채무불이행으로 다루어서 이행기 전에</u> 계약을 해제하고 손해배상을 청구하게 하는 것이 합리적일 것이다'(밑줄은 필자의 것). … '위에서 본 바와 같은 종래의 통설에 의한 채무불이행의 유형에 포함시키기 어려운 경우도 이를 특수한 채무불이행으로 인정하려면 채무불이행에 있어서의 채무에는 기본채무(주된 채무)뿐만 아니라 기타의 부수적 용태의무도 포함된다고 하는 것이 필요하다'. 적어도 이행거절을 이행지체와는 다른 채무불이행의 특수한 유형으로 인식하고 그 효과로서 계약의 해제와 손해배상을 인정하고 그 이론구성을 (신의성실의 원칙에 의한) 부수의무로서 입론의 필요성을 보여주고 있다. 다만 이는 문제제기에 그치고 가령 불완전이행과 같이 받아들인 구체적인 요건과 효과로서 입론을 하지는 아니하고 있다. 이행거절에 대하여는 독일에서는 불완

는 적절하지 아니하다는 문제제기가 있어 이에 대한 논의가 현재 진행 중이다. 이러한 문제제기는 제390조가 일반조항이라는 것에 근거하여 채무불이행이 구체적인 민법전의 2유형(이행지체와 이행불능)과 학설에 의한 1유형(불완전이행)에만 한정되는 것으로 볼 수 없고 이행거절 등을 포함하는 것으로 하여야 한다.[9)]

우리 판례[10)]도 이행기 전의 이행거절이 채무불이행의 한 유형이라고 명시하지는 아니하지만 이미 확고하게 채무불이행으로서의 이행거절을 인정하고 있다. 가령 채무자가 계약을 이행하지 아니할 의사를 명

전이행에 맞먹는 학설과 판례의 논의가 있음에도 이러한 논의가 전혀 고려되지 아니한 것은 독일민법의 강한 영향을 받아 채무불이행의 객관적 유형의 폐쇄적 3분론을 취한 일본민법의 해석론의 강한 영향에 의한 것이다.

8) 다만 우리 민법은 채무불이행의 효과로서 법정해제권의 발생원인으로는 이행지체(제544조 본문, 제545조)와 이행불능(제546조)만을 정하고 제390조와 같은 일반규정은 두지 아니한다. 하지만 채무자가 미리 이행하지 않을 의사를 표시한 경우에는 통상의 이행지체와는 달리 채권자는 이행의 최고 없이 계약을 해제할 수 있다(제544조 단서)는 조항을 두고 있다. 채무불이행으로 인한 손해배상에 관한 제390조 등이 프랑스민법의 영향을 받은 것이고 채무불이행으로 인한 해제에 대한 것은 독일민법에 의한 것(제544조 단서는 특이하게도 스위스채무법의 것)이다. 이러한 점에서 채무불이행으로 인한 손해배상과 해제의 문제는 각각 프랑스민법과 독일민법(스위스민법)의 체계를 혼합계수하여 이를 체계적으로 해결하는 것이 쉽지 아니한 것을 알 수 있다.

9) 이 견해를 종래의 폐쇄된 유형론(3분론)에 대립하여 열린 유형론 또는 개방적 유형론이라고 부르기도 한다.

10) 가령 대판 1976. 11. 9, 76다2218; 대판 1980. 5. 13, 80다130; 대판 1993. 6. 25, 93다11821; 대판 1997. 11. 28, 97다30257; 대판 2003. 2. 26., 2000다40995; 대판 2005. 8. 19, 2004다53173; 대판 2007. 9. 20, 2005다633337 등 참조. 조문에서는 채무자가 미리 이행하지 않을 의사를 표시한 경우(이행거절의 경우)에는 최고 없이 계약을 해제할 수 있는데(제544조 단서) 판례는 이 해제를 하기 위하여 이행기를 기다릴 필요도 없다고 하고 경우에 따라서는 자신의 채무를 이행할 의사가 없음이 명백한 경우라고 하기도 한다; 기타 당사자의 일방이 이행을 제공하더라도 상대방이 미리 이행을 하지 아니할 의사를 표시하거나 상당한 기간 내에 그 채무를 이행할 수 없음이 당사자의 일방이 이행을 제공하더라도 객관적으로 명백한 경우에도 상대방의 이행지체를 이유로 계약을 해제할 수 있다는 판결도 있다(대판 1993. 8. 24, 93다7204).

백히 표시한 경우에 채권자는 신의성실의 원칙상 이행기 전이라도 이행의 최고 없이 채무자의 이행거절을 이유로 채무자를 상대로 손해배상을 청구하거나 계약을 해제할 수 있다.[11)]

이러한 문제 제기에 우리 법의 현황에 대하여 본 논문은 외국의 입법례[12)]에 대하여 다시 한 번 검토해 보고 이를 기초로 우리 법의 논의에 대한 시사점을 제시해 보고자 한 것이다.[13)]

이를 위하여 우선 우리 법과 유사한 채무불이행의 일반규정을 가지고 있다고 평가되는 프랑스 민법전에서의 이행기 전의 이행거절의

11) 이는 대판 2005. 8. 19, 2004다53173 참조. 이 판결에 대한 평석은 위의 이주원의 글 참조.

12) 이행거절에 대하여는 「독일민법학의 압도적인 영향」이라는 것으로만 설명될 수 있는 「채무불이행의 객관적 유형의 폐쇄적 3분론」을 돌파하려는 의도에서 쓰여진 시도(양창수, 앞의 논문, 122쪽)에 대하여 비교법적 입법례를 통하여 역시 독일민법학의 탈피를 염두에 두면서 위의 논문의 외국의 입법례를 보완하고 좀더 체계화하려는 의도에서 쓰여진 것이다. 특히 프랑스 민법전의 서술에 대한 보완을 염두에 둔 것이지만 역시 프랑스문헌의 부족이라는 필자의 사정으로 논의 자체가 원래의 의도와는 달리 부족한 감이 있다. 앞으로 좀더 보완을 약속한다.

13) 원래의 연구범위는 이행거절의 비교법적 연구로 그 연구범위도 이행거절에 관한 영미법계의 것으로 ① 영국법과 영국법의 영향을 받은 국가의 법과 미국법 ② 대륙법계의 것으로 프랑스법과 독일민법 및 기타의 국가의 법 ③ 국제거래에서의 법통일 ④ 기타의 입법례의 비교연구를 한 후에 우리 법의 도입에 관한 시사점을 도출하는 것으로 하였으나 논의를 심화하기 위하여 본 논문에서는 일단 프랑스법과 프랑스법계의 것을 중심으로 제한하였다. 본 화갑논문집에는 이행거절에 관하여 또 하나의 논문(신동현[한림대])이 예정되고 있어 필자의 제한된 범위의 논의를 더 보충해 줄 수 있을 것이라고 생각된다. 양자는 별개의 논문이고 원래의 연구범위를 서로 조정하고자 하기도 하였으나 이 주제에 대한 서로의 연구방향이 다를 수 있고 독자적 연구가 서로 보완이 될 수 있다고도 생각되어 독립적으로 집필하기로 하였다. 외국에 머무는 필자의 개인적 사정(미국에서의 연구년 2011－2012)으로 필자는 특히 비교법적 논의에 집중하는 것으로 하였다. 이 외에도 채무불이행에 대하여도 또 하나의 논문(사동천[홍익대])이 예정되고 있어 채무불이행의 유형의 논의도 이로 보충될 수 있을 것으로 기대한다.

논의를 살펴본다(Ⅱ). 이는 프랑스법에서의 종래의 논의와 최근의 개정안의 내용을 각각 살펴본다. 이어서 프랑스 민법전을 계수한 프랑스계 국가의 민사법에서 이 문제를 어떻게 규정하고 있는가를 살펴본다(Ⅲ).[14] 마지막으로 이러한 입법례의 고찰을 통한 우리 민법의 이행기 전의 이행거절에 대한 시사점과 앞으로의 과제를 정리해 보고자 한다(Ⅳ). 특히 비교법적 연구의 성과를 토대로 하여 향후 우리나라에서의 이행거절의 채무불이행의 유형의 하나로 도입에 필요한 것과 앞으로의 연구방향을 간략하게 제시하고자 한다.[15]

---

14) 원래는 프랑스법 이외의 각국의 입법례에서의 이행기 전의 이행거절을 특히 각국의 민법전이나 민사관련법의 조문을 중심으로 살펴보는 것으로 하였다. 또한 민법전이 없는 영미법계 등은 필요한 범위에서 학설의 논의도 살펴보고자 하였다. 하지만 계획을 변경하여 추후 별도의 연구를 하는 것으로 하였다. 나머지 입법례에서의 최근개정(특히 2002년의 독일민법전의 개정)과 최근의 유럽민사법의 통일을 위한 성과 및 영국법과 미국법의 논의 자체가 이행기 전의 이행거절을 이해하는 데 별도의 논의가 필요하기 때문이다.

15) 본 논문에서는 각각의 입법례의 이행기 전의 이행거절에 대한 채무불이행의 유형과 관련된 논의와 그 효과로서 손해배상과 해제를 다루고자 한다. 특히 채무불이행의 유형 중 이행거절을 중심으로 하면서 그 채무불이행의 효과로 손해배상과 해제를 주로 다룬다. 채무불이행의 효과는 이 외에도 강제이행이 인정되고 외국의 경우에는 대금감액 등도 인정된다. 어느 입법례나 채무불이행의 강제이행은 인정되는 것이지만 우리 민법과 같이 민법전에 이를 규정한 것은 프랑스 민법전(제1142조 내지 제1144조)의 태도를 따른 것이다. 독일민법전은 이를 민사소송법에서 규정한다. 이러한 채무불이행의 강제이행을 포함한 채무불이행의 규정은 일부 문구의 차이를 제외하면 전체적으로 일본민법전의 것과 동일하다. 채무불이행으로 인한 강제이행에 관한 계수에 관한 것은 森田修, 強制履行の法学的構造, 東京大学出版会, 1995, 296쪽 이하; 目崎哲久, 强制履行, 星野英一編, 民法講座 4, 有斐閣, 1985, 8쪽 이하 등 참조; 이와 달리 영미법계에서는 민법전이 없고 채무불이행(계약위반)의 효과로서의 강제이행으로 특정이행(specific performance)을 인정한다. 이에 대하여는 우선 G. H. Treitel, *Remedies for breach of Contract, A comparative account*, Clarendon, 1988, 43쪽 이하 참조. 이에 따라 이행거절의 효과로서 필요한 경우를 제외하고는 이 강제이행은 특히 논의하지는 아니하였다; 또한 이행거절의 효과로서 이행거절(이행정지)(Withholding Performance)가 문제되기도 하는데 이는 주로 쌍무계약의 동시이행의 항변권 또는 불안의 항변권과 관련되는 것이고 특히 이행기

Ⅱ. 프랑스민법의 이행거절

1. 현행법의 논의

가. 불이행의 유형으로서의 이행거절[16)]

프랑스법에서 채무불이행의 유형으로서의 이행기 전의 이행거절은 인정되지 아니한다.[17)][18)][19)][20)]

전의 파산과 같이 이행능력이 흠결된 경우는 양자가 동시에 성립할 수도 있다. 하지만 이도 본 논의에서는 제외하였다. 이러한 문제에 대한 것은 우선 Nyer, Damien, Withholding Performance for Breach in International Transactions: An Exercise in Equations, Proportions or Coercion?, (2006) *Pace International Law Review*, Paper 258 <http://digitalcommons.pace.edu/intlaw/258> 참조.

16) 이와 관련하여 국내에서의 논의는 2가지가 있다. 우선 프랑스법의 불이행이 채무내용에 어긋나는 모든 경우를 포괄하고 거기서 말하는 채무내용은 주된 급부의무뿐만 아니라 불완전이행이라는 유형도 당연히 이와 같이 포괄적인 불이행의 개념에 포함되고 나아가 부수의무위반이나 이행거절 등도 이에 의하여 파악될 수 있다고 한다. … 또한 법률효과의 관점에서 몇 개의 불이행의 유형을 정할 수 있는데 이를 이행지체와 종국적으로 취소불가한 불이행으로 나누고 후자에는 다시 이행불능과 이행거절, 채무의 내용의 급부의 실현에 채권자가 이익을 잃은 경우가 이에 해당한다고 한다. 이러한 점은 양창수, 앞의 논문, 130쪽 이하 참조; 다음으로 또한 제1147조와 제1184조의 규정을 통하여 프랑스민법이 채무불이행의 3유형을 모두 포섭할 수 있는 광의의 불이행의 개념을 채택하였음을 알 수 있지만 그 개념이 이행기 전 이행거절을 포섭할 수 있는가는 불확실하다. … 이행기 전 이행거절은 프랑스민법에 따르더라도 구성요건과 효과에서 그 독자성을 인정하기에 충분하다고 하기도 한다. 이는 성승현, 앞의 논문, 146, 148－149쪽 참조; 프랑스법이 불이행이라는 포괄적 개념을 사용하는 것은 사실이지만 프랑스에서의 논의에서는 이를 기초로 하여 바로 이행거절을 채무불이행의 한 유형으로 인정하는 견해는 아직까지 나타나지 아니하고 있다. 이러한 해석론은 입법례로서의 프랑스의 논의가 아니라 오히려 우리법의 불이행의 일반유형의 해석론을 반영한 정확하지 아니한 것이라고 보인다.

17) 이러한 점을 명시한 것으로는 Whittaker, How Does French Law Deal with Anticipatory Breaches of Contract?, 45 (1996) *ICLQ* 662 at 666; R. Houin, Some Comparative Aspects of the Law Relating to Sale of Goods, *ICLQ. Supp*. Publ. No 9(1964), 27－28쪽 참조; 기타 비교법적 문헌에서도 대부분 프랑스법에 대하여 이러한 평가를 하고 있다. 가령 O. Lando, H. Beale (ed.),

Principles of European contract law, Parts I and Ⅱ, Combined and Revised, Kluwer, 2000, p. 419(comment 3): 이행기 전의 불이행으로 인한 해제에 관한 일반원칙은 프랑스법, 벨기에법, 스페인법과 포르투갈법에는 존재하지 아니한다. 이러한 문제는 이론적인 논의도 없고 법전도 이를 규정하지 아니하고 법은 일반적으로 이러한 이행기 전의 거절을 당한 당사자의 문제에 소극적(reluctant)이라고 한다; H. Beale, A. Hartkamp, H. Kötz, D. Tallon, 앞의 책, 777, 780쪽 이하 참조: 프랑스법에서는 영국과 독일과 완전히 다른 태도를 취한다. … 프랑스법은 (영국과 독일과 같은) 그러한 것과 같은 이행기 전의 이행거절의 법리를 가지고 있지 아니하다. 이행기가 도래하기 전에 계약의 해제를 하는 것은 불가능하다고 보인다. 하지만 채무자가 이행을 거절하거나 이행불능이 되게 한 것에 책임이 있다는 사실은 채권의 구제수단을 가중시킬 수 있을 것이다. 가령 단지 예견가능한 것 이상의 손해배상, 이행기 후에 해제의 허용가능성의 증가가 그것이다; 벨기에민법에서의 이행기 전의 해제(Résolution anticipate)에 대하여 원칙적으로 이를 부정하는 견해로는 Jean-François Jeunehomme, Introduction à la théorie générale des obligations, Notes de cours (2004-2005)(2004. 9. 17) <http://liege.obfg.be/revue/Introaudroit20042005.pdf>(180쪽) 참조: 가령 그 채무가 아직 이행기가 되지 아니하여 아직 채무자의 현실적인 흠결(manquement)까지는 없는 것이고 이행을 위한 기간이 있지만 그가 이행하지 아니할 것이라는 것을 이미 예견할 수 있거나 또는 적어도 그가 이행하지 아니할 것이라는 중대한 염려가 있는 경우에 채권자는 재판상의 해제 또는 일반적 계약종료를 청구할 수 있는가? 원칙적으로 우리 법에서는 인정되지 아니한다. 예방적 항변(exception préventive)은 우리 법에서 인정될 수 없고 이행기 전의 해제도 더 이상 인정될 가치가 없다: 채무자의 그의 채무의 현실적 흠결이 있어야 한다. 이러한 경우가 아니면 채권자의 과실있는 해제가 된다.

18) 벨기에에서도 일반적으로 이행기 전의 이행거절은 인정되지 아니한다. 또한 Cass. 5 June 1981, *R.W.* 1981-82, 245, *R.C.J.B.* 1983, 199; Cass. 15 May 1986, *R.C.J.B.* 1990, 106, Arr. Cass. no. 565 참조. 이러한 점은 Lando, H. Beale (ed.). 앞의 책, 419(comment 3)쪽 참조. 또한 M. Vanwijck-Alexandre, *Aspects nouveaux de la protection du créancier à terme: les droits belge et français face à l'"anticipatory breach" de la common law*, Faculté de droit de Liège, 1982, nos 177 et 199 ff.; M. E. Storme, De invloed van de goede trouw op kontraktuele schuldvorderingen, *Proefschrift verdedigd aan de K.U. Leuven 7 juli 1989*, 1990, n° 299 ff., 286쪽 이하; Thierry Corbeel, Le risque d'inexécution du contrat par le cocontractant <http://www.corbeel.be/Resources/risque%20d'inexecution.pdf>(3의 부분): 이(이행거절은 인정할 것인가)는 아주 대담한 것이 될 것이다. 벨기에법에서 이행기 전의 동시이행의 항변권(exception d'inexécution anticipée)(우리의 위험

우선 프랑스법에서는 채무불이행을 포괄하는 개념(일반개념)으로 불이행(inexécution)이 인정된다.[21][22][23] 또한 학설에 따르면 이러한 불

의 항변권: 필자)이 학설과 판례에 의하여 인정된 것에 비하여 이행기 전의 해제는 명확하게 인정되지 아니한다. 이러한 점은 또한 Sander Van Loock, De eenzijdige ontbinding van het contract wegens wanprestatie en de anticipatory breach, Een vergelijking tussen het Belgische en Nederlandse recht, *jura falconis*, jg 45, 2008–2009, n° 4, p. 529–556 <http://www.law.kuleuven.be/jura/art/45n4/vanloock.html> 5.1의 부분 참조: 벨기에법의 현행법은 네덜란드법과 달리 이행거절을 인정하지 아니하지만 CISG가 1997년 11월 1일부터 효력을 발생하므로 이행거절도 벨기에의 실정법의 일부가 되었다고 한다. 또한 약정에 의하여 PICC나 PECL의 적용이 가능하다고 한다; 이 외에도 M. Vanwijck–Alexandre, Les clauses mettant fin au contrat et les clauses survivant au contrat, *RDAI* 2002, 421쪽; 같은 저자, Prevision d'inexecution: l'anticipatory breach at–elle une place en droit belge, in *PA FORIERS Others, The unilateral modification of the contract,* Bruylant, 2003, 328쪽도 참조.

19) 가령 Treitel, Remedies for Breach of Contract, (1976) 7 Int. Ency. Comp. L., Chap. 16, para. 176, p. 139(이행기 전의 위반은 대륙법계에서는 정확하게 대응되는 것이 없다); Kahn, La Convention de Vienne du 11 avril 1980 sur les contrats de ventes internationales de marchandises, (1981) 33 *Rev. Int. Dr. Comp.* 952, 983(대륙법계 국가에서 사용되지 아니하는 이행기 전의 해제(résolution préventive); 또한 Williston. S. Williston, *Williston on Contracts*, Vol. 11, 3rd ed., 1968, §1337 A, p. 190(대륙법에서 이행기 전의 위반의 이론은 상당히 최근까지 인정되지 아니하였다); G. Madray, *Des Contrats d'après la récente Codification privée faite aux Etats Unis: étude comparée de droit américain et de droit français*, L.G.D.J, 1936, p. 146에서는 이행기 전의 이행거절의 법리는 가혹한 것(draconian)으로 본다; A. von Mehren and J. Gordon, *The Civil Law System* (2nd ed., 1977), p. 1105(이행기 전의 위반은 … [대륙법계의] 이론적 체계 안에서 맞지 아니하다).

20) 최근의 문헌에서는 유럽계약법원칙(프랑스어판)을 싣고 해당 부분에 이에 대한 설명을 하고 있으나 제9:304조 이행기 전의 불이행(Inexécution par anticipation)에 대하여는 어느 곳에도 언급이 없다. 이에 비하여 본질적 불이행이나 계약해제, 동시이행의 항변에 관하여는 관련 개소에서 이를 언급하고 있다. 가령 A. Bénabent, *Droit civil, Les obligations*, Montchrestien, 10e éd., 2005, 631쪽 이하 참조.

21) 학설은 이를 défaillance contractuelle이라고 하기도 한다; 프랑스법이 포괄적인 일반개념으로서 광의의 불이행의 개념을 취한 것이라는 점은 가령 Lé

ontin–Jean Constantinesco, *Inexécution et faute contractuelle en droit comparé (droits français, allemand, anglais)*, W. Kohlhammer, Libr. Encyclopédique, 1960, 19쪽 이하(특히 33쪽) 참조: 불이행의 분류 중에서 질적(qualitatif)인 측면에 근거한 것으로 채무의 내용(objet)에 일치하지 아니하는 모든 형태의 이행을 포함하고 수준 이하의 품질로의 이행(exécution e qualité inférieure), 불완전 이행, 하자있는 이행 등이 포함된다; 제1147조가 이행지체와 불이행을 구별하지만 불완전이행도 불이행의 일종이라는 것은 J. Carbonner, *Droit civil 4*, 10e éd., 1979, p. 256; G. H. Treitel, 앞의 책, n° 108, p. 129 참조; Ph. Le Tourneau, *Droit de la responsabilité et des contrats,* Dalloz action 2004/2005, Dalloz. 2004, n° 3205, p. 653, n° 1106, p. 269; Ph. Malaurie et L. Aynès, *Cours de droit civil, Les obligations*, 2e éd., Defrénois, 1990, n° 740; K. Zweigert, H. Kötz (translated by Tony Weir), *An Introduction to Comparative Law*, 3th ed., Clarendon Press, 1998, p. 496: 비교법적으로 독일법계의 민법전과 달리 프랑스법계의 민법전은 쌍무계약의 '불이행'이라는 단일개념을 가지고 있다.

22) 다만 민법전의 조문상으로는 이러한 불이행의 개념은 단독으로 사용되기도 하지만 불이행을 이행지체나 불완전이행과 같이 병존적으로 사용하기도 한다. 단독으로 사용하는 것은 가령 제1142조(하는 채무와 하지 않을 채무는 모두 채무자의 불이행(inexécution)의 경우에 손해배상으로 해소된다)(Art 1142: Toute obligation de faire ou de ne pas faire se résout en dommages et intérêts, en cas d'inexécution de la part du débiteur), 제1147조(채무불이행과 손해배상)(채무자가 채무의 불이행 또는 이행지체)··· 손해배상책임이 있다)(이행불능은 면책사유로서 논의된다. 가령 제1148조); 기타 해제와 관련하여 쌍무계약에서 당사자 일방이 채무를 불이행한 경우에 즉시 해제할 수 있다(제1184조 제1항). 해제에서는 채무불이행으로 인한 손해배상에 관한 규정과는 달리 이행지체도 열거하지 아니하고 불이행이라는 포괄개념만을 규정한다. 또한 가령 해제는 불이행(inexécution)이나 불완전이행(mauvaise exécution)으로 인하여 법률행위를 소급적으로 무효가 되게 하는 것을 말하고 재판상 해제(제1184조)의 요건으로 계약이 불이행되었거나 불완전하게 이행되었을 것(le contrat ait été inexécuté ou mal exécuté)을 요한다고 하여 불이행과 불완전이행을 병존하여 사용하기도 한다.

23) 이러한 채무불이행의 개념에 대하여는 특히 불이행의 피해자인 채권자의 지위를 일관되고 명확한 내용을 제공하지 못하는 산재된(éclatée) 체계로 인하여 비판을 받고 있다. 가령 D. Tallon, *L'inexécution du contrat: pour une autre présentation*, RTD civ., 1994, pp. 223 et s.; 같은 저자, *Pourquoi parler de faute contractuelle?, in Écrits en l'honneur de G. Cornu*, p. 429 et s. 참조. 이 논문에서는 영미법의 포괄적 개념(계약위반)의 장점을 칭찬하고 계약상 책

이행에 이행지체(retard dans l'exécution)와 불완전이행(inexécution défectueuse) 등[24][25]이 포함된다. 또한 이러한 것 이외에 확정적인 채무의 전부의 불이행, 일부의 불이행(자동차의 매매와 인도가 있지만 부속물이 없는 경우)과 이들이 상호결합된 형태가 있을 수 있다.[26] 이러한

임(responsabilité contractuelle)의 분석방법과 계약상의 불이행에 대한 구제방법(remède)의 분석방법을 비교분석한다; 불이행의 체계에 대한 비판은 J. Ghestin, Ch. Jamin, M. Billiau, *Traité de droit civil, Les effets du contrat*, 3e éd., L.G.D.J., 2001, nos 351, p. 418 et s.; Christophe Garreau, *La notion de suspension du contrat*, in *Droit des contrats France, Belgique*, Herman Cousy et al., Sophie Stijns, Bernard Tilleman, Alain Verbeke (ed.), L.G.D.J., 2005, p. 55도 참조; 우리 법의 채무불이행으로 인한 손해배상의 체계는 프랑스법의 것을 취한 것이기는 하지만 프랑스민법의 복잡하고 산만한 채무불이행의 내용을 상당히 통일적으로 체계화시킨 것이고 특히 우리의 '채무불이행'의 일반규정(포괄적 개념)의 도입은 프랑스민법의 것과는 다르다. 이와 달리 계약의 해제의 체계는 개정 전의 독일민법전의 체계를 취하고 있어 폐쇄적인 유형만을 규정하고 있어 체계상 그 유형의 포섭에 문제가 있다. 프랑스민법도 현재 채권법의 개정안이 나와 있고 독일민법은 2002년 채무불이행법(해제 포함)의 광범위한 개정이 있었다. 또한 유럽연합을 중심으로 한 여러 민사법의 통일작업의 결과물도 이미 나와 있다.

24) 이행지체, 불완전이행 외에 이행의 부존재(défaut d'exécution)를 들기도 한다. 가령 Fr. Terré, Ph. Simler, Y. Lequette, *Droit civil, Les obligations*, Dalloz, 9e éd., no 570, p. 558; Claire Debourg, L'inexécution du contrat(2007. 11. 13) <http://www.france-jus.ru/upload/fiches_fr/L%20inexecution%20du%20contrat.pdf>; 다만 이러한 구별의 실익은 많지 아니하고 계약상 책임(계약상 과실[faute])와 관련하여 이행의 흠결의 경우에는 전보배상이 인정되고 이행지체의 경우에는 지연배상이 인정되는 정도에 불과하다. 해제에서도 채무자의 불이행이 있으면 되고 이러한 유형을 별도로 언급하지 아니한다. 가령 Fr. Terré, 앞의 책, no 650, p. 637 참조.

25) 이행불능(목적물의 멸실)은 채무불이행으로 다루지 아니하고 채무의 소멸사유 중의 하나로 불가항력이나 우연한 사고를 중심으로 다룬다.

26) 이러한 분류에서는 이행지체는 시간이 가치를 가지고 있는 것이므로 프로그램이나 자동차와 같은 법률적인 재화(bien juridique)이므로 전부이행과 일부이행의 한 유형에 불과하다고 하기도 한다. '지체된 변제를 한 자는 너무 적게 변제한 것이다'(Minus solvit qui tardius solvit)(D.50, 16, 126) 참조. 다만 이행지체에서 채무자는 이행최고에 의한 지체가 되어야 한다. 이러한 점은 Ph. Le Tourneau, 앞의 책, no 1006, p. 269 참조.

채무불이행은 일반적으로 채무자가 그 채무를 이행하지 아니하는 것을 말하지만 이는 결국 채무자가 부담하는 의무를 확정하는 문제로 귀결되고 계약상 채무의 종류에 따른 의무내용과 관련된 것이 된다.

하지만 이러한 포괄적인 채무불이행이라는 개념에도 불구하고 그 불이행에 이행거절이 포함되는가에 대하여는 종래의 프랑스법에서는 이러한 이행거절이라는 개념 자체를 인식하지 못하였고 이에 따라 채무불이행의 유형에 이를 포함시켜 논의하지는 아니하고 있다.[27)]

나. 이행의 최고에 의한 지체절차를 요하지 아니하는 이행거절

프랑스법에서 이행거절은 채무불이행의 유형이라는 불이행의 문제가 아니라 채무불이행을 인정하기 위한 형식적 절차인 이행의 최고에 의한 지체(mise en demeure)[28)]의 유무[29)]와 관련하여 논의가 되고 있다.

---

27) 이러한 점에서 같은 대륙법계이면서도 학설과 판례가 이행거절을 채무불이행의 일종으로 포섭하는 2002년 개정 전의 독일법과 독일법계(스위스, 오스트리아)의 태도와 다른 점이다. 이들은 이를 적극적 채권침해의 일종으로 파악하였다. 이러한 점은 G. H. Treitel, 앞의 책, 1988, 380쪽 이하(특히 주 54, 55, 56). 현행 독일민법전은 명문으로 이행기 전의 이행거절을 인정하고 있다(제323조 제4항).

28) 종래에는 이를 附遲滯라고 하였는데 이는 일본 구민법 이래의 용어례이다(아래의 일본 구민법의 부분 참조). 이는 이행기가 된 경우에 이행을 최고하여 지체에 빠지게 하는 것이므로 이하에서는 '이행최고에 의한 지체(절차)'로 하였다.

29) 프랑스 계약법의 일반원칙에서는 채권자가 그 채무를 이행할 것을 강제하는 조치를 취하지 아니하면 그 지체를 용서(acquiesce)한 것으로 추정한다. 가령 Civ. 15.12.1925, *Gaz. Pal.* 29.1.1926 참조. 제1146조에 따라 손해배상은 채무자에게 그 채무를 이행할 것을 절차적으로 요청한 경우에만 인정된다. 이 조문은 채무자가 그 채무를 이행할 것을 지체하고 이행최고에 의한 지체라는 형식적(formal) 요건을 전제로 하고 채무의 이행이 불능이 된 경우에는 요하지 아니한다. 또한 불법행위에서는 이러한 이행최고에 의한 이행지체를 요하지 아니한다. 가령 Cass. req., 14 janv. 1856, *DP* 1856, 1, 82; Cass. 3e civ., 25 oct. 1968, JCP G 1969, 16062, note Prieur; Cass. civ., 22 mai 1969, D. 1970, 453, note Jestaz; *JCP* G 1970, Ⅱ, 16141; Cass. civ., 20 nov. 1984, *D.* 1985, IR 399 참조. 불법행위는 하지 않을 채무의 위반이고 또한 이행최고에 의한 지체가 대부분의 경우 불가능하기 때문이라고 한다. 이러한 점은 Ph. Le Tourneau,

채무를 이행할 의무가 있는 채무자는 그 이행이 강제될 수 있다. 이와 같이 채무의 효력은 그 채무자에 대하여 채권자의 강제력의 부여에 있다. 채무의 강제이행(exécution forcée)은 원칙적으로 본래의 급부이행(exécution en nature)(제1134조)이고 이것을 할 수 없는 경우에는 등가물의 이행(exécution par équivalent)으로서 손해배상을 하여야 한다.

이러한 채무불이행으로서의 효력이 발생하기 위하여는 원칙적으로 어느 것이나[30] 그 선행절차로 이행의 최고에 의한 지체라는 형식적 절차가 있어야 한다. 우선 채무의 강제이행을 위하여 채권자는 일반적으로 그 채무자에게 이행의 최고절차를 거쳐야 한다.[31] 또한 이행의 최고가 있은 후에도 이행이 없으면 채권자는 그 날로부터 지연손해배상(제1146조)을 청구할 수 있고[32] 쌍무계약에서 당사자 일방이 그 채무를 이행하지 아니하면 상대방은 강제이행을 포기하고 계약의 효력상실

앞의 책, n°s 818－819, p. 819 et s. 참조.

30) 문헌에 따라서 이를 손해배상과 관련된 선행절차로 다루기도 한다. 가령 Ph. Le Tourneau, 앞의 책, n° 815, p. 225; 하지만 채무불이행의 효과 모두에 요구되는 것으로 다루기도 한다. 가령 J. Ghestin, Ch. Jamin, M. Billiau, 앞의 책, n° 452, p. 512 et s.

31) 프랑스법에서는 원칙적으로 단순한 이행기의 경과만으로는 채무자를 지체가 되게 하지 아니한다. 이러한 것은 로마법과는 다른 것이다. 따라서 로마법의 Dies interpellat pro homine(이행기가 최고를 대신한다)의 법리는 인정되지 아니한다.

32) 다만 이행최고에 의한 지체절차는 지연손해배상(dommage et intérêts moratoires)의 선행요건으로 단순히 이행기(échéance)에 이행하지 아니한 지체의 사실만으로는 충분하지 아니하다(제1153조 제3항). 다만 전보배상(dommage et intérêts compensatoires)의 경우에는 그러하지 아니하다. F. H. Lawson, A. E. Anton, L. N. Browen, *Amos and Wlaton's Introduction to French Law,* 3rd ed., Oxford University Press, 1967, 184쪽 참조; 다만 견해에 따라서는 전보배상에서도 경우를 나누어 전보배상을 발생하는 채무의 이행이 확정적이고 최종적인 경우와 불능이 된 경우에는 이를 요하지 아니하고 전보배상을 청구에 이행이 가능한 경우에는 이를 요하는 것으로 하기도 한다. 또한 위약금조항에도 채무자의 이행최고에 의한 지체가 필요하다(제1230조). 이러한 것으로는 Philippe Le Tourneau, 앞의 책, n° 820, p. 820(또한 각각의 경우의 해당 판례도 참조).

(anéantissement)을 위하여 재판상 청구를 하여 해제할 수 있다(제1184조).[33)]

하지만 예외적으로 이러한 이행의 최고절차가 불필요(inutile)한 여러 경우[34)]를 인정하고 이러한 경우에는 채권자는 채무자에게 이행의

---

33) 다만 프랑스법에서도 채무자가 이행의 거절의 의사표시를 한 경우에는 사전에 해제판결을 받지 아니하고도 채권자는 계약을 소멸(discharged)한 것으로 할 수 있다고 하기도 한다. 가령 Carbonnier, 앞의 책, 301쪽 참조; 하지만 법원이 이를 이유없는 것으로 판시하면 위법한 것이 될 수 있는 위험을 스스로 감수하여야 한다. 하지만 그가 먼저 판결을 얻지 아니하고 행위한 것만으로 위법하게 되지는 아니한다. 이러한 점은 J. Carbonnier, 앞의 책, 301, 305－308쪽; G. H. Treitel, 앞의 책, n° 279, p. 380, s. 244, p. 326(중대한 의무위반의 경우에 사전에 법원의 명령없이 하는 해제의 위험에 대한 원칙은 채무자가 이행을 거절을 표시한 경우에도 적용되어 왔다). 이러한 논의는 프랑스의 해제가 법원의 판결을 통하여 이루어지고 채무자의 이행거절의 경우에 그 예외로서 인정되는 것을 말하고 이행기 전의 이행거절을 직접적으로 인정하는 것은 아니다.

34) 채권자가 그의 채무자에 대한 집행관에 의한 최고(sommation)이나 이에 준하는 이행의 최고(interpeller)를 면하는 경우는 여러 가지이다. 가령 이행의 거절 이외에도 법조문으로 이를 요하지 아니하는 것(가령 제1153조 제3항, 제474조 제1항, 제1392조 제4항, 제1378조, 제1440조, 제1473조, 제1996 in limine, 제2001조), 명시적이나 묵시적 약정이 있는 경우(제1139조), 계약의 성질상 일정한 기간 안에만 이행될 수 있는데 그 기간이 경과한 경우(이른바 정기행위)(Civ. 31.7.1946, J.C.P. 1947.3889, note P. Esmein), 어느 것을 하지 않을 의무가 있는데 이를 위반한 경우 채무의 발생원인이 불법행위나 준불법행위인 경우도 그러하다. 또한 부작위의무의 위반이나 채무자에 의한 목적물의 멸실과 같이 이행불능이 명백한 경우에도 이행의 최고절차는 요하지 아니한다. 이러한 점은 G. Baudry－Lacantinerie et L. Barde, *Traité Théorique et Pratique de Droit Civil, Des Obligations*, t.1, L. Larose et L. Tenin, 1902, n° 469; A. Colin et H. Capitan et J. de la Morandière, *Traité de droit civil*, v.2, Dalloz, 1957, n° 99; J. Carbonnier, 앞의 책, 276쪽 이하; L. Boyer, B. Starck, H. Roland, *Droit civil, obligations,* V. 3, Régime général, 6e éd., Litec, n° 2037 이하; H., L., et J. Mazeaud, *Leçons de droit civil*, t.2, v.1, Montchresitn, 1985, n° 620; F. Lawson, A. Anton, L. Brown, 앞의 책, 184쪽; Ph. Le Tourneau, 앞의 책, n° 821, p. 820; T.G. Treitel, 앞의 책, s. 113, p. 133; H. Beale, A. Hartkamp, H. Kötz, D. Tallon, 앞의 책, 817쪽 등 참조. 벨기에의 것으로는 R. Dekkers, *Précis de droit civil belge*, t.2: *obligations,* É. Bruylan, 1955, n° 332 이하; Patrick Wéry, *Droit des obligations* － Volume 1: *Théorie*

최고를 하지 아니하고 바로 채무자를 강제할 수 있다. 이러한 경우 중 하나가 채무자가 이행하지 아니할 그의 의사를 채권자에게 표시하여 알게 하는 이른바 이행거절의 경우이다.[35)][36)][37)] 이처럼 이행거절이 일

---

générale des contrats, Larcier, 2010, n° 2154, note 480 참조; 또한 계약에서 특히 이행의 최고에 의한 지체를 정하지 아니하더라도 그 계약조항에 내포될 수 있다고 하기도 한다. 가령 Cass. oct. 8, 2002, *RJDA* 2/03, n° 105, p. 91; Paris 28.3.1990, *D*.1990.IR.98 참조.

35) 이러한 점은 Ph. Bihr, *Droit civil général*, Mementos dalloz, Dalloz, 18e éd., 2010, p. 247 참조; 이러한 경우를 채권자의 청구에 의한 이행지체(mora ex persona debitoris)라고 하여 이행불능으로 인한 경우와 같은 기한도래로 인한 당연지체(mora ex re debitoris)와 대립한다. 가령 W. Wilms, De betekenis van de ingebrekeslelling in de Code Napoleon, *J.J.P.*, 1983, pp. 61－62 참조. 또한 Ernst Birck, *Ueber Den Gegensatz Von Mora Ex Persona Und Mora Ex Re (1867)*, Kessinger Publishing, LLC, 2010.9도 참조.

36) 프랑스 이외에도 스페인, 포르투갈에서도 이행기 전의 이행거절은 인정되지 아니하지만 가령 스페인의 학설에서도 당사자의 행위가 이행을 지체하고 이행을 하지 아니할 것이라는 것을 명백한 경우에는 이행기 전의 불이행으로 인한 해제를 할 수 있다고 한다. 가령 José Luis Lacruz Berdejo, Jesús Delgado Echeverría, *Elementos de Derecho civil* Ⅱ, *1, Derecho de Obligaciones*, 3rd ed., Dykinson, 1995, §26, 200; M. Albaladejo, *Derecho Civil,* Ⅱ. *1, Derecho de Obligaciones*, 9th ed., Bosch, 1994, §20.4, K and M 참조; 포르투갈에서도 학설과 판례는 이행기 전의 불이행의 몇 가지 결과를 다른 방법으로 해결한다고 한다. Maria Ângela Bento Soares, Rui Manuel Gens de Moura Ramos, *Contratos internacionais: compra e venda, cláusulas penais, arbitragem*, Livraria Almedina, 1986, 195 ff.; 판결로는 STJ 15 March 1983, BMJ 325, 561; STJ 19 March 1985, BMJ 345, 400; STJ 19 February 1990, Act. jur., 1990. 2. 10 참조(이상 未見으로 Lando, H. Beale (ed.), 앞의 책, 419쪽에서 재인용).

37) 이탈리아민법전(Codice Civile)(1942년)도 불이행으로 인한 손해배상에서 이행의 최고를 요하지 아니하는 예외를 인정한다; 우선 채무의 불이행(Dell'inadempimento delle obbligazioni)(제1218조 이하)의 장에서 채무자의 책임으로 손해배상을 규정한다. 그에 따르면 정당한 급부를 그 내용에 따라 제공하지 아니한 채무자는 손해배상책임이 인정된다. 다만 이행불능이 그에게 귀속될 수 없는 사유로 불이행(inadempimento)이나 지체(ritardo)에 의한 것이라는 것을 증명한 경우에는 그러하지 아니하다. 특히 지체의 경우에는 채무자는 서면으로 된 통지나 청구에 의하여 이행최고로 인한 지체(Costituzione in mora)가 되어 책임이 인정된다(제1219조 제1항). 이러한 이행최고에 의한 지체

반적으로 인정되지 아니하지만 불이행의 효과를 위한 이행의 최고(mise en demeure)의 면제를 통하여 이러한 경우를 해결하고 있다.

(1) 판 결

프랑스의 판결은 오래 전부터 이러한 채무자의 거절의 경우[38]에 이행최고의 절차 없이 바로 불이행의 효과를 주장하는 채권자의 항변을 인정하였다.[39] 프랑스 민법전과 동일한 법조문을 가지고 있는 벨기

를 요하지 아니하는 경우를 별도로 정하고 있고 이러한 예외 중의 하나로 서면에 의한 이행거절을 정하고 있다(제1219조 제2항 제2호).

조문내용은 다음과 같다.

제1219조 ② 이행최고에 의한 지체는 다음 각 호의 경우에는 요하지 아니한다.

2. 채무자가 서면으로 그가 채무를 이행하지 아니할 것을 표시한 경우

문헌에 따라서는 이 조문이 이행최고 없는 당연 이행지체(automatic mora debitoris)를 규정하고 이 경우에 해제를 할 수 있다고 하고 이를 이행기 전의 이행거절(유럽계약법원칙 제9:305조)과 유사한 원칙으로 소개한다. 가령 O. Lando and H. Beale, 앞의 책, 418쪽 참조.

한편 불이행으로 인한 해제와 관련하여 쌍무계약에서 당사자 일방이 그 채무를 불이행하면 상대방은 이행 또는 그 계약의 해제를 청구할 수 있고 어느 경우에나 손해배상(제1223조)을 별도로 청구할 수 있다(제1453조 제1항). 상대방은 이행을 지체한 당사자에게 상당한 기간을 정하여 그 기간에 이행을 하지 아니하면 계약을 해제한 것을 본다는 것을 적시한 서면에 의한 최고를 할 수 있고 다만 이 기간은 15일 미만일 수 없는 것으로 한다(제1454조). 이 외에 당사자는 명시적 해제조항의 약정이 있거나 정기행위에 의하여 해제할 수도 있다(제1456조와 제1457조). 다만 해제의 경우에는 이행거절로 인한 이행최고의 면제에 관한 규정은 두지 아니한다.

38) 또한 해제를 당사자 쌍방이 청구한 경우에도 그러하다. 가령 Cass. civ. 24 juillet 1928, *S.* 1928, 1, p. 367; Req. 7 décembre 1926, *S.* 1927, 1, p. 106; Cass. civ. 15 novembre 1887, *D.P.* 1888, 1, p. 120; *S.* 1888, 1, p. 171 등 참조.

39) 이러한 판결로는 가령 Cass. civ., 3 avril 1973, *Bull. civ.*, Ⅲ, p. 184, n° 254; Cass. civ., 16 février 1967, *Bull. civ.*, Ⅲ, n° 78, p. 74; Cass. civ., 14 février 1967, *Bull. civ.*, Ⅲ, n° 73, p. 70; Cass. Req., 4 janvier 1927, D. H., 1927, p. 65, obs.; *S.* 1927, 1, p. 188 (채무자가 주도적으로 그 채권자에게 그가 그 채무를 이행을 거절한다는 것을 주도적으로 표시한 경우에는 이행의 최고는 무용[inutile]하다)(Attendu qu'une mise en demeure est inutile quand le débiteur prend l'initiative de déclarer à son créancier qu'il refuse d'exécuter son obligation) 등 참조; Philippe Le Tourneau, 앞의 책, n° 821, p. 820은 특별히

에의 법원도 1992년 1월 17일의 판결로 이를 인정하였다.[40] 채무자가 그가 그 채무를 이행하지 아니할 것을 표시한 경우에 채권자는 이행의 최고를 면하는 것이 허용되었다.[41] 이 사건에서 채무자는 그의 계약상 대방에게 등기우편(lettre recommandée)으로 일방적으로 계약을 파기한다는 그의 결정을 통지하였다. 또한 채무자가 그 채무자에게 그가 그 채무를 이행할 의사가 없다는 것을 알려준 경우에도 같다.[42] 이러한 항변은 벨기에에서도 이미 아주 광범위하게 사실심 법관에 의하여 인정되었다.[43]

그에게 주의를 환기할 무슨 필요가 있는가라고 자문한다; 또한 J.K.B.M, Nicholas, *French law of contract*, Butterworths, 1982, p. 234도 참조.

40) 학설은 이에 대하여 법원이 보충적 발걸음을 내딛었지만 대담하게 보인다고 하기도 한다. 가령 Patrick Wéry, 앞의 책, note 2162과 그 본문 참조.

41) *Pas.*, 1992, I, p. 421, *R.D.C.,* 1993, p. 237, note M.E. Storme. 이 판결의 평석자(Storme)는 이 항변은, 채무자가 그가 그 채무를 흠결(manque)하고 있다는 사실을 인식하고 있는 경우에만 행사할 수 있다고 지적한다. 따라서 견해에 따라서는 채무자에게 그 약정이 무효사유가 있다고 하는 것에서 한 이행거절은 채권자의 이행최고를 면하게 하지 아니할 것으로 하기도 한다. 이러한 것은, Patrick Wéry, 앞의 책, n° 481, p. 422, note 2162 참조.

42) 가령 Cass., 17 janv. 1992, *Arr. cass.*, 1991－1992, p. 436; *Pas.,* 1992, I. p. 421; *R.D.C.*, 1993, p. 237, obs. M.－E. Storme, Het verzuim door eigen verklaring van de schuldenaar en de betekenis daarvan in aannemings-overeenkomsten, In: Tijdschrift voor Belgisch handelsrecht(1993), p. 239－241; D. Castiaux, Q. Alaluf, *Les sanctions applicables en cas de manquement aux obligations contractuelles*, Editions Kluwer, 2004, §3, p. 54; 반대의 취지로는 J.P. Visé, 6 janv. 1997, J.J.P., 1998, p. 349.

43) Cass., 17 janv. 1992, Pas., 1992, I, p. 421; R.D.C., 1993, p. 237, note M.E. Storme; Anvers 27 avril 1992, *Turn, Rechtsl.*, 1992, p. 198; Civ. Mons, 26 mai 1997, *J.L.M.B.*, 1987, p. 1537; Bruxelles, 12 déc. 1991, *J.T.*, 1992, p. 203; 또한 Comm. Anvers, 26 janvier 1901, *J.T.*, 1901, p. 277; Comm. Bruxelle, 28 avril 1909, J.J.P., 1909, p. 471, *J.C.B.*, 1909, p. 317; Bruxelles, 29 novembre 1929, *Pas.,* 1930, Ⅱ, p. 13, 1, note 2; C. trav. Mons, 16 septembre 1985, *J.T.T.*, 1986, p. 62; Comm. Namur, 1er avril 1993, Entre. et dr., 1995, p. 152 참조. 또한 1990년 6월 30일의 중재판결, R.G.A.R., 1993, n° 12164(판결은 이행기 전에 채권자에게 이행의 최종적 거절이 통지된 경우에 대하여 유용하게

(2) 학 설

학설은 이러한 판례의 태도에 찬성하면서 다음과 같은 논거를 제시한다.[44)]

우선 계약으로 정한 의무에 대하여 공개적으로 반항(révolté)하여 자신이 이행할 최후의 기회를 가지고자 하지 아니하는 한 채무자에 대하여는 배려를 하게 해서는 안 된다.[45)] 또 다른 견해는 이러한 경우에는 불이행을 더 이상 확인(constater)할 필요가 없는 것이고 이는 채무자가 표시한 사실로부터 확정되었다고 한다.[46)]

이 거절은 이행기가 된 경우에만 그 효과—이 사건에서는 지연이자—가 발생할 수 있다고 적시한다); 채무자가 이행의 거절을 계속하면 그가 받을 위험을 고지(informer)할 의무는 반대의 명시적 언급이 없으면 민법 제1146조에서 정한 이행의 최고에 의한 지체를 거칠 의무에 포함되지 아니한다. 이러한 취지는 5. Cass., 25 nov. 1991, Pas., 1992, 1, 231; J.T. 1992, p. 221; Anvers, 25 mars 1998, *R.G.D.C.*, 1999, p. 210; M.-A. Flamme, Ph. Flamme, A. Delvaux et F. Pottier, Le contrat d'entreprise, chronique de jurisprudence 1990-2000, *Dossiers du J.T.*, no 29, 2001, p. 165, n° 185과 거기에 원용된 note C.B.-M. in *Act. dr.*, 1997, p. 27; 기타 André Delvaux, Bernard de Cocquéau, Frédéric Pottier et Renaud Simar, *La responsabilité des professionnels de la construction,* Kluwer, 2009, p. 14, note 7 참조.

44) 또한 법조문이 정하는 이행최고에 의한 지체의 면제를 확대한 근거에 대하여도 신의성실의 원칙(제1134조 제3항: 당사자는 계약을 신의성실에 따라 이행하여야 한다)이 계약해제의 요건(제1184조 제3항)에 우선하기 때문이라고 한다. 당사자 일방이 계약이행의 본질적인 사항인 신의성실의 원칙을 위반하는 경우에 그 상대방의 계약해제권의 행사는 정당한 것이다. 따라서 당사자 일방이 그 채무의 이행을 거절한 경우에 그 상대방은 신의성실의 원칙에 의하여 최고 없이 바로 계약을 해제하고 손해배상을 청구할 수 있다.

45) 가령 D. Allix, Réflexions sur la mise en demeure*, J.C.P.,* 1977, 1, n° 2844, n° 7; A. Weill, Dommages-intérêts compensatoires et mise en demeure, *Rev. crit. législ. juris.*, 1939, p. 221; X. Lagarde, Remarques sur l'actualité de la mise en demeure, *J.C.P.*, 1996, doctr., I, note 17: 채무자가 그 기회를 요청하지 아니하면 이행의 최고를 요구할 필요가 없다. 채무자가 명시적으로 그가 그 채무를 이행하지 아니할 것이라는 것을 표시하는 경우에 그러하다.

46) 가령 F. David, De la mise en demeure, *Rev. crit. législ. juris.*, 1939, pp. 122-123; P. Esmein, obs. sous Cass. civ., 31 juillet 1946, *J.C.P.*, 1947, Ⅱ,

하지만 이러한 판례와 이에 찬성하는 학설에 대하여 비판적인 견해도 있다. 이에 따르면 판례에 찬성하는 학설의 논거는 설득력이 없는 것으로 이행의 자발적 거절이 이행의 최고절차를 박탈하는 것으로 받아들여질 수 없다고 한다. 오히려 집행관에 의한 최고(sommation)로 채무자가 숙고를 하고 이행을 하는 것으로 나아갈 것이기 때문이고[47] 또한 이 경우에 이행의 최고를 하여도 그 목적을 달성할 수 없다는 명확하지 아니하고 실제로 본래의 급부이행(exécution en nature)이 인정되고 이러한 논거는 이행을 거절한 채무자에게 원래의 급부에 의한 이행을 명할 수 있고 채권자가 원래의 급부의 강제이행과 간접강제(astreinte)의 절차를 이용할 수 있는 것도 설명하기 어렵다고 한다.[48]

(3) 구별개념

그 외에도 채권자는 그 채무자의 이행지체를 이행기를 기다려야 하는가 아니면 그에게 불이행을 예견하여 이행기 전에 장래를 위하여 최고를 허용하는가가 문제될 수 있다. 이를 장래에 대한 이행지체(mise en demeure ab futurum)라고 하기도 한다. 이러한 채권자가 이행기 전

Rev. crit. légis. juris., 3809 참조.

47) 이러한 비판으로는 H. De Page, *Traité élémentaire de droit civil belge,* t. Ⅲ, *Les obligations,* 3e éd., Bruylant, 1967, p. 105, n° 76, 1°, c. 같은 취지로는 G. Baudry－Lacantinerie et L. Barde, *Traité théorique et pratique de droit civil, Des Obligations*, t.I, Paris, 1897, L. Larose, 1897, p. 418도 참조. 또한 Comm. Gand, 25 avril 1991, R.D.C., 1992, p. 272; J.P. Visé, 6 janvier 1997, J.J.P., 1998, p. 349, note 등도 참조.

48) 따라서 판결로 인정된 채권자의 항변은 이행최고절차의 전통적 개념으로 설명된다; 또한 이러한 판결을 기타 채무자가 이행을 하지 아니할 것을 통지하는데 주도적이고 채권자의 청구에 의한 지체를 채무자가 그 약정과 모순된 행위를 하는 경우로 확대할 수는 없다고 한다. 다만 명백하게 그러한 행위가 원래의 급부이행이 절대적으로 불능하게 되거나 그 이행이 채권자에게 어떠한 이익(utilite)도 없게 된 결과가 실제 발생하는 경우는 당연지체(mora ex re)가 있을 수는 있다고 한다. 또한 벨기에의 1992년 1월 17일의 판결에서도 프랑스의 판결과 같이 이러한 확대를 할 여지는 아직 발견할 수 없다고 한다. Patrick Wéry, 앞의 책, n° 2169 참조.

에 이행지체를 위하여 이행의 최고절차를 할 수 있는가에 대하여 벨기에의 판결은 어떠한 법규정도 그 존재가 다툼이 없는 채무의 이행기 전에 이행지체가 있을 수 있다는 것을 금지하지 아니한다고 이를 인정한다. 법전은 이 문제에 관하여 규정을 두지 아니하지만 법원은 1989년 6월 19일의 2개의 판결에서 이를 인정하였다. 1993년 2월 25일의 합의부 판결에서도 이러한 판례를 인정하였다.[49][50] 따라서 채권자는 이행기 전에 그 채무자에게 이행지체를 위하여 서면을 작성할 수 있다.[51]

---

49) 1947 *R.D.C.,* 1994, p. 141, note M.E. Storme, R.W., 1993－1994, p. 126, note.

50) 이러한 판결로는 Cass. 19 juin 1989, *Pas.,* 1989, I, p. 1132, concl. av. gén. Liekendael, *J.L.M.B.*, 1989, p. 1186, *J.T.T.,* 1989, p. 424; 이러한 취지로 Sent. arb., 17 décembre 1968, *J.P.A.*, 1969, p. 254; Pand. b., t.LXVI, v° mise en demeure, 1900, col. 59, 1899, 이는 또한 브뤼셀 항소법원의 2월 10일 판결을 인용한다. 반대의 취지로는 Civ. Arlon, 18 novembre 1902, *P.P.*, 1905, p.1361 참조; 학설로는 Patrick Wéry, 앞의 책, n° 446, p. 391 et s., n° 1945 et s. 참조. 이행최고에 의한 지체에 대한 것은 또한 P. WERY, *La mise en demeure en matière d'obligations contractuelles, in Les obligations contractuelles*, Ed. Jeune Barreau de Bruxelles, 2000, p. 285 et s. 참조; 이행최고에 의한 이행지체는 집행명의를 취득한 후에 하는 원래의 급부의 강제이행이나 손해배상의 선결절차이다. 하지만 이 절차에 의하여 이행지체가 발생하기는 하지만 이행기 전의 이행지체를 위한 이행최고(une mise en demeure ad futurum)가 인정되므로 이 절차에 의한 채무자의 자발적 원래의 급부의 이행을 받은 것이 반드시 이행기의 경과라는 지체(retard)를 포함하지는 아니한다. 이러한 점은 J.－Fr. Jeunehomme, 앞의 글, 120쪽 참조; 또한 (제1153조와 관련하여) 장래에 대한 복리법(ad futurum anatocisme)의 최고(sommation)의 문제에 대하여는 Chr. Biquet－Mathieu, *Le sort des intérêts dans le droit du crédit, Actualité ou désuétude du Code civil?*, Liège, Ed. Collection scientifique de la Faculté de droit de Liège, 1998, pp. 188 et 189, pp. 193 et s.; Chroniques notariales, Volume 53, Éditions Larcier, 2011.4, p. 23, n° 49; P. WERY, 앞의 책, n° 1946 등 참조.

51) 다만 채권자에게 이행기의 도래할 때 지체에 인정되는 법률효과와 약정에 의하여 다양한 효과가 발생하게 하는 것이 허용되므로 이 이행지체의 효과는 강화될 수 있다. 이러한 점은 P. Van Ommeslaghe, Examen, R.C.J.B., 1975, 689－690쪽. 학설은 이 판결에 찬성하지만 이러한 최고는 채무의 이행기가 근

또한 이러한 장래를 위한 이행최고에 의한 지체는 즉시 그 효력을 발생하지는 아니한다. 채무자가 이행의 최고를 받은 경우에 채무가 아직 이행기가 도래한 것은 아니고 이행지체의 효과가 발생하게 되는 것은 기한의 도래한 때이다. 따라서 채무자가 수령할 채무액에 대한 지연이자도 이 일자 이후부터 발생될 뿐이다.[52][53]

다. 채무불이행의 유형으로서의 이행거절의 도입논의

프랑스법에서는 채무불이행의 유형으로서의 이행거절에 대하여는 이를 인정하지 아니하지만 최근에 이를 적극적으로 도입을 주장하는 학설도 나타나고 있다.

이하에서는 이러한 논의를 전면적 인정설과 부분적 인정설로 나누어 살펴본다.

(1) 부분적 인정설

이 설은 현행법에서 이행거절은 인정되지 아니하지만 프랑스가 유엔국제물품매매협약(CISG)에 1988년 가입하면서 프랑스의 현행법으로 편입되었고[54] 이에 따라 국제거래에서는 동 협약 제72조에 따라 간접적으로 프랑스법에서의 이행거절을 인정하는 견해이다. 이는 이러한 협

접한 기간에 발생할 것을 요하는 것으로 한다. 가령 Van Oevelen, De aanmanig tot betaling voor het opeisbaar worden van de shuld, *R. Cass.*, 1993, p. 102; S. Stijins, D. Van Gerven et P.Wéry, Chronique..., *J.T.*, 1996, p. 719와 그 인용문헌 참조.

52) 앞에서 인용한 판례로 Cass., 19 juin 1989; Cass., 7 mars 1994, Pas., 1994, I, p. 230; Liège, 8 avril 1992, *Pas.*, 1992, Ⅱ, p. 59, *R.R.D.*, 1992, p.414; C.trav. Liège, 22 avril 1993, R.D.S., 1993, p. 275 참조.

53) 이러한 점은 M. Vanwijck, *Théorie générale des obligations*, Rédaction de Jean-Christophe Werenne, Année Academique 2001-2002, 120쪽 이하 참조.

54) 이행기 전의 이행거절에 관한 프랑스법의 태도를 보면 1980년의 유엔협약의 이행기 전의 위반을 어떻게 수용하였는가를 보면 놀랍다고 하는 견해로는 M. Gilbey Strub, The Convention on the International Sale of Goods: Anticipatory Repudiation Provisions and Developing Countries, 38 International and Comparative Law Quarterly (1989), p. 487 참조.

약의 가입으로 인하여 프랑스법에서도 이러한 협약이 적용되는 국제매매와 그렇지 아니한 국내법으로서 프랑스 민법전이 적용되는 경우로 나누어 전자에 한하여 이행기 전의 이행거절을 인정하는 견해이다.[55][56]

(2) 적극적 인정설

프랑스에 이행기 전의 이행거절을 적극적으로 도입을 시도하는 견해도 최근에 등장하고 있다.[57][58]

---

55) 이러한 견해로는 가령 O. Morteau, *Droit anglais des affaires*, Dalloz, 2000, p. 391, n° 673 참조. 경제적인 효율성은 말할 필요도 없이 채권자에게 이행기 전에 그의 필요를 채울 새로운 거래를 할 수 있고 그리하여 그 활동에 덜 제약을 받게 될 것이다. 매수인이라면 즉시 다른 공급업자로 대체하여 물건을 주문할 수 있고 용선자는 다른 선박을 새로 처분할 수 있을 것이다. 채무자로서는 손해의 확대를 회피하고 상대방이 입을 손해배상액을 제한하는 수단이 되기도 한다. 이러한 장점은 특히 프랑스와 같이 해제를 재판상 청구하는 것보다는 영미법과 같이 불이행의 피해자의 단순한 의사표시만으로도 할 수 있는 것에서 잘 구현될 수 있다.

56) 견해에 따라서는 유엔국제물품협약의 조문 중에서 이행을 거절(정지)(suspend)할 수 있는 제71조는 인정하고 해제권을 정하는 제72조(right to avoid)는 인정하지 아니하는 견해도 있다. 정지가 덜 확정적인 결론이어서 거절을 한 당사자에게 덜 가혹하기 때문이다. 이러한 견해로는 Kahn, 앞의 논문, 952쪽 이하 참조.

57) 우선 Yves－Marie Laithier, *Étude comparative des sanctions de l'inexécution du contrat,* L.G.D.J, 2004; M. Vanwijck－Alexandre, *Aspects nouveau de la protection du créancier à terme, Les droits belge et français à l'«Anticipatory breach» de la Common Law*, Faculté de droit de Liège, 1982, no 200, p. 439 et s.; M. Gregoire, *Les sanctions unilatérales en cours de contrat, dans: La volonté unilatérale dans le contrat*, Ed. JBB, 2008, p. 239, n° 19. 등 참조.

58) 우선 이행기 전의 이행거절을 비판하는 견해도 있다. 그 논거는 주로 이 제도의 내용보다는 사용된 방법에 관한 것이다. 가령 계약의 강제력에 대한 침해에 대하여 비판하고 채권자에게 부여한 광범위한 권한으로 인하여 채무자는 일방적 결과에 직면하게 되는 해제의 남용도 비판된다. 가령 D. Mazeaud, A propos du droit virtuel des contrats: réflexions sur les Principes d'Unidroit et de la Commission Lando, *Mélange Michel Cabrillac*, Litec, 1999, p. 214; *id.*, La commission Lando: le point de vue d'un juriste français, in C. Janmin, D. Mazeaud (dir.), *L'harmonisation du droit des contrats en*

이행기 전의 이행거절의 도입에 찬성하는 견해는 이 절차가 가지는 명백한 경제적 효율성을 강조한다.[59] 이는 채권자에게 그 이익을 아주 신속하게 보존할 수 있게 해 주고 따라서 원칙적으로 그가 입은 손해를 감소하게 하여 그리하여 불이행을 고지한 채무자에 의한 배상액도 감소하게 할 수 있기 때문이다. 또한 이행기 전의 해제가 계약의 체결과 그 채무의 이행기를 분리하는 기간에 그 약정을 회피할 기회를 가질 수 있다고 생각하는 채무자의 잘못된 한 행동[60]이나 악의[61]를 처벌하는 수단이고 이 제도를 주관화(subjectivisant)함으로서 그 범위를 축

Europe, Economica, 2001, p. 155; *id.*, Observatinos sous Civ. 1re, 13 octobre 1998, *Def.* 1999, p. 377; G. Viney, Exécution de l'obligation, faculté de remplacement et répartation en nature en droit français, in M. Fontaine, G. Viney (dir.), *Les sanctions de l'inexécution des obligatins contractuelles, Etudes de droit comparé*, Bruylant, LGDJ, 2001, n° 14, p. 181; G. Mandry, 앞의 책, n° 86, p. 141 참조; 이러한 견해에 대한 반박은 Yves-Marie Laithier, 앞의 책, n° 470, p. 560 참조.

59) 다만 영미법과 달리 프랑스법에서는 손해의 감경을 가져오는 책임감경이라는 것이 없으므로 이행기에 그 채무의 이행의 거절이나 무능력으로부터 채권자를 경고할 채무자의 이익의 부존재가 이론적이나 실무적으로 이 제도의 도입에 중대한 장해가 된다고 한다. 이러한 지적은 Yves-Marie Laithier, 앞의 책, n° 472, 564쪽 이하 참조.

60) 가령 R. Demogue, Observations sous T.Com. Le Havre, 24 novembre 1934, RTD civ. 1935, p. 647; E. Putman, L'injonction d'exécuter une dette, RRJ 1994, p. 795, n° 585, p. 686 참조.

61) J. Mestre, Observations sous Aix, 18 février 1991, RTD civ. 1993, p. 120; 영미법계에서도 신의성실의 원칙(선의)에 의한 의무(devoir de bonne foi)에 근거하여 이를 인정한다. 가령 E. A. Farnsworth, *Contracts*, 3rd ed., Aspen Publishers, Inc., 1999, §8.20, 특히 p. 529 note 8; P. H. Winfield, *Pollock's Priciples of Contract*, 13th ed., Stevens & Sons Ltd., 1950, p. 218; J. C. Gulotta, Anticipatory breach-A compartive analysis, (1976) 50 *Tul. LR* 927, 특히 p. 934 et s.; 또한 영미법과 대륙법계의 영향 사이의 경계선에 있는 남아프리카에서도 판례는 이행기 전의 불이행을 신의성실에 의한 의무에 근거하여 판시한다. 이러한 점은 R. Zimmermann, Good faith and Equity, in R. Zimmermman, D. Visser (ed. by), *Southern Cross, Civil Law and Common Law in South Africa*, Clarendon Press, 1996, p. 217 참조.

소한다는 것을 추가하기도 한다.

견해에 따라서는[62)][63)] 상대방의 이행에 관한 의심이 있을 경우에 이행할 의무를 피하기 위하여 채권자는 계약의 신의칙에 의한 이행의 일반원칙에 근거하여 이행기 전의 이행거절을 인정한다. 채무자는 계약의 이행을 좌절(entraver)하지 아니하게 할 묵시적 의무[64)]의 존재를 인정하는 것이다.[65)][66)] 채권자는 채무자의 계약의 성실한 이행을 채무

62) 이외에 계약의 이행기 전의 해제를 불법행위로 구성하기도 한다. 가령 L. Vold, The Tort Aspect of Anticipatory Repudiation of contracts, (1928) 41 *Harv. LR* 340. 이러한 견해는 영미법에서 받아들여지지 아니하였다. 가령 A.L. Corbin, *Contrats, A Comprehnsive Treatise on the Rules of Contract Law,* West Publishing, 1951, §971, 특히 p. 900 참조; 이러한 견해에 따라도 불법행위책임이 채권자의 자유로 귀결되는 것은 아니며 프랑스법의 실무에서 계약책임과 불법행위책임의 불경합(non-cumul)의 원칙에 의하여 받아들이기 힘들다고 한다.

63) 이 외에도 프랑스법에서의 이행기 전의 불이행을 기한의 이익상실(제1188조)에 의하여 채무의 이행기가 되게 하는 것으로 하는 견해도 있다. 가령 Yves-Marie Laithıer, 앞의 책, 552쪽 이히 참조.

64) 이를 채권자의 신뢰를 침해하지 아니할 묵시적 의무라고 하기도 한다; 다만 이를 인정하려면 아직 수년을 더 기다려야 한다는 반대도 있다.

65) 가령 M. Vanwijck-Alexandre, 앞의 책, 238쪽; M. Gregoire, 앞의 논문, p. 239, n° 19. 참조; 다만 이러한 신의성실의 원칙은 계약법의 내용이 별로 없는 빈껍데기(tarte à la crème)이고 모든 경우에 적용되는 것이라는 비판이 가해지기도 한다

66) 입법례에 따라서 상대방의 불이행의 염려가 있는 경우에 이행의 적절한 담보의 제공을 적극적으로 인정한 것(미국의 UCC와 CISG 및 유럽계약법원칙 등)도 있다. 프랑스(벨기에)에서는 쌍무계약에서 상대방의 그 의무의 이행을 하지 아니한 경우에 그 자신의 의무이행을 거절할 수 있는 동시이행의 항변권(l'exception d'inexécution, exceptio non adimpleti contractu)이 인정된다. 그렇다면 아직 이행하지는 아니하였지만 불이행의 우려가 있는 경우에 이행기 전의 이행거절 대신에 불안의 항변권(이행기 전의 동시이행의 항변권[exception d'inexécution anticipée, exceptio timoris]이라고 함)을 예방적으로 행사할 수 있는가에 대하여는 견해가 나뉘고 있다. 우선 이를 부정하는 견해로는 Thierry Corbeel, Le risque d'inexécution du contrat par le cocontractant <http://www.corbeel.be/Resources/risque_inexecution.pdf> 참조. 이는 제1186조(기한이 되면 의무를 부담하는 것은 기한의 이행기 전에 청구할 수 없다)에 의하

자에 의하여 의심할 어떠한 이유도 가져서는 안 되고 묵시의 의무는 신의성실에 의한 약정을 이행할 의무(제1134조 제3항)에서 나오는 것으로 계약의 강제력(제1135조)에 근거하는 것이다.[67] 기한이 있는 채무의 이행기에 이행의 거절이나 무능력은 묵시적 채무의 현실적 위반이므로 경우에 따라서 동시이행의 항변권을 주장한 후에라도, 채권자는 즉시 원래의 급부의 강제이행, 계약상 책임이나 해제를 행사할 수 있어야 한다.

2. 채권법(계약법) 개정안의 논의

프랑스 민법전은 그 제정된 후 200년을 지나면서 그 체계와 내용에서 개정되어야 할 것이 많은 점이 인식되었고[68] 또한 최근의 유럽에

여 상대방의 자력에 의문이 있다고 해도 채권이 이행기가 되지 아니하는 한 지급하지 아니한 것에 어떠한 과실도 없으므로 이러한 동시이행의 항변권을 유효하게 주장할 수 없다고 한다. 하지만 이에 찬성하는 견해는 우선 제1186조에서 정한 원칙이 중대한 장해가 되는 것을 인정하면서도 이행기 전의 동시이행의 항변권을 일반적으로 인정한다. 가령 P. WERY, 앞의 책, p. 677, n° 780 참조; 이 외에도 채무자의 파산의 경우에 기한의 이익을 상실하고(제1188조) 채무자는 즉시 변제하여야 한다. 이를 하지 아니하면 이제는 불이행의 우려가 아니라 현실적 불이행이 있게 되고 채권자는 동시이행의 항변권을 주장할 수 있다. 하지만 제1163조는 매매의 특칙을 규정하는데 계약의 체결 후에 매수인이 파산이 된 경우에 매도인은 매수인이 변제의 담보를 제공하지 아니하는 한, 매매목적물을 인도할 의무를 부담하지 아니한다. 하지만 매수인이 파산이 될 우려만이 있는 경우에는 제1613조가 적용되지 아니한다. 가령 H. De Page, 앞의 책(T. IV, v. 1), 4e éd. par A. Meinertzhagenlimpens, Bruylant, 1997, p. 205, n° 126; C. Marr, L'exception d'inexécution comme instrument de prévention: vers un principe général de sanction de l'inexécution anticipée?, note sous Comm. Mons, 5 nov. 2003, *JLMB,* 2005, p. 1066 참조.

67) 이러한 점은 M. Vanwijck−Alexandre, 앞의 책, n° 236 et sl, p. 498 et s.; 또한 P. Ancel, Force obligatoire et contenu obligationnel du contrat, *RTD civ.* 1999, p. 771 이하: 계약은 그것이 발생된 채무와 독립적으로 그 자체 존중받을 규범이라는 점을 강조한다.

68) 프랑스민법의 채무법을 개정하기 위한 움직임은 종전에도 있었지만 채무불

서의 민사법통일 움직임에 영향을 받아 채권법이나 계약법의 개정안이 나오고 있다.[69]

이행기 전의 이행거절에 대하여도 소극적이던 종래의 학설과 판례의 논의를 뛰어 넘어 적극적으로 채무불이행의 유형으로 하여 이를 반

이행이 개념에 이행거절을 포함시키지는 아니한다. 가령 프랑스 이탈리아 채무법전 초안(projet franco－italien de code des obligation)(1927년)은 채무불이행(inexécution)이라는 용어를 사용하기는 하지만 이는 종래의 프랑스민법과 같이 이행지체와 대립하는 개념으로 이에 이행거절이 포함하지는 아니한다. 동 초안 제96조(채무자는 불이행이나 지체가 그의 악의에도 불구하고 그에게 책임이 귀속될 수 없는 외적 원인[cause étrangère]으로 인한 것이라는 것이 인정되지 아니하는 경우에는 언제든지 채무의 불이행[inexécution de l'obligatoin]이나 채무의 지체(retard dans l'exécution)로 인하여 손해배상의 지급이 명해진다) 참조. 또한 제91조, 제87조(채무자는 채무를 완전하게 이행[exécution complète de l'obligation]할 의무가 있고 이것이 없는 경우에는 손해배상의무가 있다) 등도 참조; 특히 이 초안은 이행거절과 관련하여서는 이행지체가 되기 위한 최고 후 지체(mise en demeure)를 요하지 아니하는 경우의 하나로 규정하고 있다(제94조 제2항). 이는 이른바 dies interpellat pro homine(기한은 사람을 대신하여 최고한다)의 원칙이 예외적으로 반영된 것이라고 한다. 이러한 점은 Commission française d'études de l'union législative entre les nations alliées et amies, *Projet de Code des obligations et des contrats, Textee définitif approuvé à Paris en Octobre 1927*, Paris, Imprimerie Nationale, 1929/Rome, Provvediterato Generale dello Stato Libreria, 1928, 72쪽 참조; 이러한 이행지체가 있으면 해제가 인정된다(제47조: 쌍무계약에서 채무자 중 일방이 그 채무를 이행하지 아니하면[n'exécute pas on obligation] 상대방은 계약의 이행을 청구하거나, 필요한 경우에는 손해배상과 함께 재판상 해제의 청구를 선택할 수 있다). 조문내용은 다음과 같다: 제94조 (프랑스 민법전 제1146조) ① 채무자는 그 채무이행의 최고 후 지체가 있은 경우(lorsque le débiteur est en demeure de remplir son obligation)에만 한 경우에만 손해배상의무가 있다. ② 하지만 특히 채무자가 주거나 할 의무가 있는 물건이 그가 경과하게 한 특정한 기간에만 주거나 할 수 있을 경우와 같이 채무자의 행위로 더 이상 채무를 이행할 수 없는 경우 또는 채무를 이행하지 아니할 것을 서면으로 명시한 경우(lorsqu'il a déclaré par écrit ne pas vouloir exécuter l'obligation)에는 최고 후 이행지체(mise en demeure)는 이를 요하지 아니한다.

69) 이에 대한 간단한 소개로는 우선 Yves Picod, Les projets français sur la réforme du droit des obligations, *InDret(Revista para el Análisis del Derecho)*, 2009. 4 참조.

영하기도 하고 있다. 이들 개정안의 채무불이행의 유형으로서의 이행거절에 관한 내용을 살펴본다.

이하에서는 까딸라초안(2005년), 법무부 계약법 개정안(2008년 7월), 떼레초안(2008년)을 차례로 살펴본다.

가. 까딸라 개정시안(2005년)[70]

까딸라 개정시안은 불이행과 해제의 체계와 내용에 대한 현행법의 흠결(acunes)을 대폭 보완하고 당시의 유럽 민사법 통일의 성과[71]를 참조하여 마련되었지만 이행기 전의 이행거절에 대하여는 이를 적극적으로 도입하지 아니한다.

개정시안은 채무의 불이행(inexécution des obligations)(제5절)(제1157조－제1160조의 1)을 규정하면서[72] 체계상으로 채무의 불이행과 계약의 해제를 하나의 절[73]로 통합하고 그 효과로서의 원상회복은 계약의 해제 등의 무효가 된 후의 원상회복(restitutions)[74]에서 규정한다.[75]

---

70) 원래의 명칭은 Avant－projet de réforme du droit des obligations et du droit de la prescription이고 대표자의 이름을 따서 '까딸라 개정시안'(Avant－projet Catala)이라고도 한다(이하 개정시안으로 한다). 이에 대하여는 Pierre Catala, *Avant－projet de réforme du droit des obligations et de la prescription*, La Documentation française, 2006 참조. 조문은 Avant－projet de réforme du droit des obligation(Articles 1101 à 1386 du Code civil) et du Droit de la prescription(Articles 2234 à 2281 du Code civil), Rapport à Monsieur Pascal Clément, Garde des Sceaux, Ministre de la Justice, 22 Septembre 2005 <http://www.justice.gouv.fr/art_pix/Rapportcatalaseptembre2005.pdf> 참조.

71) 특히 유럽계약법원칙(principes de droit européen des contrats)이 참조되었다.

72) 이에 대한 이유서는 Judith Rochfeld가 작성하였고 그 구체적 내용은 <http://www.ladocumentationfrancaise.fr/var/storage/rapports－publics/054000622/0000.pdf> 참조. 특히 52쪽 이하 참조.

73) 제5절(Section 5 De l'inexécution des obligations et de la résolution du contrat)(제1157조 내지 제1160조의 1 참조).

74) 이는 제6절(제1161조 내지 제1164조의 7) 참조.

75) 까달라 초안의 내용에 대하여는 민사법학회의 연구소모임인 프랑스민법연구회에서 2009년 공동연구로 발표한 바 있다. 특히 채무불이행과 계약의 해제에

불이행(Inexécution)의 개념은 적극적으로 정의되지 아니하고[76)]다만 채무의 불이행이 있으면 그 효과로서의 해제(제1157조 이하)와 손해배상을 규정한다.[77)]

채무불이행이 있으면 채권자는 강제이행(exécution forcée), 손해배상(dommages et intérêts)과 해제(résolution) 중에서 선택하도록 하는 현행법의 태도를 유지한다(제1158조). 해제에 대하여는 기존에 해제조건만을 인정하던 것에서 법정해제와 채권자의 일방적 의사에 의한 해제를 인정하고 양자의 선택권(choix entre résolution judiciaire et

---

관한 것은 박수곤, 프랑스채권법 개정시안에서의 합의의 효력, 민사법학 제45-2호, 2009. 6, 79쪽 이하 참조. 이 연구소모임은 당시 민사법학회 회장이던 이번에 화갑논문을 받으시는 양창수 대법관(당시 서울대 법대 교수)의 적극적인 후원으로 결성된 것이다. 이 연구소모임은 현재까지 활발하게 프랑스민법의 공동연구를 하여 매년 학회에 공동발표를 하고 있고 특히 2012년 8월에는 프랑스의 앙리 까삐땅(Association Henry Capitant)과 연계하여 공동학술대회를 개최하여 향후 한불 민사법 교류의 발판을 미련하였다.

76) 다만 제1363조 제1항의 각주에서 여기서 말하는 불이행(inexécution)은 불완전이행(exécution défectueuse)이나 이행지체(exécution tardive)를 포괄하는 일반적 의미로 이해하고 있다는 설명이 있다. 조문의 문언으로는 우선 불이행은 ① 채무의 약정이 이행되지 아니한 것과 불완전하게 이행된 것(n'a pas été exécuté, ou l'a été imparfaitement)(제1158조 제1항) ② 그 채무를 이행하지 아니한 것(n'exécute pas)(제1157조 제1항) ③ 원래의 급부의 이행이 없는 것(A défaut d'exécution en nature)이 있다. 이외에 '불이행'(inexécution)이라는 용어를 사용한 것으로는 가령 해제와 관련하여 제1158조 제2항, 제3항, 제1158조 제3항, 제1159조 제1항, 민사책임의 손해배상과 관련하여 제1340조 제2항, 제1341조 제1항, 제2항, 제1363조 제1항 등 참조.

77) 프랑스에서는 쌍무계약의 해제를 채권총칙에서 규정하고 있고 우리와 같이 계약총칙을 두지 아니한다. 다만 채무불이행의 개념과 그 효과로서의 강제이행, 손해배상, 해제가 체계적으로 되어 있지는 아니하였다. 개정안에서도 강제이행은 이에 관한 특별한 규정을 두지 아니하고 손해배상은 민사책임으로 불법행위와 같이 규정하고 있다. 다만 채무불이행으로 인한 해제는 체계적으로 이를 규정하고 있다. 또한 채무불이행으로 인한 손해배상은 제1340조 제2항(모든 계약상의 채무불이행, toute inexécution d'une obligation contractuelle) 참조. 또한 제1154조 제1항(하는 채무의 불이행의 효과로서의 손해배상)도 참조.

unilatérale)을 인정한다. 손해배상에 대하여는 계약상 책임과 불법행위 책임을 통합하여 민사책임(responsabilité civile)을 규정하고 그 민사책임의 효과(effets de la responsabilité)로 규정한다.[78]

이행거절과 관련하여 채무불이행(이행지체)으로 인한 해제에서 채무자의 이행거절이 있으면 이행의 최고를 요하지 아니한다는 예외사유의 하나로 종래 판례와 학설이 인정하였던 것은 조문화되지 아니하였다.[79][80] 무엇보다도 개정시안은 유럽계약법원칙 등을 참조하였지만 그 원칙에 명문규정(제9:304조)이 있는 이행거절에 관한 것은 이는 반영하지 아니하였다.[81] 이런 점에서 이 초안은 이행거절에 관한 한은 종래의

78) 제3장의 1(Sous－titre Ⅲ)(De la responsabilité civile)(제1340조 내지 제1386조) 참조. 특히 제1340조 제2항 : 채권자에게 손해를 가한 모든 계약상 채무의 불이행은 채무자에게 이를 배상할 의무가 있다. 또한 제1368조도 참조.

79) 해제는 이행의 최고 없이 불이행으로 해제할 수 있다는 약정이 없는 경우에 이행최고가 있고 그 최고에도 불구하고 이행이 없는 경우(mise en demeure infructueuse, 제1159조 제2항)에 할 수 있다. 이행거절은 여기서 말하는 이행의 최고에 관한 약정이 없는 경우이므로 해당되지 아니한다.

80) 다만 손해배상과 관련하여 다음의 규정이 있다. 계약상 책임으로서의 손해배상책임에도 이행최고가 선결되어야 하는 점을 명시한다(제1365조 제1항). 금전채무의 이행지체가 있는 경우에 이행지체가 있는 날로부터 그 배상책임이 있고 예외적으로 법률이 당연히 발생하게 하는 것으로 하는 경우(dans le cas où la loi les fait courir de plein droit)는 그러하지 아니하다(안 제1381조 제2항 제2문). 이행거절은 법률이 정하는 경우에 해당한다고 할 수 없으므로 결국 이행거절로 인한 손해배상을 포섭되지 아니하는 것이다. 이외에도 개정안의 주46에서는 이행최고에 관한 규정은 계약의 이행을 참조하는 것으로 하고 채권의 이행 중 공탁에 관한 부분(§4. De la consignation avec offre de paiement et mise en demeure)을 두지만 이행최고에 관한 자세한 규정은 없다.

81) 다만 이 제도는 영국법에 의하여 인정된 것으로 초안에서는 규정을 두지 아니하지만 법원이 이를 수용할 수는 있다고 하기도 한다. 가령 Muriel Fabre－Magnan, *Termination of Contract: A Missed Opportunity for Reform,* 「Reforming the French Law of Obligations: Comparative Reflections on the Avant－projet de reforme du droit des obligations et de la prescription」('the Avant－projet Catala'), Hart, 2009, 174쪽 참조; 이 문제에 대하여는 또한 A. Pinna, L'exception pour risque d'inexéution, *RTD civ* 2003, 31.

학설, 판례보다 더 퇴보한 것이라고 할 수 있다.

나. 법무부 계약법 개정안(2008년)[82]

2008년 7월 법무부에 의하여 마련된 계약법 개정안에서는 까달라 초안과 달리 명문으로 이행기 전의 이행거절과 그 해제를 인정하고 있다(제169조[83]).

---

82) 이 안에 대한 평가로는 Dossier: La réforme du droit français des contrats en droit positif. Revue des contrats, Janvier 2009, n° 1의 다음 문헌 등 참조; P. Ancel, Ph. Brun, V. Forray, O. Gout, G. Pignarre et S. Pimont, Points de vue convergents sur le projet de réforme du droit des contrats, *JCP* G 2008.I.213; R. Cabrillac, Le projet de réforme du droit des contrats. Premières impressions, *JCP* 2008.I.190; D. Mazeaud, Réforme du droit des contrats : haro, en Hérault, sur le projet!, D. 2008, chr. p. 2675; Ph. Malaurie, Petite note sur le projet de réforme du droit des contrats, *JCP* 2008.I.204; J. Mestre, Une très heureuse initiative, *RLDC*, oct. 2008, 3; Ch. Larroumet, De la cause de l'obligation à l'intérêt du contrat (à propos du projet de réforme du droit des contrats, *D.*2008, p. 2441; D. Mainguy, Défense, critique et illustration de certains points du projet de réforme du droit des contrats, *D.* 2009, chron., p. 308; Ph. Malinvaud, Le «contenu certain» du contrat dans l'avant-projet «Chancellerie» de code des obligations ou le stoemp bruxellois aux légumes, *D.* 2008, point de vue, p. 2551; A. Ghozi, Y. Lequette, La réforme du droit des contrats: brèves observations sur le projet de la Chancellerie, *D.* 2008, p. 2609; M. F. Chenédé, L'utilité de la cause de l'obligation en droit contemporain des contrats : l'apport du droit administratif: *C.C.C.* 2008, étude 11; L. Leveneur, Projet de la chancellerie de réforme du droit des contrats: à améliorer..., *C.C.C.* 2008, repère 10; M. Fabre-Magnan, Réforme du droit des contrats : un très bon projet, JCP 2008, I, 199 등 참조; 기타의 문헌은 <http:// bib-droit-prive.u-bordeaux4.fr/bleu-projet-de-reforme-des.html> 참조.

83) 이는 projet de réforme du droit des contrats: l'avant-projet de la Chancellerie(2008년 7월)을 말한다. 조문은 <http://www.lexinter.net/ACTUALITE/resolution.htm> 참조; 이 외에도 2009년 5월 계약법 개정안(Projet de réforme du droit des contrats)은 이행기 전의 이행거절에 관한 규정이 없고 이행최고에 의한 지체의 규정만 있다. 특히 제142조 제2항과 제143조 참조. 조문은 <http://droit.wester.ouisse.free.fr/textes/TD_contrats/projet_contrats_mai_2009.pdf> 참조. 조문은 다음과 같다: 제142조 ② 해제가 불이행

조문내용은 다음과 같다.

제169조 상대방이 그 본질적 채무를 이행할 수 없다는 것이 명백한 경우에는 당사자 일방은 전 조(제168조[84])에서 정한 방법에 의하여 이행기 전에도 계약을 해제할 수 있다.[85]

이 개정안은 불이행의 장에서 원래의 급부의 강제이행(exécution

의 사실만으로 발생한다는 약정이 없으면 해제는 이행최고에 의한 지체에도 불구하고 이행이 없는 경우(mise en demeure infructueuse)에 인정된다. 이행최고에 의한 지체는 그것이 해제조항을 명백하게 정한 경우에만 효력이 있다. 제143조 ① 중대한 불이행의 경우에 채권자는 통지(notification)의 절차에 의하여 계약을 해제할 수 있다. 채권자는 사전에 상당한 기간을 정하여 그 약정을 변제할 것을 불이행한 채무자에게 최고하여 지체가 되게 하여야 한다. ② 이행최고에 의한 지체는 채무자가 그 채무를 이행하지 아니한 경우에는 채권자가 그 계약을 해제할 수 있고 그 위험은 채무자의 것으로 한다는 것을 명백하게 정하는 것으로 한다. ③ 채무자는 이행최고에 의한 지체 동안에 해제를 인정할 것을 법관에게 재판상 청구(saisir)할 수 있다. ④ 이러한 재판상 청구는 해제를 중단하게 한다. ⑤ 불이행이 계속되고 법관에 대한 재판상 청구가 없는 경우에는 채권자는 채무자에게 계약의 해제를 그 이유가 되는 사유와 함께 통지한다.

84) 조문내용은 다음과 같다: 제168조 ① 불이행이 채권자를 계약에 대한 그의 이익을 박탈하는 경우에는 그는 상당한 기간을 정하여 그 약정을 이행할 것을 지체한 채무자에게 최고하여 지체가 되게 할 수 있다. ② mise en demeure(이행최고에 의한 지체) n'est efficace que si elle mentionne de manière apparente qu'à défaut pour le débiteur de satisfaire à son engagement, le créancier sera en droit de résoudre le contrat, à ses risques et périls. ③ Le débiteur peut pendant le délai de la mise en demeure saisir le juge des référés pour contester la résolution. Cette procédure suspend la résolution. ④ Lorsque l'inexécution persiste et en l'absence de saisine du juge, le créancier notifie au débiteur la résolution du contrat et les raisons qui la motivent. Celle－ci prend effet lors de la réception de la notification par l'autre partie.

85) 원문은 다음과 같다: Art. 169 Une partie peut, selon les modalités prévues à l'article précédent, résoudre un contrat, dès avant l'échéance, lorsqu'il est manifeste que l'autre partie ne pourra pas exécuter son obligation essentielle.

forcée en nature), 해제(La résolution)의 절과 함께 손해배상은 계약상 책임(La responsabilité contractuelle)의 절을 두고 있다.

개정안은 해제에 관한 조문에서 해제방법(해제조항[clause résolu-toire], 최고[notification], 재판상 청구)을 명확하게 규정하고 있다. 특히 최고방법에 대하여 종래의 재판상 해제에 대하여 일방적 의사에 의한 해제(résolution unilatérale)를 인정하고 있다(제165조). 이는 여러 유럽의 민사법통일의 태도에 영향을 받은 것으로 이러한 가능성은 실용성과 분쟁의 제한을 고려하여 나온 것이다.

불이행이 채권자로부터 계약에 대한 그의 이익을 박탈하면 그는 더 이상 이를 유지할 이유가 없다. 따라서 그에게 상당한 기간 내에 그 의무를 이행할 것을 그 채무자에게 이행최고에 의한 지체(mettre en demeure)가 되게 하는 것이 가능하고, 그것이 없으면 이 해제의 사유를 명시하면서 최고(notification)에 의하여 그의 위험으로 그 계약을 해제할 권리가 있게 된다. 계약의 이익의 상실(perte d'intérêt au contrat)을 전제로 하는 것 외에 일방적 해제(la résolution unilatérale)는 제168조에 의한 일정한 방식(forme)의 요건(제186조)[86]에 의하여 정한다. 이러한 제도의 연속선에서 계약의 사전해제(résolution anticipée du contrat)도 인정하고 있다(제169조). 그에 따르면 당사자 일방이 그 채무를 이행할 수 없다는 것이 명백하면 상대방은 그 이행의 통상적인 이행기를 기다리지 아니하고 그 계약에서 해방(dégager)될 수 있다.

어느 경우에나 해제는 항상 재판상으로 청구되고 제기될 수 있는 것으로 하고 계약상 불이행으로 인한 손해배상에 관하여는 계약상 책임에 관한 민법전의 조문을 유지한다.[87] 가령 손해배상은 채무자가 그

86) 가령 이행최고에 의한 지체(mise en demeure), 최고(notification)와 이행을 위한 상당한 기간(délai raisonnable pour exécuter)이 그것이다.

87) 현행민법의 제1146조 내지 제1155조를 초안은 제172조 내지 제182조로 그대로 편입한다. 다만 향후 책임법에 관한 대개정(réforme globale)에서 별도로 논

채무의 이행에 대하여 이행최고에 의한 지체에 있는 경우에만 부담한다(제172조 제1항).[88] 다만 주는 채무나 하는 채무를 부담하는 채무자가 일정한 기간에만 주거나 할 수 있음에도 채무자가 이를 경과한 경우에는 그러하지 아니하고 이행최고에 의한 지체는 충분한 최고(interpellation)를 할 수 있으면 속달우편(lettre missive)에 의하여 될 수도 있다(제2항, 제3항).

본 안은 이행기 전의 이행거절을 본질적 채무의 불이행이 명백한 경우에 인정한데 특히 그 절차를 다른 해제절차와 같이 하고 이행기 전에도 계약을 해제할 수 있는 것을 명시한 것에 그 특색이 있다.

다. 떼레초안(2008년)[89]

2008년 12월의 떼레초안에서도 계약의 해제와 관련하여 이행거절에 대하여 명문을 규정한다(제111조).[90]

의하는 것으로 한다. 이는 까달라 초안이 계약법과 채무법, 시효법을 포괄하는 것이었던 것에 비하여 그 후 시효법이 민법개정으로 현행법으로 편입되었고 법무부초안은 그 개정범위를 채무법을 제외하고 계약법만을 대상으로 하기 때문이다.

88) 이는 현행 민법 제1146조에 따른 것이다. 강제이행도 현행법을 따르고 있고 가령 하는 채무의 채권자는 그 이행이 불능이거나 그 비용이 명백하게 불합리한 것이 아니면 원래의 급부의 이행을 청구할 수 있다(제162조 제1항). 원래의 급부의 강제이행이 없으면 하는 채무는 손해배상으로 해소된다(제2항).

89) 이 안은 projet du groupe de travail de l'Académie des sciences morales et politiques(2008. 12)이라고 불리기도 한다. 이에 대한 조문과 기초이유는 Fr. Terré, *Pour une réforme du droit des contrats*, Dalloz, 2009 참조. 이 안에 대한 평가는 우선 D. Mazeaud, «Une nouvelle rhapsodie doctrinale pour une réforme du droit des contrats, *D.* 2009, chron., p. 1364 참조. 이 안의 기초이유는 계약의 불이행, 손해배상의 것은 Philippe Remy에 의하여, 불이행을 이유로 한 계약해제는 Carole Aubert가 작성하였다. 이 안의 계약해제에 대한 소개는 福本忍, 近時のフランス債務法における契約解除規定改正動向の一断面－いわゆるテレ草案の規定の分析を通じて, 立命館法学 2010년 제4호, 31쪽 이하도 참조.

90) 다만 기초자에 따르면 초안의 '불이행' 전의 해제라고 하는 문구는 불이행 전이라면 실제로 불이행이 존재하지 아니하기 때문에 해제요건을 충족하지 아니

조문내용은 다음과 같다.

> 제111조 이행기 전부터 해제요건을 충족할 것이 명백한 경우에 채권자는 정해진 기간 내에 채무자가 이행할 수 있다는 것을 자기에게 보증(assurer)하고 이를 하지 못하면 최고(notification)만으로 계약을 해제할 권리가 있다는 것을 명시하여 채무자에게 청구할 수 있다.[91]

해제와 관련하여 계약의 해제는 해제조항의 적용이나 중대한 불이행[92]의 경우에는 재판상의 청구나 통지(notification)에 의하여 할 수 있다(제108조). 채권자는 통지에 의하는 경우에는, 이행을 하지 아니하면 계약을 해제할 수 있다는 것을 적시하여 사전에 채무자에게 이행의 최고에 의한 지체가 되게 하여야 한다(제110조 제1항 제1문). 불이행의 특성이나 긴급한 경우에는 이행지체에 의한 최고를 요하지 아니한다(제2항).

이와 별도로 이행기 전부터 해제요건을 충족할 것이 명백한 경우에 채권자는 정해진 기간 내에 채무자가 이행할 수 있다는 것을 자기에게 보장(assurer)하고 이를 하지 못하면 통지(notification)만으로 계약을 해제할 권리가 있다는 것을 명시하여 채무자에게 청구할 수 있다.[93] 무

한 것이 되어 정확한 것은 아니라고 한다.

91) 원문은 다음과 같다: Article 111: Si dès avant l'échéance, il est certain que les conditions de la résolution sont acquises, le créancier peut demander au débiteur de l'assurer qu'il sera en mesure d'exécuter dans le temps prévu en précisant que, à défaut, il sera en droit de résoudre le contrat par simple notification.

92) 중대한 불이행은 그 채무의 엄격한 이행이 계약의 본질적인 경우 기타의 경우를 말한다(제109조).

93) 기초이유에서는 여러 유럽법의 경우를 소개하면서 이행기 전의 해제를 취하고 있는 것으로 유럽계약법원칙(제9:301조), 유니드르와 국제상사계약원칙(제

엇보다도 이행기 전의 이행거절은 해제요건이 충족될 것이 확실한가에 의하여 정해지는데 그 판단은 제110조 제3항에 따라 채무자가 해제에 대한 재판상의 청구를 한 경우에는 재판상의 절차(긴급심리절차)가 되게 되고 채권자가 중대한 불이행을 증명할 수 없으면 해제는 인정되지 아니한다. 또한 이행기 전의 해제(제111조)는 통지(notification)에 의한 해제의 한 방법으로 하고 있고 또한 통지에 의한 해제이므로 '불이행의 중대성'의 요건도 충족되어야 한다.

기초이유에서는 종종 이행기 전의 해제에 관하여 프랑스에서도 논의가 되고 있지만 견해가 일치되지 못하였다고 한다.[94] 또한 이행기 전의 해제를 도입하는 것은 경제적 효율성과 각종 유럽법에 관한 연구성과에서 도출된 것으로 가능한 채무자의 권리의 보호에도 노력한 결과에 의한 것이다. 또한 채무자 자신에 의한 장래의 이행의 증명의 기회를 보장해주고 그 증명이 다하지 아니한 경우에만 채권자에게 통지에 의한 해제권이 인정되고 있다.[95] 통지에 의한 이행기 전의 해제는 장래의 불이행이 충분하게 중대한 것만으로는 충분하지 아니하고 통지일에도 불이행이 확실한 경우에만 할 수 있는 것으로 하고 있다. 그리고 이 경우의 해제는 통지로 정한 상당한 기간이 만료할 때에 할 수 있다. 이

7.3.3조), 유엔국제매매협약(CISG)(제72조), 독일민법전과 영미법을 들고 있다. 이 외에 간돌피 초안은 이 점에 관하여 이행기 전의 해제를 서면에 의한 엄격한 요건으로 인정하고 있다(제90조). 이러한 점은 Fr, Terré, 앞의 책, 273쪽 이하 참조. 이 안에서 특히 이행기 전의 해제요건을 충족할 것이 명백한 경우라고 하는 것은 특히 2002년 독일 민법전의 개정조문과 유사한 문언을 취하는 것이고 또한 이행의 보장을 요하는 것은 또한 유럽계약법원칙 등의 여러 경우에 인정되는 것이다.

94) 이러한 점은 Fr. Terré, 앞의 책, p. 273, n° 8 참조. 하지만 그동안의 프랑스의 논의에 대한 구체적인 언급은 없고 프랑스 자체에서 이러한 논의는 많지 아니하였다. 이러한 점은 앞의 프랑스법에서의 이행거절의 설명 참조.

95) 이행기 전의 해제에서 이행최고에 의한 지체와 통지(notification)의 분리가 그 특징의 하나라고도 한다.

와 같이 이행기 전의 해제에 관하여는 중대한 불이행의 필요성(제108조, 제109조), 이행최고에 의한 지체의 불요와 긴급심리절차(제110조 제2항과 제3항), 채무자 자신에 의한 장래의 이행의 증명의 기회보장(제11조)와 경우에 따라서는 재판상의 해제로의 이전(제113조 제2항)이 서로 관련을 맺으면서 유기적으로 결합되고 있다.

또한 해제조항이 있는 경우에도 해제는 이행최고에 의한 해제 후에도 이행이 없어야 한다(제112조 제2항). 다만 불이행의 사실만으로 발생한다고 약정한 경우에는 그러하지 아니하다고 이행최고에 의한 지체는 해제조항을 명시적으로 적시하는 경우에만 효력이 있다(제3항).

이 안은 이행기 전의 이행거절로 인한 해제를 인정하지만 기타의 효과로서 가령 이행기 전의 이행거절로 인한 손해배상은 규정을 두지 아니한다.

이 안은 채무불이행에 관하여 당사자가 그 약정을 이행하지 아니하거나 또는 불완전하게 이행한 경우를 말하고 그 효과로 사정에 따라 상대방에 약정의 내용에 따른 강제이행, 그 자신의 채무의 이행거절, 대금감액, 계약해제와 손해배상의 청구를 인정하고(제97조 제1항) 이러한 구제방법의 경합을 인정하고 있다(제2항). 이처럼 이 안에서는 채무불이행의 효과로서 원래의 급부의 이행(exécution en nature)(제105조－제106조), 대금의 감액(제107조), 해제(제108조－제116조)와 손해배상(제117조－제123조)[96]을 인정한다. 또한 법률규정이나 반대의 약정이 없는 한 채무자는 최고(sommation)나 이에 상당하는 기타의 행위에 의하여 이행최고에 의한 지체가 된다(제98조).

원래의 급부의 이행과 관련하여 채권자가 채무자를 이행최고에 의한 지체가 되게 한 후에 이행기 가능하고 채권자가 그것을 회수할 이익에 비하여 그 비용이 명백하게 불균형하지 아니하는 경우에는 언제든

96) 동시이행의 항변권(제103조－제104조)도 같이 규정한다.

지 원래의 급부이행을 청구할 수 있다(제105조). 또는 채권자는 채무자의 급부내용에 일치하지 아니하는 이행을 수령하고 이에 비례하여 그 대금을 감액할 수 있다(제107조 제1항). 손해배상과 관련하여 필요한 경우에는 채무의 전부 또는 일부의 불이행을 이유로 하거나 또는 이행지체를 이유로 하여 채무자는 손해배상의 이행을 하게 할 수 있다(제117조 본문). 다만 불가항력으로 이행을 할 수 없는 것을 증명한 경우에는 그러하지 아니하다(제117조 단서). 법률의 규정이나 반대의 약정이 없으면 이행지체로 인한 손해배상은 채무자가 그 채무를 이행하는 데 지체에 있는 경우에만 인정된다(제122조 제1항).

떼레 초안은 다른 안보다 유럽계약법원칙이나 독일민법 등의 성과를 반영하고 마련되고 있고 특히 이행최고에 의한 지체나 통지에 의한 절차 등과도 더 자세한 규정을 두고 있다. 다만 이로 인하여 조문과 기초이유 자체만으로는 이행기 전의 해제에 대한 것이 완전히 명확한 것은 아니다.

라. 소 결

프랑스에서의 채권법(계약법) 개정안은 까달라 초안을 제외하고는 법무부 개정안과 떼레초안에서 모두 이행기 전의 이행거절에 관한 규정을 두고 있다. 하지만 이러한 이행거절에 관한 개정안의 신설조문은 기존의 프랑스민법에서는 별로 논의가 많지 않던 것을 영미법의 영향을 받은 유럽계약법원칙 등의 영향을 받아 도입된 것으로 이 이행거절이 기존의 프랑스민법의 학계에서는 논의가 없던 것으로 채무불이행법과 과연 체계적으로 일치하는 것인지 향후 좀더 논의가 필요할 것이다.[97]

97) 특히 이행거절에 대하여 소극적이던 기존의 학설에서 더욱 그러할 것이다. 이러한 조문 신설로 인한 기존 채무불이행법과의 체계적 해석의 문제는 프랑스민법의 개정론과 2002년 개정된 독일민법전의 채무불이행법에서도 마찬가지로 문제된다.

Ⅲ. 프랑스법계 민사법에서의 이행거절

1804년의 프랑스 민법전은 이행기 전의 이행거절에 관하여 규정을 두지 아니하고 다만 판례는 불이행책임의 요건으로 요구되는 이행최고에 의한 지체(mise en demeure)를 면하는 예외(최고없는 이행지체)로서 이 문제를 해결하고 있다. 이에 따라 프랑스 민법전을 계수한 여러 국가[98]에서는 이 문제에 대하여 각각 여러 가지 대응방법을 마련하고 있다[99]. 이러한 것으로 가령 캐나다 퀘벡주 민법전(1994년), 루이지애나주 민법전(1987년), 튀니지의 채무계약법전(1906년) 등, 세네갈의 민상사채무법전(1963년), 이디오피아 민법전(1960년), 이집트 민법전(1949년) 일본 구민법(1890년) 등을 들 수 있다.[100]

98) 프랑스법계의 프랑스 민법전 모델의 계수에 관한 여러 유형은 우선 서국동 저, 김성수 역, 프랑스 민법전 모델의 전파와 변형 약사(번역), 경찰대학논문집 세26집, 2006, 493－552쪽; Konrad Zweigert and Hein Kötz, *Introduction to comparative law*, 3rd revised edition, translated by Tony Weir, Clarendon Press, 1998, 98－142쪽 참조. 이하에서는 이러한 유형 중 이행거절에 관한 조문이 있는 대표적인 프랑스법계의 국가를 중심으로 한 것이다.

99) 이러한 프랑스법계의 민법전이나 민사법은 어느 것이나 유엔국제물품매매협약(CISG)과 같은 국제적 통일규범이 있기 전에 제정되어 이러한 자료나 최근에 논의되고 있는 프랑스 민법전의 채권법(계약법)의 개정안과 논의도 참조되지 못한 것이다. 이러한 제한에도 불구하고 프랑스 민법전이 가진 이행거절의 문제를 적극적으로 해결하려고 노력하고 있다; 프랑스 민법전과 동일한 규정을 가지는 프랑스법계의 국가는 논의에서 제외하였다. 가령 룩셈부르크, 콩고 등이 그러하다.

100) 이행기 전의 이행거절로 인하여 계약의 이행기 전의 해제는 남아메리카의 경우에는 매수인의 무자력이나 매수인의 재산의 현저한 변경의 경우에는 가능하지만 판례에서는 이러한 것이 알려져 있지 아니하다고 한다. 다만 파라과이 민법전(제720조), 스페인 민법전과 그에 따르는 가령 쿠바 민법전도 부동산의 매매와 관련하여서만 이러한 유사규정이 있다고 한다. 또한 아르헨티나 민법전도 무자력의 경우에 이에 관한 특별규정을 두고 있다. 이러한 점은 Alberto L. Zuppi, A Comparison of Buyer's Remedies Under the CISG with the Latin American Legal Tradition, in *Pace Review of the Convention on Contracts*

이러한 일련의 프랑스법계의 민사법은 종래의 민법전에서 소극적으로 규정되던 이행기 전의 이행거절에 대하여 이를 적극적으로 대응하려고 하는 점에서 일치하지만 그 규정내용에는 다소간의 차이도 있다.

차례로 이들 법전의 이행기 전의 이행거절을 중심으로 살펴본다.

1. 캐나다 퀘벡주 민법전(1994년)

캐나다의 현행 퀘벡민법(Civil Code of Quebec, Code civil du Québec: CCQ)(1994년[101])에서는 이행거절에 관하여 특히 채무의 효력 중 강제이행에서 이행의 최고로 인한 지체(mise en demeure)에서 관련 규정을 두고 있다.[102]

---

for the International Sale of Goods (CISG) 1998, Kluwer Law International (1999) 3쪽 이하 참조.

101) 캐나다의 퀘벡주 민법전은 1994년 1월 1일부터 시행되고 있고 1865년의 구민법(Civil Code of Lower Canada, Code civil du Bas-Canada: 下캐나다민법전이라고 하기도 함)을 대신한 것이다. 구민법에서도 프랑스 민법전의 이행최고에 의한 지체와 채무불이행으로 인한 손해배상을 일부 보완하고 있다. 가령 제6장 채무의 효력, 제2절 지체(Of Defaults)(제1067조-제1069조) 참조. 조문내용은 다음과 같다: 제1067조 채무자는 이를 이행할 단순한 기간의 경과만으로 그러한 효력이 발생한다는 약정을 포함하는 경우에 계약조항에 의하여 또는 법률의 작용만으로 또는 소송의 개시만으로 또는 서면으로 계약자체가 구두가 아닌 경우에 서면으로 되어야 할 청구에 의하여 이행최고에 의한 지체로 될 수 있다. 제1068조 채무자는 또한 그 자신이 주거나 할 의무가 있는 물건이 일정한 기간에만 주거나 할 수 있는데 그 기간을 경과하게 한 때에 이행최고에 의한 지체가 된다. 제1069조 이행기가 정해진 모든 상사적 성질이 있는 계약에서는 채무자는 그러한 기간의 경과만으로 이행최고에 의한 지체가 된다; 또한 제3절 채무불이행으로 인한 손해배상(제1070조-제1078조)도 참조: 제1070조 제2절의 몇몇 규정에 의하여 이행최고에 의한 지체가 될 때까지는 채무의 불이행으로 인한 손해배상은 인정되지 아니한다. 다만 하지 않을 채무는 그러하지 아니하고 이를 위반한 자가 위반행위의 사실만으로 책임이 인정된다. 다만 해제는 여전히 해제조건으로 하여 채무의 양태의 일종(제7장 채무의 여러 양태)으로 규정한다(제1088조); 다만 어느 것이나 이행거절에 관한 것은 없다.

102) 채권편(제5편)의 채권법 총칙(제1장)에서는 채무의 이행에 관한 절(제6절)을 두고 이에 변제(제1항), 강제이행권(제2항), 채무의 이행에 관한 권리의 담보

채무자가 임의로 이행을 거절하거나 해태하는 경우에 채권자는 그가 권리가 가지는 급부를 취득하기 위하여 이행을 강제하거나 또는 불이행의 경우에 법률에 정한 모든 다른 효과를 주장하면서 그 불이행으로 인한 효과도 주장할 수 있다.

이러한 계약위반(채무불이행)은 이행거절, 이행지체, 일부이행, 불완전이행이나 부수적 의무의 불이행의 어떠한 형태를 취할 수 있다.[103] 채무불이행에는 이처럼 채무자가 그 채무의 이행을 무조건적으로(pur et simple) 거절하는 경우가 포함된다. 가령 약정한 목적물의 지급이나 금전의 지급 또는 할 것을 의무가 있는 것을 하는 것을 하지 아니하는 경우이다.[104]

어느 채무가 있으면 채권자는 완전하고[105] 지체없는 급부전부(全部)의 이행을 청구할 수 있다(제1590조 제1항). 채무자가 그 채무를 그에게 정당한 이유 없이 이행하지 아니하고 지체에 있으면[106] 채권자는 채무의 강제이행의 청구를 하거나 계약상 의무의 경우에 계약의 해제나 해지 또는 그 자신의 반대급부의 감액을 취득하거나 또는 채무의 이행을 받을 권리를 실행하기 위한 법이 정한 다른 조치를 취할 수 있다

(제3항)을 둔다. 강제이행권의 항에서는 다시 총칙, 동시이행의 항변권과 유치권, 지체(Default, demeure), 강제이행, 계약의 해제 또는 해지와 채무의 감액, 손해배상을 각각 규정한다.

103) 학설은 이행거절을 명시적으로 불이행(계약위반)의 하나로 열거한다. 이러한 점은 J.-L. Baudoin, 앞의 책, no 723; H. Heward Stikeman etc., *Doing business in Canada*, M. Bender, 1984, §7.07 [2] (b), p. 7-70 참조.

104) 특히 쌍무계약인 경우에는 이 거절이 있으면 동시이행의 항변권을 행사하여 상대방에게 견련성이 있는 채무의 이행을 정지하게 할 수 있다. 이러한 점은 n°s 818 et s. 참조.

105) 원어는 각각 properly, correctement으로 불완전이행에 대비되는 '완전한' 이행의 의미를 말한다.

106) 이는 제1항의 지체 없이(sans retard, without delay)와 대립하는 프랑스법계의 고유한 demeure, default의 의미이다. 통상 일본의 용어에 따라 부지체라고 하는데 우리 법의 이행의 최고에 의하여 이행지체에 빠지게 하는 것을 말한다.

(제1590조 제2항 본문). 이 경우 그의 채무의 전부 또는 일부의 손해배상에 의한 이행을 해하지 아니한다(제2항 단서).

채무의 불이행의 효과를 주장하기 위하여 그 발생원인이 무엇이든지 채권자는 채무자를 이행최고에 의한 지체에 있게 하여야 한다. 이는 채무를 이행할 것을 그 채권자가 채무자에게 한 이행의 최고, 즉 재판외 청구, 재판상 청구 또는 법률의 효력에 의하여 지체가 될 수 있다(제1594조 제2항).107)

이행거절은 이행최고를 요하지 아니하고 당연히 이행지체가 되게 하는 사유108)의 하나로 규정한다.109)110)

우선 그 채무자가 채권자에게 그 채무를 이행하지 아니할 의사를 명확하게 표시한 경우와 계속적 급부의 이행에서 반복하여 이를 이행

107) 또한 채무자는 이행기의 경과만으로 그러한 효과를 가지는 것으로 정한 경우에도 계약 그 자체의 정함으로 이러한 지체가 될 수 있다(제1594조 제1항).

108) 법률은 채권자가 이행최고에 의하여 이행지체가 되는 절차를 강제하는 것이 무용하거나 불필요한 여러 경우를 열거하는데 이를 당연지체(demeure de plein droit)라고 하기도 한다.

109) 이러한 사유로는 제1597조 제2항 참조. 특히 이러한 법률상 당연히 이행최고 없이 이행지체가 되게 하는 사유로 채무의 이행이 채무자가 경과하도록 한 일정한 기간에만 유용한 경우(가령 정기행위) 또는 그 이행이 긴급함에도 불구하고 그가 채무를 즉시 이행하지 아니한 경우에 이행의 최고 없이도 당연히 그 채무자는 지체가 된다(제1597조 제1항). 채무자가 하지 않을 의무를 위반하거나 그의 과실에 의하여 강제이행[영문판은 sepcific performance, 프랑스어판은 exécution en nature]이 불능이 된 경우에도 그 채무자는 이행최고에 의한 최고절차 없이 바로 지체가 된다.

110) 기간의 도래만으로는 법률이 정하는 당연지체의 사유가 되지 아니한다. 계약 자체에 지체에 관한 조항이 있는 경우에는 제1594조 제1항에 따른다. 이 점에서 상사에서 기간의 경과로 당연히 지체를 인정하던 퀘벡의 구민법(제1069조)을 변경한 것이다. 이러한 개정의 경과조항으로 이 당연지체사유는 퀘벡 민법전의 시행된 후에 주장될 수 없고, 구민법에서 체결한 계약에 대하여도 그러하다(제4조 제2항과 제88조 L.a.r.C.c); 상사거래에서의 당연지체의 삭제에 대한 것은 또한 J.－L. Baudoin, P. G. Jobin et N. Bézina, 앞의 책, n° 772, p. 709 참조.

할 것을 거절하거나 소홀히 한 경우[111]에는 채무자는 당연히 이행의 지체가 된다(제1597조 제2항). [112]

조문은 다음과 같다.

> 제1597조 ② 채무자는 그가 하지 않을 의무를 위반한 경우 또는 그의 고실로 채무의 원래급부에 의한 이행이 불능이 된 경우에 당연히 이행지체가 된다.[113] 그가 채무를 이행하지 아니할 의사를 명백하게 채권자에게 표시한 경우 또는 계속적 급부채무의 경우에 그 이행을 반복적으로 거절하거나 해태한 경우에도 그러하다.

이 경우 채권자는 반대의 의사표시 또는 약정이 있다고 하더라도 당연지체가 되는 사유 중의 하나가 발생한 것을 증명하여야 한다(제1598조). 따라서 채권자가 정당화하는 사실의 입증함이 없이 당연지체를 주장하는 경우에는 재판상 이행최고에 의한 지체(mise en demeure judiciaire)(제1596조)의 원칙에 따르다. 지체를 한 당사자에 대하여 소송을 제기하여 위하여는 계약위반(불이행)이 있다는 것과 채무자가 절차적으로 이행최고에 의한 지체(mise en demeure)를 한 것을 증명하여야

111) 이를 계속적 급부의 이행의 반복적 불이행이라고 하기도 한다. 가령 Barreau du Québec, *Collection de droit 2005−2006*, vol. 5, *Obligations et Contrats*, Editions Yvon Blais, 2005, p. 78 참조.

112) 다만 법원의 이러한 당연지체의 판단은 쉽지 아니하고 경우에 따라서는 법원은 제1597조의 적용이 제한적으로 적용되는 원칙으로 받아들이기도 한다. 가령 *Transport Verex Inc. c. Centre du camion St−Paul Ford Inc.*, B.E. 2001 Be−178 (C.Q.) 참조. 또한 이행최고에 의한 지체절차도 경우에 따라 유용성이 있는 것이라고 하는 것으로는 *Guérin Editeur Ltée c. harcourt Brace & Co.*, J.E. 2000−905, REJB 2000−17500 (C.S.), conf. B.E. 2003Be−19, REJB 2002−38584 (C.A.) 참조. 이러한 판례에 대한 학설의 평가는 또한 J.−L. Baudoin, P.G. Jobin et N. Bézina, 앞의 책, n° 772, p. 709, note 79의 본문 참조.

113) 프랑스어판은 이를 2개의 문(';')으로 하지만 영어본은 하나의 문으로 하고 있다(and also).

한다.

이러한 계약위반은 정당한 사유 없이 거절이나 무능력을 통하여 계약의 어느 조항을 완전하고, 채무의 내용에 맞게 지체없이 이행하지 못하는 경우에 언제든지 발생하고 이는 그 당사자가 선의로 행사하였는가를 묻지 아니한다.[114)]

제1597조의 제2항에서 정하는 이행거절과 관련된 2가지 사유는 개정하면서 종래의 판례가 판시한 원칙을 입법화한 것이다.

우선 그 채무자가 채권자에게 그 채무를 이행하지 아니할 의사를 명확하게 표시한 경우에 이러한 형태의 채무자의 이행거절은 영미법의 이행기 전의 위반(anticipatory breach)에 유사한 것이다.[115)] 이 거절은 묵시적일 수도 있는데, 이는 채권자에게 이행의 최고로 인한 지체를 면하게 할 수 있을 만큼 충분히 명확하여야 한다.[116)]

---

114) 제1590조 참조; J.-L. Baudoin, *Les Obligations,* 5ᵉ éd., Editions Yvon Blais, 1998, n° 724; 같은 저자, 같은 책(6ᵉ éd.), n° 772; 제1613조, nᵒˢ 894 et s. 참조; 다만 이행을 거절한 채무자의 선의나 악의는 채권자가 청구하는 손해배상액의 중요한 평가요소가 될 수 있다.

115) 이러한 취지의 판결로는 *Lambert c. Comeau*, (1921) 59 C.S.425; *Lécuyer c. Limoges*, (1932) 52 B.R. 400; Zaccardelli c. Hébert, [1955] C.S. 478; *Deaubille Estate Ltd. c. Tabah,* [1964] B.R. 53; *Shorter c. Beauport Realties* (1964) Inc., [1969] C.S.363; Cloutier c. Cordeau, [1976] C.S. 193; *Jean Léveillé et associé Inc. c. Banque cnadienne nationale*, [1976] C.S. 1126; *Immeubles Roussin Ltêe c. Trans-Canada Musique Service Inc.*, [1981] C.P. 315; *Ruscito c. Florio*, [1983] C.S. 625; *Wheeler c. Cuillerier,* [1986] R.J.Q. 837 (C.P.); *Svatek c. Abony,* [1986] R.D.I.605 (C.P.); *Prévost c. 132335 Canada Ltée*, J.E. 89-239 (C.A.); *Métropolitaine Réfrigération & équipement* (1979); *Ltée c. Ursi,* J.E. 96-2128 (C.A.); *Felvic Inc. c. A & A Démolition* (Québec) Ltée, J.E. 97-6 (C.A.); *Gupta c. Rénovation Georges R. Picoard Inc.,* J.E. 99-2102, REJB 1999-14810 (C.S.) 참조; 또한 빵집의 오븐을 설치할 약정을 하였지만 그 일을 비과학적인 방법으로 이행하여 그것을 정상적으로 사용할 수 없게 된 경우에, 오븐을 재건축하는 데 비용에 대한 손해배상소송에서 이행최고는 불요하다고 판시한 것으로는 *Vermette v. Parent,* 1910, R.J.Q. 20 K.B.156 참조.

법원은 이러한 당연지체의 법적 근거를 묵시의 신의성실의 의무(devoir de bonne foi en filigrane)로 하여 이러한 사유를 광범위하게 해석하고 있다. 가령 채무자가 그에 대하여 있은 비난을 아주 잘 알고 있음에도 전혀 그 급부를 이행하려고 하지 아니한 경우에 법원은 채무자에 대한 이행최고를 면하게 한다.[117] 또한 채무자의 행위에 의하여 채무자의 명백한 이행의 무능력이 있어 잘못 이행된 급부를 다시 수령할 것을 채권자에게 청구하는 데 필요한 신뢰가 더 이상 없는 것을 정당할 정도가 된 경우[118]가 그러하다.

다음으로 계속적 급부의 이행에서 반복하여 이를 이행할 것을 거절하거나 소홀히 한 경우도 이행최고에 의한 지체를 면하는 것으로 한다. 계속적 급부계약(exécution successive ou continue)에서 각각의 분할분의 이행기 후에 채무자를 이행최고에 의한 지체를 할 필요가 없고 따라서 채무자는 계속적으로 이행을 거절하거나 해태하면 이행지체에 있게 된다.[119] 다시 말하면 실제로 이를 인정하지 아니하면 그 각각의

116) 이러한 취지의 판결로는 *Compagnie d'assances du Québec c. Toitures J.B. Martin Inc.*, B.E. 97BE−914 (C.Q.); *Transport Verex Inc. c. Centre du camion St−Paul Ford Inc.*, B.E. 2001BE−178 (C.Q.); *9045−1287 Québec Inc. c. Michel*, B.E. 2003BE−81 (C.Q.), inf. 다른 이유로는 J.E. 2004−1518, REJB 2004−68631 (C.A.) 참조.

117) 가령 9006−9485 *Québec Inc. c. Habiltations C.M.L. Inc.*, J.E. 99−1398, REJB 1999−13701 (C.S.); *Guérin Editeur Ltée c. Harcourt Brace & Co.*, J.E. 2000−905, REJB 2000−17500 (C.S.), conf. B.E. 2003 Be−19, REJB 2002−38584 (C.A.) 참조.

118) 가령 *Promutuel Lac St−Pierre, société mutuelle d'assurances générale c. Chastenay,* J.E.2000−1037, REJB 2000−18775 (C.S.), mod. J.E. 2002−396, REJB 2002−27907 (C.A.). 또한 이러한 취지로는 *Gosselin c. Provincial Aérotech Inc.,* [2000] R.L. 462 (C.Q.)도 참조.

119) 가령 *Prairie c. Prairie*, [1961] B.R. 23; *Carpentier c. Carpentier,* [1964] C.S. 311; *Martineau c. St−Cyrille−de−Wendover (Municipalité de)*, J.E. 2000−992, REJB 2000−19180 (C.S.) 참조. 또한 *Boone c. Nadeau,* J.E. 2003−108, REJB 2002−35924 (C.Q.); *Ahsan c. second Cup Ltd.,* J.E.

절차에 대한 비용도 많이 들고 아주 여러 번 해야 하기 때문이다. 이 경우 이행최고에 의한 지체를 면하는 다른 사유가 여기에 적용되지 아니하면 최초의 위반에는 이 절차가 요구된다.[120)]

채무불이행의 효과로는 우선 강제이행으로 채권자는 강제이행이 인정되는 경우에 채무자에게 채무의 강제이행을 할 것을 청구할 수 있다(제1601조). 채무자가 지체가 된 경우에는 채권자는 채무자의 비용으로 그 채무를 이행하거나 이를 이행하게 할 수 있다(제1602조 제1항).

다음으로 해제와 관련하여 채권자가 채무자의 계약상 채무의 강제이행을 할 권리를 행사할 수 없고 그 해제가 허용되는 경우에, 그 채권자는 계약을 해제할 수 있다(제1604조).[121)] 마지막으로 손해배상과 관련하여 채권자는 채무자의 이행지체의 직접적이고 즉시적인 결과인 신체적, 정신적 또는 재산적 손해를 배상받을 수 있다(제1607조).

퀘벡주 민법전은 이행거절에 대하여 이행의 최고를 요하지 아니하는 사유의 하나로 채무자가 그 채무를 이행하지 아니할 의사를 명확하게 표시한 경우뿐만 아니라 계속적 급부의 이행에서 반복하여 이를 이행할 것을 거절하거나 소홀히 한 경우로 나누어 규정하는 점에 특징이 있다. 이러한 이행거절이 있으면 채무자는 당연히 이행의 지체가 되어 강제이행, 해제, 손해배상의 효과가 인정된다.

2003-736, REJB 2003-39565 (C.A.); *140 Gréber Holding inc. c. Distribution Stéréo Plus inc.*, [2004] R.J.Q. 167, REJB 2003-49066 (C.S.); *Chasé c. Association de protection de la Riviére Moisie inc.*, REJB 2002-30288 (C.S.). 또한 판례는 계속적 이행계약을 광의의 개념으로 해석한다. 이러한 점은 J.-L. Baudoin, P.G. Jobin et N. Bézina, 앞의 책, n° 68 참조.

120) 이러한 점은 J.-L. Baudoin, P.G. Jobin et N. Bézina, 앞의 책, n° 772, p. 709 참조.

121) 계속적 급부계약은 해지할 수 있다(제1항 후반부). 또한 모든 관련사정을 고려하여 그에 비례하여 감액을 산정할 수 있고 채무를 감액할 수 없으면 손해배상만 인정된다(제1604조 제2항).

2. 미국의 루이지애나 주 민법전(1870년)

미국의 루이지애나 주는 다른 49개 주와 달리 통일상법전을 전부 채택하지는 아니하고[122] 독자적인 민법전(Civil Code)을 별도로 가지고 있다.[123] 따라서 이행기 전의 이행거절은 다른 주와 달리 통일상법전이 아니라 민법전의 문제로 취급되고 있다.

민법전에서 채무불이행(failur to perform)은 이를 이행의 부존재(nonperformance), 불완전이행(defective performance) 또는 이행지체

122) 다른 49개 주가 상사거래의 원칙을 표준화한 통일상법전(Uniform Commercial Code: UCC)을 채택하고 있는 것에 대하여 이를 채택하지 아니하다가 1990년 이를 부분적으로 채택하여 통일상법전을 채택한 미국의 최후의 주(50번째 주)가 되었다. 다만 모든 편이 아니라 일부 편만을 택하고 있다. 그 내용은 Louisiana Revised Statutes Title 10. Commercial Laws 참조. 물건의 매매(sale of goods)에 관한 제2편(Article 2)은 대륙법계 전통과 일치하지 아니하는 것으로 이를 받아들이시 아니하고 있고 이에 따라 이에 규정되어 있는 이행기 전의 이행거절도 받아들이지 아니하고 있다. 통일상법전의 편(Article)이라는 단어는 루이지애나 민법전에서 각 규정(조문)을 의미하므로 장(chapters)라는 편별체계를 사용한다.

123) 이는 1870년 제정되어 현재에 이르고 있고 서장과 4편의 3556조(삭제된 조문 포함)으로 되어 있다. 민법전과 관련하여 이전에도 1808년 루이지애나 민법전이라고 말하는 민사법요약(A Digest of the Civil Laws now in Force in the Territory of Orleans, with Alterations and Amendments Adapted to its Present Form of Government)(1808년 3월 31일)과 1825년 민법전(1824년 4월 12일)이 이었다. 이를 1870년 개정한 것이 현행 민법전이다. 채무불이행과 채무의 효력의 내용은 1984년 (제331호) 법률로 개정되어 1985년 1월 1일부터 시행 중이다. 조문내용은 <http://legis.la.gov/lss/toc.htm> 참조; 루이지애나 민법전의 연혁에 관하여는 A. N. Yiannopoulos, The Civil Codes of Louisiana, 1 CIV. L. COMMENT. 1, 1(2008) <http://www.civil-law.org/v01i01-Yiannopoulos.pdf> 또는 같은 저자, *Civil law system, Louisiana and comparative law: A coursebook: texts, cases and materials*, Claitor's Publishing Division, 2nd edition, 1999 참조. 루이지애나의 이행기 전의 이행거절에 대한 학설과 판례에 대하여는 Gulotta, Anticipatory Breach—A Comparative Analysis, 50 *Tulane L. Rev.* 927 (1976) 참조.

(delay in the performance)를 인정한다(제1994조 제2항).[124)]

채무불이행의 효력은 '계약상 채무의 효력'(Effects of Conventional Obligations)의 장에서 강제이행, 이행최고에 의한 지체절차, 손해배상을 정하고 이어서 별도로 해제에 관한 장을 두고 있다.[125)]

우선 채무자가 채무를 불이행한 경우에는 채권자가 이를 청구한 경우에 법원은 지체로 인한 손해와 함께 강제이행(specific performance)을 명한다(제1986조 제1항 제1문). 강제이행을 할 수 없으면 채권자에게 손해배상을 인정할 수 있다(제2문).

채무자는 계약상 채무의 불이행으로 인한 손해배상책임이 있다(제1994조 제1항).[126)] 이 불이행으로는 이행의 부존재, 불완전이행이나 이행지체를 인정한다(제2항). 채무의 이행을 지체한 손해배상은 채무자가 이행최고에 의하여 지체가 된 때로부터 의무가 있다(제1989조 제1항). 기타의 손해배상은 채무자가 불이행한 때로부터 의무가 있다(제2항). 채무의 이행기가 확정되었거나 여러 사정에서 명백하게 정해진 경우에 채무자는 그 기한의 도래만으로 이행최고에 의한 지체가 인정된다(제1990조 제1문). 기타의 경우에는 채무자는 채권자에 의하여 이행최고에 의한 지체가 있어야 하지만 이는 이행기가 도래하기 전에는 인정되지 아니한다(제2문).

조문은 다음과 같다.

---

124) 기타 불이행이라고 하는 것은 제1986조, 제1994조 등에서도 사용된다. 이행지체는 제1989조 등에서도 사용되고 지체이행(delayed performance)라고 하기도 한다(제2016조); 이행불능(impossibility of performance)는 채무의 소멸사유의 하나로 하여 규정한다(제1873조 이하).

125) 계약은 신의성실의 원칙에 의하여 이행되어야 한다(제1983조 제2문).

126) 채권자는 채무자의 불이행으로 인한 손해를 감경하기 위한 합리적 노력을 하여야 하고 이러한 노력이 없는 경우에 채무자는 그에 따라 손해의 감액을 청구할 수 있다(제2002조).

제1989조 ① 채무의 이행을 지체한 손해배상은 채무자가 이행최고에 의하여 지체가 된 때로부터 의무가 있다.

② 기타의 손해배상은 채무자가 불이행한 때로부터 의무가 있다.

제1990조 채무의 이행기가 확정되었거나 여러 사정에서 명백하게 정해진 경우에 채무자는 그 기한의 도래만으로 이행최고에 의한 지체가 인정된다. (제2문 생략)

학설[127]은 이러한 지체 이외의 기타의 불이행으로 인한 손해배상은 지체한 때로부터 의무가 있다는 규정(제1989조)에서 지체 이외의 불이행에 이행기 전의 이행거절(anticipatory breach)이 포함되는 것을 인정한다.[128] 판결도 같은 취지이다.[129][130]

127) 이행기 전의 이행거절은 영미법에서 인정된 것으로 1853년 영미법의 Hochester v. De la Tour, 2. El. & Bl. 678(Q.B. 1853년)이 그 대표적 판결이다. 이러한 이행기 전의 이행거절의 이론은 대륙법계에서 그 가치가 의문(dubious)한 것이라는 평가된다. 이는 대륙법계 체계에서 채무자의 책임이 인정되기 위하여 그 채무의 위반뿐만 아니라 경우에 따라 채권자의 행위를 요구하는 이행최고에 의한 지체가 있어야 하는데, 그러한 행위가 요구된 경우에 채권자는 채무자를 이행최고에 의한 지체가 되도록 하기 위하여 이행기가 도래할 때까지 기다려야 하기 때문이다. 이러한 점은 B. Gilson, *Inexecution et resolution en droit anglais*, L.G.D.J., 1969, 57쪽 이하 참조. 다만 이러한 견해에는 이행기 전의 이행거절이 이행최고에 의한 지체를 요하지 아니하는 예외적인 경우라는 것을 고려한다면 그 논거가 반드시 타당한 것은 아니다. 미국에서의 이행기 전의 이행거절의 비판은 3 Williston on Contracts 3691－3716 (1936) 등 참조.

128) 가령 S. Litvinoff, R. J. Scalise, *The law of obligations in the Loisiana jurisprudence, A Casebook*, 6th revised ed., LSU Paul M. Hebert Law Center, 2008, 370쪽; Saul Litvinoff, *The Law of Obligations: Louisiana civil law treatise. Putting in default and damages,* West, 1999, §1.19 참조; 기타의 문헌으로는 Alain A. Levasseur, *Louisiana Law of Obligations in General: A Précis*, 2nd ed., Butterworth Legal Publishers, 1988도 참조.

129) 가령 *Marek v. McHardy*, 234 La. 841, 101 So. 2d 689 (1958); *Lawton v. Louisiana Pac. Corp.*, 344 So. 2d 1129 (La. App. 3 Cir. 1977); Andrew

해제와 관련하여 채무자가 불이행한 경우에 채권자는 계약의 재판상 해제를 하거나 또는 여러 사정에 의하여 계약을 해제된 것을 볼 수

Development Corp. v. West Esplanade Corp., 347 So.2d 210, 212－13 (La.1977) 참조.

130) 기타 이행기 전의 이행거절의 경우에 이행최고에 의한 지체(Putting the obligator in default)를 요하지 아니한다는 것은 다수의 판결에서 인정된다. 가령 Allen v. Steers, 39 La. Ann. 586, 2 So. 199 (1887): 피고가 이행최고에 의한 지체에 있을 필요가 없다. 목화(cotton)를 수령하는 것에 대한 그의 거절이나 인정된 무능력은 그러한 이행최고에 의한 지체가 어떤 경우에는 필요하지만 이 경우에는 이를 면하게 하는 것이다. 사실관계는 S. Litvinoff, R. J. Scalise, 앞의 책, 368쪽 참조; Abels v. Glover, 15 La. Ann. 247 (1860): 피고가 채무를 이행할 것을 이미 거절한 경우에 원고는 이행을 청구하는 것에 의하여 피고를 이행최고에 의한 지체가 되게 할 것을 요하지 아니한다; Woolie v. Carson Carbon Co., 177 La. 990, 149 So. 551 (1933): 이행최고에 의한 지체(putting in mora)는 그 계약에 적합하게 할 것이 요청된 경우에 그렇게 하는 것을 피고가 거절한 것을 이유로 하여 이 사안에서는 필수적이지 아니하다. 법률은 누구에게 무익한 것을 할 것을 기대하지 아니한다. 이행최고에 의한 지체는 계약내용에 따르는 것의 피고의 거절에서는 무익한 것이다; Beck v. Fleitas, 37 La. Ann. 492 (1885): 피고가 그 위반에 따라 손해를 청구한 계약의 존재를 부인한 경우에 이행최고에 의한 지체는 요하지 아니한다; 이행기 전의 이행거절을 계약위반으로 인한 소권으로 인정한 것으로는 Andrew Development Corp. v. West Esplanade Corp., 347 So.2d 210, 212－13 (La.1977) 참조; 이행기 전이라도 채무자가 그 채무를 이행하지 아니할 의사를 명백하게 표시한 경우에는 이행기 전의 이행거절이 있고 소송을 제기할 수 있다고 한 것으로는 Lewis v. Gary, 439 So.2d 1236 (La.Ct.App.1983). 채권자는 채무자가 그 채무를 거절할 의사를 표시한 경우에 소송사유(cause of action)가 인정된다는 것으로는 Fairfield Development Co. v. Jackson, 438 So.2d 664, 671 (La.Ct.App.1983); 또한 Marek v. Hardy, 234 La. 841, 101 So.2d 689 (1958) (이행기 전 계약위반의 개념을 소를 제기할 수 있는 사유로 인정하고 이것은 루이지애나 민법전의 태도와 일치된다)도 참조; 또한 루이지애나에서의 계약의 일방적 이행기 전의 이행거절이 계약의 적극적 위반(ctive breach of contract)이 되고 이행최고에 의한 지체절차를 요하지 아니한다는 것으로는 Trinity Carton Company v. Falstaff Brewing Corp., 767 F.2d 184, 195 (5th Cir.1984); 3A's Towing Co. v. P & A Well Service, Inc., 642 F.2d 756, 760 (5th Cir.1981); SHELL OFFSHORE, INC., Plaintiff－Appellant, v. M.H. MARR, Defendant－Appellee, 916 F.2d 1040 (5th Cir. 1990) 등 참조.

있다(제2013조 제1항 제1문). 어느 경우든지 채권자는 손해배상을 받을 수 있다. 채무자가 이행의 본질적 부분(substantial part)을 제공하고 제공하지 아니한 부분이 채권자의 이익을 본질적으로 해하지 아니한 경우에는 계약은 해제될 수 없다(제2014조).

당사자 일방의 불이행이 있으면 상대방은 그에게 상당한 기간을 정하고 이행이 그 기간 내에 제공되지 아니하면 계약은 해제된 것으로 본다는 것을 적시하여 이행을 최고(notice)할 수 있다(제2015조 제1항 전문). 이행지체가 채무자에게 더 이상 가치가 없거나 채무자가 이행하지 아니할 것을 명백한 때에는 채권자는 채무자에게 어떠한 통지 없이 계약을 해제한 것으로 볼 수 있다(제2016조).[131] 이행거절의 경우에도 손해배상과 같이 어떠한 이행의 최고의 통지 없이도 해제하는 예외를 인정한다.

조문은 다음과 같다.

제2015조 ① 당사자 일방의 불이행이 있으면 상대방은 그에게 상당한 기간을 정하고 이행이 그 기간 내에 제공되지 아니하면 계약은 해제된 것으로 본다는 것을 적시하여 이행을 최고(notice)할 수 있다. (후문 생략).

제2016조 이행지체가 채무자에게 더 이상 가치가 없거나 채무자

131) 이 외에도 쌍무계약에서 동시이행의 항변권(제2022조)과 불안의 항변권(제2023조)도 각각 규정되어 있다. 가령 당사자의 재정적이나 기타의 지위가 채무의 이행능력을 명백히 위험하게 할 정도가 되면 상대방은 서면으로 적절한 담보를 제공하고 그러한 담보제공이 없으면 그 당사자는 그 자신의 이행을 거절하거나 중지할 수 있다(제2023조 제1항); 또한 Ringel & Meyer Inc. v. Falstaff Brewing Corp. 511 F.2d 659, 660 (5th Cir. 1975)에서 법원은 Marek v. McHardy 234 La. 841, 101 So. 2d 689 (1958)을 인용하면서 대륙법적 기원을 가지고 있음에도 이행기 전의 거절의 이론을 인정하는 루이지애나 주법을 적용하였다.

가 이행하지 아니할 것을 명백한 때에는 채권자는 채무자에게 어떠한 통지 없이 계약을 해제한 것으로 볼 수 있다.

루이지애나 주 민법은 이처럼 이행기 전의 이행거절이라는 명문은 없지만 이행최고에 의한 지체를 면하는 경우로 법조문이 정하는 여러 사정에서 명백하게 정해질 수 있는 경우에 해당하는 것을 인정하고 이에 따라 채무자는 그 기한의 도래만으로 손해배상을 인정하고 있다. 해제에서도 이러한 규정을 두고 있다.

3. 튀니지의 채무계약법전(1906년) 등

프랑스의 영향을 받은 아프리카의 몇몇 국가에서는 프랑스 민법전을 그대로 따르지 아니하고 채권법의 영역에서 채무계약법전(Code des Obligations et des Contrats)을 두고 있다. 이들 법전에서는 민법전의 형식을 취하지 아니한다는 점 이외에도 이행거절과 관련하여 중요한 규정을 두고 있다.

우선 튀니지의 채무계약법전(Code des Obligations et des Contrats)(1906년)에서는 채무불이행을 '채무불이행과 그 효과'(De l'inexécution de l'obligation et de ses effets)에서 규정한다. 특히 채무불이행은 채무자의 이행지체(De la mise en demeure du débiteur)를 중심으로 규정하고 있다.[132)]

채무자가 정당한 이유없이 그 채무의 전부 또는 일부를 이행을 늦은 경우에는 이행지체가 된다(제268조). 채무자의 이행지체가 되기 위

132) 이는 채무자의 이행최고에 의한 지체(De la Mise en Demeure du débiteur)(제268조-제281조), 불가항력과 우연한 사고(De la Force Majeure et du Cas Fortuit)(제282조-제283조), 채권자의 지체(De la Mise en Demeure du Créancier)(제284조-제288조), 변제의 제공과 공탁(Des Offres d'Exécution et de la Consignation)(제289조-제302조)을 각각 규정한다.

하여는 채무의 설정증서(acte constitutif de l'obligation)가 정하는 용어로 이행기만으로 성립한다(제269조 제1항). 이떠한 이행기도 없으면 채무자는 그의 정당한 대리인의 une interpellation formelle에 의하여만 지체가 되고 이 최고는 채무자에게 상당한 기간 내에 그 채무를 이행할 것을 채무자에게 한 청구(requête)를 표시하여야 한다(제2항). 이러한 최고는 서면(écrit)으로 하여야 한다(제4항 제1문).

이행기 전의 이행거절과 관련하여서는 이러한 이행지체를 위한 채권자의 최고(interpellation)에 채무자가 그 채무의 이행을 명백하게 거절한 경우에는 요하지 아니한다(동법 제270조).

조문은 다음과 같다.

제270조 다음 각 호의 경우에 채권자의 최고(interpellation)는 요하지 아니한다.

1. 채무자가 그 채무의 이행을 명백하게(formellement) 거절한 경우
2. 이행이 불능이 된 경우

채무의 불이행이 있으면 그 효과로 손해배상이 인정되고(제275조, 제276조) 법이 정하는 사유에 의한 해제가 인정된다(제414조 이하).

이러한 이행거절과 관련된 조문은 모로코,[133] 모리타니아 등[134]의

133) 가령 Maroc Daïr marocain obligations et constrat(1913년) 참조.

134) 레바논에서도 채무계약법(code des obligations et des contrats)(1930년 12월 31일)을 두고 있지만 불이행의 유형을 이행거절을 명시하지는 아니한다. 이는 프랑스법학자 M. Josserand의 주도로 제정된 것이다. 레바논법에서는 손해배상을 간접적 이행(exécution indirecte)이라고 하여 이를 위하여는 불이행이 있어야 하고 이에는 전보배상(제252조 제2항)과 지연배상(제252조 제3항)이 인정된다. 손해배상을 위하여는 채무자가 예외없이 최고 후 지체에 있어야 하고(제253조 제3호) 이를 위하여는 원칙적으로 최고(interpellation)가 있어야 하지

채무계약법에서도 그대로 이어지고 있다.

가령 모로코 채무계약법(Code des Obligations et des Contrats Maroc)(1913년)에서도 조문번호는 다르지만 내용은 같다. 모리타니아 채무계약법전(Code des obligations et des contrats)(1989년)[135]에서도 그러하다. 채무불이행 중 이행지체에서는 최고가 있어야 하는데 채권자의 최고는 채무자의 그 채무를 이행의 명백한 거절이 있으면 요하지 아니한다(제273조 제1호).

이들 법전은 특히 프랑스 민법전에는 없는 이행지체의 해제로 인한 최고를 불필요로 하는 경우를 조문으로 신설하여 이를 중심으로 이행기 전의 이행거절을 인정하고 있다.

4. 세네갈의 민상사채무법전(1963년)

세네갈의 민사상사채무법전(Code des obligations civiles et commerciales du sénégal)(1963년)[136]은 채무의 불이행이라는 개념을 사

만 예외적으로 이를 요하지 아니하고 당연히 지체가 되는 경우로 이행불능(제258조 제1호) 등을 들고 있고 이행을 거절한 경우에 대하여는 명문을 두지는 아니한다; 해제에서도 불이행(inexécution)을 들지만 이행거절을 명시하지는 아니한다(제241조 내지 제243조). 조문에 대하여는 Elie J. Boustany, Code des obligations et des contrats, Editions Librairies Antoine, 1965 참조.

135) 1989년 9월 14일의 Code des Obligations et des Contrats(Ordonnance n° 89-126)를 말한다. 제273조가 튀니지의 제270조와 동일한 내용이다.

136) 세네갈의 민상사채무법전은 1963년 7월 10일 제정되어 1967년 7월 1일부터 시행되고 있다. 모두 7편 826조로 되어 있던 것을 후에 아프리카의 통일법전에 따라 일반상법에 관한 오하다 통일법전(Acte uniforme OHADA portant sur le droit commercial général: AU/DCG)(제201조 내지 제288조)(1998년)과 기타의 법률 등으로 개정되어 현재에 이르고 있다. 동 법전에 관하여는 André Tunc, La responsabilité civile dans trois récentes codifications africaines, *Revue internationale de droit comparé,* 1967, Vol. 19 n° 4, 927쪽 이하 참조; 세네갈의 채권법에 대하여는 Jean-Pierre Tosi, *Le Droit des obligations au Sénégal, Librairie générale de droit et de jurisprudence*, Nouvelles éditions africaines, 1981 참조.

용하지만 이에 관한 개념을 정의하지는 아니한다.[137]

채무불이행의 효과와 관련하여서는 채무의 효력(Livre 2 Effets des obligations)에서 주로 규정한다.

우선 강제이행과 관련하여 반대의 약정이 있는 경우를 제외하고는 금전채무자(débiteur d'une somme d'argent)는 이행에 대하여 이행최고에 의한 지체가 되어야 한다(제8조). 또한 이행을 하지 아니하고 이행최고에 의한 지체가 된 채무자는 모두 법적 절차에 의하여 이를 강제할 수 있다(제194조 제1항).

이행기와 관련하여 계약의 특별한 종류를 제외하고는 변제는 채무가 성립한 때로부터 이행기에 있는 것(exigible)으로 한다(제172조 제1항). 채무가 즉시 이행기에 있기 위하여 채무자는 이행할 것을 이행최고에 의하여 지체가 되게 하여야 한다. 반대의 약정이 있거나 법률의 특별규정과 상사관행이 있는 경우에는 그러하지 아니한다(제72조 제2항). 따라서 프랑스법계의 다른 국가에서 명문을 두는 이행거절에 관한 이행최고에 의한 지체의 면제에 관한 규정은 존재하지 아니한다.

손해배상과 관련하여서는 이를 계약상 책임과 계약외 책임(불법행위책임)을 통합하여 규정하고 있다.[138][139] 또한 책임의 일반원칙과 과

137) 불이행(제314조)(Inexécution), 그 의무의 위반(manque gravement à ses obligations)(제105조) 등의 용례가 사용된다. 그 외에 채무의 불이행이나 불완전이행(제7조 제2항: 채무자의 책임은 그의 채무의 불이행이나 불완전이행[l'inexécution ou l'exécution défectueuse]에 의하여 성립된다), 지체 등도 사용된다; 이행불능(impossibilité d'exécuter l'obligation)은 채권의 소멸사유의 하나로 규정한다(제214조 이하).

138) 다만 법전에서는 이를 채권의 발생원인 중 제1장 계약이 아니라 제2장 불법행위에 책임에 관한 일반법(Droit commun de la responsabilité)(제118조 이하)에서 규정한다. 이러한 규정은 모두 규정하는 위치에도 불구하고 불법행위로 인한 책임뿐만 아니라 계약상 책임에도 적용된다고 해석하고 있다. 가령 A. Tunc, 앞의 논문, 929쪽과 주 3의 문헌; Fr. Chabas, Réflexions sur l'évolution du droit sénégalais, *Etudes juridiques offertes à Léon Julliot de La Moranière,* 1964, p. 127 et s., 144; A. Farnsworth, Le nouveau code des

실의 개념에 관한 일반규정을 각각 두고 있다.[140)]

마지막으로 해제와 관련하여 쌍무계약에서 재판상 해제소권을 규정하고 그에 이행거절을 규정한다(제105조 제1항). 민법상의 쌍무계약의 해제와 관련하여 그 의무의 이행을 거절하고 그것이 중대한 의무위반이 인정된 경우에 재판상 해제를 할 수 있다.[141)]

조문내용은 다음과 같다.

> 제105조 ① 쌍무계약에서 당사자 중 일방이 그 의무의 전부 또는 일부의 이행을 거절하면서 그 의무를 중대하게 위반한 경우에 상대방은 그에게 인정된 손해배상 이외에 법원에 강제이행 또는 그 자신의 채무의 감액 또는 계약의 해제 또는 계속적 이행계약(contrat à exécution successive)인 경우에는 그 해지를 청구할 수 있다.[142)143)]

이와 달리 상사매매에 관한 특칙의 장에서는 이행기 전의 불이행

---

obligations du Sénégal, *Annales africaines*, 1963, p. 73 et s.; Decottignies, Réflexions sur le projet de Code sénégalais des obligations, *Annales africaines*, 1962, p. 171 et s., 174; Alliot, *Cours d'institutions privées africaines et malgaches* (ronéoté, 1964–1965), p. 253 참조.

139) 이 외에도 제8조(지연손해배상은 채권자가 어떠한 손해의 입증하지 아니하고 반대의 약정이 없는 한 법정이자를 넘지 못한다), 제105조의 해제소권에 관한 규정도 참조.

140) 가령 제118조(일반원칙) 타인에게 손해를 그의 과실(faute)로 가한 자는 책임이 있다; 제119조(과실[faute]의 개념) 과실은 그 성질이 무엇이든지 선존하는 의무의 흠결(manquement à une obligation préexistante)을 말한다.

141) 다만 이 이행거절이 이행기 전인지 명확하지 아니하고 또한 해제를 위한 이행의 최고의 면제에 대하여도 특칙을 규정하지는 아니한다.

142) 이러한 선택권은 최종판결이 있을 때까지 원고에게 인정된다. 피고는 소송 진행 중에 계약을 이행할 수 있다(제2항).

143) 쌍무계약의 효력으로 동시이행의 항변권(제104조)을 인정한다.

에 관한 규정을 두고 있다.

조문은 다음과 같다.

> 第246조(매매) 계약의 이행기 전에 일방 당사자 일방이 그 채무의 본질적 위반(manquement essentiel)을 한 것이 명백한 경우에 상대방은 이 계약의 해제를 관할 법원에 청구할 수 있다.[144)]

이 외에도 매수인의 채무불이행에 대하여 매도인의 권리행사와 손해배상청구(제256조[145)])와 해제(제314조)와 손해배상(제315조)가 인정된다.[146)]

---

144) 이 조문은 아프리카 통일법전(OHADA)에 따라 법전을 개정한 것이다.

145) 제256조(오하다 통일법) 매수인이 매매계약으로 인한 채무 중 어느 것을 이행하지 아니한 경우에 매도인은 다음의 것을 할 수 있다.

—본 절에서 규정한 권리행사

—손해배상이 청구

제257조(오하다 통일법) ① 매도인은 매수인에게 그 채무의 이행을 위한 합리적인 동안의 추가기간을 줄 수 있다. ② 매도인은 그 기간의 만료 전에 계약위반(manquement au contrat)의 경우에 그에게 인정되는 어떠한 수단도 행사할 수 없다. 다만 매수인이 그 채무를 제1항에서 주어진 기간에 이행하지 아니할 것이라는 것을 고지하는 통지를 그로부터 매도인이 받은 경우에는 그러하지 아니하다. ③ 다만 매도인은 이러한 사실이 있더라도 이행지체로 인한 손해배상을 청구할 권리를 상실하지 아니한다.

제259조(오하다 통일법) 매도인은 다음 각 호의 경우에 관할 법원에 계약의 해제를 청구할 수 있다.

1. 매수인에 의한 그에게 계약이나 본 조항에서 발생된 그 채무 중 어느 것의 불이행(inexécution)이나 계약의 본질적 위반이 되는 경우
2. 또는 인도의 수취하지 아니한 경우에 매도인에 의하여 주어진 추가기간에 매수인이 상품의 인도를 수취하지 아니한 경우

146) 매수인의 채무의 불이행의 효과(Sactions): 제314조(불이행) ① 확정기한의 만료에도 수령이 없는 경우에는 매매는 매도인의 이익으로 당연히 해제되고 매도인은 바로 그 물건을 재매매하거나 인도의 수취의 거절로 그에게 발생된 손해를 배상하기 위하여 제1취득자에게 손해배상을 청구할 수 있는 매도인의 이익으로 당연 해제된다. ② 다만 매도인은 매매의 해제를 주장할 수 없는 경우에

이와 같이 민법상의 쌍무계약의 해제와 관련하여 그 의무의 이행을 거절하고 중대한 의무위반의 경우를 규정하고 있다. 다만 이러한 이행거절이 이행기 전인지 명확하지는 아니하다. 또한 상사매매에서도 이행기 전의 불이행과 그 해제에 관한 명문규정을 두고 있다. 따라서 세네갈에서는 민사와 상사에서 각각 이행거절과 그 효과로서의 해제를 두고 있고 특히 후자에서는 명확히 이행기 전의 이행거절을 규정하고 있다.

5. 이디오피아 민법전(1960년)[147)]

이디오피아 민법전(Ethiopian Civil Code)은 이행거절에 관하여 채무불이행의 효과로서 이행의 최고를 면하는 예외(제1775조)와 계약의 해제(제1789조)에 관하여 규정을 두고 있다.

우선 계약의 불이행과 관련하여 당사자 일방이 계약상의 채무를 이행하지 아니한 경우에 상대방은 사안의 사정에 따라 계약의 강제이행이나 계약의 해제를 청구하고 일정한 경우에는 스스로 계약을 해제

그 자신이 취득자의 비용으로 수취하고 물건을 취득자의 주소나 법관이 지정한 다른 곳으로 운송하게 할 수 있다; 제315조 수취의 지체가 있는 경우에 매도인은 취득자에게 이 지체로 그가 받은 손해를 배상하기 위하여 손해배상을 청구할 수 있다.

147) 이디오피아 민법전은 1960년 제165호로 제정된 것으로 이디오피아 정부에 의하여 관보에 영어와 이디오피아의 공용어인 암하릭語(Amharic)로 공포되었다. 그 기초자는 프랑스의 비교법학자인 René David에 의하여 초안이 작성되어 번역된 후에 이디오피아의 법전편찬위원회와 의회에서 개정되었다. 이 법전에 대하여는 R. David, A Civil Code for Ethiopia, *Tul. L. Rev.* 37 (1963), p. 187; G. Krzeczunowicz, The Ethiopian Civil Code: Its Usefulness, Relation to Custom and Applicability, *Journal of African Law*, Vol. 7, No. 3 (Autumn, 1963), pp. 172–177 참조; 이디포피아의 채무법에 대하여는 Girma Gizaw, *Ethiopian Contract Law: general provisions*, Girma G., 2002; René David, *Commentary on contracts in Ethiopia,* Faculty of Law, Haile Sellassie I University, 1973; Mulugeta M. Ayalew, *Ethiopia, Contracts* - Supp. 63, Woters Kluwer, 2010 등 참조.

할 수 있는 것을 인정한다(제1771조 제1항). 또한 불이행으로 그가 입은 손해의 배상을 청구할 수도 있다(제2항).[148]

이러한 계약의 불이행의 성립과 관련하여 원칙적으로 당사자가 이행을 최고하여야 상대방이 지체가 된다. 계약의 불이행은 계약에 의한 그 채무를 이행할 것을 상대방에게 최고하여 상대방을 지체가 되게 한 후에 주장할 수 있다(제1772조). 하지만 예외적으로 최고를 요하지 아니한 경우의 하나로[149] 채무자가 그의 채무를 이행하지 아니할 것을 서면으로 표시한 경우(제1775조 제c호)를 규정한다.

계약의 불이행의 효력으로 강제이행, 해제와 손해배상을 차례로 규정한다.

우선 강제이행(제1776조)은 이를 청구한 당사자에게 특별한 이익이 있고 채무자의 개인적 자유를 침해하지 아니하고 강제될 수 있는 경우에 이를 명할 수 있다(제1776조).

다음으로 계약의 해제는 법원에 의한 해제(제1784조[150])와 당사자에 의한 해제로 나누고 후자는 다시 약정에 의한 경우(제1786조), 기간의 경과(제1787조), 이행불능(제1788조)[151]과 당사자의 이행거절(제1789

---

148) 이행거절은 제4편 채권 제12장 계약 일반 제2절 계약의 효력 제4절 계약의 불이행(제1771조 - 제1805조)에서 규정한다.

149) 이 외에도 어느 행위를 하지 아니할 채무(제1775조 제a호), 채무자가 계약이 정해진 기간에만 이행되어야 하는 것을 받아들이고 그러한 기간이 경과한 경우(제b호), 통지가 필요하지 아니하고 채무자가 정한 기간의 경과로 지체가 되는 것으로 계약으로 약정한 경우(제d호)도 규정한다.

150) 이 외에 법원의 해제의 판결을 함에 있어서는 당사자의 이해관계와 신의성실의 원칙이 요하는 것을 고려하고(제1785조 제1항) 계약의 근본규정(breach of a fundamental provision)의 위반이 없으면 해제할 수 없는 것으로 한다(제2항). 또한 불이행으로 계약의 본질이 침해되지 아니하고 계약의 해제를 청구한 당사자가 상대방이 이행하지 아니한 조항이 포함되지 아니하였으면 그러한 이유에 의하여 유지하는 것이 합리적인 경우에는 해제할 수 없다고 한다(제3항).

151) 제1770조, 제1774조 또는 제1775조 제b호에 따라 정한 기간에 당사자 일방이 그 채무를 이행하지 아니한 경우 또는 이행불능의 경우에 상대방은 그 계약

조)의 4가지를 인정한다.

이 중 이행거절에 해당하는 것이 포함되는데 그에 따르면 상대방이 당사자 일방에게 계약상의 채무를 이행하지 아니할 것을 명백하게 통지한 경우에 계약을 해제할 수 있다(제1789조 제1항). 하지만 계약을 해제하고자 하는 당사자는 상대방을 지체에 빠지게 하여야 하고 지체에 빠진 당사자가 15일 내에 약정한 기간에 그 채무를 이행할 것을 보장하기에 충분한 담보를 제출한 경우에는 그 계약은 해제할 수 없다(제2항). 어느 당사자가 서면으로 상대방에게 그 채무를 이행하지 아니할 것을 통지한 경우에는 그로 인하여 통지를 요하지 아니하고 계약은 해제될 수 있다(제3항).

이어서 불이행으로 인한 손해와 관련하여 계약의 강제이행이나 해제와는 별도로 당사자 일방은 상대방이 그 채무의 불이행으로 그에게 발생한 손해의 배상을 청구할 수 있는 것으로 하고 있다(제1790조 제1항).

이디오피아법은 프랑스법계의 법학자가 기초한 것이지만 이행거절에 관한 내용은 프랑스법의 것을 따르지 아니하고 적극적으로 규정을 두고 있다. 우선 이러한 계약의 불이행의 책임과 관련하여 원칙적으로 이행을 최고가 있어야 하지만 예외적으로 채무자가 그의 채무를 이행하지 아니할 것을 서면으로 표시한 이행거절의 경우에는 이를 요하지 아니하는 것(제1775조 제c호)으로 규정한다. 또한 이와 별도로 채무의 불이행의 이행거절로 인한 해제에 대한 규정을 두고 있다. 특히 상대방이 채무의 이행을 약속하는 15일 이내의 담보제공이 있으면 해제할 수 없도록 한 점은 미국법과 유엔국제물품매매에 관한 협약 등에서 인정되는 것으로 동 민법전이 비교법적 연구성과를 반영한 것을 볼 수 있다.

을 해제할 수 있다(제1787조, 제1788조).

6. 이집트 민법전(1949년)[152]

이집트 민법전은 채무의 불이행과 관련하여 통일적 규정을 두지 아니한다.

채무의 불이행의 효력[153]으로는 강제이행, 손해배상과 해제에 관하여 규정한다.

우선 강제이행과 관련하여 채무자는 제219조와 제220조에 의하여 이행을 할 것을 최고한 후에 그 이행이 가능한 경우에 채무를 강제이행한다(제203조 제1항). 강제이행이 된 후 또는 채무자가 채무의 이행을 계속 거절하는 때에 법관은 채권자가 입은 손해와 채무자의 부당한 태도를 고려하여 채무자가 지급할 배상액을 정한다(제214조).

다음으로 손해배상과 관련하여 손해배상은 반대의 약정이 있는 경우를 제외하고는 채무자가 서면에 의한 이행최고에 의한 지체가 되지 아니하면 이행기에 달하지 아니한다(제219조). 다만 이러한 서면에 의한 이행최고를 요하지 아니하는 경우[154]를 규정하고 그 중의 하나로 이행거절을 규정한다(제220조).

조문은 다음과 같다.

---

152) 1949년 이집트의 알 산후리에 의하여 제정된 것인데 그는 프랑스에 유학하였고 특히 당시 프랑스 릴 대학의 랑베르(Edouard Lambert) 학장의 도움을 받아 민법전을 마련하였다. 이집트 민법은 중동의 여러 국가의 민법전에도 영향을 미치고 있다. 가령 리비아(1954년), 이라크 외에도 카타르(1971년), 요르단(1976년), 바레인(2001년)의 민법전이 거의 그대로 받아들이고 있고 수단(1970년)의 민법전도 대부분 이를 모방하였다. 다만 사우디아라비아와 오만은 그러하지 아니하다.

153) 제1편 채무 또는 인권, 제1장 채무 일반, 제2절 채무의 효력에서 강제이행(제206조－제217조)과 이행에 갈음한 배상(전보배상)(제218조－제236조)의 2개항으로 하여 각각 규정한다. 다만 계약의 해제는 제1편 제1장 제1절 채무의 발생원인 제1항 계약에서 계약의 해제(제159조－제163조)를 정한다.

154) 가령 이행최고에 의한 지체를 요하지 아니하는 경우로 이행불능 등을 든다.

제220조(서면에 의한 최고를 요하지 아니하는 몇 가지 경우)

채무자에 대한 서면에 의한 최고는 다음 각 호의 경우에는 요하지 아니한다.

(d) 채무자가 서면으로 그 채무를 이행하지 아니할 것을 표시한 경우

판례도 계약 당사자 일방이 계약의 이행을 거절하고 자신이 그에 구속을 받지 아니할 생각이라는 의사를 표시한 경우에 상대방은 그를 이행최고에 의한 지체가 되게 할 필요가 없다고 판시한다.[155] 동일하게 당사자가 상대방에게 그가 자기의 채무를 수행하는 것이 불가능한 것을 알게 되었다고 한 경우도 같다.[156]

해제와 관련하여서는 쌍무계약에서 당사자 일방이 그 채무를 이행하지 아니하면 상대방은 그 채무자에게 서면에 의한 이행최고(formal summons)를 한 후에 그 계약의 이행 또는 그 해제를 청구할 수 있고 어느 경우나 이행기가 되면 손해배상도 청구할 수 있다(제159조 제1항).

이집트민법에서는 불이행으로 인한 손해배상에서 서면에 의한 최고를 요하지 아니하는 경우로 이행거절을 규정하고 특히 서면으로 할 것을 요하는 점에 특징이 있다. 기타 강제이행이나 해제에도 이행최고에 의한 지체의 예외가 인정되는지는 규정을 두지 아니하고 있다.

155) 가령 C.A. Alex. 14 juin 1900, B.L.J. Ⅻ, 350; 이러한 점은 F. P. Walton, *The Egyptian Law of Obligations, A comparative study with special reference to the French and the English law*, v.2, Stevens & Sons, Limited, 1920, 212쪽 이하 참조; 특정물의 매도인이 매수인에게 그가 다른 자에게 그 물건을 매도하고 인도하였다는 것을 통지한 경우에도 그러하다.

156) 이는 채무자가 화물을 제공할 것을 약정하고 후에 그렇게 할 수 없다고 하면서 선박소유자에게 화물을 다른 곳으로 구할할 것을 청구한 경우에 그러하다. 가령 CA, Alex 28 janv. 1918, B.L.J. XXX, 168 참조.

7. 마다카스카르의 채무일반론에 관한 법(1966년)

아프리카의 마다카스카르는 프랑스 민법전을 그대로 차용하지 아니하고 채권총론에 해당하는 것으로 1966년 '채무일반론에 관한 법률'(Loi sur la théorie général des obligations)[157]을 별도로 두고 나머지 부분은 프랑스 민법전의 것[158]을 차용하는 형태를 취하고 있다.

우선 채무자가 채무를 이행하지 아니한 경우에 채권자는 이를 모든 법적 절차로 강제할 수 있다(제53조 제1항). 원래의 급부의 이행(exécution en nature)에도 불구하고 손해가 있으면 채권자는 손해배상을 추가로 청구할 수 있고 원래의 급부가 이행불능이거나 법원이 인정하지 아니한 경우에는 하는 채무나 하지 않을 채무는 손해배상으로 해소된다(제56조).

계약의 불이행(Section Ⅳ Inexécution des contrats)에서는 해제와 해지 등[159]을 규정하고 있다. 해제는 당사자의 합의나 법원의 판결에 의하여 발생하지만(제166조) 경우에 따라서 당사자의 일방적 의사로도

157) 이는 원래 1962년 9월 19일 법규명령(ordinance)(그 발생원인이 독립적인 채무에 관한 법규명령)과 1965년 7월 9일 법률(채무의 발생원인에 관한 법률)이 각각 제정된 것을 수정통합하여 1966년 7월 2일 법률(제66－003호)로 제정한 것으로 모두 5개 장 389개 조로 되어 있다. 이에 대한 것으로는 Lacombe, *Théorie générale des obligations en Droit Malgache*, Editions Cujas, 1967; J. W. Salacuse, *An introduction to law in French－speaking Africa*, v.1, the Michie Company, 1969, 428쪽 이하 참조.

158) 이는 제3장 계약과 약정상 채무 일반(Titre Trosième Des contrats ou des obligations conventionnelles en général)에서 프랑스 민법전의 제1101조－제1107조, 제1135조－제1141조, 제1265조－제1270조를 그대로 받아들이고 있다.

159) 제1절 해제와 해지(§1. De la résolution et de la résiliation)(제164조－제170조)가 그것이다; 또한 동시이행의 항변권 및 이행불능(impossibilité d'exécution)과 목적물의 멸실의 절을 두고 있다. 이행불능도 불이행의 하나로 하여 체계를 구성한다. 이행불능의 경우도 손배배상이 발생한다. 즉 불이행이 채무자의 행위나 과실로 인한 것이면 채무자는 발생된 손해에 비례하여 채권자에게 배상하여야 한다(제174조).

발생할 수 있다(제167조). 이러한 경우 중 하나로 이행거절에 대한 것을 규정하고 있다(제167조 제3호).

조문은 다음과 같다.

> 제167조 해제와 해지는 다음 각 호의 경우에는 어느 당사자의 일방적 의사에 의하여도 발생할 수 있다.
>
> 3. 상대방이 그 채무를 이행하지 아니할 것 또는 그 이행을 계속하지 아니할 것[160]을 서면으로 알게 한 경우

손해배상과 관련하여서는 계약상 책임의 장(Chapitre Ⅱ La responsabilité contractuelle)에서 정하고 이에 따르면 계약상 채무의 전부 또는 일부의 불이행이나 이행지체(exécution tardive)의 경우에 채무자는 채권자에게 이 행위로 가한 손해를 배상하여야 한다(제177조 제1항). 다만 이행지체를 위하여는 이행최고에 의한 지체가 있어야 하고 채무자는 최고나 기타 이에 상당한 행위 또는 약정으로 그 행위가 필요하지 아니하거나 기한의 이행기만으로 채무자가 지체가 된다고 정한 경우에는 그 약정의 효력에 의하여 이행최고에 의한 지체가 된다(제1139조).

마다카스카르에서는 불이행으로 인한 해제와 관련하여 상대방의 불이행의 의사를 서면으로 표시하는 이행거절을 인정한다. 특히 서면으로 하여야 하는 점도 특징이 있다.

8. 일본 구민법(1890년)

일본 구민법(旧民法)은 1890년(明治23年)에 프랑스 법학자인 브와

---

160) 전자는 해제이고 후자는 계속적 계약에서의 해지에 관한 것을 같이 규정한 것이다.

쏘나드에 의하여 그 대부분이 기초된 것으로 프랑스 민법전을 기초로 하여 마련된 것으로 이행거절과 관련된 것은 재산편(財産編)에서 규정하고 있다.

구민법의 재산편에서는 채무불이행의 효력으로 「채무의 효력」의 장(재산편 제2장 義務の効力)(제381조 이하)에서 강제이행(第1節 直接履行の訴権)(제382조, 구민법 초안 재산편 제402조)과 손해배상소권(第2節 損害賠償の訴権)(제382조 이하, 구민법초안 재산편 제403조 이하) 등을 규정한다. 채무불이행의 또 다른 효력인 해제에 대하여는 조건이 붙은 채무(제441조)와 채무의 소멸사유[161](제561조, 초안 제584조)에서 각각 규정한다.

우선 채무불이행의 효력으로서 강제이행에서는 '채무의 본래의 내용에 따라' 강제이행[162]을 청구할 수 있다(재산편 제382조 제1항).[163] 채무의 본래의 내용에 따른 이행은 계약상 채무인 경우에는 약정한 것과 전 장에서 정한 기타의 법정사유의 하나에 근기한 채무인 경우에는 법률에 의하여 강제(imposé)된 본래의 급부의 실현(accomplissement en nature)을 말한다.[164]

다음으로 채무불이행으로 인한 손해배상과 관련하여 채무불이행이

---

161) 초안은 제8절 채권자취소와 해제(제561조)로 하고 구민법은 제8절 채권자취소(廃罷)(제560조)와 제9절 해제(제561조)로 한다. 제561조 ① 채무는 제409조, 제421조와 제422조에 따라 명시적으로 약정한 해제 또는 재판상으로 취득한 해제로 소멸한다. ② 해제를 청구할 수 있는 경우에는 그 해제소권은 통상의 시효기간에 따른다. 다만 법률로 그 기간을 단축한 경우는 그러하지 아니하다.

162) 원문은 直接履行の訴権이다.

163) 구민법은 '義務の本旨に従ひて'라고 한다; 구민법 초안(제402조)은 강제이행에 관하여 'suivant sa forme et teneur'(그 [채무]의 방식과 내용에 따라)라는 문언을 사용한다.

164) 이러한 점은 Gustave Boissonade, *Projet de Code civil pour l'Empire du Japon: accompagné d'un Commentaire, t. 2, Des droits personnels ou obligations*, 2e éd., Tokio, 1883, n° 402, pp. 305 et s. 참조.

발생하는 유형으로 이행불능[165]과 이행지체 외에 명시적으로 이행거절을 인정하였다(재산편 제383조 제1항 제1문[166]). 이에 따르면 채무자가 채무의 이행을 거절하고 강제이행이 없는 경우에는 채권자에게 손해배상이 인정되었다.[167] 기초자는 이 이행거절에 대하여 명시적인 거절을

165) 이행불능(履行の不能)은 제3장 채무의 소멸(第3章 義務の消滅)(제450조 제6호, 제6절 제539조－제541조)에서 채무의 소멸사유의 일종으로 규정한다.

166) 제383조 ① 채무자가 채무의 이행을 거절한 경우에 채권자가 강제집행을 청구하지 아니하거나 또는 채무의 성질상 강제집행을 할 수 없는 때에는 채권자는 손해배상을 받을 수 있다. 채무자에게 책임이 귀속되는 이행불능의 경우에도 같다. ② (또는) 채권자는 이행지체만으로도 손해배상을 받을 수 있다(第383条 ① 債務者か義務履行を拒絕したる場合に於て債権者強制執行を求めさるか又は義務の性質上強制執行を為すことを得さるときは債権者損害賠償を為さしむることを得債務者の責に帰す可き履行不能の場合に於ても亦同し(又債権者は履行遅延のみの為め損害賠償を為さしむることを得). 구민법 초안(제403조)도 유사한 내용으로 다음과 같은 규정이었다: 제403조(불이행과 지체를 원인으로 한 손해배상) ① 채무의 이행의 채무자에 의한 거절 또는 그에게 책임이 귀속될 수 있는 불능 또는 단순한 이행의 지체의 경우에 채권자는 강제이행이 없으면 채무자에게 손해배상의 취득이 인정된다(Art. 403. [1] (Dommages－intérêts pour inexécution et pour retard) En cas de refus par le débituer ou d'impossiblité àlui imputable d'exécuter l'obligation, ou même de simple retard dans l'exécution, le créancier, à défaut d'exécution forcée, obtient la condamnation du débituer aux dommages－intérêts)(이하 구민법이나 초안은 항의 구분이 없다. [ ]와 원문자(①②)는 필자가 편의상 추가한 것이다). 초안 제1항은 프랑스민법 제1142조와 제1147조에 의한 것이다. 또한 이행거절의 조문내용에도 불구하고 기초자는 이를 '불이행'이라고 조문표제를 붙이고 있다. 제2항은 참고조문이 없다. 제403조 ② (이행최고) 손해배상이 법률에 의하여 정한 것이거나 또는 당사자에 의하여 정해진 경우 외에는 법원이 이하의 종류와 조건에 따라 정한다(Art. 403. [2] (Mise en demeure) Hors les cas où les dommages－intérêts sont fixés par la loi et quand ils ne l'ont pas été par les parties, ils sont fixés par le tribunal, sous les distinctions et conditions ci－après).

167) 기초자의 설명은 다음과 같다: 303. 법률은 우선 채권자의 손해배상을 취득하는 것을 목적으로 하는 두 번째 소권이 발생하는 경우를 규정한다. 이 경우는 (아래와 같고 이는) 이미 강제이행소권(action pour l'exécution directe)의 주제에 관하여 언급한 것에서 설명되었다.

1. 이행거절에 대하여 기초자는 채무자의 크든 작든 명시적인 거절이 있다.

염두에 두면서 채권자의 청구에 대한 침묵 또는 무효 또는 소멸의 주장을 들고 있다. 다만 이것이 이행기 전에 한 것인지는 명확하지 아니하다. 마지막으로 해제는 우선 프랑스민법에 따라 조건이 붙은 채무의 일종으로 하여 해제조건으로 규정(제421조)하면서도 그와 별도로 채무의 소멸사유의 일종[168]으로도 규정(제404조)을 두고 있다.[169][170] 이에 따

혹은 그는 채권자의 명백한(절차상의 형식을 거친, formelles) 청구에 대하여 침묵을 지킬 수도 있다. 혹은 채무가 무효이거나 소멸되었다고 주장할 수도 있다. 전자의 경우에 그는 또한 강제이행(exécution directe)이 발생될 수도 있다. 법원은 채무자의 항변 또는 이의사유를 거절하면서 전 조에서 정한 (강제이행의) 조치를 명하고 그 이하에서 정하는 보충적인 손해배상의 인용을 유보할 수 있다(이어서 이하 2., 3.에서는 이행지체와 이행불능에 관하여 설명한다)(밑줄 필자). 이러한 점은 우선 Gustave Boissonade, 앞의 책, 1883, n° 303, p. 314 참조.

168) 초안은 제8절 채권자취소와 해제(구민법 제8절 채권자취소[廃罷](제560조)와 제9절 해제(제561조))

제561조 ① 채무는 제409조, 제421조와 제422조에 따라 명시적으로 약정한 해제 또는 재판상으로 취득한 해제로 소멸한다. ② 해제를 청구할 수 있는 경우에는 그 해제소권은 통상의 시효기간에 따른다. 다만 법률로 그 기간을 단축한 경우는 그러하지 아니하다.

169) 관련 규정은 다음과 같다: 제384조 ① 손해배상은 채무자가 제336조에 의하여 이행최고에 의한 지체(付遅滞)를 한 후가 아니면 발생하지 아니한다. ② 하지만 하지 않을 채무에서는 채무자는 항상 당연히 지체가 된다. ③ 범죄로 인하여 타인에게 속한 금전 기타의 유가물을 반환할 책임있는 자도 같다.

170) 또한 이행의 최고에 의한 지체와 관련하여서는 다음과 같은 조문을 두고 있다: 제336조 위의 경우에는 낙약자 기타의 채무자는 이행최고에 의한 지체가 된 것으로 한다.

1. 기한의 도래 후에 법원에 청구를 하거나 또는 적법하게 최고서를 송달하거나 집행문을 제시한 경우 2. 기한의 도래만으로 지체가 되는 것으로 하는 것을 법률 또는 합의에 의하여 정한 경우에 그 기한이 도래한 경우 3. 낙약자가 어느 시기보다 뒤에 이행하면 요약자에게 무용한 것을 알고 그 시기를 경과한 경우; 제441조 (C. 묵시의 해제) 채무를 이행하거나 이를 할 것을 청약한 당사자 일방의 이익을 위하여 상대방이 그 채무의 전부를 이행하지 아니한 경우에 모든 쌍무계약에서 해제조건은 항상 포함한다.

구민법초안에서는 제422조-제446조(§ I. — Des Obligations pures et simples, A terme ou conditionnelles, quant à leure exisence)에서 조건이 붙

라 채무불이행의 유형으로서의 이행거절은 구민법의 해제의 경우에는 명시되지 아니하고 있다.

무엇보다도 프랑스민법에서는 이행거절에 대하여[171] 명시적 규정을 두지 아니하는데 이를 손해배상과 관련한 채무불이행의 유형으로 규정을 두는 것은 구민법의 기초자(브아쏘나드)의 독창적인 것으로 보인다. 다만 해제에서는 프랑스민법의 해제조건의 체계를 인정하면서 채무의 소멸사유로서도 체계변화를 의식하지만 어느 경우도 채무불이행의 이행거절은 의식되지 아니하고 있다.

후에 구민법을 수정하여 일본민법을 제정하는 과정에서 구민법 재산편 제383조를 수정하면서 이행거절, 이행지체에 관한 문구 등을 일반화하여 '채무자가 그 채무의 본래의 취지(本旨)에 좇은 이행을 하지 아니한 때에는 채권자는 그 손해배상을 청구할 수 있다. 다만 그 불이행에 책임을 귀속할 수 없는 때에는 그러하지 아니하다'는 규정(법전조사회 원안 제409조)이 제안되었고 본문과 단서의 순서와 문안 등의 변경에도 불구하고 현행법(제415조 제1문)은 이러한 채무불이행으로서의 '채무의 본래의 취지(내용)에 따른 이행을 하지 아니한 경우'라는 문구는 유지되고 있다. 다만 구민법의 수정과정에서 채무불이행으로 인한 손해배상과 관련하여 '이행거절 등'이 '채무의 본래의 취지에 따르지 아니한 채무불이행'으로 된 문구의 변경은 그리 주목되지 아니하고 있다.[172][173] 학설도 본 조와 관련하여 이른바 일본의 학설계수에 따라 불

은 채무의 일종인 해제조건으로 규정하였다. ② (재판상 행사, 유예기간) 이 경우에 해제는 당연히 행사할 수 없다. 손해를 입은 당사자가 이를 재판상 청구하여야 한다. 하지만 법원은 제426조에 따라 유예기간을 허용할 수 있다.

171) 한편 이행불능은 日本舊民法에서 명문으로 「의무의 소멸」을 일으키는 사유의 하나로 정하여져 있다고 한다(財産編 제539조 이하).

172) 이러한 구민법의 이행거절을 언급하는 것으로는 奥田昌道編, 注釈民法(10), 債権(1), 有斐閣, 1987, 319쪽(北川善太郎 집필), 316쪽 이하 참조.

173) 일본민법 수정안이유서(제414조)는 이행거절의 삭제에 관한 명시적 언급은

완전이행의 논의에 집중되었고 채무불이행의 유형의 하나로서의 이행거절에 대하여는 논의는 현재까지도 많지 아니하다.174)175)

없다. 다만 이행거절을 포함하는 제1항 전단은 강제이행에 포함되는 것으로 생각하여 삭제한 것으로 하고 있다. 수정안이유서의 해당 조문의 입법이유는 다음과 같다: '본 조는 기성법전 재산편 제383조에 약간 수정을 가한 것이다. 즉 동 조 제1항 전단의 규정은 이미 본안 제413조에서 원칙(本則)으로 하여 강제이행의 청구권을 규정하므로 이를 삭제하고 본 조에서는 채무자가 채무의 본래의 취지에 따라 이행을 하지 아니한 경우 및 채무자의 책임에 귀속할 사유로 이행할 수 없게 된 경우의 변제방법을 정한 것이다. […]' 이러한 점은 八尾新助, 民法修正案理由書, 第1－3編, 출판사항 불명, 明治31年(1898년), 345쪽 참조.

174) 다만 학설은 이 「채무의 본지에 좇은 이행을 하지 아니한 때」라고 함은 이행지체뿐만 아니라 이행불능 및 불완전이행을 포함한 포괄적인 일반개념으로서의 불이행(프랑스법의 inexécution)도 포함하는 것으로 이해되었다. 이런 점에서 일본 현행민법 제415조는 일반적 채무불이행의 규정으로 만들어진 것으로서 거기에는 오늘날의 채무불이행의 유형의 흠결은 없었다고 할 수 있다고 한다. 이러한 점은 奥田昌道編, 앞의 책, 319쪽(北川善太郎 집필) 이하 참조; 기타 일본민법 제415조의 입법과정은 玉樹智文, 錦織成史, 史料債権総則(2), 民商法雑誌 제83권 제1호, 1980, 155쪽 이하 참조; 또한 高橋眞, 玉樹智文, 高橋智也編, 史料債権総則, 成文堂, 2010; 広中俊雄, 星野英一編, 民法典の百年III, 유비각, 1998, 有斐閣, 29쪽 이하(中田裕康, 民法415条・416条(債務不履行による損害賠償), 29쪽 이하도 참조; 하지만 종전의 대부분의 견해는 독일의 적극적 채권침해이론을 도입하고 이행거절의 유형을 채무불이행의 유형으로 편입하는 것에 반대하였다. 독일에서는 일찍부터 학설과 판례가 이행거절의 유형을 인정하고 이를 적극적 채권침해의 일종으로 편입하였음에도 일본에서는 이러한 점은 인식되지 아니하였다. 가령 岡松参太郎, 石坂音四郎 등은 이러한 이행거절을 적극적 계약침해에 포함시키는 것에 반대하였다. 후자의 견해는 우선 岡松参太郎 저, 성승현 역, 이른바 「적극적 채권침해」를 논함(1)(미완), 법학논총(전남대), 제28집 제2호, 2008. 12, 479쪽(이행거절에 대한 논의는 492쪽 이하) 참조. 나머지 부분의 번역도 완결되기를 기대한다.

175) 채무불이행의 구성요건에 기존의 3분체계가 확립되는 과정에서 이행거절에 대한 논의가 점차 줄어들었고 나중에는 그 유형이 채무불이행에 관한 논의에서 자취를 감추었다. 다만 최근에 프랑스민법의 영향에 대한 재평가와 함께 채무불이행의 손해배상책임에 관한 제415조의 규정의 재평가와 함께 제415조의 해석이 더 이상 독일식의 3분법에 구속될 필요가 없고 기타의 채무불이행의 유형을 포섭할 수 있다고 평가되고 있다. 기타 일본의 이행거절에 관한 간단한 논의로는 성승현, 앞의 논문, 166쪽 이하 참조.

채무불이행의 효력으로서의 해제에 관하여는 이행지체와 이행불능의 해제를 규정[176)][177)]하면서 '채무불이행의 유형에 관한 일반규정'(채

176) 현행 일본법은 이행지체의 해제에서 이행의 최고를 요한 경우(제541조: 그 채무를 이행하지 아니한 경우)와 정기행위의 예외(제542조: 이행을 하지 아니하고) 및 이행불능의 해제(제542조: 이행의 전부 또는 일부가 불능이 된 경우에 … 그 채무의 불이행이 …)만을 규정한다.

177) 채무불이행으로 인한 일본민법의 해제의 논의도 독일법에서의 해제의 입법과정을 중심으로 논의되고 있다. 하지만 독일법에서의 이행기 전의 이행거절에 의한 해제의 논의가 일본민법의 채무불이행과 직접적으로 연결되지는 아니한다. 가령 純弘遠山, 不履行と解除(1)－(3), 法学研究(北海学園大学), 제42권 제3호, 제43권 제1호, 제43권 제2호, 2006.12, 585쪽 이하; 2007. 6, 47쪽 이하; 2007. 9, 377쪽 이하; 大滝哲祐, ドイツにおける解除制度の発展に関する考察：催告を中心として (1)－(4), 横浜国際社会科学研究 제10권 제2호, 2005. 8, 233쪽 이하; 제11권 제2호, 2006. 8, 281쪽 이하; 제12권 제1호, 2007. 7, 61쪽 이하; 제12권 제4,5호, 2008. 1, 557쪽 이하 참조. 또한 이러한 점을 일본에서의 프랑스법의 해제연구에서도 마찬가지이다. 이는 프랑스법에서는 이행기 전의 이행거절에 대하여 종래에 연구가 별로 없었기 때문이다. 가령 福本忍, フランス債務法における法定解除の法的基礎(fondement juridique)と要件論－19世紀の学説・判例による「黙示の解除条件」構成の実質的修正に着目して (1)(2), 立命館大学 法学 2005년 제1호, 제4호; 동, 19世紀初頭のフランス民法学における解除条項理論の一断面, 立命館法學 2009년 제5/6호(下巻), 2009, 2168쪽 이하; 齋藤哲志,フランスにおける契約の解除, 解除訴訟における判事の役割を中心として(1)－(2), 法学協会雑誌 제123권 제7호, 제8호, 2006, 1585쪽 이하, 1305쪽 이하; 山下りえ子, フランスにおける契約解除法制について, 比較法(東洋大学) 제31호, 1994. 3, 91쪽 이하; 白石友行, 契約不履行に基づく損害賠償に関する二つの理論モデル－フランスにおける契約不履行に基づく損害賠償の性質論の検討, 法学政治学論究(慶應義塾大学大学院法学研究科), 제70호, 2006, 299쪽 이하 등이 그러하다. 다만 福本忍, 앞의 논문, 1147쪽 이하에서는 떼레 초안의 검토가 있고 이행기 전의 이행거절에 대한 일부 분석이 있지만 프랑스법의 채무불이행의 체계와의 종합적 검토는 없다. 현재 진행되는 이행기 전의 이행거절이 프랑스 민법전, 독일민법전의 채무불이행으로 인한 손해배상과 해제의 체계와 관련된 것이 아니라 영미법의 이행기 전의 이행거절을 도입한 것으로 향후 그 법적 근거와 체계성은 좀더 고민이 필요할 것이다. 특히 ① 독일민법에서의 기존의 이행기 전의 이행거절의 내용과 채무불이행법에서의 체계성과 그것이 프랑스적 채무불이행체계에서 가지는 의미 ② 그와 별개의 영미법의 제도의 편입의 타당성 ③ 스위스채무법의 조문을 도입한 우리 민법 제544조 단서의 관계 등은 혼합계수국으로서의 우리의 갈 길에 대한 비교법적 연구의 새

무의 본래의 취지에 따른 이행을 하지 아니한 경우)조차 존재하지 아니하여 이행거절의 논의의 여지는 더욱 없다고 할 수 있다.178)179)

로운 길을 개척해야 할 것이다. 단순한 도입론만으로는 충분하지 아니하다.

178) 수정안에서도 이러한 점은 전혀 염두에 두지 아니한다. 우선 제3관 계약의 해제에 관한 전체 입법이유에서도 그러하다: '기성법전은 채무의 소멸에 관한 규정하는 1개 절로 계약의 해제에 관하여 단지 제561조의 1개 조를 두지만 이것 단지 의무는 해제조건의 성취 또는 재판상 취득한 해제로 인하여 소멸한다는 것과 해제소권은 통상의 시효시간에 따른 것을 인정할 것일 뿐으로 해제에 관한 여러 가지 규정은 법전의 각 개소에 산재하고 특히 해제의 효과에 관하여 상당한 규정을 두지 아니한 것은 그 결점으로 보지 않을 수 없다. 고로 본 안은 해제에 관한 일반규정을 개괄하고 특히 해제의 효과가 당사자의 의사 또는 법률규정에 의하여 정해지지 아니한 경우에 준칙을 보이고 기타 기성법전에 규정되지 아니한 다수당사자의 계약의 해제에 관하여 또는 해제권의 소멸에 관하여 순차 적당한 규정을 둔 것이다' 이 점은 廣中俊雄編著, 民法修正案(前三編)の理由書, 有斐閣, 1987, 457쪽 참조; 다음으로 이행지체에 관한 제541조와 관련하여 다음과 같이 언급한다: '본 조는 당사자의 일방이 채무를 이행하지 아니한 경우에 그 상대방이 계약해제(원문 :解約)의 권리를 가지며 그 행사방법을 정한 것으로서 기성법전 재산편 제421조 제1항과 같이 채무의 불이행에 근거하여 계약의 해제를 단지 쌍무계약의 경우에 한성하고 또한 쌍무계약은 상대방의 불이행의 경우에 항상 해제조건을 포함한다고 하는 것으로 하는 규정은 아주 타당하지 아니하므로 본 안은 이 2가지 점에 수정을 가한 것이다. 생각건대 계약해제의 규정은 편무계약에서도 그 적용을 받아야 하고 또 오스트리아 민법은 쌍무계약의 경우에도 일방의 채무불이행으로 인하여 상대방의 해제권을 발생하는 것으로 하지 아니하고 단지 손해배상청구만을 허용하는 것으로 하여 당사자의 일방의 채무불이행을 해제조건으로 하지 아니하는 것으로 구성하지만 법률에 의하여 모두 일방의 채무불이행은 항상 계약의 해제를 발생한다고 하여야 할 것으로 아주 그 타당성을 상실한 것이라고 할 것이다. [···]'. 이 점은 廣中俊雄編著, 앞의 책, 458－459쪽 참조; 마지막으로 이행불능에 관한 제542조는 다음과 같다: 본안은 기성법전 재산편 제420조의 규정 중 해제에 관한 부분을 취한 것으로 기타는 특히 명문을 요하지 아니하거나 또는 해제의 규정에 속하지 아니하는 것으로 모두 이를 삭제하였다. 생각건대 본안은 이미 제414조에서 채무자의 책임에 귀속할 사유로 인하여 채무의 이행할 수 없는 경우는 상대방은 손해배상의 청구를 취득하는 것을 인정하지만 이것에 의하여 아직 상대방에게 해제권을 부여하는 것은 아니다. 또 본안 제540조에서 인정하는 바의 해제규정은 채무를 이행하지 아니한 경우(이행지체를 말한다: 필자)에 존재하는 것으로 이행불능의 경우에도 이러하다고 할 수 없다. 이것 본조에서 특히 이행의 전부 또는 일부의 불능의 경우에도 해제권이 있다고 인정한 이유로 해제와 함께 손해

일본 구민법은 채무불이행의 유형을 세분하고 이행거절을 이행지체와 이행불능과 같이 규정하였으나 일본민법은 이를 채무불이행으로 일반화하면서 이행거절에 관한 언급은 삭제되었다. 하지만 프랑스법의 영향을 받은 민법전으로서 이행거절에 대하여 언급을 둔 것은 프랑스 민법전의 체계에서도 비록 채무불이행의 효과 중 손해배상청구에 한정된 것이기는 하였지만 이행거절의 규정화가 가능하다는 실마리를 제공해준다.[180]

Ⅳ. 결론에 대신하여[181]

1. 논의의 요약

이상에서 이행거절에 관한 프랑스법과 주요한 프랑스법계에서의 논의를 살펴보았다.

우선 프랑스법에서는 채무불이행이라는 민법전의 용어로서 일반개념으로 사용되고 있지만[182] 이행기 전의 이행거절이라는 용어는 사용

배상을 청구할 수 있는 것은 第540조 제3항의 규정에 의하여 명백할 것이다. 이 점은 廣中俊雄編著, 앞의 책, 460쪽 참조.

179) 이러한 채무불이행의 유형과 관련된 이행지체와 이행불능만을 규정한 해제규정은 수정안 이유서는 언급이 없지만 2002년 개정 전의 독일민법전의 것을 차용한 것이다. 채무불이행으로 인한 효과에서 강제이행과 손해배상의 규정은 프랑스 민법전의 것을 취하고 해제에 대하여는 독일민법을 계수함으로서 우리 민법은 채무불이행법에서 프랑스 민법전의 체계와 독일민법의 체계가 동시에 작용하고 있다. 이행거절의 효과에서도 이러한 점은 마찬가지이다.

180) 이는 영국법이나 독일법에서도 이제 막 논의가 시작되는 단계이고 프랑스민법에서도 이에 관한 구체적 논의가 없는 상태에서 이를 민법전에 언급한 것은 독창적인 문언이라고 생각된다. 향후 이러한 일본 구민법이 어디서 유래한 것인가를 규명할 필요가 있다고 생각된다.

181) 원래의 의도와 달리 연구의 범위를 프랑스법과 프랑스법계에 한정하여 우리법의 시사점에서도 충분하지 못함을 유감으로 생각한다. 향후 다른 국가의 비교법적 연구를 별도로 하고자 한다.

182) 다만 채무불이행으로 인한 손해배상은 일반규정을 두지만 해제에 대하여는

되지 아니하고 있고 아직까지는 학설과 판례에 의하여 이를 이러한 채무불이행의 유형으로 인정되지는 아니하고 있다. 판례는 이를 채무불이행의 효과로서 이행지체나 해제를 위한 선행절차로서 요구되는 이행최고에 의한 지체(mise en demeure)를 요하지 아니하는 사유의 하나로만 인정되고 있다. 특히 이행기 전의 채무자의 이행거절도 이러한 사유의 예외로 인정되고 있다.[183)]

이와 달리 최근의 채권법(계약법) 개정안에서는 이행기 전의 이행거절을 적극적으로 받아들이고 있다. 다만 이는 종래의 판례를 명문화한 것이 아니라 영미법의 영향을 받은 유엔국제물품매매협약이나 유럽계약법원칙 등의 태도에 따라 이행기 전의 이행거절을 그대로 받아들인 것이다. 따라서 이에 대하여는 충분한 이론적 논의 없이 받아들인 것으로 그동안 거의 논의가 없던 이 문제에 대하여 향후 프랑스에서 어떠한 논의가 어떻게 진행되는지 지켜볼 필요가 있다.

또한 프랑스 민법전을 계수한 프랑스법계 국가에서는 프랑스 민법전의 이러한 이행기 전의 이행거절의 문제에 대한 흠결을 인식하면서 다양한 형태로 이에 대응하고 있다.

우선 이행기 전에 채무자가 미리 채무를 이행하지 아니할 것을 명백하게 표시한 경우에 채권자에게 이행최고에 의한 지체 절차를 면하는 규정을 적극적으로 두는 입법례가 있다. 이는 다시 이러한 채무자의 이행거절의 경우에 이를 면하는 것을 손해배상에서 규정하는 입법례와 해제에서 이를 면하는 것으로 정하는 입법례가 있다. 경우에 따라서는 이를 같이 규정하는 경우도 있다. 다음으로 이행기 전의 이행거절에 대하여 이를 서면으로 할 것을 요하는 경우도 있다. 기타 이행거절을 채

프랑스 민법전에서는 체계상 이를 규정하지 아니하고 있다.

183) 이런 점에서 서론에서 제시한 우리나라의 문헌이 프랑스민법의 채무불이행의 일반규정을 근거로 이행거절이 인정된다고 하는 설명은 적어도 정확한 것이라고 할 수 없다.

무불이행의 유형으로 명시적으로 규정하는 입법례도 있다. 우리 민법의 제544조 단서의 규정과 유사한 것이 프랑스법계의 국가에서도 보이는 점이 흥미롭다고 할 수 있다.

프랑스법과 프랑스법계에서는 이행기 전의 이행거절의 개념에 대하여는 적극적으로 이를 취하지는 아니한다. 이러한 프랑스민법과 프랑스법계의 논의를 넘어서 오늘날 프랑스법과 독일법 및 우리 법에 나타난 이행기 전의 이행거절의 도입의 논의는 기존의 대륙법계의 채무불이행법의 체계에 대한 진지한 고민 없이 이행기 전의 이행거절의 명문화의 흐름에 편승하여 또다른 영미법 체계[184]의 제도의 직수입의 시도가 아닌가 하는 의문이 든다.

이와 관련하여 이행기 전 이행거절과 관련하여 대륙법계와 영미법계에 대한 혼합법계 국가에서의 다음과 같은 반성은 이러한 점에 중요한 시사점을 준다.

> "(남아프리카법에서) 로마－네덜란드법(Roman－Dutch law)은 영국의 이행기 전의 이행거절(breach by anticipatory repudiation)에 해당하는 계약위반(채무불이행)의 형태를 알지 못하였다. 남아프리카에서 로마－네덜란드법에 알려진 불이행(breach)의 형태의 하나로 그 이론은 중첩되었다. 이는 로마－네덜란드법에 알려지지 아니한 완전히 새로운 이론이라는 것을 명백하게 알지 못한 채 법원은 영국의 원칙에 근거하였고 그에 의하여 남아프리카법의 일부를 구성하게 되었다. … 또한 일련의 의문이 제기되기도 하였지만 이는 최종적으로 Dennill v. Atkins & Co. 1905 TS 282 판결로 종식

184) 특히 미국법으로서의 통일상법전[UCC]) → 유엔통일물품매매법(CISG) → 유럽계약법원칙, 유니드르와 국제상사계약원칙, DCFR 등으로 이어진다. 별도로 이미 오래전부터 진행되던 독일의 이행기 전의 이행거절은 비교법적으로 고려되지 아니하고 있고 심지어는 독일의 개정민법에서도 그러하다.

되었다. … 영국의 문헌(authorities)이 다양하게 인용되었고 그리고 그것에는 원칙뿐만 아니라 영국의 대표적 판결에서 표시된 것으로 원칙의 기초가 되는 논거도 아울러 채택된 것은 전혀 놀랄 것이 없다".[185)]

현재의 우리 민법전의 조문은 현행 우리 법의 대륙법계의 채무불이행의 체계에 근거하면서 이행거절과 관련하여 제544조 단서를 두고 있다. 이러한 것은 우연하게도(!)[186)] 프랑스법의 판례와 프랑스법계국

185) 이는 P.M. Nienaber, *Anticipatory Repudiation in English and South African Law of Contract: A Comparative Study*, unpublished Ph. D. thesis, University of Cambridge, 1960, 111쪽 이하(未見, R. Zimmermann, *The Law of Obligations,* Roman Foundations of the Civilian Tradition, Oxford University Press, 1996, 816쪽에서 재인용); 밑줄은 필자의 것이고 일부 문구는 약간 이해의 편의를 위하여 변경하였다; 현재에는 순수한 로마-네덜란드법주의자에 의하여도 계약법의 특별한 유형(형태)으로 받아들여지고 있다고 한다. 가령 De Wet, J.C.; van Wyk, A.Hl, *Kontraktreg en Handelsreg*, 4th ed., 1978 참조.

186) 우리 민법전의 조문은 스위스채무법(제108조 제1호)의 조문을 취한 것이다. 이는 당시의 입법례에서 그 유래를 찾아보기 힘든 규정이고 만주민법이나 중화민국민법에도 없던 것으로 우리 민법에서 보기 드문 스위스채무법을 직접 계수한 규정이다. 민법안심의록에서 인용하는 스위스채무법 제108조 제1호는 '채무자의 행위로부터 유예기간의 설정이 무익하다고 인정되는 때'라고 하여 이행지체(제107조)를 위하여 필수적인 이행최고에 의한 지체(mise en demeure)를 요하지 아니하는 경우의 하나로 정하고 있는 것이다. 스위스채무법의 학설과 판례는 이러한 경우로 채무자가 진지하고 분명하게 이행하지 아니할 것을 표시한 경우를 들고 있지만 이행기 전의 도래 전에 의사표시를 한 경우도 이를 유추해석하는 것으로 판례와 다수설은 인정하고 있다. 이러한 점은 양창수, 앞의 논문, 129쪽 이하; 성승현, 앞의 논문, 164쪽 참조; 우리 법은 스위스채무법의 문언을 그대로 차용하지 아니하고 '미리 이행하지 아니할 의사를 표시한 경우'만을 최고를 요하지 아니한다고 하는 것으로 하여 문언을 변경하고 있고 특히'미리'라는 문언을 추가하고 있다. 민법제정 초기에 학설은 이를 이행지체에서 이행기 후의 이행거절의 경우에 직접 적용되는 것으로 이행기가 도래하였음에도 불구하고 채무이행을 하지 않음으로써 이미 이행지체의 상태에 있는 채무자가 이행을 거절한 경우에 채권자로 하여금 상당한 기간을 정하여 이행을 최고하지

가의 프랑스 민법전의 보완에 의한 규정내용과—그들과는 무관하면서도—동일한 내용을—담고 있다.

이러한 규정에 기초하여 향후 이행기 전의 이행거절에 관한 한 현행법의 해석론과 입법론으로 나누어 볼 필요가 있다.[187]

우선 우리 현행 민법전에서는 이행기 전의 이행거절로 인한 손해배상청구권과 해제에 대하여는 다음과 같은 해석론이 필요하지 아니한가 생각된다.

우리 민법은 채무불이행으로 인한 손해배상에 관한 규정(제390조 이하)와 채무불이행으로 인한 해제(제543조 이하)가 체계상으로 서로 다르다. 전자는 프랑스법계의 체계로 일반규정의 형태로 규정하지만 후자는 2002년 개정 전의 독일민법의 체계로 이행지체와 이행불능만을 규정하고 있다.

이행기 전의 이행거절로 인한 손해배상청구권[188]은 제390조에 의

않고 곧바로 계약을 해제할 수 있도록 하고 있다고 한다. 가령 민사법연구회, 민법안의견서, 일조각, 1957, 166쪽(현승종 집필) 참조. 또한 민법의 입법과정과 현행민법의 규정을 검토한 후에 고려할 때 민법은 이행기 전의 이행거절에 관하여 명문규정을 가지고 있지 아니하는 것으로 이행기 전 이행거절은 채무불이행책임 체계 내에서 어떠한 지위를 가지게 되는가에 대하여 고찰하는 견해도 있다. 가령 성승현, 앞의 논문, 174쪽 참조; 이는 국내에서 입법자의 의사를 최초로 고려한 의의가 있지만 이러한 견해에도 불구하고 '이미'라는 문언은 이미 이행기 전의 이행거절을 포함할 여지를 가지고 있고 우리 판례—프랑스법의 판례와 프랑스법계의 규정에서와 같이—도 이에 근거하여 이행기 전의 이행거절까지도 포섭하는 것으로 해석하고 있어 현행법의 해석론—입법론은 별개로 하고—으로는 우리 민법 제390조의 일반규정 이외에도 채무불이행으로 인한 해제의 영역에서는 이러한 일반규정이 없으므로 이 규정을 근거로 하여 해석론을 전개하는 것이 바람직하지 않을까 생각된다. 이런 점에서 프랑스법과 프랑스법계의 논의와 스위스채무법의 해석론(이행기 전 이행거절에 대한 제108조 제2호의 유추적용)은 우리에게 유용한 현행법의 해석론의 논거가 될 것이라고 생각된다.

187) 양자를 구별하는 견해로는 가령 김상용, 앞의 논문, 27쪽 이하 참조.

188) 채무불이행으로 인한 강제이행도 같다. 채무불이행으로 인한 강제이행(현실적 이행의 강제)(제389조)도 이행기 전의 이행거절의 경우에도 채무불이행의

하여 '채무의 내용에 좇은 이행'을 하지 아니한 것으로 보아야 할 것이고 이 조문을 근거로 하여 손해배상청구권을 인정하여야 할 것이다.[189][190]

다음으로 이행기 전의 이행거절로 인한 해제는 쌍무계약에서 규정되어야 하는데 채무불이행의 손해배상의 경우와 달리 현행법에는 제390조와 같은 일반규정이 없고 개정 전의 독일민법과 같이 이행지체와 이행불능만을 규정하고 있다. 다만 독일민법에는 없는 제544조 단서를 스위스채무법(제108조 제1항)에 따라 신설하고 있다. 원래 이 규정은 스위스채무법에서와 같이 이행지체의 해제의 경우에 최고의 면제를 정하는 규정이다.[191] 따라서 기본적으로 이행기 후의 이행지체인 경우에 이행거절은 최고 없이 해제할 수 있다고 한 규정이다.[192] 하지만 원래 입법자가 의도한 스위스채무법에서도 이를 이행기 전의 이행거절에도 유

효과로 인정되어야 할 것이다. 강제이행을 채무불이행의 효과로 규정하는 입법례루는 프랑스 민법전의 것이지만 프랑스민법에서는 이행기 전의 이행거절의 인정에 현재까지 소극적이므로 이에 관한 논의가 없다. 민법전의 채무불이행의 효력으로 강제이행에 관한 규정을 두지 아니한 독일법이나 영미법 등에서는 이를 절차법(민사소송법)에서 논의하기 때문이다. 이러한 강제이행은 민사소송법에서 규정되어야 할 절차법적인 것으로 생각되고 (체계상으로 어디에 규정하는냐와 상관없이) 채무불이행과 불이행으로 인한 채권이 인정되면 당연히 그 이행이 거절된 의무의 내용에 따라 민사소송법의 강제집행을 인정하여야 할 것이다.

189) 독일이나 영미법 등의 입법례에서는 이행기 전의 이행거절의 근거로 '신의성실의 원칙'을 드는데 이는 제390조와 같은 일반규정이 없거나 일반규정에 의한 채무불이행의 유형으로 이를 포섭하지 아니하기 때문에 신의성실의 '대'원칙을 근거로 한 것이다. 종래의 독일민법에서 이행기 전의 이행거절을 적극적 채권침해로 한 것도 신의칙에 의한 부수의무의 위반으로 보았기 때문이다. 우리 법에서는 제390조가 실정법적 근거이고 아울러 이행기 전의 이행거절을 신의성실의 원칙(제2조 제1항) 또는 기한이 붙은 권리의 보호(제154조) 등도 아울러 고려될 수 있다.

190) 이러한 점에서는 명문조문이 없이 인정되는 불완전이행의 법적 근거와 같은 논의가 가능하다고 생각된다.

191) 우리 민법의 표제도 '이행지체와 해제'라고 명시한다.

192) 다른 최고를 면하는 사유(정기행위) 등도 그러하다.

추적용하는 것으로 하고 있고 우리 법조문에서도 '미리'라고 하여 이러한 가능성을 포함하고 있으므로 우리 법에서도 이를 포함하는 것으로 해석될 수 있을 것이다. 따라서 우리 법에서는 제544조 단서를 통하여 스위스채무법에서와 같이 이행기 후의 이행거절을 대상으로 하지만 또한 이행기 전의 이행거절도 아울러 포함하는 것으로 해석하여야 할 것이다.[193)]

이와 달리 우리 민법전의 입법론으로서는 어떻게 되어야 할 것인가?[194)]

입법론으로는 이행기 전의 이행거절을 포섭하고 채무불이행으로 인한 손해배상과 해제를 동일하게 규율할 수 있는 방향으로 민법전의 개정이 있어야 할 것이다. 이런 점에서 우리는 영미법에서 유래한 이러한 이행기 전의 이행거절이 프랑스의 채무불이행법과 관련하여 어떤 방향으로 나아갈 것인가와 그리고 더 나아가 이러한 이행기 전의 이행거절의 도입이 종래의 채무불이행의 체계와 어떠한 관계에 있고 어떻게 이론적으로 구성할 것인가에 주목하여야 할 것이다.

각국의 입법례는 이행기 전의 이행거절에 관하여 프랑스민법과 같이 이행거절에 관한 조문을 두지 아니하는 소극적 유형이 많았지만 현

---

193) 물론 이러한 해석은 동 조의 표제와도 맞지 아니하는 것이고 본 조 자체가 원래 의도하는 개정 전의 독일민법의 규정과 같이 이행기 후의 이행지체만을 대상으로 한 것이다. 따라서 이러한 해석론을 근거로 하여 이행거절을 이행지체의 한 유형으로 보는 것은 (개정이 없는) 현행법의 부득이한 해석론이 될 것이다. 우리 법에 알려지지 아니한 이행기 전의 이행거절을 우리 법에서 완전하게 규율하려면 해석론이 아닌 입법론으로 해결되어야 할 것이다.

194) 특히 현재까지는 입법론으로서 주로 이행기 전의 이행거절로 인한 해제와 관련하여 논의가 되고 있는데 이행기 전의 이행거절로 인한 해제에서 이행최고의 예외의 명문을 둔다면 아울러 이행거절로 인한 손해배상에도 동일한 규정이 있어야 할 것이다. 특히 채무불이행의 일반규정을 해제에도 신설할 경우에는 해제에 있는 이행기 전의 이행거절(제544조 단서)에 해당하는 사유 등도 마찬가지로 손해배상의 규정이 있어야 할 것이다.

재에는 이를 명문으로 규정하는 적극적 유형으로 나아가고 있다. 이행기 전의 이행거절은 원래 영국법[195]에서 인정된 이래 미국의 통일상법전(UCC)과 유엔통일물품매매협약(CISG)의 영향을 받았고 무엇보다도 유럽을 중심으로 한 통일법 움직임에서 이를 거의 그대로 받아들여 명문규정으로 하고 있다. 유럽 각국이 이를 수용한다면 대륙법계의 민법전에 있으면서도 영미법 제도를 받아들이는 것이다. 독일 민법전도 2002년 개정을 통하여 이를 명문으로 인정하고 있는데(제281조 제2항, 제323조 제2항 제2호)[196] 이행기 전의 이행거절을 명문으로 규정하고 있다.[197] 하지만 프랑스의 개정안도 이러한 영향에 따른 것이다.

---

195) 대표적 판결은 Hochster v. De la Tour (1853) 2 El & Bl 678이고 일반적으로 오늘날 계약위반의 특수한 형태(특별한 유형, special type)으로 받아들여지고 있다.

196) 다만 독일민법은 2002년 독일민법전 개정 전에도 이미 학설과 판례가 이행기 전의 이행거절(Erfüllungsverweigerung)의 법리를 인정하여 왔다. 독일법은 영국법의 영향 없이 별개로 발전되어 온 것으로 보인나. 하지민 2002년의 개정에서는 종래의 독일법의 논의보다는 오히려 유엔국제매매협약이나 유럽계약법원칙 등의 영향을 받아 마련된 것이다.

197) 다만 독일민법전은 의무위반(Pflichtverletzung)으로 인한 손해배상(제280조)과 관련하여 유예기간의 설정을 불요하는 사유의 하나로 채무자가 급부를 진지하고 종국적으로 거절한 경우(wenn der Schuldner die Leistung ernsthaft und endgültig verweigert)(제281조 제2항)를 두고 있다. 또한 계약의 해제와 관련하여 채권자가 채무자에게 상당한 기간을 정하여 이행을 최고하여야 하는데 이러한 기간설정을 요하지 아니하는 사유 중의 하나로도 역시 채무자가 급부를 진지하고 종국적으로 거절할 것을 들고 있다(제323조 제2항 제1호). 하지만 해제에서는 채권자가 급부의 이행기 전에 해제요건이 발생할 것이 명백한 경우에도 계약을 해제할 수 있는 것으로 규정하고 있고(제323조 제4항) 이를 이행기 전의 이행거절을 명시한 것으로 하고 있다. 그렇다면 제4항과 비교하여 제2항 제1호는 이행기 후의 이행거절로 보아야 할 것이고 그렇다면 동일한 문언을 가진 제281조 제2항도 역시 이행기 후의 것으로 보게 될 것이다. 또한 이행기 전의 이행거절에 해당하는 제4항이 손해배상에 관한 제281조에는 규정이 없는 문제가 있다. 또한 제281조 제2항이 종래 독일에서의 이행기 전의 이행거절에 관한 것을 제4항에 별도로 둔 이유와 체계상의 지위(의무위반으로 인한 손해배상과 관련된 의무위반으로 인한 해제의 제324조와의 관계)가 해명되어야 할 것이

본 고는 프랑스법과 프랑스법계에서의 이행거절에 관한 기초적 연구를 목적으로 한 것이고 향후 최근의 경향인 이행거절을 민법전에 적극적으로 규정하는 것에 대하여는 별도의 비교법적 연구와 그를 통한 우리 법에서의 체계적 지위와 구체적 내용에 대한 연구가 있어야 할 것이다.

2. 국내의 입법론

앞으로의 연구를 위하여 현재까지 나온 국내의 입법론을 정리하면서[198] 그에 대한 간략한 소감을 적어본다.

① 법무부 개정시안(2004년)

2004년의 법무부 개정시안에서는 채무불이행으로 인한 해제와 관련하여 채무불이행으로 인한 손해배상과 같이 채무불이행에 관한 일반규정('채무자가 채무의 내용에 좇은 이행을 하지 아니한 때')을 도입하고 있다. 이행거절에 대하여도 채무불이행에 이행거절이 포함되는 것은 명시하지 아니하고[199] 다만 이행의 최고를 요하지 아니하는 경우의 하나로 이를 포함하고 있다.

다. 그리고 동일한 이행거절에 이행기 전과 이행기 후의 문언을 달리하는 이유등도 해명이 있어야 할 것이다. 또한 이러한 개정규정이 종래의 독일의 학설과 판례가 인정한 이행기 전의 이행거절과 어떤 관계에 있는가도 검토가 필요할 것이다; 다만 입법례로는 이행기 전과 이행기 후의 이행거절을 채무불이행('의무위반')의 손해배상과 해제에 모두 규정한 점에서 향후 시사점이 크다고 보인다. 특히 이행지체에서의 이행최고를 요하지 아니하는 예외로서의 이행거절과 그와 별도로 이행기 전의 이행거절을 구분하고 양자를 규정한 점에서 그러하다.

198) 그동안의 국내의 학설은 추후 별도의 논의를 통하여 분석해 보고자 한다.

199) 입법과정에서는 명시적으로 독립적 채무불이행의 유형으로서 이행거절의 논의가 있었다. 당시 민법개정위원의 1인(양창수 교수[당시 서울대 법대 재직])에 의한 상세한 제안이유와 입법례의 소개가 있었다. 다만 최종적으로 이를 규정하지는 못하였다. 이러한 점은 법무부, 앞의 책, 제390조와 제544조의 논의 참조.

제544조의 2(채무불이행과 해제)

① 채무자가 채무의 내용에 좇은 이행을 하지 아니한 때에는 채권자는 상당한 기간을 정하여 그 이행을 최고하고 그 기간 내에 이행하지 아니한 때에는 계약을 해제할 수 있다. 그러나 채무자의 고의나 과실없이 그 이행이 이루어지지 아니한 때에는 그러하지 아니하다.

② 채권자는 다음 각 호의 경우에는 제1항의 최고를 하지 아니하고 계약을 해제할 수 있다.

2. 채무가 이행되지 아니할 것이 명백하게 예견되는 때

이 개정시안은 이행거절과 관련하여[200] 제2항 제2호에서 '채무가 이행되지 아니할 것이 명백하게 예견되는 때'로 하고 그 효과로 제1항의 최고 없이 계약해제를 할 수 있는 것으로 하고 있다. 이는 현행법(제544조 단서)의 태도를 따르면서 문구를 변경한 것이다.[201]

200) 또한 제544조의 2의 표제에서 '채무불이행'과 제1항에서 '채무의 내용에 좇은 이행을 하지 아니한 때'라고 하여 채무불이행의 일반규정과 문구를 일치시킨 점에도 중요한 의의가 있다.

201) 이 조항에 대하여는 다음과 같은 비판이 있다: 이는 현행 민법 제544조 단서 이외에 기존에 판례가 인정하여 온 사례들을 포괄하여 규정하고 있으나 더 구체적 요건을 마련하여야 한다(개정 독일민법 제323조 제2항 제3호 참조). 특히 개정 독일민법에서는 동일한 요건을 기한 도래 전의 해제사유로 하고 있는 바(동 법 제323조 제4항) 기한 도래 후의 해제의 요건과의 균형을 고려하여 요건 표지의 의미를 재검토하여야 할 것이다. 이에 대하여는 안법영, 개정 독일민법의 해제·해지법의 일별: 우리 민법전의 개정시안에 관한 논의에 부쳐서, 비교사법 제9권 제3호, 2002. 10, 35쪽 이하 이하 참조; 다만 필자로서는 독일민법 제2항의 '진지하고 종국적'이라는 것과 제4항의 '해제요건의 발생이 명백'한 것은 같은 요건을 달리 표현한 것이고 오히려 우리 개정시안의 문구(문안 자체에는 의문이 있지만!)처럼 일원화하는 것이 더 타당하다고 보인다. 다만 그 문구를 어떻게 할 것인가는 독일식의 '진지하고 종국적'이라는 문안과 영미법계와 최근의 법통일규범에서 상용(常用)되는 '명백한 거절'의 선택지가 가능하다고 보인다.

이러한 태도는 앞서 살펴본 프랑스법에 대한 판례의 태도와 몇몇 프랑스법계에서도 인정되는 바이고 특히 채무불이행의 일반규정과 그 구체적 유형에 관한 논의가 없는 없고 이행거절에 관한 명문규정을 두지 아니한 경우에 해석론으로서 가장 가능한 선택지라고 생각된다.[202)]

② 개정시안(제544조의 2)의 수정안[203)][204)]

개정시안(제544조의 2)에 유엔국제물품협약(CISG)의 내용을 반영하여[205)] 수정안이 제안되기도 한다.

그 수정제안의 조문내용은 다음과 같다.

> 제544조의 2(채무불이행과 해제)
>
> ④ 채무가 이행되지 아니할 것이 명백하게 예견되는 때에는 채권자는 이행기 전이라도 계약을 해제할 수 있다. 다만 시간상 가능한 경우 채권자는 해제에 앞서 채무자가 이행을 위한 담보를 제공할 수 있도록 상당한 기간을 정하여 통지하여야 한다. 그러나 채무

---

202) 2002년의 개정 독일민법에는 해제사유로서의 의무위반이라는 일반규정과 이행최고의 예외사유로서의 '이행거절' 및 이행기 전의 이행거절을 모두 두고 있는데 기존의 채무불이행법을 기초로 하여 이행기 전의 이행거절을 명문으로 두고자 한다면 가장 바람직한 것이 아닐까?

203) 이러한 점은 석광현, CISG협약과 2004년 민법개정안, 법률신문 2004년 11월 15일 제3314호; 동, 국제물품매매협약 가입과 한국법에의 수용, 상사법연구 제21권 제2호, 2002. 8, 41쪽 이하, 특히 92쪽 주126 참조.

204) 이와 별개로 현행 개정안에 독일민법 제323조 제4항을 참조하여 '채권자는 해제의 요건이 발생할 것이 명백한 경우에는 이행기 전이라도 계약을 해제할 수 있다'는 조항을 추가하자는 견해도 있다. 가령 김동훈, 민법개정안의견서, 2002, 삼지원, 190쪽 참조.

205) 현재로서는 이 유엔협약과 민상법의 조화의 필요성이 있고 우리나라도 이에 가입하여 2005년 3월 1일부터 우리나라에서도 시행되는 유엔 국제물품매매협약(CISG)에 의한 국제거래와 국내법에 의한 거래에서 그 준거법이 각각 다르게 규율되므로 규범체계가 다원화된다고 한다. 이행기 전의 이행거절에 대하여 우리 민법에서도 소극적이지만 적어도 국제물품매매법을 통하여 이행기 전의 이행거절이 국제물품매매의 분야에서는 인정된다고도 할 수 있다.

자가 미리 이행하지 아니할 의사를 표시한 경우에는 그러하지 아니하다.

이에 따르면 우선 이행기 전의 계약해제와 관련하여 제544조의 2 제2항은 제1항의 예외로 최고를 요하지 아니한다고만 규정하고 이행기의 전후를 묻지 아니한다. 개정시안 제544조의 2 제2항 제2호에서는 최고의 유무보다 이행기 전의 해제의 가부이므로 최고의 불필요를 명시한 제2항의 문언은 부적절하고 이행기 전의 이행거절에 대한 별도의 조문을 두어야 한다고 한다.[206] 또한 제2호는 최고를 요하지 아니한데 채무자의 이행거절이 있는 경우가 아니라면 채무자가 담보를 제공하고 계약의 해제를 막을 수 있도록 채무자에게 사전에 통지하게 하는 것이 바람직하다.

하지만 필자의 생각으로는 수정안 제4항도 이행이 명백하게 예견되는 것과 미리 이행하지 아니할 의사를 표시한 경우가 중복되는 내용이어서[207] 어느 하나만을 선택하여야 할 것으로 생각된다. 또한 담보제공과 상당한 기간을 정한 통지를 할 것인가는 이행기 전의 이행거절에 대한 미국법(유엔통일상법전[UCC]과 그의 영향을 받은 유엔국제통일물품협약 등)을 받아들인 것으로 기존의 최고를 요하지 아니하는 것과 담보제공의 통지(최고)의 관계가 명확하지 아니한 것으로 그것이 비교법적으로 타당한 것인지도 검토가 필요할 것이다.[208]

206) 이러한 태도로 독일민법의 조문(제323조 제2항과 제4항)을 제안하기도 한다.
207) 우리 민법 제544조의 기원이 되는 현행 스위스채무법이나 2002년 개정된 현행 독일민법과 유엔국제물품매매법(CISG) 등의 어느 것도 이처럼 이중으로 규정하지는 아니한다.
208) 독일민법에서도 유엔국제물품매매법, 유럽계약법원칙 등을 받아들여 이행기 전의 이행거절에 대한 별도의 조문을 두었지만 담보제공과 이에 대한 규정은 두지 아니하고 있다. 부분적으로 이를 수용한 것이다.

③ 아시아 민상법원칙(2010년)[209]

아시아 계약법원칙에서는 계약의 불이행에서 불이행의 일반개념에 두고(제1조) 이 불이행은 계약상 의무가 완전하게 이행되지 아니한 것을 총칭하는 것으로 한다. 채무불이행을 태양에 따라 이행불능, 이행지체, 불완전이행으로 나누는 국내법과 달리 국제적 경향에 따라 본질적 불이행과 비본질적 불이행으로 나누고 비본질적 불이행을 다시 이행지체와 그 외의 불이행에 나눠 그 구제수단을 구별하고 있다(제2조 이하).[210]

해제와 관련하여서는 이행기 전의 불이행(Anticipatory Non-performance)(제21조)의 명문규정을 두고 있다.

제21조(이행기 전의 불이행)(Anticipatory Non-performance)

① 계약체결 후에 상대방이 그의 주된 의무를 이행하지 아니할 것이 명확하게 된 경우에 어느 당사자는 그 채무의 이행을 거절(suspend)할 수 있고 그러한 예상(anticipation)이 계속되는 한 계속 거절할 수 있다. 그 이행을 거절할 수 있는 당사자는 상대방에게 이행의 적절한 담보를 제공할 것을 청구할 수 있고 이를 수령한 경우에는 그 이행을 다시 개시하여야 한다.

② 계약의 이행일 전에 당사자 중 일방이 근본적 불이행을 범할 것이 명백하면 상대방은 이행기 전에 계약을 해제할 수 있다.

---

209) 이는 한·중·일민상법통일 위원회에서 마련 중인 아시아 민상법원칙(Principles of Asian Civil/Commercial law : PACL)의 채무불이행을 참조한 것이다. 조문내용에 대하여는 <http://www.kcjlaw.co.kr/sb03_1.php> 참조. 논의는 채무불이행법 초안(Non-Performance of Contract)(2010. 1. 23)에 따랐다.

210) 또한 현행민법은 원시적 불능을 무효로 보고 있으나 초안은 원시적 불능도 후발적 불능과 동일하게 채무불이행으로 규율하고 있다. 이외에도 하자담보책임을 채무불이행책임과 구별하지 않고 일원화했으며, 채무불이행에서 고의·과실을 요건으로 하지 않는 엄격주의를 채택했다.

③ 시간이 허용되면 제2항에 의하여 계약을 해제하고자 하는 당사자는 상대방에게 그에게 그 이행의 담보를 제공하는 것을 허용하기 위하여 상당한 통지를 하여야 한다. 상대방에 의하여 상당한 담보가 제공되면 원래의 당사자는 계약을 해제할 수 없다. 이 요건은 계약에 적합하게 행위하지 아니한 당사자가 그 의무를 이행하지 아니하거나 그 행위에 의하여 그렇게 적시한 경우에는 적용하지 아니한다.

이 원칙은 이행기 전의 이행거절의 효과로 반대급부의 거절, 담보의 청구와 해제로 한다. 무엇보다도 특히 최근의 국제적인 모델을 차용하면서 일부 내용을 추가한 것이다.[211] 우리 민법전의 체계와 내용은 염두에 두지 아니하고 마련된 것이다. 다만 향후 우리 법이 어떻게 나아가야 할 것인가를 보여주는 안 중의 하나라고 할 수 있다. 다만 최근 입법례를 참조하였지만 우리 민법전의 체계와 관련하여서는 여러 문제점이 보인다.

---

211) 특히 이러한 것을 인정한 입법례로서 우리 민법(제536조 제2항)(불안의 항변권), 베트남 민법(제415조), 캄보디아 신민법전(제387조), 중국계약법(제68조, 제69조, 제94조 제2항)을 든다. 다만 필자의 생각으로는 이러한 입법례는 중국계약법 제94조 제2항을 제외하고는 모두 동시이행의 항변권(불안의 항변권)을 정하는 것으로 이행기 전의 이행거절과는 구별되어야 할 것으로 보인다; 국제적인 모범법(model law)로는 유엔국제물품협약(제71조, 제72조), 유니드르와 국제상사계약원칙(제7.3.3조), 유럽계약법원칙(제9:201조, 제9:304조), DCFR (제Ⅲ-3:504조, 제Ⅲ-3:505조 등)도 참조되고 있다. 이러한 경우에도 동시이행의 항변권(불안의 항변권)과 이행기 전의 이행거절을 모두 이 조문의 참고입법례로 하여 규정한 것은 문제가 있다고 보인다. 체계적으로 대륙법계의 동시이행의 항변권(위험의 항변권)과 영미법계의 이행기 전의 이행거절이 서로 '긴장관계'에 있는 것을 알 수 있다. 흥미로운 것은 개정 독일민법은 이행기 전의 이행거절을 신설하면서도 기존의 동시이행의 항변권(위험의 항변권)을 별개의 조문으로 존속하고 있다는 것이다.

④ 기타[212)]

경우에 따라서는 최근의 여러 입법례가 이행기 전의 계약위반으로 인한 해제권을 규정하고 있는 점을 고려하면 우리 민법에서도 유럽계약법원칙(제9:304조)와 같이 이행기 전의 불이행에 관한 규정을 둘 필요가 있고 이는 현행법의 해제에 새로운 조문을 추가하는 방법으로 내용을 규정할 것을 제안하기도 한다.[213)] 이러한 향후 유럽계약법원칙 등의 이행기 전의 불이행이 우리 법체계에 맞는가는 향후 연구가 필요할 것이다.

3. 앞으로의 연구과제

앞으로의 연구에 필요한 점을 몇 가지 정리하여 둔다.

---

212) 구체적인 입법제안은 없지만 다음과 같은 견해도 있다: 이와 같이 채무불이행을 유형화하여 파악하고 이론구성하였던 시대에는 이행거절을 이행기 도래 前·後로 나누어 그 법적성질을 달리하고 분리하여 규정함이 타당하였지만 채무불이행의 유형을 하나로 통합하여 파악하고 입법하는 오늘날의 채무불이행론의 세계적인 경향에 비추어 보면 양자의 이행거절을 통일적으로 입법함이 시대의 추이에 부합하는 것으로 이해된다. 따라서 입법론적으로는 채무불이행을 유형화하지 아니하고 의무위반, 계약위반, 불이행 등의 하나로 통합해 나가는 채무불이행의 체계구성의 변화에 비추어서 이행기 도래 전의 이행거절과 이행기 도래 후의 이행거절을 통합하여 규정함이 타당할 것으로 판단된다. 왜냐하면 채무불이행의 유형을 일원적, 통일적으로 입법하면서 이행기 도래 전의 이행거절만을 독자적인 채무불이행의 하나의 유형으로 남겨둘 수만은 없기 때문이다. 이러한 견해로는 김상용, 앞의 논문, 26쪽 이하 참조.

213) 가령 김영두, 유럽계약법원칙에서의 계약불이행에 관한 연구, 연세대 법학박사 학위논문, 2004년, 234쪽 주 863 참조: 제546조의 다음에 다음의 조문을 제안한다: '제546조의 2(이행기 전의 해제) 이행기에 채무자가 이행하지 않을 것임이 명백하거나 채무의 내용에 좇은 이행이 이루어지지 않아서 계약의 목적을 달성할 수 없을 것임이 명백한 경우에 채권자는 이행기 전이라도 계약을 해제할 수 있다'. 다만 필자의 생각으로는 이 제안의 후반부의 사유는 이행최고의 다른 사유에 포섭되어야 할 것이고 전자에는 이행기 전('미리' 또는 '이행기 전')이라는 점이 명확하게 나타나지 아니하다.

가. 개념의 인정 여부

채무불이행을 유형화하고 있는 우리 나라에서 이행기 후의 이행지체와 독립된 별개의 채무불이행 유형으로 이행기 전의 이행거절을 인정할 것인가?[214] 그리고 그 법적 근거와 규정위치를 어떻게 파악할 것인가? 이러한 해석론을 위해서는 향후 종래의 영미법의 내용과 대륙법계의 형식(체계)을 조화하는 해석론과 입법론이 필수적일 것이다.

나. 성립요건

이행기 전의 이행거절을 인정하는 경우에도 구체적인 요건과 조문내용에서 적어도 다음의 사항이 고려되어야 한다.[215]

우선 이행기 전의 이행거절의 요건으로 이행의사의 부존재가 있어야 하는데 입법례는 '의사의 명백성(명백)'과 '이행기 전(미리)'의 문구를 포함하는데 이를 포함할 것인가[216] 또는 독일민법과 같이 '최종적(종국적)'이나 '진지성'을 포함할 것이라고 할 것인지도 문제된다.

다음으로 최근의 입법례는 이행의사의 부존재뿐만 아니라 채무자가 이행능력이 없게 된 이행능력의 부존재(무능력)도 포함하고 있다. 이는 채무불이행의 유형으로서 이행불능을 고려하지 아니하는 영미법에서 나온 것이다.[217] 우리 법은 채무자가 무능력이 된 것은 주관적 불

214) 그 명칭도 입법례에 따라 동일하지 아니하다. '이행기 전의 이행거절' 이외에도 '이행기 전의 계약위반', '이행기 전의 불이행' 등으로 다양하다. 이는 또한 이 제도 속에 포함될 규율내용(이행의 거절 외의 이행의 무능력 등)과도 관련된 것이다. 전통적인 채무불이행의 용어 이외에도 의무위반, 계약위반 또는 違約 등이 비교법적으로 논의된다.

215) 입법례에 따라서는 이행기 전의 이행거절의 요건으로 불이행이 근본적 불이행을 요구하는 경우도 있다. 또한 불이행(이행지체) 등에 이행의 최고에 의한 지체(상당한 유예기간)를 요할 것인가 또한 해제에 유책사유가 있어야 하는가 등은 채무불이행의 체계에 대한 근본적인 재검토를 요하는 것이고 이행기 전의 이행거절에도 당연히 적용될 것이다.

216) 우리 현행법 제544조 단서는 '미리'라는 문구가 있지만 '명백'이라는 문구는 없다. 우리 판례는 명백성을 포함하기도 한다.

217) 이러한 태도는 영미법과 유엔국제물품매매법(CISG)의 영향을 받은 유럽계약

능에 해당하는 것이다.[218)]

세 번째로 담보제공과 그 불제공으로 인한 해제에 관한 것으로 이행기 전의 이행거절에 명백성을 요구할 때 명백하지 아니하거나 명백한 것에 의문이 있는 경우에 장래의 이행의 보장을 위한 담보제공을 요청을 인정하고 그러한 담보를 제공하지 아니한 경우에 해제를 인정할 것인가? 또한 이를 이행기 전의 이행거절로 볼 것인지도 문제될 수 있다. 이러한 내용은 미국의 통일상법전(UCC)[219)]에서 유래한 것으로 유엔국제물품협약(CISG)과 유럽계약법원칙 등에서 받아들인 것이다. 이러한 것은 대륙법계에서는 원래 동시이행의 항변권 중 불안의 항변권으로 해결된다. 다만 불안의 항변권으로 인한 담보제공을 하지 아니하면 상대방은 자기의 이행을 거절하는데 그치지만 이행기 전의 이행거절의 담보제공으로 할 경우에는 상대방은 계약을 해제할 수 있다.[220)]

마지막으로 이행거절의 철회의 문제이다. 이행기 전의 이행거절의 철회를 인정할 것인가? 이도 또한 이행기 전의 이행거절을 어떠한 형태로 어느 정도의 내용으로 규정할 것인가와 관련된다. 채무불이행의 유

법원칙 등에서 그러하다. 가령 Lando/Beale, 앞의 책(제9:304조), Comment A, p. 417에서는 무능력의 경우에도 이행기 전의 이행거절이 적용된다고 한다.

218) 우리 법에서는 채무자 이외의 자에게는 가능하지만 채무자에게는 불가능한 경우(이른바 주관적 불능)도 불능으로 보고 주관적 불능과 객관적 불능을 구별하지 아니하고 이행불능으로 인정한다. 가령 곽윤직, 앞의 책, 84쪽; 김형배, 앞의 책, 192쪽; 송덕수, 앞의 책, C-188, 1014쪽; 이은형, 앞의 책, 224쪽 등 참조; 다만 김증한·김학동, 앞의 책, 107쪽은 이러한 구별을 인정하지만 이는 원시적 주관적 불능과 원시적 객관적 불능의 효력을 위한 구별이고 후발적 객관적 불능과 후발적 주관적 불능을 위한 구분은 아니다.

219) 이행기 전의 이행거절이 원래 유래한 영국법에서는 이러한 이행기 전의 담보제공과 그 불제공으로 인한 해제는 인정되지 아니한다.

220) 이러한 담보제공이 요청되는 사유는 주로 이행의사의 부존재가 명시적인 경우가 되지만 기타의 경우에 묵시적이거나 여러 사정에 의하여 인정되는 경우, 이행능력이 없다고 판단한 경우에도 인정한다. 다만 입법례에서 인정하는 이행능력이 없는 경우는 주관적 불능으로 역시 불능으로 판단되고 채무불이행으로서의 이행불능의 문제가 될 것이다.

형으로 간단한 규정을 둘 경우에는 이러한 것을 규정할 필요는 없을 것이다.

다. 효 과

이행기 전의 이행거절의 법적 효과로서 강제이행, 손해배상[221)]과 해제를 어떻게 규율하고 어디에서 규정할 것인가?

라. 기 타

다른 제도, 특히 이행지체, 불완전이행, 이행불능 및 동시이행의 항변권(불안의 항변권)과 어떠한 차이점을 인정할 것인가? 채무불이행의 유형을 어떻게 재편할 것인가도 문제된다.

4. 여 적

이상에서 프랑스법과 프랑스법계에서의 이행거절에 관한 논의를 기초로 하여 우리 법의 개정안과 앞으로의 연구점에 대하여 간략하게 생각해 보았다. 원래의 '거창했던' 의도와는 달리 '독자적인 채무불이행의 유형으로서의 이행거절'에 대한 논의에서 크게 벗어나지 못하고 이행거절에 소극적인 현행 프랑스법과 프랑스법계에 한하여 살펴보는 정도에 지나지 않게 되었다. 향후 이를 적극적으로 인정하는 최근의 입법례(종래의 영미법과 개정 전의 독일의 학설과 개정 후의 현행 독일법, 중국의 계약법)를 살펴보고 우리 법의 입법론에 대하여 연구하고자 한다.

양창수 대법관님이 1995년 국내에서 최초로 당시의 여러 비교법적 입법례와 우리 민법전의 규정 및 우리 판례 및 재판례에 나타난 이행거

221) 손해배상과 관련하여서 이행거절과 관련하여 제395조에 따라 상대방에게 최고 없는 전보배상청구권을 인정하기도 한다. 이에 따라 기간 내에 이행하지 아니한 경우 또는 지체 후의 채무이행이 채권자에게 이익이 없는 때에는 최고없이 수령을 거절하고 손해배상을 청구할 수 있다. 가령 민사법연구회, 앞의 책, 166쪽(현승종 집필). 하지만 이 문언도 현행법의 불이행으로 인한 해제의 문언과 다르고 특히 이것이 이행기 후의 이행거절을 염두에 둔 조문이므로 이행기 전의 이행거절에는 별도의 근거가 필요할 것이다.

절의 모습의 분석을 기초로 하여 주장한 이행거절의 독자적 유형은 2012년의 오늘에도 여전히 '유효'하게 작용하고 있고 논의도 현재진행형이다. 다만 그 이후 각국이 실제로 이행기 전의 이행거절에 대하여 적극적으로 규정을 두면서 위의 견해와 같은 방향으로 나아가고 있어 그 견해의 혜안(慧眼)에 깊은 존경을 표한다. 부족한 제자로서 다시 한 번 힘을 모아 이 문제에 대한 2012년 현행의 비교법적 연구를 차례로 심화할 것은 다짐한다.

학교 연구실에서 언제든지 찾아뵈면 사방에 가득 찬 문헌에 쌓여 항상 연구하시고 그 연구결과를 늘 조언해 주시던 선생님의 모습이 아직도 새록새록 기억에 남아 있다. 또한 수년 동안의 독법강독을 통하여 우리에게 여러 모로 공부에 자극을 주시던, 우리의 젊은 날의 열기도 다시금 솟아오른다. 믿어지지 아니하지만 시간의 흐름을 공감하면서 선생님의 화갑을 축하드리며 선생님이 생각하시는 모든 계획이 순조롭게 이루어지시기를 기대한다.

우리 민사법학계도 선생님이 제기하신 여러 논제에 대한 좀더 심도있는 연구가 있기를 기대한다. 우리 민사법학이 지나치게 새로운 문제에만 치중하고 치밀한 기초적 연구가 부족함을 역설하시면서 학계에서 학자로서 이러한 연구에 매진할 것을 당부하시던 선생님의 뜻을 다시 한 번 새겨본다.

이행기 전의 이행거절은 민법의 기초연구에 해당할까?

의료계약에 있어서 의료기관의 급부의무위반으로 인한 불완전이행

박 주 현*

I. 서 론

1. 의료와 사회의 변화

현재 의료는 의과학과 사회의 발전으로 인하여 과거 30년 전에 비하여 많이 날라졌다. 반면에 의료계약관계의 이해나 의료책임의 구성은 과거와 크게 다르지 않다. 여전히 의사와 환자 사이의 관계가 중심이다.[1] 그러나 오늘날의 의료현상은 의사와 환자 사이의 관계만으로 설명되지 않는다. 의료계약이나 의료책임의 이론전개에 있어서 변화가 필요하다.

의료는 단지 의학발전이나 기술의 진보에 의해서만 영향을 받는

* 서울이비인후과의원 원장, 이비인후과전문의, 의학박사, 법학박사.
의료과오책임에 관한 두 편의 졸고를 참고하여, 채무불이행책임으로 재구성하였다(박주현, "의료조직 과실에 관한 연구", 민사법학 41, 2008; 박주현, "의료과오소송에 있어서 과실과 인과관계의 인정에 관한 연구", 서울대학교 박사학위논문, 2008). 자료의 검색과 수집을 도와준 서울법대 대학원 김은아 선생에게 감사드린다.

1) 의료책임은 진료의 제공과 관련하여 발생한 의료사고에 관련된 책임만을 의미하며, 건조물의 흠결이나, 병원음식의 부패 등으로 인한 안전사고에 대한 책임은 논의의 범위에서 제외한다(양창수, "최신중요민사판례동향: 의료과오", 민법연구 4, 박영사, 1996, 426면).

것이 아니다. 경제와 사회의 발전과 의료제도의 변천, 환자의 권리의식 변화도 의료를 바꾼다. 특히 다음과 같은 제도와 사회의 변화요인들이 우리나라 의료의 모습을 크게 바꾸었다.[2)]

첫째, 환자의 권리의식이 신장했다. 과거에는 의료정보가 의사와 병원에 편중되었고, 환자는 오직 의사를 통해서 정보를 제공받았다. 그러나 인터넷을 포함한 대중매체가 발달하면서 환자는 대중매체를 통하여 정보를 구한다. 의사와 환자 사이에 정보 비대칭성의 해소는 환자들의 계약상 지위를 높인다. 환자는 의사에게 더 많은 의료정보를 요구하고, 진료수단과 방법을 스스로 선택하고, 진료과정과 결과를 스스로 평가하고, 다른 의사들을 비교하여 선택한다. 환자는 진료에 있어서 더 이상 수동적인 대상이 아니라 능동적이며 대등한 주체이다.[3)]

둘째, 건강보험제도는 병원과 환자 사이의 의료계약을 통제한다. 우리나라의 인구가 노령화되면서, 의료는 사회보장의 중심이 되고 의료의 공공성이 강조된다. 국가 의료비의 지출이 가파른 속도로 증가되고 건강보험의 재정이 악화되면서, 국가는 건강보험제도를 통해서 의료의 공급과 이용을 통제한다. 국가는 건강보험정책심의위원회의 심의를 통해서 보험급여기준과 수가를 정하고, 병원과 환자사이에 체결된 의료계약의 내용이 그것에 부합하지 않으면 부당이득으로 간주하여 병원으로부터 진료비를 환수한다. 최근에 환자의 의료이용을 제한하기

2) 이 글에서 '우리나라 의료'라는 문구를 강조하였는데, 왜냐하면 의학은 보편화되어 있지만 의료는 국가마다 다르기 때문이다. 의학적 지식이나 기술의 적용은 동일해도, 환자들의 의료이용 행태, 의료제공자의 의료제공 행태, 사회보장으로서의 의료보장의 발전, 의료제도의 변천이 국가나 사회마다 다르다. 본문에서 논의하려는 내용은 외국의 의료제도가 아닌 우리나라의 의료제도하에서 의료채무불이행법상의 문제를 다룬다.

3) 최재천 著, 전남대학교 법률행정연구소 編, "의료소송의 범주와 의료과실", 보건의료법의 현대적 과제, 2006, 368면; 최재천·박영호, 의료과실과 의료소송, 육법사, 2001, 90－92면.

위해서 선택의원제가 시행되었고, 병원의 의료제공을 줄이기 위해서 포괄수가제가 시행되었다. 의료법이나 국민건강보험법과 같은 공법상 규제가 私的 의료계약에 직접적인 효력을 미친다.4)

셋째, 의사의 진료에 대한 재량권이 병원에 이전된다. 팀의료가 발전하면서 병원은 의사의 진료를 통제한다. 진료방법과 수단의 선택에 대한 의사의 재량이 축소된다. 의료가 전문화되고 분화되면서 한 명의 의사가 환자에게 필요한 모든 진료를 제공할 수 없다. 의사들은 다른 직종의 전문가들과 협업해야 한다. 또한 의사들은 수술용 로봇과 같은 첨단장비와 시설에 의존한다. 병원은 진료팀을 구성하고, 기구와 설비를 구비하며, 원내 진료지침을 제정함으로써 의사의 진료에 개입한다. 의료의 중심이 개별적인 의사-환자 관계에서 포괄적인 병원-환자 관계로 옮겨졌다.5)

의사와 환자간의 인적 신뢰를 바탕으로 한 전통적인 진료관계 모형만으로 복잡한 의료현상을 이해할 수 없으며, 의료사고로 인한 채무불이행 책임이 발생되는 경우에도 책임의 귀속문제를 공정하고 합리적으로 풀 수 없다. 이 글의 목적은 우리나라 의료의 변화에 대한 연구자들의 관심을 환기시키고, 의료책임법의 전개에 있어서 작은 소재를 제공하기 위함이다.

4) 장욱·이경환·황덕남, "보험의료계약의 법적성질", 한국의료법학회지 9(1), 2001, 88면.

5) 전통적인 의사-환자의 관계는 의사-병원-환자의 3면적인 관계로 바뀌면서, 환자에 대한 병원의 의무와 책임에 관한 논의가 여러 나라에서 제기되고 있다. 병원-환자의 관계에 대한 논의가 의사-환자의 관계에 대한 논의와는 별개로 다루어져서 논의에 혼란이 있다(K. Schutyser, The hospital doctor in legislation and medical deontology: tension between profession and institution, *Med. & L. 17*, 1998, p. 523).

2. 분석의 틀

이 글은 먼저 의료계약의 성질을 분석하고, 의료제공자와 환자 사이의 관계를 파악한다. 그러한 이해를 바탕으로 진료채무의 내용과 진료채무의 불이행 요건을 살펴본다. 이러한 분석에서 다음과 같은 우리나라 의료의 특성들이 고려되어야 한다.

첫째, 의료제공의 장소는 병·의원으로 불리는 의료기관이다. 의료법상 의료기관은 '의료인이 공중을 위하여 의료를 하는 곳'이라고 정의된다. 의료인은 원칙적으로 의료기관 내에서만 의료를 행할 수 있다. 의료기관은 의료계약이 체결되고 진료채무가 이행되는 공간이면서, 동시에 의료를 위한 인력과 물적 자원을 갖춘 조직체이다. 의료계약의 해석에 있어서 환자가 내원한 의료기관의 특성이 고려되어야 한다.

둘째, 의료계약의 주체는 개별 의사가 아닌 의료기관의 장, 개설자이다. 현대의료의 특성은 팀의료, 첨단장비와 시설에 의존하는 의료, 임상진료지침에 따르는 근거중심의료이다. 의료기관은 진료채무의 이행을 위해 진료팀을 구성하고, 장비와 시설을 구비하여 관리하고, 의학준칙과 병원의 원내 사정을 고려하여 진료지침을 만든다. 또한 의료기관의 장은 환자와 건강보험공단에 진료보수를 청구한다. 의료계약에 있어서 채무자는 의료기관의 장이며, 의사는 그의 이행보조자일 뿐이다.[6] 의료책임의 구성에 있어서도 논의의 중심은 의사에서 의료기관으로 바뀌어야 한다.[7]

---

6) 과거에는 의사의 독자성, 재량성, 전문성을 고려하여 의사를 이행대행자로 보는 경우도 있었다(석희태, "의사와 환자의 기초적 법률관계", 연세대학교 법학연구 3, 1983, 169면; 송오식, "의료과오의 계약법적 구성", 부산대학교 법학연구 48(1), 2007, 891면). 그러나 의료기관에 속한 의료인은 의료기관의 이행보조자이다(양창수, "이행보조자의 의미와 구분에 관한 약간의 문제", 민법연구 4, 박영사, 1996, 202면).

7) 의사는 단독 진료(solo practice)에서의 통제권한을 더 이상 갖지 못한다. 통

셋째, 진료의 유형에 따라서 의료계약의 성질이 다르다. 의료계약은 일반적으로 위임 또는 위임에 가까운 비전형계약으로 이해되지만,[8] 진료의 유형과 당사자 사이에 합의에 따라서 위임적인 요소와 도급적인 요소를 가진다. 현실에 있어서 다양한 진료의 태양들이 존재하기 때문에, 진료의 유형에 따라서 계약을 분류할 필요가 있다.

넷째, 의료계약은 의료법과 국민건강보험법과 같은 공법상 규제를 받는다. 이들 조항은 효력규정으로서, 사적 의료계약에 직접적인 효력을 미친다. 보험급여규정과 수가체계, 임의비급여규정에 위반된 의료기관과 환자 사이의 합의는 효력이 없다.

다섯째, 진료채무의 이행은 환자상태와 의료기관의 운영사정에 따라서 영향을 받으며, 당사자들은 사정변경에 의하여 채무의 내용을 변경하거나 계약관계를 해소할 수 있다. 환자가 치료도중에 사망하거나 중대한 부작용을 입어서 더 이상 치료를 받을 수 없다면, 환자는 중도에 치료를 포기할 수 있고 계약을 해지할 수 있다.

이러한 의료의 성질을 고려하여 의료기관과 환자의 관계적 특성을 먼저 살펴본다.

제권한과 의료구조, 그리고 의료 양상은 변모하고 있지만, 책임은 아직 그대로이다. 전통적인 의사의 책임이론은 현실을 반영하지 못한다(D. M. Berwick, et al., *Curing health care: new strategies for quality improvement*, *Jossey-Bass*, 1990, p. 12).

8) 김천수, "의료계약에 관한 입법론적 과제", 영남법학 4, 1998, 273면; 이보환 著, 법원행정처 編, "의료과오로 인한 민사책임의 법률적 구성", 의료사고에 관한 제문제, 판례자료 27, 1985, 23면; 김민중, "의료계약", 사법행정 361, 1991, 38면; 김용한, "의료행위에 의한 책임", 법조 31(6), 1983, 4면.

Ⅱ. 의료기관과 환자 사이의 관계와 의료계약의 유형

1. 의사-환자 관계에서 의료기관-환자 관계로의 전환

전통적인 의사－환자 관계에선 환자가 의사에게 진료를 위임하고 의사가 이를 승낙하여 진료를 제공하면 의사－환자 관계가 성립되었다.[9] 이상적인 의사－환자 관계는 일회적인 의료제공을 목적으로 하는 이용관계가 아니라 지속적인 신뢰 관계였으며, 의사는 환자만이 아니라 그의 가족들의 진료를 도맡아 행하는 가정의(family doctor)였다. 의사는 법규범보다는 직업윤리와 인정, 자선과 같은 도덕규범을 중시하였고, 환자들도 의사에 대한 무한한 신뢰와 존경을 바탕으로 치료에 있어서 의사의 재량을 존중하였다.[10] 병원은 단지 진료에 필요한 공간을 제공하고 환자에게 숙박시설을 제공할 뿐이었으며, 의사만이 진료의 주체라고 인식되었다.[11]

---

9) 환자의 청약과 의사의 승낙으로 의사－환자 관계가 성립되는 경우만 있는 것은 아니다. 의사의 전문서비스 제공과 환자의 명시 또는 묵시적 승인으로 사실상 의사와 환자 사이에 관계가 성립되는 경우도 있다. 가령 의사가 구급대원에 의해서 이송된 환자를 보거나, 사용자에 의해서 요청된 피용자에 대한 고용검진을 시행하거나, 정부로부터 수진명령을 받은 전염병 감염자를 치료하는 경우에도 의사와 환자 사이의 관계가 성립한다(*Harvey v. Silber*, 2 NW 2d, 483 (Mich 1942); *United Calender Manufacturing Corp. v. Huang*, 463 NYS 2d, 497 (App 1983); Giesen, *International medical malpractice law*, J.C.B. Mohr, 1988, no. 14).

10) 의사와 환자의 관계는 단순히 계약상 관계만으로 이해될 수 없고, 의사들의 직업윤리와 도덕규범, 직업에 대한 사회적 소명이 반영되어 있다(E. Deutsch, *Medizinrecht*, 5 Aufl., Springer, 2003, Rn. 63).

11) 과거의 병원은 단순히 의사가 의술을 펼치는 단순한 물리적 구조와 공간으로 이해되었으며, 단지 병상제공에 대한 병원의 제한적인 역할만이 인정될 뿐이어서 의사가 의료의 질에 대한 모든 책임을 부담하였다. 그러나 최근에는 환자의 진료에 대한 병원의 역할이 커졌다. 그러한 경향으로 원내에서 제공하는 의료서비스를 감시하고 통제하지 않을 경우 병원의 책임이 인정되기 시작했다 (J.S.R. Lynn, Connecticut Medical Malpractice, *Bridgeport Law Review* 12,

인구가 노령화되면서, 여러 장기에 질병을 앓는 노인들이 많아졌고, 의료에 대한 환자들의 기대수준이 높아지면서 다양한 의료의 수요가 창출되었다. 한 명의 의사가 환자의 모든 문제를 해결할 수 없게 되었다. 또한 의사가 모든 지식과 기술을 체득할 수 없게 될 만큼 의학은 매우 전문화되고 세분화되었다. 의학과 의료기술의 발전은 의사들이 진료에서 의료장비와 시설을 의존하게 만들었다. 다양한 전문영역 간의 협진과 의료장비와 시설에 대한 높은 의존도는 의료기관을 단순한 진료공간에서 진료에 필요한 인력과 물적 자원이 집약된 의료제공의 주체로 변화시켰다.

오늘날 환자는 여러 가지 의학적인 문제를 해결하기 위해서 한 명의 의사에게만 의존하지 않는다. 환자는 여러 의료기관을 돌아다니며 자신을 치료할 의사를 고른다. 의사와 환자간의 인간적 유대와 신뢰는 줄고, 환자는 의료기관의 시설과 규모, 이용의 편리성이나 직원들의 친절도, 의료기관의 평판을 중시한다. 환자는 의사의 지식과 경험, 인품보다는 의료기관의 외형적인 규모, 자원의 구성 등을 평가하여 치료자를 선택한다. 의료에서 의사-환자 관계보다 의료기관-환자 관계가 더 중요하다.

의료계약의 성질과 진료채무의 내용을 분석함에 있어서도 의사-환자 관계라는 전통적인 틀에서 벗어나 의료기관-환자 관계라는 틀을 이용할 필요가 있다.12)

1992, p. 453; 박주현, "의료조직 과실에 관한 연구", 민사법학 41, 2008, 149면).

12) 의료분쟁에 있어서도 의사-환자 관계보다는 의료기관-환자 관계를 기초로 접근하는 것이 의료분쟁의 평화적인 해결에 도움이 된다. 의료계약에서 의사와 환자의 신뢰관계는 의료분쟁에서 격한 감정적 대립의 불신관계로 바뀐다. 가해자로 낙인찍힌 의사와 환자 사이의 감정대립이 격하여 의료사고에 대한 합리적이고 이성적인 분쟁해결방안을 도모할 수 없다. 그러나 의료분쟁에서 의료기관 대 환자라는 대립구도를 만들면, 치료를 담당했던 의사는 분쟁으로부터 벗어나고 환자는 그 의사로부터 진료를 계속 제공받을 수 있다(Harvard Law Review

2. 의료계약의 유형과 성질

(1) 보험진료계약

보험진료계약에서 의료기관, 환자, 그리고 제3지급자인 건강보험공단의 삼면적인 계약관계가 존재한다. 의료기관은 건강보험공단과 공법상 요양급여계약을 체결하고, 환자는 공단과 공법상 건강보험계약을 체결한다. 이러한 체약은 강제적이며, 계약의 내용은 법으로 정해져 있다. 의료기관과 환자 간의 보험진료계약은 사법상의 계약이지만, 의료기관과 공단, 환자 사이의 공법적인 관계에 의해서 영향을 받는다.[13)]

이러한 공법적인 관계와 건강보험 법규는 의료계약의 내용을 제한한다. 공법상 규정은 환자의 질병상태에 따라서 의료의 내용을 제한하고, 보험수가는 제공되는 의료에 대한 보수를 결정한다. 의료계약에 있어서 내용결정의 자유가 제한된다.

환자는 의료기관에 건강보험증을 제시하여 진료를 신청하고, 의료기관이 이를 접수하면 보험진료계약이 체결된다. 환자는 보험진료계약을 청약한 이후에도 진료의 개시 전까지 언제나 진료의 예약을 임의로 철회할 수 있다. 환자의 청약은 진료동의로서 자신의 신상에 대한 결정을 포함하므로 환자에게 숙고할 기회가 부여되어야 한다. 의사의 진료가 개시되기 전이라면, 현행 보험규정상 의료기관은 환자에게 해약에 따르는 어떠한 비용을 청구할 수 없다.

보험진료는 원칙적으로 원내에서 행해져야 한다. 환자가 진료를

Association, Fixing medical malpractice through health insurer enterprise liability, *Harv. L. Rev.* 121, 2008, pp. 1197－1199).

13) 보험진료계약도 건강보험공단과 의료기관, 환자 사이의 공법상 관계에 비추어 공법적 계약이라고 보는 견해가 있다. 건강보험공단은 의료기관의 의료제공과 환자의 의료이용을 직접적으로 통제하지는 않지만, 급여기준과 보수규정을 정하여 간접적으로 의료계약에 영향을 미친다(장욱·이경환·황덕남(註 4), 91－93면).

받은 후 의료기관에 진료비 중 본인부담금을 지급하고 퇴원하면, 의료기관과 환자 사이의 계약관계가 종료된다.[14] 보험진료계약은 입원여부에 따라서 외래진료계약과 입원진료계약, 그리고 일련의 외과적 침습행위들을 목적으로 하는 수술계약으로 구분할 수 있다. 계약 유형에 따라서 의료기관－환자 관계의 성질이 달라진다.

1) 외래진료계약

외래진료는 의사와 환자가 직접 대면하여 환자의 건강상 문제를 상담하고, 의사가 진찰을 통해서 진단과 치료계획을 수립하거나 환자의 증상과 징후에 따라서 약을 처방하는 과정을 말한다. 보험급여규정은 외래진료에서 환자와의 직접적인 대면을 통한 진찰을 원칙으로 하기 때문에, 의사가 직접 환자를 진찰하지 않고 대리인과 건강상태를 논의하는 것은 외래진료에 해당되지 않는다.

환자의 상태와 요구에 따라서 다양한 진료의 내용이 합의될 수 있지만, 그것을 정리하여 간추리면 진찰, 진단, 처방의 삼단계로 구분된다. 진찰은 환자로부터 증상을 청취하는 문진과 시진, 청진, 촉진을 포함하는 과정이다. 의사는 진찰을 위해서 검안경이나 내시경과 같은 의료장비를 사용하기도 하고, 진찰소견을 바탕으로 진단을 내린다.[15] 진단은 한국표준질병분류코드에 따라서 내려지며, 의료행위에 대한 보수가 지급될지 여부를 결정하는 기준이다. 환자의 질병에 대한 진단이 급여규정상 급여가 가능한 특정 의료행위의 적응증에 해당되지 않으면, 의료기관은 그 의료행위에 대한 보수를 환자나 공단에게 청구할 수 없

14) 그 외에도 의료계약관계가 종료되는 사유는 환자의 치유, 전원, 사망, 의사의 사망, 의사자격의 상실, 환자의 계약 해지, 시간경과로 인한 환자 질환의 치료 불능 등이다(이보환(註 8), 21면; A. Laufs, W. Uhlenbruck, *Handbuch des Arztrechts*, 3. Aufl., 2002, S. 430－434).

15) 진찰은 의사의 문진으로 시작되며, 외래진료에 있어서 환자가 의사를 처음 대면하는 단계이다. 따라서 진찰단계를 '진료의 개시'로 볼 수 있다.

다. 적응에 부합하지 않는 의료에 대한 비용은 의료기관이 감수해야 한다. 처방 또는 의사의 지시(physician's order)는 투약, 검사, 처치, 수술에 대한 지시로서 의료기관의 인력과 물적 자원을 환자에게 전달하도록 하는 결정이다. 가령 경구약의 투약에 대한 지시문서가 원외처방전이다.

진찰과 진단 단계는 진료과에 따라서 정형화되어 있어서, 의사의 재량이나 환자의 요구가 절차에 크게 좌우되지는 않는다. 진료채무의 이행은 의사가 실천적인 의료준칙에 따라서 진찰을 행해졌는지, 감별해야 할 질환들을 모두 배제하였는지 여부로 평가된다. 가령 의사가 발열과 호흡곤란이 있는 환자에게 체온, 혈압, 맥박, 호흡수라는 활력징후를 측정하였는지, 그 상황에서 생각할 수 있는 호흡기 감염증을 배제하였는지를 살펴야 한다.

처방단계에서 환자의 결정이 중요하다. 처방대상의 의료행위가 침습적이고 비용이 많이 들며 예견되는 부작용의 위험성이 크다면, 환자의 자기결정권 행사가 필요하다. 그 경우 의사는 환자에게 처방에 대한 정보를 제공하고 동의를 구해야 한다. 그러나 침습성이 낮고 안전하며 큰 비용을 요하지 않는 의료행위의 처방은 의사의 재량에 의해서 결정된다. 가령 감기에 걸린 미성년 환자가 단독으로 병원을 방문하여 약처방을 받는 경우가 많다. 이러한 진료계약의 체결에 있어서도 유효요건으로 법정 대리인의 동의 또는 추인이 필요한지 생각해 볼 필요가 있다.

의사가 진료를 마치고 환자가 의료기관에 진료비를 지급하면 의료기관과 환자 사이의 계약관계는 종결된다. 통상적으로 간단한 처치나 외래처방전 발급비용은 기본진찰료에 포함되고, 복잡한 처치에 따르는 행위료와 의료기관 내에서 투약한 약제비, 재료비 등이 진찰료에 가산된다.

환자는 신체에 대한 자기결정권을 가지므로 치료동의를 임의로 철회할 수 있다.16) 의료법과 건강보험규정에 따르면 의료기관은 규정된 행위별 내지 포괄 수가 이외에 비용을 청구할 수 없다. 따라서 환자는 의료계약에 대한 임의적인 해지를 할 수 있으며 의료기관은 단순히 진료예약을 해지했다는 이유만으로 환자에게 위약금을 청구할 수 없다. 원무관행에 있어서도 환자가 진찰, 검사, 수술의 예약을 철회하는 경우에 병원은 환자에게 받은 선급금을 환급한다.

2) 입원진료계약

입원진료는 환자의 상태가 불안정하여 집중적인 관리를 위해서 또는 의료기관의 시설과 장비를 집중적으로 이용해야 하는 검사와 수술의 시행을 위해서 이용된다.

환자가 입원을 신청하고 의료기관이 이를 승낙하여 입원수속절차를 진행하면, 의료기관과 환자 사이의 입원진료계약이 성립된다. 입원지시를 내린 의사가 주치의로 지정되지만, 입원진료는 주치의 한 사람이 환자를 돌보는 것이 아니라 병원 전체의 인력이 유기적인 협력을 행하면서 총체적으로 환자의 건강을 관리하고 진료를 제공한다. 입원진료에 있어서 주치의가 환자의 치료에 대한 전반적인 처방 또는 지시를 내리지만, 필요한 경우 다른 진료 분야의 전문의가 처방 또는 지시를 내리고 처치 등의 의료행위를 행한다. 간호사나 의료기사와 같은 의료인들도 자신의 전문영역 내에서 환자를 돌본다. 그러한 인력들의 행위도 입원진료의 보수산정에 있어서 고려된다. 즉 입원진료비는 기본적인 입원료 이외에 개별 의사나 간호사, 의료기사의 행위에 대한 행위료를 포함한다. 정리하면 입원진료에서 의료제공의 주체는 개인으로서의

16) 반대로 병원은 진료거부금지의무를 부담하므로 임의로 계약을 해지할 수 없다(김인섭, "의료과오에 있어서 책임의 주체: 책임주체의 확대와 의료계약의 일방적 해지", 관동대학교 사회과학논총 9, 2004, 11면 이하).

의사가 아니라 조직으로서의 의료기관이다.

의료기관은 환자의 입원진료를 위해서 필요한 인력을 적재, 적소에 배치하여 감독을 행하고, 입원진료에 필요한 의료장비와 시설을 관리하고 운영할 의무를 부담한다. 의료기관의 인력과 물적 자원의 운영상황은 진료보수의 산정에도 영향을 준다. 가령 입원료는 외래의 기본진찰료에 해당하는 의학관리료와 간호관리료, 병원관리료를 포함하는데, 이와 같은 행위료의 산정에 있어서 병원의 전문진료과목 구성과 의사의 수, 간호사의 수, 병원시설 등이 고려된다. 의료기관은 환자의 진료에 필요한 인력과 물적 자원을 제공해야 할 의무 이외에도 환자에게 부수적 의무를 부담한다. 입원기간 동안 환자는 의료기관에서 생활하기 때문에 의료기관은 일상의 생활 속에서 발생할 수 있는 위험을 방지해야 할 보호의무를 부담한다. 반면에 환자는 자신의 입원진료 목적을 달성하고 다른 환자의 입원생활을 방해하지 않도록 의료기관에 협력할 의무를 부담한다.

진료채무의 목적 달성을 위해서 의사－환자 신뢰관계가 필요하다. 오늘날에는 의료기관－환자의 신뢰관계도 중요하다. 환자가 치료자를 선택함에 있어서 의사 개인의 경험과 학식을 고려할 수 있지만, 병원의 상표를 신뢰하는 경우도 흔하다. 환자가 특정 병원의 상표를 신뢰하는 이유는 당해 병원의 뛰어난 인적자원 구성과 훌륭한 물적 자원 구비, 그리고 긴밀하고 유기적인 조직운영, 조직의 오랜 경험이다. 환자는 대중매체 광고나 인터넷 검색을 통하여 의료정보를 구한다. 만일 의료기관에 책임이 있는 부실표시 광고들이 진료계약의 체결에 중요한 기초가 되었다면 의료기관은 그러한 광고에 대한 책임을 부담할 수 있다.

입원진료계약관계는 입원진료의 목적이 달성되고 환자가 퇴원함으로써 종결된다. 퇴원은 의사의 퇴원지시에 따라서 행해지며, 환자가 원한다고 해서 무한정 입원을 지속할 수는 없다. 보험진료는 공공재로서의 성격이 강하므로 요양급여에 제한이 있다. 의학적으로 불필요한 입원이 증가되면, 정작 입원진료를 필요로 하는 사람들이 의료이용을 하지 못한다. 그러므로 환자는 의사의 정당한 퇴원지시에 따라야 한다. 물론 진료목적이 달성되지 않았음에도 환자가 퇴원을 원하여 자퇴할 수도 있다. 왜냐하면 환자는 진료동의에 대한 임의적인 철회를 할 수 있기 때문이다.

3) 수술계약

수술은 환자의 신체에 물리력이나 화학작용을 가하여 신체의 구조와 기능을 변화시키는 과정이다. 수술로 인한 신체의 변화가 환자의 건강에 유익하게만 작용하지는 않는다. 가령 암수술에 있어서 집도의는 암세포만을 선별적으로 제거하고 정상기능을 하는 세포를 모두 보존할 수는 없다. 암세포와 더불어 정상적인 조직도 같이 제거되기 때문에 수술 후에 부작용이 발생한다. 반대로 집도의가 암세포를 모두 제거하려고 했지만 일부 암세포가 남아서 암이 재발하는 경우도 있다. 부작용이나 암의 재발 자체를 진료채무의 불이행이라고 말할 수 없다. 부작용이 의사의 계약상 의무 위반으로 발생하는 경우도 있지만 환자의 특이체질과 같은 불가항력적인 신체적 소인으로 인하여 발생되는 경우도 있다.

수술은 술전관리, 수술, 술후관리의 3단계로 이루어지며, 집도의가 수술의 전과정을 조율한다. 집도의의 역할은 수술에서 중요하지만, 최근에는 팀의료의 개념이 도입되었다. 현대의학에서 수술은 여러 분야의 전문의와 마취의, 간호사, 진료보조인력 등의 의료인들로 구성된 수술팀에 의해서 시행된다.

술전관리는 사전검사, 수술에 대한 정보제공과 환자의 동의, 수술계획의 수립, 술전처치의 과정을 포함한다. 사전검사는 환자의 질병과 건강상태, 소인 등을 확인하고 환자의 부작용 발생 가능성을 예측하기 위해 시행된다. 사전검사의 결과에 따라서 수술계획과 술후관리가 달라질 수 있다. 집도의가 사전검사를 바탕으로 구체적인 환자에 대한 수술의 이익과 위험성을 평가하면 환자에게 예상되는 수술과정과 수술의 필요성, 부작용 발생 위험성, 수술 이외에 다른 치료대안, 수술에 소요되는 비용, 술후 치료과정 등을 설명한다. 환자는 집도의가 제시한 수술에 대하여 동의 또는 거절의 의사를 표시한다. 수술은 매우 침습적인 행위이고 환자는 상당한 수술비용을 부담해야 하기 때문에, 수술동의는 응급상황을 제외하고 반드시 필요하며 유효한 수술동의는 행위능력에 준하는 환자의 동의능력을 요한다. 따라서 행위능력이 없는 미성년자나 제한능력자에 대한 수술결정을 위해서 후견제도가 적용해야 한다.[17] 만일 환자가 수술을 거절하는 경우 수술계약은 해제되며 이미 이행된 술전관리의 비용은 환자에게 청구된다.

수술의 수단과 방법을 정하는 수술계획은 집도의의 재량에 의해서 수립되지만, 환자의 자기결정권도 존중되어야 한다. 환자는 자신의 인생관, 종교, 질병관에 따라서 특정한 수단과 방법의 선택 또는 배제를 요구할 수 있다. 가령 환자가 종교적 이유로 수혈거부와 무혈수술을 요구할 수 있으며, 미용상 이유로 흉터를 최소화하는 수술을 요구할 수 있다. 그러나 집도의는 수술을 집도하는 도중에 예측하지 못한 응급상황에 직면할 수 있다. 그런 경우라도 환자의 생명이 위급한 경우를 제외하고 집도의는 환자의 의사에 부합하는 수술을 집도해야 한다. 수술 도중에 수술방법의 큰 변경이 필요한 경우도 있다. 그것이 환자가 사전에 거부의사를 표시한 방법이라면 건강을 포함한 환자의 이익을 고려

17) 의료에 있어서 보호를 필요로 하는 무능력자가 합리적 의사결정의 능력을 다소 갖추지 못할지라도, 치료에 있어서 그들의 결정은 존중되어야 한다. 성년후견제도의 이념은 치료에 있어서 무능력자의 의사를 무시한 제3자에 의한 간섭이 아니라 오히려 무능력자의 결정을 보충하여 존중하는 것이다(현소혜, 의료행위 동의권자의 결정, 홍익법학 13(2), 2012, 209면).

하여 당장 시술해야 할 긴급한 상황이 아닌 한 수술을 중지하고 환자에게 다시 동의를 구해야 한다. 긴급한 상황일지라도 집도의는 가능하다면 환자의 친족이나 대리인에게 동의를 구해야 한다.

수술법이 정해지면 수술팀은 수술에 필요한 투약이나 처치를 행한다. 수술전 항생제를 사용하거나 혈당을 조절하기 위한 장치를 당뇨 환자에게 설치한다. 환자의 신체에 수술중 감시를 하기 위한 장치들도 설치된다. 이러한 의료행위를 술전처치라고 부른다. 술전처치는 예상되는 환자의 부작용 발생을 방지하고, 수술이 쉽게 진행되도록 도와주는 과정이기 때문에 매우 중요하다.

수술과정은 수술팀에 의해서 시행되며, 수술채무가 잘 이행되기 위해서 집도의의 역할이 가장 중요하지만 마취의, 간호사 등의 조력, 그리고 수술기구와 수술시설의 상태, 수술중 감시체계의 유지도 필수적이다. 수술과정은 환자가 수술실로 들어가면서 시작되고 회복실로 나오면서 끝난다. 술후관리는 마취로부터 회복, 술후 처치, 술후 투약, 그리고 환자에 대한 술후 요양지도를 포함한다. 술후관리는 수술과 마취 후에 발생할 수도 있는 합병증과 부작용을 방지하기 위해서 시행된다. 특히 술후 요양지도는 퇴원 후 환자가 스스로 건강관리하고, 예견되는 사고를 미연에 방지하고, 사고에 대해서 대처할 수 있도록 해 준다. 술후관리가 끝나면 수술계약관계는 종료된다. 다만 환자의 건강과 신체기능의 회복이 수개월에서 수년 이상 걸리는 경우도 있다. 의료기관은 수술 종료 후에도 환자에게 필요한 진료를 지속하여 제공할 의무를 부담한다.

수술채무의 특성은 기본적으로 위임적 성질을 갖지만, 집도의가 환자에게 특정 결과를 보장하거나 보형물이나 인공장기를 환자의 신체에 삽입하는 경우 당해 채무는 도급적인 요소를 가진다. 이에 대해선 아래에서 논의한다.

수술의 보수는 통상적으로는 개별 행위료, 치료대, 약제비, 입원비와 같이 행위별 수가로 합산되어 산정되지만, 보험급여규정이 정하는 수술의 종류에 따라서 하나의 포괄수가로 정해지는 경우도 있다. 산정된 진료비 중에서 환자는 일정부분(본인부담금)만 의료기관에 지급하고, 국민건강보험공단이 나머지 부분(요양급여)을 지급한다.

4) 선택진료(특진)특약

환자가 선택진료의 자격을 갖춘 특정의사의 진료를 원하는 경우에, 의료기관에 특정의사에 대한 선택진료 내지 특진을 신청할 수 있다. 선택진료를 신청한 환자는 본인부담으로 기본적인 진료비 이외에 선택진료비를 지급할 의무를 부담한다.[18]

의료기관은 환자에게 그가 특정한 의사의 진료를 제공해야 한다. 만일 선택된 의사가 부득이한 사정으로 진료를 할 수 없는 경우, 의료기관은 환자에게 그러한 사정을 설명하고 다른 특진의사를 선택하게 하거나 일반진료를 제공해야 한다. 만일 의료기관이 임의로 선택진료의사가 아닌 다른 의사에게 환자진료를 대행시켰다면 의료기관은 계약상 의무를 위반한 것이다.[19]

반대로 의료기관은 선택진료를 신청하지 않은 환자에 대해선 임의

18) 이와 관련하여 선택진료에 관한 규칙 제2조(보건복지부령 61호, 2011. 6. 14. 일부개정)를 참조.

19) 환자는 삼차신경통증이 있어서 신경소작술을 받아야 했다. 환자는 진료과장의 특진을 신청하였다. 수술 당일 진료과장은 휴가로 환자를 직접 수술할 수 없어서 환자에게 양해를 구하지 않고 동료의사에게 수술을 맡겼다. 동료의사가 수술하였으나 삼차신경마비라는 부작용이 발생하였다. 환자는 병원에 대하여 손해배상청구의 소를 제기하였고, 법원은 환자가 수술하도록 동의한 사람은 오직 특진의사로서 과장이었다는 점을 근거로 위자료에 대한 배상책임을 인정하였다(BGH LM BGB §823 (Aa) Nr. 11; E. Deutsch(註 10), Rn. 66). 일반적인 진료위임에 있어서 진료의 성질상 복임이 허용되어 있다. 그러나 환자가 의사를 특정하여 선택진료를 신청하였으나 병원이 다른 의사에게 환자의 진료를 보게 하였다면, 병원의 채무불이행 책임이 인정될 수 있을 것이다.

로 다른 의사에게 진료를 대행시킬 수 있다. 의료기관은 진찰 이외에도 처방이나 수술과 같은 모든 의료행위를 자격이 동등한 다른 의사에게 대행시킬 수 있다.

(2) 검진계약

검진계약은 환자의 건강상태와 질병을 확인하기 위해서 검사장비와 시설을 갖춘 의료기관 또는 검진기관이 환자의 체액이나 검체를 분석하거나 환자의 신체로부터 건강정보를 얻어 환자에게 결과를 보고하는 것을 내용으로 하는 계약이며, 검진기관(혹은 의료기관)과 환자 사이에 체결된다.

검진기관은 환자로부터 검체나 생체신호의 수집과 처리, 분석을 통하여 얻은 결과를 환자에게 보고한다. 검진결과의 위양성과 위음성이라는 오류는 항상 존재하며, 검진기관은 오류를 줄이기 위해서 검진기기와 절차의 정도관리를 한다. 검진결과에 오류가 있어도 검진기관은 환자에게 검진비를 청구할 수 있다. 따라서 검진계약은 기본적으로는 위임계약으로 이해된다. 하지만 검진계약에는 도급적인 요소도 있다. 특정 검사를 시행하기로 한 검진계약에서 검사의 시행과 결과보고 자체를 일의 완성으로 생각할 수 있다. 검진결과는 보고서(report)의 형태나 영상필름, 사진, 병리 슬라이드 혹은 파라핀 블럭(paraffin block), 도표, 수치의 형태로 인도되는데, 검진결과의 인도가 '일의 완성'이라고 볼 수 있다. 만일 검진기관이 환자로부터 얻은 체액이나 검체를 분실하거나 검진장비의 고장으로 전혀 검진결과를 낼 수 없거나 검진자료를 분실한다면, 환자는 검진보수의 지급을 거절할 수 있다. 의학적 지식이 없는 환자라도 보고서에 어떠한 검진항목이 기재되어 있고 수치나 판독 결과들은 정상인지를 식별할 수 있다. 또한 환자는 영상필름이나 병리 슬라이드를 다른 의사에게 가져가 결과의 타당성을 확인할 수 있다. 즉 환자는 인도된 검진결과를 확인하고 검수할 수 있다.

검진은 건강보험급여의 적용을 받는 급여검진과 적용을 받지 않는 비급여검진으로 나뉜다. 급여검진의 수가는 요양급여규정에 의해서 결정되며, 비용은 환자와 건강보험공단에 의해서 의료기관에 지급된다. 비급여검진 수가는 검진기관의 자율에 의해서 결정되며, 환자와 검진기관의 합의에 의해서 검진비가 조정되기도 한다.

만일 의료기관이 검진시설을 갖추지 못하였다면 검진을 다른 기관에 수탁하여 처리할 수 있다. 위탁기관과 수탁기관 간의 검진수탁계약은 통상적으로 위임계약으로 분류되지만, 검진계약처럼 도급적인 요소가 존재한다.

(3) 미용의료계약

미용의료는 통상적으로 보험급여 대상이 아니므로, 진료비는 의료기관과 환자 사이의 합의에 의해서 결정된다. 의료기관은 병원코디네이터를 두어서 환자에게 미용의료 시술에 대한 방법과 효과, 비용을 설명하고 진료비를 조정하게 한다. 보톡스 시술이나 리프팅 시술, 피부스케일링 시술 등과 같은 의료행위는 의사에 의해서 시술되지만, 피부마사지, 스킨 팩, 솜털 제모는 피부관리사에 의해서 시행된다.

미용의료에서 '심미적 개선'이라는 결과가 중요하기 때문에 미용의료계약은 도급으로 이해된다.[20] 물론 미용의료에서도 보험진료와 마찬가지로 가변적이고 예측 불가능한 신체를 대상으로 하기 때문에 미용의료계약은 결과보증에 대한 특약이 없는 한 위임의 성질을 가진다. 그러나 환자는 시술과정보다는 결과를 더 중시하며, 의료기관도 심미적

20) 미용의료는 의학적 적응의 대상이 아니고 치료목적으로 시행되는 것도 아니다. 의사와 환자가 시술결과를 중시하기 때문에 불임시술, 성전환수술, 임신중절수술과 마찬가지로 미용의료계약은 도급계약의 특성을 지닌다. 다만 기형의 치료를 위해 시행하는 성형시술에 대한 진료계약은 의학적 적응의 대상이 되고 치료목적으로 시행되기 때문에, 위임계약(독일에서는 고용계약)의 특성을 갖는다(A. Laufs, W. Uhlenbruck(註 14), S. 358-366).

개선을 보장하기도 한다. 다만 '심미적 개선'은 너무도 주관적이다. 의사가 심미적으로 개선되었다고 판단해도 환자는 오히려 전보다도 더 못해졌다고 생각할 수 있다. 심미성에 대한 객관적 기준이 없다. 당사자들이 심미적 개선을 계약의 목적으로 정해도 이에 대한 해석이 문제될 수 있다.

실제로 시술결과가 만족스럽지 못한 경우, 의료기관이 무상으로 추가 시술을 제공하거나 치료비를 환급해 주는 경우도 있지만, 자신은 선관주의 의무를 다하였으나 불가항력적으로 악결과가 발생하였다고 주장하여 환자의 하자보수청구를 거절하기도 한다. 특히 의료기관과 환자 사이의 합의가 서면으로 작성되는 일이 드물기 때문에 법적 분쟁이 많이 발생한다.

(4) 인공기관수술계약

인공기관은 신체장기의 해부적 결손이나 생리적 기능을 보강하기 위해서 만들어진 세작물이다. 치과 보철물처럼 의료기관에 의해서 직접 제작될 수 있는 인공기관도 있지만, 대부분의 인공기관은 의료기기 제조사에 의해서 만들어진다. 보청기나 콘택트렌즈처럼 환자 스스로 착용이 가능한 기기도 있지만, 인공고관절이나 인공심박동기, 인공와우와 같이 설치를 위해서 침습적인 수술이 필요한 경우도 있다.

인공기관수술은 인공장기, 보형물, 인공수정란 등의 인조물을 인체에 삽입시키는 수술이다. 일반적인 수술과는 달리 인공기관수술계약은 인공기관의 제작·공급과 그것을 삽입하는 수술을 목적으로 하며, 인공기관 제작·공급과정의 도급적 성질과 수술과정의 위임적인 성질을 함께 지닌다. 수술 후에 인공기관의 흠결이나 수술과정의 잘못으로 인하여 기능을 못할 수도 있다. 인공기관의 흠결에 대해서는 의료기관과 제조사가 책임을 부담하며, 수술과정의 과실에 대해서는 의료기관이 책임을 부담한다.[21] 인공기관의 기능부전의 원인이 명확하지 않은 경우

도 많다. 환자의 권리구제를 위해서 인공기관수술에 대한 민사책임을 엄격화하자는 견해도 있다.[22)]

인공기관은 일반적인 기계와 마찬가지로 사용 중에 마모나 고장이 발생할 수 있다. 인공기관은 환자의 생명과 건강에 직결된 장치이므로 고장은 환자에게 심각한 위해를 입힌다. 수술 이후에 인공기관에 대한 사후관리가 필요하다. 인공장기는 신체에 삽입되어 있으므로 환자나 제조자가 바로 수선할 수 없다. 따라서 의료기관은 인공기관에 대한 사후관리와 환자에 대한 진료계속의 의무를 부담해야 한다.

---

21) 환자는 충치치료를 위해서 치과병원을 내원하였고, 치과의사는 충치를 소독하고 갈아낸 다음 크라운이라는 보철물로 충전치료를 하기로 약속했다. 그러나 보철물의 재료비가 비싸서 치과의사는 약속한 보철물 대신 유사 보철물로 충전치료를 하였다. 환자가 보철치료를 받은 지 얼마 지나지 않아서 내구성이 떨어지는 유사 보철물이 마모되었고, 그로 인해 크라운과 치아 사이에 간극이 벌어져 음식물이 끼는 현상이 발생하였다. 환자는 치과의사에 대하여 채무불이행을 근거로 소를 제기하였고, 법원은 감정인에 감정을 조회하였다. 감정인은 유사 보철물에 명백한 흠결이 있음을 확인하였다. 법원은 하자있는 보철물을 새것으로 갈도록 하는 추완청구를 명하였다(OLG Zweibrücken NJW 1983, 2094 = VersR 1983, 1064; A. Laufs, W. Uhlenbruck(註 14), S. 356).

22) 통상적으로 의사가 의료기계를 사용하는 경우, 기계의 불완전한 기능으로 환자가 중대한 기술적인 위험에 빠져서 기계에 의해서 환자의 신체상에 장애가 발생할 수 있다. 그와 같은 경우는 환자의 신체상 장애가 환자에 기인하는 것이 아니라 기계의 불완전한 기능에 유래하기 때문에 의사는 기계의 불완전한 기능에 대한 보다 엄격한 객관적 책임을 부담해야 한다. 불법행위법상의 논의에 있어서 이러한 책임을 의료기계의 불완전기능에 대한 위험책임 또는 물건에 있어서 객관화된 위험원에 대한 시설책임으로 부르기도 한다(E. Deutsch, *Arztrecht und Arztneimittelrecht*, 1983, Springer, S. 88; 錦織成史, "医療機器事故に基づく民事責任(二)", 京都大学 法学論叢 115(6), 1984, 5頁). 이러한 책임은 의사의 주의의무위반을 전제로 하지 않는다는 면에서 계약상 책임에 있어서 결과채무의 불이행책임과 유사하다고 볼 수 있다.

Ⅲ. 의료기관의 급부의무

의료계약은 통상적으로 위임계약으로 이해된다.[23] 그러나 결과가 보증된 수술, 검진, 미용의료, 인공기관수술에 대한 의료계약은 도급의 특성을 가진다.[24] 의료기관이 부담해야 할 구체적인 채무의 내용은 의료기관과 환자의 합의에 의해서 결정된다. 채무의 내용을 해석함에 있어서 진료의 특성과 의료계약의 성질, 공법상 규제, 의료기관과 환자 사이의 계약 교섭력의 차이, 의료관행 등이 고려될 수 있다.[25] 먼저 주된 채무로서 위임형 진료의무와 도급형 진료의무를 살펴보고[26] 의료계

23) 의료계약은 일반적으로 위임 규정이 적용되지만, 민법 제686조의 수임인의 보수청구, 제682조의 복임의 제한, 제683조의 수임인의 보고의무는 그대로 의료계약에 적용될 수 없다. 진료위임은 원칙적으로 유상위임이고, 진료는 성질상 복임이 예정되어 있으며, 환자의 건강상 이익을 위해서 의사가 보고의무를 이행하지 않는 경우도 많기 때문에, 의료계약을 위임이 아닌 위임에 가까운 무명계약으로 보기도 한다(이보환(註 8), 22-23면). 그러나 다른 유형의 위임에 있어서도 위임사무의 성질과 계약을 둘러싼 제반사정에 따라서 모든 위임규정이 적용되는 것은 아니기 때문에, 이 글에선 진료위임을 일종의 위임계약으로 기술한다.

24) 김민중(註 8), 56면; 추호경, 의료과오론, 육법사, 1992, 70면; 이준상, 의료과실에 관한 연구, 단국대학교 법학박사학위논문, 1983, 10면; E. Deutsch(註 10), Rn. 85.

25) 의료계약에 있어서 계약의 내용은 당사자 간의 명시적인 합의만이 아니라, 환자가 내원했을 때의 상황, 진료의 목적과 진료의 성질을 고려하여 묵시적으로 합의했을 내용도 포함될 수 있다(Giesen(註 9), no. 21).

26) 의료계약에 있어서 위임진료는 상당한 주의(reasonable care)와 수단(skill)을 사용하는 것이고 특정한 결과에 도달하는 것이 아님에 반하여, 도급진료는 일의 완성이라는 특정한 결과에 도달하는 것이다. 무상위임(Auftrag)을 원칙으로 삼는 독일법계에서는 위임진료의 계약관계를 고용(Dienstvertrag)으로 보고 도급진료의 계약관계를 도급(Werkvertrag)으로 구분하는데, 이는 계약의 성질에 따른 구분이다. 반면에 프랑스법계에서는 절차법상 입증과 관련하여, 결과채무(obligation de résultat)와 수단채무(obligation de moyens)로 구분하는데 결과채무에서 결과의 실패에 대한 면책사유의 입증을 하지 못하는 의사는 면책을 받지 못하지만, 수단채무에서 환자는 의사가 상당한 주의와 수단을 사용하였음

약의 특성에서 도출될 수 있는 부수적 급부의무를 고찰한다.

1. 위임형 진료의무

위임형 진료는 환자가 의사에게 진료를 위탁하고 의사가 진료를 제공하는 것이다. 통상적인 진료는 의사와 환자 사이의 신뢰관계를 기반으로 한다. 위임형 진료의무는 신뢰관계를 바탕으로 진료의 결과보다는 진료과정에 있어서 위임의 내용에 따르는 진료가 제공될 수 있도록 주의의무를 다하는 것이다.

통상적인 신뢰는 치료자인 의사에 대한 인적 신뢰이다. 환자는 의학적 지식이 부족하기 때문에 전문가인 의사에게 자신의 신체나 생명의 관리를 맡긴다. 의사는 공인을 받은 의학 전문가로서 환자는 의사의 인격, 식견, 지식, 기량 등에 대한 특별한 신뢰를 가진다.

그러나 신뢰 대상이 사람의 품성이나 능력에만 국한되지 않고, 의료기관, 나아가 의료제공체계 전반으로 확대된다. 즉 환자는 건강보험 요양기관이라면 일정한 수준의 시설과 설비를 갖추고 상당한 수준의 진료를 제공할 것이라고 믿는다. 위임형 진료에 있어서도 환자의 신뢰는 의사에 대한 인적 신뢰만이 아니라 의료기관에 대한 조직과 체계에 대한 신뢰를 포함한다. 의료기관에 대한 환자의 신뢰 대상은 양과 질을 모두 갖춘 의료자원, 합리적이고 타당한 진료과정, 그리고 의학준칙 내지 통상의 의료수준에 부합하는 진료를 포함한다.

전통적인 진료위임관계에서 의사는 진료위임의 본지에 따라서 환자의 사무를 처리함에 있어서 선관주의 의무를 다해야 한다. 조직으로서 의료기관은 의사가 선관주의 의무를 다하여 진료위임의 내용에 따른 이행을 할 수 있도록 환경을 조성할 의무를 부담한다.[27] 이러한 의

을 입증해야 한다(Giesen(註 9), no. 11).

27) 채무자의 선관주의의무 이행의 판단요소로 “계약의 성질, 채무자의 지위와

무가 계약상 의료기관의 주된 급부인지에 대하여 의문이 있을 수 있다. 그것이 이행되지 아니할 경우에 의사의 선관주의의무 이행을 기대하기 어렵다는 점에서, 다음의 의무는 의료기관의 주된 급부의무로 볼 수 있다.

(1) 적정한 수준의 의료자원 확보와 유지의무

의료법상 의료기관은 종합병원, 병원, 의원으로 분류된다. 의료기관은 종별에 따라서 인력과 물적 자원을 갖추어야 한다. 의료기관의 종별에 따라서 보험급여 수가도 영향을 받는다. 인력과 물적 시설을 많이 갖춘 의료기관은 높은 진료수가를 지급받는다. 환자들도 의료기관의 종별에 따라서 진료의 수준을 다르게 기대한다.[28)]

의료기관은 환자에게 적정한 진료를 제공하기 위해서 일정 수준의 인력과 물적 자원을 확보·유지해야 한다. 요구되는 의료자원의 수준은 '최상'이 아닌 '적정' 수준이다.[29)] 의학적인 관점에서만 본다면 의료기

직업, 계약의 주목적 실현에 대한 당사자의 기대의 정도, 계약체결 후에 발생하는 제반사정" 등이다(北川善太郎, "債務不履行における有責性", 法学論叢(京都大学) 118(4·5·6), 1986, 106頁). 의사의 선관주의의무이행의 판단에 있어서도 의료기관에서의 진료상황과 제반사정 등이 고려될 수 있다.

28) 과거에 이해되는 의료수준은 "실제 적용할 수준으로서 정착된 것이라 말할 수 있기 때문에, 대학병원에 있어서도 일반병원에 있어서와 마찬가지로 획일적인 수준"이었다면, 오늘날 이해되는 의료수준은 "일반적으로 진료당시의 이른바 임상의학의 실천에 있어서의 의료수준"으로 "전국 획일적으로 절대적인 기준으로서 고려되어야 하는 것이 아니라, 진료를 담당했던 당해 의사의 전문분야, 소속된 의료기관의 성격, 그 소재한 지역의 진료환경의 특수성 등의 제반사정이 고려되어야 하는 것"이고, 모든 의료기관에 대하여 진료계약에 기초하여 요구되는 의료수준을 일률적으로 이해하는 것은 상당하지 않다"(日最判 1995(平成7)年6月9日(民集49-6, 1499); 日最判 1996(平成8)年1月23日(民集50-1, 1)).

29) 의사들은 진료함에 있어서 그들의 행동과 재량의 통제에 관한 공적 규제에 직면하며, 의료행위에 있어서 구속력이 있는 공적 규제를 넘어서 환자들에게 의료를 제공할 것이라고 기대할 수 없다(*Backlund v. Board of County Commissioners of King County Hospital* (106 Wash. 2d 632, 648; 724 P.2d 900), L.A. Hagen, Physician credentialing: economic criteria compete with the hippocratic oath, *Gonz. L. Rev. 31*, 1996, p. 450에서 재인용).

관은 환자의 치료를 위해 최상의 많은 의료진을 확보하고 최상의 진료 시설과 장비를 구비하여 환자에게 제공해야 한다. 그러나 의료자원은 한정되어 있어서, 한 환자에 대해 투입되는 자원은 다른 환자가 이용할 자원을 감소시킨다. 따라서 국민건강보험법은 환자의 의료이용과 의료기관의 의료제공을 제한한다. 환자와 의료기관사이의 계약관계에 있어서도 이러한 공공정책이 고려되어야 한다. 비용-효용 분석을 통하여 환자에게 효율적인 자원 투입이 필요하며, 의료기관은 최상이 아닌 적정한 수준의 의료자원을 확보해야 한다.30)

적정한 수준의 인력 확보와 유지를 위해서 의료기관은 필요적 종별 및 전문분야의 의료인 확보, 적정 수의 의료인 확보, 의료인 1인당 적정 진료환자 수에 대한 제한, 의료인의 1일간 근무시간 제한, 의료인의 보수교육 시행 등을 이행해야 한다.31)

적정한 수준의 병원시설과 장비의 확보와 유지를 위해서 의료기관은 식품의약품안전청으로 승인을 받은 의료장비를 구비하여 운영해야 하고, 정기검사를 통해서 장비의 상태를 점검하고 점검결과에 맞추어 장비를 수선하거나 교체해야 한다.32)

30) 국민전체의 의료비지출의 통제를 위해서 공적인 의료보험자는 비용-효용분석을 통해 의료인 내지 의료기관의 의료제공을 경제적인 관점에서 평가하고 있으며, 미국의 관리의료(Managed care)에서 의료기관 인증평가 기관(Joint Commission on Accreditation of Hospitals, JCAHO)은 이것을 의료기관이나 의사를 인증하는 기준으로 삼고 있다(L.A. Hagen(註 29), p. 429).

31) 가령 88명의 환자를 야간당직 간호사 2인이 돌보게 하거나(OLG Stuttgart, NJW 1993, 2384), 과도한 직무부담으로 인하여 의료인들이 환자진료에 주의를 다하지 못한 경우에는 병원의 조직형성의무 위반으로 인정될 수 있다(E. Deutsch(註 10), Rn. 303).

32) 유럽법원칙 서비스계약편 7:103조에선 의료제공자는 의료수준에서 요구되고 승인된 품질의 기구, 약물, 재료, 시설, 공간으로서 관련법규에 부합하고, 재료와 시설들이 통상의 목적에 적합한 것을 사용해야 한다고 규정하고 있다(M. Berendrecht, et al., *Principles of European Law: Service Contracts*, Sellier, 2007, p. 812; 이준형, "유럽법원칙 서비스계약편(PEL SC)", 중앙법학 9(2),

의료기관은 적어도 의료법에서 정한 최소한도 수준의 의료자원을 확보하고 유지해야 하며, 행정청은 이를 감시한다. 위임형 진료에서 의료기관이 의료자원을 유지·확보해야 할 수준은 의료기관과 환자 사이의 합의에 의해서 정해질 수 있다. 그러나 대부분의 의료계약에서는 이러한 사항이 명시되지 않다. 통상적으로 요구되는 의료자원 확보와 유지의 수준은 적정한 수준이며, 이를 정함에 있어서 건강보험의 급여산정기준에서 요구하는 의료자원 투입의 수준과 진료보수의 수준, 당시 통상적인 의료수준이 고려될 수 있다.

(2) 의료인의 선관주의의무 이행에 필요한 환경조성의무

의료기관은 의료인이 환자의 진료과정에 있어서 선관주의 의무를 다할 수 있는 체계와 환경을 조성하는 것이 필요하다. 의사가 자신의 능력과 기술을 발휘하는 정도는 진료 환경과 진료 조건에 따라서 달라진다. 진료현장에서 의사가 환자의 진료에 집중하지 못하는 이유는 피로 때문이며, 피로는 과다한 진료환자의 수, 과도한 진료시간, 불안정한 진료장소와 환경, 야간당직 후의 진료, 휴식의 부재, 보조인력의 조력 부재, 의사의 건강문제, 음주를 권하는 조직문화로 발생할 수 있다. 이러한 원인은 의사의 개인적인 사유로 발생하기도 하지만, 대부분은 의료기관의 진료환경과 근무체계에서 유래한다.[33]

2007, 22면).

33) 가령 정신과 폐쇄병동을 돌보던 간호사가 병동의 다른 환자들을 데리고 산책을 나가서 병동은 비어 있었고, 어떤 환자가 그 틈을 타서 병동 간호실에서 붕대를 가져와 목을 매 자살하였다. 환자의 유족은 병원에 대해서 불법행위에 의한 손해배상을 청구하였으며, 법원은 담당 주치의와 간호사의 과실과 병원의 사용자책임을 인정하였다(대법원 1991. 5. 10. 선고 91다5396 판결(공1991, 1609). 이 사건은 의료기관의 진료환경조성 의무위반으로 구성될 수도 있다. 병원은 당시 정신과 폐쇄병동에 충분한 수의 간호사를 배치하지 않았으며, 환자의 산책을 위해 나갔던 간호사를 제외하곤 남아있던 당해 피해자를 돌볼 간호사가 배치되지 않았다. 병원은 간호사가 주의의무를 다할 수 있도록 할 환경을 조성하지 못했다. 적정한 인력배치의 흠결은 진료위임에 있어서 채무불이행 내

진료환경에서 가장 중요한 것은 진료시간과 진료환자의 수이다. 우리나라에서 환자들은 일부 종합병원으로 집중되고, 종합병원에서 진료시간당 의사가 진료하는 환자의 수가 지나치게 많다. 반면에 영세한 의원은 수익성을 보전하려고 진료시간을 늘인다. 이러한 현상은 우리나라의 왜곡된 의료전달체계와 낮은 진료수가에 있다.[34]

의료기관은 의료인이 진료에 필요한 주의를 다할 수 있도록 적절한 근무시간과 진료환자의 수를 조정해야 한다. 또한 의료기관은 의료인이 진료에 집중할 수 있도록 쾌적하고 조용한 환경을 제공해야 하며, 의료인의 건강상태를 살펴서 그의 건강상태에 따라 다른 업무에 배치하거나 보조인력을 두어서 업무를 보조해야 한다. 이러한 의료기관의 의무는 의사의 선관주의의무에 대응하는 의무이며, 의사의 선관주의의무 이행에 필요한 환경조성의무이다.

(3) 원활한 진료체계 구축의무

진료에서 구체적인 진료수단, 방법과 절차는 의료기관과 환자 사이의 합의에 의해서 정해진다. 환자들은 미용상 혹은 종교적 이유로 로봇수술이나 내시경수술을 선택하거나 수혈을 거부하는 경우를 제외하고, 간단한 진료는 의사의 재량에 맡긴다.

진료수단과 방법의 선택이 의사의 재량에게 맡겨진 경우, 의사는 적정한 수단과 방법을 사용해야 한다. 의사는 급변하는 환자의 상태와 발생된 부작용에 대한 빠른 대응을 위해서 적절한 진료과정을 선택해

지 위법성을 나타내는 징표로 이해될 수 있다.

34) 우리나라에선 환자가 다른 나라에 비하여 자유롭게 종합병원의 진료를 받을 수 있다. 따라서 대부분의 환자들은 유명한 종합병원에서 명의로 알려진 의사의 특진을 받길 원한다. 환자들은 그러한 종합병원에 집중되기 때문에, 당해 의사는 진료시간당 과도한 환자를 진찰한다. 반면에 의원급 의료기관은 점점 많아지는데, 의원을 이용하는 환자의 수는 늘지 않고 있다. 현행의 보험진료수가는 원가대비 75% 정도로서 매우 낮은 수준이다. 의원급 의료기관은 원가손실을 보전하고 이익을 창출하기 위해서 야간진료와 휴일진료 등 진료시간을 늘인다.

야 한다. 진료수단과 방법과 진료과정의 선택은 의료자원의 운영상황, 의료자원 배분에 관한 의료기관의 내규, 임상진료지침 등에 의해서 영향을 받는다. 특히 임상진료지침(clinical protocol)은 원내 의료인들에게 환자에 대한 구체적인 수단과 방법의 선택과 진료과정을 제시한다.[35)]

임상진료지침은 의료기관의 내규로서 다학제적 치료를 위해 제정된다. 가령 암환자의 치료를 위해서 영상의학과, 치료방사선과, 내과, 병리과, 외과, 재활의학과, 마취과 등의 다양한 전문분야의 진료가 필요한데, 개별 환자의 진료를 위해서 매번 여러 분야의 의료진들이 모여서 수단이나 방법, 과정들을 논의할 수 없다. 따라서 위암, 유방암, 대장암, 폐암과 같은 흔한 질환을 대상으로 여러 진료부문의 의료인들이 협의를 하여 사전에 표준적인 진료절차를 정하는데 이것이 임상진료지침이다. 임상진료지침은 의료인 사이에 의사소통 장애로 발생하는 의료사고를 예방한다.[36)]

신속한 응급진료를 요하는 질환의 치료에도 임상진료지침이 이용된다. 가령 협심증이나 뇌경색 환자가 응급실로 내원할 경우에, 치료결과는 환자에게 혈전용해제와 항응고제를 얼마나 신속하게 투여했는지에 따라 달라진다. 통상의 응급실에서 일단 환자가 도착하면 접수와 동

---

35) 임상진료지침은 대개 의료기관 단위로 작성되어 진료에 활용되지만, 공적인 의료보험자에 의해서 제정되기도 한다. 가령, 의료제공자와 공보험자 간에 요양급여계약의 형식으로 임상진료지침이 제정되는 경우도 있다. 물론 임상진료지침이 제정되어 있어도, 의사 또는 의료기관의 진료의 자율성이 침해되어서는 안 된다. 구체적인 환자의 제반사정을 고려하여 진료수단과 방법을 선택하는 것은 의사의 고유권한이기 때문이다(A. Martin, The legal significance of clinical guidelines in the Netherlands, *Med. & L.* 19, 2000, pp. 183－184).

36) 다학제간의 치료 성공률은 진료팀의 인화에 좌우된다. 진료팀들의 구성이 오랫동안 유지되어, 팀원 사이의 관계가 지속적일수록 치료의 성공률은 높아진다. 반대로 진료팀의 구성원들간의 소통부재가 발생하면 의료사고가 발생될 가능성이 높다(박주현(註 11), 133면; L. Andrews, et al., An alternative strategy for studying adverse events in medical care, *Lancet 349*, 1997, p. 309).

시에 응급의학과 전문의가 진찰을 하여 심혈관이나 뇌혈관 질환을 의심하면 심장내과나 신경과 전문의에게 협진을 의뢰한다. 심장내과 전문의와 신경과 전문의가 응급실에 도착하여 필요한 검사를 한 후에 혈전용해제를 처방하고 이를 환자에게 투여한다. 이런 과정을 거치는 동안 환자는 치료시기를 놓쳐서 사망할 수 있다. 따라서 의료기관은 혈관질환 환자를 위한 응급진료지침을 정하여, 응급 의료인들이 어떠한 징후와 증상이 나타나면 사전에 정한 간단한 검사를 시행하고 검사에서 확인되면 지침대로 바로 혈전용해제를 투여한다. 임상진료지침은 신속한 진료제공의 체계를 조성한다.[37)]

의료기관은 환자진료에 필요한 최적의 진료시스템을 구축하기 위해서 임상진료지침 외에도 여러 종류의 내규를 정한다. 환자와 의료인의 안전을 위해서 원내 내규로서 병원감염 예방수칙, 결핵 및 에이즈 환자 관리규칙, 수술장 운영수칙, 외래환자 응대수칙, 낙상사고 방지를 위한 입원환자 안전수칙 등이 제정되어 운영된다.[38)]

의료기관이라는 조직체가 환자를 직접 진료하는 것은 아니지만, 원내 의료인들이 진료를 위해서 물적 자원을 원활히 이용하고 다른 의

---

37) S. Richard, W. Smith, "가정의학에서의 정보학: 임상진료지침 및 근거중심의학", 가정의학회지 196, 1997, 89－97면; 고윤웅, "임상진료지침의 의미와 정책과제", 보건복지포럼 96, 2004, 2면; 박주현(註 11), 146면.

38) 수술장이나 병동의 간호활동을 위해서 간호수칙 등이 제정되어 있는 경우가 많다. 다수의 간호사들이 환자를 돌보고 있어서 간호사들의 협업이 중요하며, 간호사들 간의 의사소통장애는 바로 의료사고로 이어지는 경우가 많다. 또한 간호사들의 이직률이 높기 때문에, 항상 새로운 간호사가 간호현장에 투입된다. 병원의 환경에 익숙하지 못한 신규 간호사들을 위하고 간호사들 간의 조화로운 협업을 위해서 병원은 간호수칙을 제정하여 교육하는 경우가 많다. 가령 간호사가 소아에게 알약을 잘 못 먹여서 질식한 사건(東京地判 1966(昭和40)年7月14日(下民集16－7, 1241))이나 간호사가 전기수술기의 전극을 잘못 부착하여 환자가 화상을 입은 사건(札幌高判 1977(昭和51)年3月18日(判時820, 36))은 간호사의 과실책임과 의사의 사용자책임이 문제되는 사건들로 보이나, 병원의 조직운영상의 흠결도 인정될 수 있는 사례들이다.

료인들과 협업을 잘 할 수 있도록 돕는 시스템이 갖추어져야 한다. 이러한 시스템은 다학제간의 협진을 촉진하고 분업에서 발생할 수 있는 의사소통의 장애를 없애서 의료사고를 예방하고, 의료인이 환자에게 보다 신속하고 체계적인 진료를 제공할 수 있도록 도와준다.[39)]

(4) 진료에 있어서 의료인의 독립성 존중의무

의료기관은 의료자원을 확보·유지하고 원활한 진료 시스템을 조성하기 위해서 재원을 마련해야 한다. 민간병원만이 아니라 공공병원도 이러한 재원을 주로 환자와 건강보험공단으로부터 지급받는 진료비로부터 조달한다. 의료기관은 경영적인 차원에서 의사들에게 수익성이 높은 진료를 요구할 수 있다. 최근 의료현장에선 대형 종합병원을 중심으로 의사의 의료행위에 대하여 활동기준원가분석(activity based cost analysis)을 시행하고 있다. 의료기관의 의사에 대한 경영통제는 환자에 대한 진료방법과 수단을 선택하는 데도 영향을 준다.

의사는 공인된 전문가로서 환자를 진료함에 있어서 환자의 신체와 건강을 위해 최선의 의료를 제공해야 한다. 그러나 개별 환자의 진료에 의료기관의 경영자가 직접 개입하거나 간섭한다면, 의사가 환자에 대한 최선의 진료를 제공할 수가 없다.[40)]

---

39) 간혹 의료인들 간의 의사소통의 부재로 의료사고가 발생하는 경우가 있다. 병동의 당직의사들이 업무를 인수인계하면서 잘못하여 환자에게 마약성 진통제의 투여사실을 알리지 않았다. 그 결과 인계받은 당직의사가 다시 마약성 진통제를 다시 투여하였고, 이로 인해 호흡마비와 심정지로 사망하였다. 이 사건은 병원의 사용자 책임으로 다루어졌다(OGH 9. 9. 1986 (JBl 1987, 107)); K. Prutsch, M. Ploier, *Behandlungsfehler in der Medizin*, Leykam, 2005, S. 169 ff). 부실한 병원의 당직인계 체계와 그로 인한 의료인들 간의 의사소통 장애는 진료체계의 흠결이며, 채무불이행 또는 위법성을 보여주는 요건사실이다.

40) 의사에 대한 의료기관의 경영통제는 환자에게 재무적 제한 없이 의료자원이 투입되는 것을 방지하는 것이지, 비의료인인 경영자가 진료에 간섭하는 것을 의미하지는 않는다. 만일 경영자가 의료인의 진료에 직접적으로 개입하게 되면, 무면허의료의 법적 문제가 발생할 수도 있다(L.A. Hagen(註 29), p. 457).

만일 의사가 병원의 수익성에 따라서 환자를 선별하여 진료한다면, 의사는 의료법에서 금지하는 진료거부를 행한 것이다.[41] 특정 의료행위에 대한 현행의 의료수가가 현저히 낮다는 의료기관의 항변이 있을 수 있지만, 의료기관은 의사가 진료거부금지 의무를 이행할 수 있도록 진료에 대한 의료인의 독립성을 존중해야 한다. 의료기관은 의사가 환자에 대한 치료방법이나 수단을 선택함에 있어서 병원경영상의 이유가 아닌 환자의 사정과 의학적인 기준으로 판단할 수 있도록 해야 한다.

(5) 의료수준에 부합하는 진료의 제공의무

진료채무는 최종적으로 의사의 의료행위를 통해서 이행된다. 의료기관이 아무리 좋은 자원을 구비하고 진료환경과 체계를 구축하더라도 의사가 진료에 선관주의 의무를 다하지 못하면 환자에게 손해를 입힐 수 있다. 의사는 의료기관의 이행보조자이므로 의료기관은 의사의 선관주의 의무위반으로 인해 발생된 결과에 대하여 계약상 책임을 부담한다.[42] 의료기관은 의사가 의료수준과 의학준칙에 따라서 선관주의를 다하여 진료를 제공하도록 지시하고 감독할 계약상 의무를 부담한다.

---

41) 의료기관이나 의사가 일반적인 환자에 대해 진료거부금지의 의무를 부담하지만, 다음의 합리적인 사유가 존재하는 경우 환자에게 의료제공을 거절할 수도 있다. ① 환자와 의사 사이에 신뢰관계가 손상된 경우 ② 환자가 의료법규를 위반하는 의료의 제공을 요청하는 경우 ③ 의료기관의 수용능력이 포화된 경우 ④ 환자가 병원에 개설되지 않은 전문적 진료를 요구하는 경우 ⑤ 환자가 다툼을 자주 일으키거나 질적으로 좋지 않은 행동을 하는 경우 ⑥ 환자가 의학준칙이나 규정에 부합하지 아니한 처방을 요구하는 경우 ⑦ 환자가 의학적 적응증이 없거나 효과가 없는 의료행위를 요구하는 경우 ⑧ 환자가 보험급여진료에 있어서 피보험상태를 확인할 수 있는 신분증이나 보험증을 제시하지 아니한 경우 ⑨ 환자의 생명이나 신체에 위급하지 않은 상황에서 환자가 응급수술이나 처치를 요구하는 경우 ⑩ 환자가 의학적 적응이나 모자보건법상으로 허용되지 아니한 임신중절시술을 요구하는 경우를 생각할 수 있다(A. Laufs, W. Uhlenbruck(註 14), S. 407–408).

42) 의료기관이 소속 의사로 하여금 진료토록 한다면 의사는 병원의 이행보조자이다(양창수(註 6), 202면). 그러나 의료기관이 병리검체나 혈액분석을 외부수탁기관에 맡기는 경우에, 외부수탁기관은 의료기관의 이행대행자이다.

2. 도급형 진료의무

도급형 진료에서 의료기관은 환자에게 특정 진료결과를 완수할 의무를 부담한다. 의료의 성질상 통상적으로 의사가 환자에게 진료결과를 보증하기는 어렵다. 따라서 의료계약에서 의료기관이 도급형 진료의무를 부담하는 경우는 매우 드물다. 그러나 당사자 간의 합의에 의해서 의료기관이 진료결과를 보장할 수도 있다.[43]

도급형 진료에서 환자는 진료과정에서 의사의 행태보다는 진료결과를 중요하게 생각한다.[44] 물론 환자는 진료의 방법이나 수단에 관하여 의사에게 지시를 할 수 있지만, 그로 인해 결과가 좋지 않을 때에는 환자는 의료기관에 대하여 진료의 결과에 대한 담보책임을 물을 수 없다(민법 제669조). 또한 도급형 진료에 있어서 의사는 환자의 신체와 생명에 대한 자기결정권을 침해하지 않는 범위에 한하여 진료의 완성을 위해서 환자의 부적당한 지시를 따를 필요가 없다.[45] 즉 도급형 진료에 있어서 의사는 일의 과정에 대한 자율적인 권한을 갖는다.

진료에 있어서 의사가 전적으로 일의 과정을 통제하고 처리과정에서의 위험성을 지배할 수 있는 경우가 많지 않다. 통상적인 진료에 있

43) 의사가 완치를 약속하였으나 그것이 실현되지 않았다면, 의사가 아무리 고도의 전문 기술을 사용했을지라도 채무불이행책임을 부담한다(Safian v. Aetna Life Ins, 24 NYS 2d, 92(App Div 1940; Giesen(註 9), no. 20).

44) 의사나 환자가 진료를 제공하거나 받으려는 주관적인 의도를 주관적 치료목적(subjektive Heiltendenz)이라고 부르며, 이러한 의도가 적응증에 속하고 진료 수단과 방법이 의학준칙에 부합하는 경우 이를 객관적 치료목적(objektive Heiltendenz)이라고 한다. 객관적 치료목적이 적응증(Indikation)과 동일한 것은 아닌데, 객관적 치료목적이라도 구체적인 환자의 제반사정에 따라서 달라질 수 있기 때문이다. 도급형 진료에 있어서 주관적 치료목적도 의사와 환자의 합의에 의하여 계약의 내용으로 될 수 있다(A. Laufs, W. Uhlenbruck(註 14), S. 419).

45) 곽윤직, 채권총론, 2001, 254면.

어서 의사는 환자에게 설명 있는 동의를 구해야 하고 지시를 받아야 하기 때문이다. 그런데 인공기관의 제작이나 환자로부터 검체물의 처리에서 의사는 제작이나 처리 과정을 전적으로 지배할 수 있으며, 환자는 일의 과정보다는 일의 완성 자체를 중요하게 생각한다. 따라서 인공기관수술계약이나 검진계약은 도급형 의료계약의 성질을 지닌다.[46)]

미용의료계약에서 의사가 환자에게 심미적인 개선을 보장할 수도 있지만 그것은 흔하지 않다. 그러나 미용의료에서 의사는 질병의 치유와는 무관하게 심미적 개선을 위해서 침습행위를 행하므로 보험진료에서보다 엄격한 책임을 부담해야 한다고 생각할 수도 있다. 보험진료에서 의사는 급여규정에서 정한 진료수단과 방법을 선택해야 하므로 의사의 재량이 크지 않지만, 미용의료에서 의사는 보다 다양한 방법을 선택할 수 있다. 미용의료에서 사용되는 실리콘이나 필러(충전재)와 같은 물질의 조성과 성상은 모두 의사에 이루어 검수되고 통제된다. 미용의료 환자는 신체의 심미적 개선을 목적으로 하기 때문에 치료과정에서 의사의 주의의무 이행을 기대하는 것이 아니라 특정 결과를 기대한다. 따라서 미용의료계약은 도급적인 요소가 있다.

(1) 특정한 진료목적의 달성의무

의료기관은 환자와 약속된 진료목적을 달성할 의무를 부담한다. 진료의 목적은 의료기관과 환자의 합의에 의해서 정해진다. 미용의료계약에서 의사가 특정 부위의 해부학적인 변경과 심미적 개선을 보증할 수 있다. 검진계약에서 검진의 완수 및 검진결과의 인도가 채무의

---

46) 의료기구와 재료의 작용은 누구라도 예측 불가능한 성질을 가진다고 할 것이다. 그러나 의사의 책임은 일반 환자들이 그 의료재료를 신뢰하도록 보증함에 수반하여 사실상 결과채무를 부담한다. 의사가 사용한 의료재료의 잘못된 작용으로 발생한 손해에 대하여 책임을 부담한다(TGI Poitiers, 23 déc, 1985 (Gaz. Pal. 2−3 mai 1986); S. Welsch, Responsabilité du médecin, Litec, 2003, n° 413).

내용으로 될 수 있다. 물론 심미적 개선처럼 개인의 주관에 따라서 일의 완성에 대한 판단이 달라지는 경우, 계약 당사자들은 일의 완성 여부에 관하여 다툴 수 있다.

(2) 특정한 진료방법과 수단의 제공의무

의료기관이 환자에게 특정한 진료 방법이나 수단의 제공을 약속하는 경우도 있다. 가령 예방접종계약에서 의사는 환자가 원하는 특정한 예방접종을 시행하여 채무를 이행한다. 환자가 PET나 산전 초음파검사, 혈액형 검사와 같이 특정한 진료 방법이나 수단을 원하는 경우도 있다. 특정한 검사를 목적으로 하는 검진계약에서 의사가 특정한 검사를 실행하고 검사결과를 환자에게 인도함으로써 일이 완성된다. 그 경우 의료기관은 환자와 약속한 특정 진료방법이나 수단을 환자에게 제공해야 한다.

(3) 진료 완성의 검수에 필요한 정보제공의무

노급계약에서 환자는 일의 완성에 대한 반대급부로 의료기관에 진료보수를 지급한다. 따라서 환자는 진료의 결과에 대하여 낱낱이 검사하고, 진료결과가 계약의 내용대로 완성되었는지를 판단하는 검수를 시행해야 한다. 그러나 환자는 의료에 대하여 문외한이므로 스스로 진료의 완성에 대하여 검수할 지식과 능력이 부족하다. 의사와 환자간의 의료정보의 편재를 고려할 때, 신의칙상 의료기관은 환자가 검수를 수행하도록 환자에게 필요한 정보를 제공할 부수의무를 부담한다.[47] 따라서 도급형 의료에 있어서 의료기관은 합의된 진료목적이 달성되었음

---

47) 일본의 노동후생성에서 정한 "진료정보의 제공 등에 관한 지침(2003)"에 따르면, 환자의 자기결정권의 존중을 위해 의사는 질병과 치료방법 등에 관한 정보 이외에도, 치료가 성공할 확률과 무엇을 가지고 치료를 성공했다고 간주하는지에 관한 사항을 설명해야 한다. 즉 치료의 성공 내지 일의 완성에 대한 정보를 제공해야 한다는 의미로 해석될 수 있다(飯田泰士, "患者の自己決定権に関わる医師の説明義務に関するガイドライン—メディカル・リスク・コントロールを踏まえて", 東京大学法科大学院ローレビュー2, 2007, 26頁).

을 입증하는 검사자료를 환자에게 제시하고, 환자는 그것을 기초로 진료의 완성을 판단할 수 있다.

3. 부수적 진료의무

부수적 진료의무는 주된 급부의무는 아니지만 환자가 의료계약 체결의 목적을 달성하는 데 필요한 의료기관의 의무이다. 이러한 의무는 주된 급부의무와는 다르다. 만일 의료기관이 부수적 진료의무를 위반하였더라도 진료의 주된 목적의 달성에는 아무런 영향이 없기 때문에, 원칙적으로 환자는 의료계약을 해지할 수는 없다.

(1) 조언의무

의료전문가가 아닌 환자가 진료수단과 방법에 대한 결정권의 행사를 위해서 의사의 조언이 필요하다. 조언의무는 환자의 연령, 지능, 의식상태 등을 고려하여 환자가 조언을 이해할 수 있는 방식으로 이행되어야 한다. 환자가 미성년자나 제한능력자인 경우 조언은 진료를 결정할 권한이 있는 법정 대리인에게 제공되어야 한다.

조언은 환자가 자기결정권을 행사할 수 있도록 자세히 제공되어야 한다. 그 내용은 질병의 진단, 병기나 예후, 자연적 경과, 진료 수단과 방법의 효과와 부작용 발생의 가능성과 심각성, 진료 방법과 수단이 시행되지 아니할 경우에 발생하는 불이익, 당해 진료 수단이나 방법이외에 다른 대안들, 기타 진료와 관련된 제반 사정을 포함한다. 환자는 의사의 조언과 설명을 토대로 진료 수단과 방법을 선택한다.

(2) 요양지도의무

환자는 의사로부터의 진료가 종결된 이후에 자신의 질병을 스스로 돌보아야 한다. 그러나 환자는 의학적 지식이 없기 때문에, 의사는 환자의 요양에 필요한 정보를 환자에게 제공해야 하는 신의칙상의 의무를 부담한다.

환자에 대한 요양지도는 필요한 조치가 무엇인지를 환자가 스스로 판단, 대처할 수 있도록 환자의 교육정도, 연령, 심신상태 등의 사정에 맞추어 시행되어야 한다. 환자에게 제공되는 구체적인 요양지도의 내용은 구체적인 환자를 기준으로 하되 수술직후 금연이나 금주와 같이 누구나 쉽게 알 수 있는 공지의 생활위험에 대해서까지 별도의 지도를 행할 의무는 없다.

환자는 진료목적의 달성을 위해서 의사의 요양지도에 협력해야 한다. 요양지도의 내용은 의료기관 내에서의 생활만을 대상으로 하는 것이 아니며, 오히려 퇴원 이후의 일상생활에 대한 요양지도가 환자에게 더욱 중요하다. 특히 생활환경이 질병 재발의 원인으로 작용하는 경우, 의사는 질병의 재발방지를 위하여 환자에게 그러한 사실을 알려줌으로써 환자가 생활환경을 개선하도록 해야 한다.

(3) 전원권고의무와 이송상 주의의무

의료기관은 환자에게 필요한 진료를 제공할 수 없다면,[48] 환자에게 다른 의료기관에서 진료를 받도록 전원을 권고할 의무를 부담한다.[49] 의사가 환자에게 상급 의료기관으로의 전원을 권고해야 함에도 그대로 환자를 돌보거나 부적절한 의료기관으로 전원을 권고하는 경우, 전원권고의무의 위반이 인정될 수 있다.[50]

---

48) 환자에게 필요한 진료를 제공받을 수 없는 경우란 의료기관의 시설 등의 부족으로 의료기관 내에서 환자를 치료할 수 없거나, 당해 의사의 전문분야 이외의 진료를 시행해야 하는 경우를 말한다(植木哲, 医療の法律学, 有斐閣, 2007, 85−86頁).

49) 의료기관이 전원권고 의무를 부담하는 경우는 ① 환자의 질환이 의료기관의 전문 진료과목에 속하지 아니하여 환자를 진료할 수 있는 인력이 없거나, ② 환자의 질환에 대하여 그것을 진료할 수 있는 물적 설비를 갖추지 못하거나 불충분한 경우이다(松山恒昭 著, 根本久 編, “転送義務(2)”, 裁判實務大系17: 医療過誤訴訟法, 青林書院, 1990, 225頁). 본래 의료는 최초로 어느 의료기관에서 진료를 받든지 간에, 최종적으로는 적절한 진료를 받도록 하는 경로로 통해 있어야 한다(野田寬, “判批”, 法律時報52(6), 1980, 140頁).

다만 응급상황에서 전원권고의무의 이행과 진료거부금지의무의 위반이 상충될 수 있다. 만일 응급상황에서 의사가 환자에게 응급조치도 취하지 아니한 채로 환자에게 전원을 권유하여 환자가 다른 의료기관에 이송되는 도중에 위독한 상태에 빠졌다면, 의사는 진료거부금지의무를 위반한 것이다.

의사가 환자에게 전원을 권유하여 환자를 이송하는 경우, 의사는 환자 상태의 안정여부, 응급수술이나 처치에 대한 필요성과 긴급성, 이송하려는 의료기관의 제반사정, 이송거리와 이용 가능한 이송 수단, 환자의 요청 등을 고려하여 이송계획을 수립해야 한다. 이송하려는 의료기관의 제반사정이란 이송할 의료기관의 규모와 의료인력, 시설과 장비의 운영상황, 응급처치와 응급수술의 가능여부 등을 포함하며, 의사는 이러한 제반사정을 사전에 파악하여서 환자가 다른 의료기관으로 이송된 직후에 바로 필요한 치료를 받을 수 있도록 조치할 의무를 부담한다.

(4) 진료계속의무

의료기관과 환자가 합의했던 진료가 종결되면, 의료기관과 환자 사이의 계약관계는 종결된다. 그러나 의료계약이 종결된 이후라도 진료목적을 달성하기 위해서 환자가 동일한 의료진에 의한 지속적인 진료를 필요로 하는 경우도 있다. 특히 의료진이 환자에게 수술을 했던

---

50) 전원권고의무의 법적 성질에 대해선 논란이 있다. 전원권고의무가 조언의무와 마찬가지로 환자의 자기결정권을 배려해야 하는 부수적 의무라고 보는 견해(滝井繁男·蒔井勲, "医療水準論の現象とその批判", 判タ 629, 12頁), 의사의 진료계약에서 선관주의의무로부터 발생되므로 진료 당시의 의료수준에 적합한 조치를 취하도록 노력해야 하는 급부의무라고 보는 견해(中野貞一郎, 過失の推認, 弘文堂, 1987, 89頁), 의사의 진료에서 부담해야 하는 의무 중에 특이한 의무로서 본질적으로 독립적인 채무가 아니라 타인과의 관계에 기초하여 의료전달체계에서 부여하는 의무라고 보는 견해(平沼高明 著, 浅井登美彦·園尾隆司 編, "転医させる義務", 現代裁判法大系 7: 医療過誤, 新日本法規出版, 1998, 146頁)가 있다.

경우라면 더욱 그러하다. 수술의 부작용은 오랜 시간에 걸쳐서 진행되는 경우가 있다. 의료진은 수술이라는 선행행위를 행하면서 환자에게 부작용 발생의 위험을 야기했다. 환자가 추후라도 당해 의료진의 진료를 원한다면 신의칙상의 관점에서 의료진은 환자에게 지속적인 진료를 제공해야 한다.[51)]

의학적인 측면에서도 환자를 진료했던 의사는 누구보다 당해 환자에 대한 경험과 정보를 갖고 있어서 환자 상태와 부작용 발생 여부를 쉽게 확인할 수 있다. 의사가 수술한 환자에게 더 이상의 진료제공을 거절한 경우, 이를 이행거절이나 지체로 볼 수도 있다. 그러나 이미 수술계약에서 목적한 수술이 이행되었다는 점에서 진료계속의무는 주된 진료의무보다는 부수적 진료의무라고 이해하는 것이 타당하다.

Ⅳ. 의료기관의 급부의무위반으로 인한 불완전이행

1. 조직과실에 대비되는 의료기관의 급부의무위반

의료계약은 주로 위임적인 성질을 지니고, 진료채무의 불이행은 주로 불완전이행의 형태로 나타난다. 진료 위임에서의 채무는 특정 결과를 보증하는 것이 아니라 진료과정에서 선관주의 의무를 이행하는 것이다. 진료 위임에 있어서 의사는 진료수단과 방법만이 아니라 그것

51) 의료법상 진료거부금지의 문제를 생각하지 않더라도 의료기관은 신의칙상 자신이 돌보던 환자에 대해서 진료의 제공을 계속할 의무를 부담할 수 있다. "일상의 세계에서 무관한 사람들 사이에 허용되는 많은 행동들도 신뢰로 연결된 사람들에게는 허용되지 않는다(Many forms of conduct permissible in a workaday world for those acting at arm's length, are forbidden to those bound by fiduciary ties)"는 카도조 판사의 설시가 있다(Meinhard v. Salmon, 164 N.E. 545, 546(N.Y. 1928)). 의료기관이 치료하던 환자의 생명과 신체에 영향을 미칠 가능성이 전혀 관계가 없는 사람들 사이에서 인정되는 것보다 더 크다는 의미이며, 의료기관과 환자 사이에 특별결합관계(Sonderverbindung)가 있다고 볼 수 있다(곽윤직 編, 민법주해(Ⅸ), 218면(양창수 執筆)).

을 적용할 시기를 선택할 재량을 가진다. 환자가 특정 의료행위와 그 이행시기를 정하지 않는 한, 이행지체가 발생되기는 어렵다. 환자가 사망하거나 질병이 저절로 완치되지 않는 한, 이행불능이 발생하기 어렵다. 그러므로 진료채무 불이행의 주된 유형은 불완전이행이다.

의료계약에서 불완전이행에 대한 책임은 소송실무에서 주로 불법행위 책임으로 구성된다. 채무불이행 책임이나 불법행위 책임 모두 의무위반을 전제로 한다.[52] 채무불이행 책임에서 이행의 불완전성과 불법행위책임에서 과실은 실질적으로 다르지 않다.[53] 의료과오소송의 실무에서 의사 책임을 불법행위 책임으로 구성함이 더 편리할 수 있다. 구급대원에 의해 이송된 의식불명의 환자에 대한 진료에서와 같이, 계약관계가 존재하지 않더라도 불법행위책임은 성립한다. 불법행위책임의 성립은 계약관계의 존부에 좌우되지 않으며, 위반된 의무가 주된 급부의무나 부수적 급부의무인지, 보호의무인지를 구분하지 않는다. 일련의 진료과정에서 발생되는 의사의 의무위반 전체가 객관적 과실로 묶여서 불법행위법상 책임이 구성된다.[54] 그러나 의료기관－환자 관계는 의료계약을 기반으로 한다. 의료기관이 환자에게 부담하는 의무는 공동체 구성원 일반에게 부담해야 하는 일반적 의무와는 다른 성질을 지닌다. 따라서 의료기관의 책임을 채무불이행 책임으로 구성하는 편이 타당하다.

불법행위법에 있어서 의료기관의 과실은 조직과실(Organisations－

52) 양창수, 계약법, 2010, 348면; 김증한, 채권총론, 박영사, 1998, 91면.

53) 민법상 의료과오책임을 불법행위책임과 채무불이행책임으로 구성해도 손해예방의 행위의무의 위반이 있는지에 따라 결정되므로 책임의 성립여부, 증명책임의 분배 등 실질적인 차이가 없다(中野貞一郎 著, 有泉亨 編, "診療債務の不完全履行と證明責任", 現代損害賠償法講座 4: 医療事故·製造物責任, 日本評論社, 1974, 71頁; 稻垣喬, 医事訴訟と医師の責任, 有斐閣, 1981, 25頁; 吉田邦彦, 契約法·醫事法の關係的展開, 有斐閣, 2003, 28頁).

54) 송오식(註 6), 868면; 吉田邦彦(註 53), 42頁.

verschulden)로 표현된다. 조직과실은 객관적인 조직형성의무(Organi-sationspflicht)의 위반을 의미한다. 조직형성의무는 과거엔 통상적인 거래안전의무나 부수적 의무에 불과하다고 생각했지만, 최근에 진료의 표준화와 의료기관의 시설이나 인력에 대한 표준화가 진행되면서 조직형성의무가 바로 의료계약의 주된 급부의무로 인식되고 있다.[55] 조직과실에 대응될 수 있는 조직흠결(Organisationsmangel)은 의료기관의 주된 급부의무 위반에 대한 객관적 표지라고 볼 수 있다.[56]

2. 급부의무위반으로 인한 불완전이행

진료채무의 불완전이행이란 채무자인 의료기관이 환자에게 진료채무를 이행하였으나, 그것이 채무의 본지에 좇은 이행이 되지 못하는 경우를 말한다. 단순히 진료의 악결과가 불완전이행을 의미하지 않는다. 불완전이행이란 진료의 제공이라는 급부가 이행되었지만, 의료기관의 급부의무위반으로 환자가 계약의 목직을 이루지 못한 경우이다. 물론 질병 완치가 당사자 간의 합의에 의하여 계약의 목적으로 될 수 있다.

55) 박주현(註 11), 139면; T. Brandes, Die Haftung für Organisations-pflichtverletzung, *MedR 1996*, S. 5; E. Deutsch, Das Organisationsverschulden des Krankenhausträger, *NJW 2000*, S. 1745; D. Hart, Vertrauen, Kooperation, und Organisation, in: D. Berg und K. Ulsenheimer(eds.), *Patientensicherheit, Arzthaftung, Praxis, und Krankenhausorganisation*, Springer, 2006, S. 849.

56) 불법행위법에서도 조직과실이 조직형성의 흠결 자체인지, 아니면 흠결에 대한 의료기관 개설자의 주의의무 위반인지 견해가 대립한다(G. Brüggermeier, *Haftungsrecht: Struktur, Prinzipien, Schutzbereich Ein Beitrag zur Euro-päisierung des Privatrechts*, Springer, 2006, S. 127). 의료조직의 형성적 결함은 환자에게 새로운 위험을 창출할 수 있으며, 그로부터 발생한 환자의 손해는 어떠한 방식이든 전보되어야 한다. 따라서 의료조직 과실의 판단기준이 형성의 결함상태로 객관화되어 운영된다면, 객관적인 결함의 존재 자체만으로 과실책임이 긍정될 수 있다는 점에서 무과실책임으로 운영되기 쉽다(양창수, "한국에서의 불법행위법의 전개: 그 경향과 가능성", 세계화 지향의 사법: 그 배경과 한국·프랑스의 적응, 세창출판사, 2006, 276-295면). 적어도 조직형성의 중대한 흠결은 그 조직과실의 객관화된 징표로 볼 수 있다(박주현(註 11), 151면).

그러나 진료는 사행성 내지 불확실성을 가진다. 따라서 모든 유형의 의료계약에서 진료채무는 결과채무가 아닌 수단채무로 이해된다.[57] 다만 일부 유형의 계약에 있어서 부분적으로 도급적인 요소가 존재한다.

의료계약에서 급부의무 위반은 불완전이행의 요건이다. 급부의무의 내용은 진료의 성질에 따라서 달라질 수 있다. 진료의 성질에 따른 불완전이행의 모습을 살펴보자.

(1) 위임형 진료에서의 불완전이행

위임형 진료에서 채무자는 진료과정에서 선관주의의무를 부담한다. 만일 채무자가 진료과정 중에 주의의무를 다하지 않아서 환자가 건강과 신체에 손해를 입었다면 채무자는 채무불이행 책임을 부담한다. 즉 채무자인 의료기관은 진료과정에서 행할 의무를 이행해야 하는 것이다.

선관주의의무는 결과발생을 예견하고 회피할 객관적인 행태의무이다. 진료급부는 의료기관의 이행보조자인 의사에 의해서 이행된다. 채무자의 선관주의의무 위반은 의사의 진료행태에 의해서 결정되고, 의사의 행태는 근무환경, 작업조건, 업무량과 같은 의료기관의 운영상황에 의해서 영향을 받는다. 의료기관의 운영상황에 흠결이 있다면 의사의 선관주의의무 이행을 기대할 수 없다. 그러한 상황이 급부에 중대한 영향을 미친다면 그 자체가 채무불이행책임의 귀속근거로 인정될 수도 있다.

1) 의료자원의 흠결

의료기관은 자격이 없는 의료인을 진료에 선임하거나, 승인받지 못한 의료기기를 환자의 진료에 이용하는 경우에 채무불이행 책임을 부

57) "의사가 부담하는 채무는 구체적인 이행과정에서의 이행결과의 불확실성에 따라서 결정해야 하므로, 의료계약의 내용이 질병에 내재하는 불확실성에 의존한다면 수단채무로 보아야 한다."(Penneau, *La responsabilité médicale*, Sirey, 1977, n° 28).

담할 수 있다. 의료인의 잘못된 선임은 일반적으로 의료기관의 사용자책임으로 구성되며, 의료법상의 무면허의료행위의 문제도 발생시킨다.

예를 들면 임신 40주 산모가 분만진통을 호소하여 피고 병원을 방문하였다. 피고 병원의 의사는 조산사에게 산모를 돌보게 하였고, 조산사는 다시 간호조무사에게 환자의 분만을 위한 처치를 지시하였다. 간호조무사는 원고를 내진한 결과 자궁경부가 거의 열려있으며 양수가 파수됨을 확인하고 조산사에게 연락을 취해 조산사가 태아의 분만을 받았다. 그러나 태아의 상태는 매우 불량하여 다른 병원으로 이송되었으나 한 달 만에 사망하였다. 법원은 간호조무사가 조산사의 지시를 받아 독자적으로 수액을 투여하거나 내진 및 의료행위를 행한 것은 무면허 행위이고, 의사가 직접 하거나 의사의 감독하에 간호사 내지 간호조무사가 시행했어야 함에도 불구하고, 조산사의 지시에 따라 간호조무사가 무면허 의료행위를 한 것이라고 판시하면서 의료기관의 손해배상책임을 인정하였다.[58]

이같이 의료기관이 흠결된 자격의 의료인에게 의료행위의 실행을 지시한 경우에 의료기관은 사용자책임을 부담한다. 이와 동시에 환자측은 의료자원의 흠결 자체를 근거로 의료기관에 대하여 불완전이행의 책임을 물을 수 있다.

2) 진료과정과 진료체계상의 흠결

환자는 진료과정이나 의료기관의 운영체계상의 흠결을 찾아내기는 힘들다. 의료기관의 운영지침, 임상진료지침, 관리지침 등이 대외비로 지정된 경우도 많다.[59] 진료제공의 환경과 상황을 통해서 역으로 과정

58) 서울(동부)지법 2004. 12. 9. 선고 2003가합910 판결(미공간 판결).

59) 의료기관의 주의의무위반을 판단하는 기준으로 임상진료지침이 참조될 수도 있다. 왜냐하면 임상진료지침은 과학적인 근거에 의해서 제정되었으며, 의료인이 지켜야 할 의학준칙 내지 실천적인 의료수준을 반영하기 때문이다(A. Martin(註 35), p. 188).

이나 체계상의 흠결을 찾아내기도 한다.

가령 교통사고로 다발성 골절을 입은 환자가 응급실로 후송되었다. 병원 당직의사는 다리 골절만 의심하여 정형외과 전문의에게 특별한 인계절차 없이 정형외과 일반병동으로 입원조치하였다. 당일 오후 소변검사에서 혈뇨가 관찰되어 요로계 손상을 의심하였고, 복부 전산화단층촬영을 시행한 결과 우측 신장의 대량혈종이 발견되어 환자는 일반외과로 전과되었다. 익일 새벽에 의료진은 우측 신장절제술 및 혈전제거술을 시행하였으나, 환자는 혈압이 더 떨어지고 호흡곤란이 발생하여 결국 사망하였다. 당시 당직의사는 전공의 1년차로 전일 오후 1시부터 당일 오전 9시까지 20시간 동안 간호사 2명과 함께 응급실 당직 근무를 하면서 혼자서 50명가량의 응급실 환자와 병실환자까지 진료하고 있어서 환자상태의 감시를 지속할 수 없는 상황이었다. 법원은 당직의사의 주의의무 위반을 이유로 의료기관의 손해배상책임을 인정하였다.[60] 추상적 과실기준으로서 통상적인 의사라도 당직의사가 처한 당해 응급실 환경에서 주의의무를 다할 수는 없을 것이다. 이는 당직의사의 귀책사유로 볼 것이 아니라, 의료기관의 급부의무위반으로 보아야 한다. 당해 의료기관은 당직의사가 하루에 20시간 이상 근무하도록 방치하였으며, 당직의사에게 병동의 업무와 응급실의 업무를 맡기어 최소 50인 이상의 환자를 돌보게 하였다. 이러한 사실은 의료기관에 진료과정 및 체계상의 흠결이 있음을 보여준다. 위임형 진료에서 이러한 흠결 자체가 불완전이행의 징표로 인정될 수 있다.

(2) 도급형 진료에서의 불완전이행

미용의료, 인공기관수술, 검진을 제공하는 계약은 부분적으로 도급의 성질을 지닌다. 그러나 그러한 계약에 있어서도 채무이행의 결과에

60) 대전지법 2003. 10. 24. 선고 2003가합748 판결(항소심: 대전고법 2005. 3. 1. 2003나9126 화해결정, 미공간판결).

불확실성 내지 사행성이 존재하며, 우리나라의 학설과 판례는 대부분의 의료계약에서 진료채무가 위임적인 특성을 지닌다고 본다. 따라서 의료기관은 환자가 원하는 치료결과를 달성하지 못하였다는 이유만으로 책임을 부담하지 않는다.

그렇다면 어떠한 경우에 도급형 진료의 문제로 보아야 하는가? 최근 미용의료나 건강검진, 건강증진의 분야에서 의료기술들이 발전하고 의료기관들은 영리성 의료제공을 도모한다. 향후 도급형 진료가 늘 것을 대비하여, 도급형 진료에서의 채무불이행 책임에 대한 검토가 필요할 것이다.

1) 보증된 치료목적의 미달성

일반적으로 의사가 환자에게 치료결과를 보증하는 일은 거의 없다. 환자가 원하는 결과를 달성하지 못했다고 해서 의료기관에게 채무불이행 책임을 물을 수는 없다.

> "의사가 환자에게 부담하는 진료채무는 질병의 치료와 같은 결과를 반드시 달성해야 할 결과채무가 아니라 환자의 치유를 위하여 선량한 관리자의 주의의무를 가지고 현재의 의학수준에 비추어 필요하고 적절한 진료조치를 다해야 할 채무, 즉 수단채무라고 보아야 할 것이므로, 위와 같은 주의의무를 다하였는데도 그 진료 결과 질병이 치료되지 아니하였다 하더라도 그 치료비는 청구할 수 있다 할 것이다."[61]

심지어 성형수술이나 치과보철치료의 경우에도 의사가 치료결과를 보증하지는 않는다. 가령 미인대회의 출전을 위해서 환자가 성형외과 의원을 찾아가 성형수술을 하였다. 의사는 환자의 이마와 턱에 실리콘

61) 대법원 2001. 11. 9. 선고 2001다52568 판결(공2002, 17).

보형물을 삽입하였고, 얼마 후 턱에 삽입한 실리콘이 움직이면서 결국 입안 내로 돌출하였다. 이 사건에서 법원은 의사에게 부작용 발생의 가능성에 대한 설명의무위반을 이유로 피고 측에게 정신상 손해의 배상만을 명하였다.[62] 이론상으로는 채무자가 치료결과를 보증하였으나 치료결과가 발생되지 않을 경우에 채무자는 불완전이행에 대한 책임을 부담하는 해야 하지만, 현실에서 채무자는 치료결과를 보증하지 않는다. 따라서 채권자는 치료과정에서 채무자의 선관주의의무 위반을 입증하지 못하는 한, 채권자는 설명의무라는 부수적 급부의무 위반을 이유로 위자료만을 청구할 수밖에 없다. 이는 도급적인 요소가 있다고 말하는 성형수술이나 보철수술 등에서도 마찬가지이다.[63]

의료기관이 치료결과를 보장하는 과장된 광고를 하는 경우도 있다. 일반적으로 광고는 청약의 유인에 해당되므로, 광고의 내용이 그대로 계약의 내용에 포함되지는 않는다. 환자가 자기의 건강 및 생명에 관한 일을 결정하는 데 허위 또는 과장 광고에 의존할 우려가 높기 때문에 잘못된 광고의 해악은 크다.[64] 만일 병원이 광고를 통해 완치를

62) 대법원 2002. 10. 25. 선고 2002다48443 판결(공2002, 2867).

63) "성형수술을 한다 하더라도 외관상 다소 간의 호전이 기대될 뿐이며 수술 후의 상태가 환자의 주관적인 기대치와 다른 경우가 있을 수 있으므로, 의사는 환자에게 치료의 방법과 필요성, 치료 후의 개선 상태 및 부작용 등에 관하여 구체적인 설명을 하여 환자가 그 의료행위를 받을 것인가의 여부를 선택할 수 있도록 하여야 할 의무가 있다."(대법원 2002. 10. 25. 선고 2002다48443 판결(공2002, 2867).

64) "의료광고가 객관적인 사실에 기인한 것으로서 의료소비자에게 해당 의료인의 의료기술이나 진료방법을 과장 없이 알려주는 것이라면, 이는 소비자의 합리적 선택에 도움을 주고, 의료인들 사이에 공정한 경쟁을 촉진시켜 공익을 증진시킬 수 있으므로 허용되어야 할 것이지만, 의료행위가 사람의 생명·신체에 직접적이고 중대한 영향을 미치는 것임에 비추어 객관적 사실이 아니거나 근거가 없는, 또는 현대의학상 안전성 및 유효성이 과학적으로 검증되지 않은 내용을 기재하여 의료서비스 소비자에게 막연하거나 헛된 의학적 기대를 갖게 하는 광고는 허위 또는 과대광고로서 금지되어야 한다."(대법원 2010. 5. 27. 선고 2006도9083 판결(공2010, 1300).

보장하거나 거의 실패율이 거의 없는 방법이라고 홍보하는 경우, 환자가 이를 신뢰하여 그것을 기초로 병원과 의료계약을 체결하였다면 병원과 환자 간에 완치의 보증에 대한 묵시적 합의가 있다고 볼 수도 있다.[65]

2) 약속된 진료수단과 방법의 미제공

의사가 환자에 약속한 진료수단 및 방법을 사용하지 않고, 다른 방법을 제공한 경우에, 의사는 환자에게 설명 및 동의를 구할 의무를 이행하지 않음으로써 환자의 신체에 대한 자기결정권을 침해한 것이다. 통상적으로 설명 및 동의의무 위반의 사례는 정신상 침해로 인한 손해배상책임으로 구성된다. 다만 불법행위책임으로 구성되는 경우에도 환자의 자기결정권의 상실과 신체상 손해 사이에 인과관계가 입증되는 경우, 위자료만이 아닌 전 손해의 배상이 인정될 수 있다.[66]

진료의 상황이 가변적이고 사행적이어서 당초에 당사자들이 합의한 진료수단이나 방법을 적용하지 못할 상황이 발생할 수도 있다. 의료기관이나 환자 사이의 사정변경이 발생하고 그러한 사정이 불가항력적이어서 채무자가 통제할 수 없는 경우, 채무자의 임의적인 진료수단이

65) 광고의 내용을 계약의 내용으로 인정한 판결로 대법원 2007. 6. 1. 선고 2005다5843 판결(미공간 판결)을 참조: "상가나 아파트의 분양광고의 내용은 청약의 유인으로서의 성질을 갖는 데 불과한 것이 일반적이라 할 수 있다 … [중략] … 비록 분양광고의 내용, 모델하우스의 조건 또는 그 무렵 분양회사가 수분양자에게 행한 설명 등이 비록 청약의 유인에 불과하다 할지라도 그러한 광고 내용이나 조건 또는 설명 중 구체적 거래조건, 즉 아파트의 외형 · 재질 등에 관한 것으로서 사회통념에 비추어 수분양자가 분양자에게 계약 내용으로서 이행을 청구할 수 있다고 보여지는 사항에 관한 한 수분양자들은 이를 신뢰하고 분양계약을 체결하는 것이고 분양자들도 이를 알고 있었다고 보아야 할 것이므로, 분양계약시에 달리 이의를 유보하였다는 등의 특단의 사정이 없는 한, 분양자와 수분양자 사이에 이를 분양계약의 내용으로 하기로 하는 묵시적 합의가 있었다고 봄이 상당하다."

66) 대법원 1994. 4. 15. 선고 93다60953(集42-1, 294; 공1994, 1440); 최재천 · 박영호(註 3), 681면.

나 방법의 변경이 정당화될 수도 있다.[67] 진료수단과 방법을 바꾸게 만든 사정변경이 의료기관의 통제가 가능하였거나 의료기관의 조직형성의무 위반으로부터 발생하였다면, 환자는 의료기관에 대하여 불완전이행으로 인한 채무불이행 책임을 물을 수 있을 것이다.

약속한 진료수단과 방법이 사용되지 않았다면 완전한 채무의 이행이 이루어지지 않았다는 점에서 이행지체의 문제가 제기될 수 있다.[68] 다른 진료수단과 방법으로 이미 치료목적을 달성하였거나, 환자의 상태 악화로 본래 약속했던 진료수단과 방법을 다시 적용할 수 없다면 이행지체나 추완청구의 문제가 발생하지 않는다.[69]

가령 환자가 의료기관에 찾아가서 자궁암검사를 해 달라고 하였다. 환자는 자궁암검사로 아무런 부작용과 통증이 없는 세포진 검사만을 원한다고 했는데, 환자를 진료한 산부인과 전문의는 원고의 동의도 없이 질확대경검사와 조직검사를 임의로 시행하였다. 질확대경 검사와

67) 일본의 사건에서 환자는 종교상 이유로 수혈을 받지 아니한다는 특약하에 의사에게 수술을 승낙했지만, 수술도중 출혈이 심해져서 의사는 수혈하지 않고는 환자의 생명을 구할 수 없는 상황에 직면하였다. 이 상황에서 의사는 환자와의 특약을 어겼으며, 환자는 의사에게 불법행위에 기한 손해배상책임을 구하였다. 법원은 당사자 간의 특약이 타인을 해하지 않고, 공서양속에 반하지 않는 한 무효라고 할 필요는 없지만, 수혈이 환자의 구명에 반드시 필요한 경우에도 수혈을 하지 않는 절대적 수혈금지와 가급적 수혈을 하지 않지만 구명에 필요한 경우에 수혈을 할 수도 있는 상대적 수혈금지로 분류하면서 환자와 의사간의 수혈금지 특약이 상대적 수혈금지로 해석된다고 판시하면서 청구를 기각하였다(東京高判 1998(平成10)年2月9日(判時1629, 34)).

68) 양창수(註 52), 369면; 곽윤직, 채권총론, 2001, 100면. 다만, 대법원 1980. 8. 26. 선고 80다1171 판결(민판집272, 390)에서 일단 채권자가 매매목적물의 완성 여부를 검수하지 않은 채 수령하였는데, 법원은 제작매매계약에서 채권자가 아무런 이의를 제기하지 않고 물건을 수령하였다면 약정된 지체보상금을 청구할 수 없다고 하였다. 이 사례를 근거로 법원이 불완전이행의 경우에 이행지체의 법리를 배제한다고 해석하는 견해도 있다(김대정, 채권총론, fides, 2006, 555면; 오시영, 채권총칙, 학현사, 2009, 190면).

69) 양창수(註 52), 372면; 김상용, 채권총론, 화산미디어, 2009, 135면.

조직검사과정에서 의사는 환자의 자궁을 벌려서 환자에게 통증을 유발하였으며, 수일간의 다량의 질출혈이라는 부작용을 일으켰다. 이 사건에서 원고는 설명의무위반으로 인한 위자료를 청구하였다.

이 사건에서 의사는 합의된 세포진 검사를 이행한 것이 아니라 그보다 더 침습적인 질확대경검사와 조직검사를 시행한 것이다. 의학준칙으로만 보면, 조직검사가 세포진 검사에 비해서 검사의 정확도가 높고, 자궁경부암이 의심되는 경우에 세포진 검사만으로는 정확히 진단할 수 없기 때문에 조직검사를 시행하는 것이 옳을 수도 있다. 자궁암의 확인이라는 계약의 목적은 달성되었지만 의사가 합의되지 아니한 진료방법을 시행하였다. 따라서 의사가 이행한 급부는 불완전이행으로 평가될 수도 있다. 법원은 의사에게 "검사가 특히 신체의 손상을 가져올 우려가 있는 경우에는 불필요한 검사를 실시하지 아니할 주의의무가 있다."고 판시하면서, 합의되지 아니한 방법의 시행일지라도 진료방법의 비침습성과 필요성을 판난하여 두 가지 판단요건이 충족되면 손해배상책임을 부담하지 않는다고 판시하였다.[70] 법원은 기본적으로 침습적이지 않고 환자에게 필요한 진료수단과 방법에 대하여 의사의 폭넓은 재량을 인정하는 것으로 이해된다.

(3) 부수적 진료의무위반으로 인한 불완전이행

의사 또는 의료기관이 부수적 급부의무를 위반하여 환자가 치료목적을 달성할 수 없게 된 경우, 환자는 의료기관에 대해서 채무불이행책임을 물을 수 있다. 의료계약에서 가장 흔한 부수적 진료의무위반의 유형은 설명의무 내지 조언의무 위반과 요양지도의무 위반이다. 의사의 조언이나 요양지도, 그리고 전원권고는 환자에게 바람직한 행동방향을 제시할 뿐이고, 그것의 수용은 전적으로 환자의 의지에 좌우된다. 그러한 부수의무에 대응하는 환자의 협력의무의 위반이 있다면 과실상

70) 대법원 1998. 3. 27. 선고 97다56761 판결(공1998, 1200).

계가 참작될 수 있다. 일반적으로 소송실무에서 조언의무나 요양지도 의무의 위반은 다른 유형의 주된 급부의무위반들과 함께 열거되어 불법행위책임의 요건으로 구성된다.

반면에 이송상 주의의무나 진료계속의무는 환자의 퇴원과 함께 계약관계가 종료되었음에도 불구하고 환자의 생명과 신체상 위해를 방지하기 의료기관이 부담해야 할 의무로서 신의칙상 부수적 의무 내지 이른바 보호의무로 볼 수 있다. 본래 의료계약상 주된 급부의무도 환자의 생명과 신체상의 위해를 방지하는 것이어서 그 보호법익은 이송상 주의의무나 진료계속의무의 보호법익과 동일하지만, 이송상 주의의무나 진료계속의무는 時的으로 계약이 종결된 이후에 앞선 계약관계에서 파생된 특별결합관계로부터 도출되는 의무로 볼 수 있다. 이러한 의무위반에 대한 책임은 통상적으로 계약상 책임보다는 불법행위책임으로 구성된다.[71]

Ⅴ. 결 론

전통적인 의료에서 의사의 재량은 의료기관조차도 간섭하거나 제한할 수 없는 권한이었다. 오늘날 팀의료의 활성화와 의사들의 첨단장비에 대한 의존도가 커졌다. 또한, 의사에 대한 의료기관의 통제가 심화되었다. 의료기관은 임상진료지침, 각종 환자들에 대한 관리지침을 만들면서 간접적으로 의료인의 재량을 통제한다. 구체적인 환자진료에 있어서도 의사는 의료기관의 관리 시스템에 의해 통제를 받는다. 조직체로서 의료기관은 진료 주체로서 전면에 나섰다. 따라서 오늘날 의료계약관계를 설명하기 위해서는 기존의 의사－환자 관계의 개념만으로

71) 양창수(註 52), 384면; 곽윤직 編, 민법주해(Ⅸ), 219면(양창수 執筆); 김상용(註 69), 133면; 오시영(註 68), 193면.

는 부족하고 새롭게 의료기관-환자 관계를 설정해야 한다.

본 연구는 진료제공의 주체로서 의료기관의 급부의무와 그 의무위반, 그리고 채무불이행책임의 요건이 어떻게 연결될 수 있는지 살펴보았다. 의료기관의 급부의무는 의료계약의 성질에 따라서 다르게 구성될 수 있다.

의료계약은 제3지급자인 건강보험공단의 개입여부에 따라서 보험진료계약과 비보험진료계약으로 구분된다. 보험진료계약의 내용은 의료기관과 보험자간의 공법상 요양급여계약과 공법상 규제에 의해서 영향을 받는다. 따라서 보험진료에서 의사의 재량은 축소된다. 반대로 비보험진료계약은 환자와 의사의 합의에 따라서 비교적 내용이 자유롭게 결정되기 때문에, 진료방법의 선택에 있어서 의사의 재량이 크다. 의사의 재량 행사를 통제하기 위해서 환자의 자기결정권 존중이 강화되어야 한다.

의료계약은 주로 위임적인 특성이 있지만, 극히 부분적으로 도급적인 요소도 지닌다. 일부 도급적인 요소를 지니는 검진계약이나 미용의료계약, 인공기관수술계약도 기본적으로는 위임적인 특성 지닌다. 따라서 모든 의료계약은 기본적으로 위임적인 성질을 지닌다. 위임형 진료에 있어서 의료기관-환자 관계는 신뢰를 바탕으로 한다.

의료기관에 대한 환자의 신뢰의 대상은 의료기관의 자원과 과정, 시스템이다. 의료기관은 환자의 신뢰에 부합하기 위해 적정수준의 의료자원을 확보해야 하고, 쾌적한 진료환경과 원활한 진료체계를 구축해야 하며, 의사가 의학준칙에 부합하여 진료수단과 방법을 선택할 수 있도록 의사의 재량을 존중해야 한다. 일부 도급적 요소가 있는 계약에서 채무의 내용은 의료기관이 보증한 진료목적의 달성과 환자가 지정한 진료수단과 방법의 제공이다. 도급형 진료에서 진료과정상 선관주의의무의 이행보다는 일의 완성이 중요하다. 의료기관은 주된 급부의무이외에 지도의무, 요양지도의무, 전원권고의무, 이송상 주의의무, 진료계속의무를 부담한다. 이러한 부수의무위반은 일반적으로 불완전이행 책임보다는 불법행위 책임으로 구성된다.

의사의 행태의무에 대응하는 의료기관의 급부의무 위반은 계약상 요구되는 조직형성의 흠결이라는 객관적인 불완전이행의 표지를 근거로 인정될 수 있다. 이는 불법행위법상의 조직과실과 상응한다. 특히 위임형 진료에서 인력과 물적 자원의 흠결, 진료과정과 시스템상의 흠결은 불완전이행을 보여주는 징표이다. 반대로 도급형 진료에서는 의료기관의 조직형성 상태보다는 보증된 치료목적의 달성여부, 약속된 진료수단과 방법의 제공여부가 채무불이행책임의 성립여부를 결정하는 데 중요하다.

조직형성과 관련한 의료기관의 급부의무는 진료제공에 있어서 이른바 '라포'(rapport)라고 부르는 의사－환자 인간적인 관계의 중요성을 부정하는 것은 아니다. 그것은 의사와 환자간의 인간적 신뢰관계를 더욱 강화하기 위해서 계약상 또는 신의칙상 의료기관에게 부과되어야 하는 의무이고, 의료기관이 그러한 의무를 다하지 못하면 의사가 진료과정에서 선관주의의무를 다하지 못할 수도 있다. 그러한 점에서 의료기관의 조직형성의 흠결은 의료기관의 계약상 책임에 대한 객관적인 귀속근거로 인정될 수 있다.

채무불이행으로 인한 손해배상의 기준과 범위에 관한 개정방안

金　載　亨*

I. 서　론

채무불이행과 불법행위에 대한 대표적인 구제수단은 손해배상이다. 채무불이행이나 불법행위가 발생한 경우에 당사자들의 관심은 대부분 손해배상책임의 성립여부와 그 범위로 귀결된다. 따라서 손해배상에 관한 민법 규정은 우리 사법체계에서 핵심적인 위치를 차지하고 있고, 실무에서도 중요한 의미를 가지고 있다.

채무불이행으로 인한 손해배상은 채권총칙에서 규정하고 있고 불법행위로 인한 손해배상은 채권각칙에서 규정하고 있는데, 양자는 통일적인 모습을 띠고 있다. 먼저 그 요건을 보면 과실책임의 원칙을 채택하고 있다. 즉, 민법 제390조는 "채무자가 채무의 내용에 좇은 이행을 하지 아니한 때에는 채권자는 손해배상을 청구할 수 있다. 그러나 채무자의 고의나 과실 없이 이행할 수 없게 된 때에는 그러하지 아니하다."라고 정하고 있고, 민법 제750조는 "고의 또는 과실로 인한 위법행위로 타인에게 손해를 가한 자는 그 손해를 배상할 책임이 있다."라고 정하고 있다. 이 두 규정은 증명책임 등에서 차이가 있지만 손해배상법의 기본원칙으로 과실책임주의를 선언한 것이다. 다음으로 손해배상의

* 서울대학교 법과대학·법학대학원 교수.

범위에 관하여 민법 제393조 제 1 항은 "채무불이행으로 인한 손해배상은 통상의 손해를 그 한도로 한다."라고 정하고, 제 2 항은 통상의 손해에 속하지 않는 경우에도 "채무자가 알았거나 알 수 있었을 특별한 사정으로 인한 손해"는 예외적으로 배상의 범위에 속한다고 정하고 있다. 이 규정은 불법행위로 인한 손해배상의 경우에 준용(민법 제763조)되고 있고, 상법 등 여러 특별법에 정해진 손해배상의 경우에도 적용 또는 준용되고 있다.

채무불이행으로 인한 손해배상과 그 범위에 관하여 해석론적인 연구는 많지만, 입법론적 관점에서는 충분한 연구가 이루어지지 않았다. 손해배상의 개념, 기준 또는 범위에 관한 민법 규정이 적절한지, 이를 수정할 필요가 없는지 검토할 필요가 있다. 2009년에 법무부 민법개정위원회가 출범하였고, 2011년에 제4분과위원회에서 채무불이행으로 인한 손해배상의 범위에 관하여 검토를 하기로 하였다.[1] 이에 따라서 필자는 채무불이행으로 인한 손해배상의 개념·기준·범위에 관하여 입법론

1) 법무부 민법개정위원회(위원장 서민)는 제2기(2010년) 제2분과위원회에서 채무불이행 등에 관하여 개정안을 작성하기로 하였다. 제3기(2011년)에는 제4분과위원회에서 채무불이행으로 인한 손해배상의 범위에 관하여 검토를 하기로 하였다. 필자는 처음에는 담보제도 분과에 있다가 2011년부터 위 분과위원회에 참여하였는데, 필자가 채무불이행으로 인한 손해배상의 기준과 범위에 관하여 입법론적 차원에서 검토하는 보고서를 작성하였다. 이를 토대로 민법개정위원회 2011년 제4분과위원회에서 토론을 하여 분과위원회안을 작성하기 시작하였으나 마치지 못하여 2012년 제3분과위원회(위 분과위원회의 명칭이 바뀌었는데, 2012년 제4분과위원회의 후속 분과위원회이다. 위 분과위원회의 분과위원장은 처음부터 송덕수 교수이고, 일부 위원이 바뀌었다. 2012년 분과위원회의 구성은 위원장 송덕수, 위원 박동진, 정진명, 강승준, 안태용과 필자로 구성되어 있다. 이하 '분과위원회'라고 약칭한다)에서 분과위원회안을 확정하였다. 그 후 실무위원회(실무위원장 윤진수)와 분과위원장단(위원장 서민)에서 개정안을 검토한 다음 민법개정위원회 전체회의(이하 '전체회의'라 한다)에서 개정안을 확정하였다. 여기에서 개정안으로 논의된 내용은 일부를 제외하고는 민법개정위원회에서 채택되지 않았지만, 장차 이에 관한 논의를 하는 데 참고가 될 것으로 생각되어 그 논의를 소개하고자 한다.

적인 검토를 하게 되었다.

이 글은 채무불이행으로 인한 손해배상의 개념과 범위에 관한 입법론적인 검토사항을 제시하기 위한 것이다. 이를 위하여 우리나라의 학설과 판례뿐만 아니라 독일을 비롯한 여러 입법례와 유럽계약법원칙 등 최근의 국제적 동향을 살펴보고 민법개정작업의 기초자료로 활용할 수 있도록 우리 민법상 손해배상의 기준과 범위에 관한 규정에 관하여 입법론적 차원에서 검토하고자 한다. 다만 필자가 위 분과위원회에 참여하기 이전인 2010년 제2기 분과위원회에서 어느 정도 개정방향[2]을 정한 사항에 관해서는—물론 개정안의 문구가 나중에 대폭 수정된 것도 있기는 하지만— 여기에서 다루고자 한다.

Ⅱ. 배상할 손해의 개념과 종류

1. 개 설

손해배상은 손해를 배상하는 것이다. 이를 "손해 없이 배상 없다"라고 표현한다.[3] 채무불이행의 경우 배상할 손해가 무엇을 가리키는지

2) 제390조(채무불이행과 손해배상) 단서, 제394조(손해배상의 방법), 제395조(이행지체와 전보배상), 제396조(과실상계), 제397조(금전채무불이행에 대한 특칙), 제398조(배상액의 예정)의 개정이 이에 해당한다. 이와 같은 조항들은 그 후 전체회의를 통과되기까지 내용이나 표현이 수정되었다. 이에 관해서는 송덕수, "채무불이행에 관한 민법개정시안", 민사법학 제60호(2012. 9), 151면 이하; 김재형, "채무불이행으로 인한 손해배상에 관한 민법개정안", 2013년 한국민사법학회 추계 국제학술대회 『채무불이행법의 국제적 동향—민법개정과 관련하여—』 발표문 참조.

3) 곽윤직, 채권각론, 제6판, 박영사, 2003, 378면. 영국이나 미국에서는 계약위반이 있는 때에 채권자에게 아무런 손해가 없더라도 명목적 손해배상(nominal damages)을 청구하는 것이 허용되는데, 이는 비교법적으로 예외적인 경우에 해당한다. 또한 영국이나 미국에서 징벌적 손해배상이 인정되지만, 대륙법계에서는 대부분 이를 인정하지 않고 있다. Lando/Beale ed., Principles of European Contract Law, 2000, 436.

문제된다. 특히 여러 입법례에서 배상할 손해의 개념이나 종류를 들고 있는 경우가 있는데, 우리 민법에서도 이에 관한 규정을 둘 것인지 문제된다.

2. 이행이익과 신뢰이익, 그리고 지출비용의 배상

(1) 학설과 판례

채무불이행의 경우에 이행이익의 손해를 배상하여야 하는지, 신뢰이익의 손해를 배상하여야 하는지 문제된다. 이행이익의 손해는 이미 유효하게 성립된 채권의 존재를 전제로 하여 채무자가 채무의 내용에 좇은 이행을 하지 않았기 때문에 채권자가 입은 손해를 말하고,[4] 신뢰이익의 손해는 계약이 유효라고 믿었기 때문에 입은 손해를 말한다. 가령 매매목적물을 이행할 수 없는 경우에 매매목적물의 시가 상당액이나 매수인이 다른 사람하게 전매하여 얻을 수 있는 이익 등은 이행이익에 속한다. 계약비용, 계약의 이행을 준비하기 위하여 지출한 비용, 상대방이 계약을 이행하리라고 믿고 다른 사람의 보다 유리한 매수제의를 거절함으로써 발생한 손실 등은 신뢰이익의 손해에 해당한다.[5]

채무불이행으로 인한 손해배상은 채무가 이행되었더라면 있었을

---

4) 독일 등 대륙법에서 "이행이익(Erfüllungsinteresse)" 또는 "적극적 이익(positives Interesse)"이라는 용어를 사용하나, 영국, 미국 등 보통법에서는 "기대이익(expectation interest)"이라는 용어를 사용한다. Lando/Beale(주 3), 440. 따라서 영미법에서 "기대이익"은 대륙법계에서 말하는 "이행이익"에 상응하는 표현이다. 이는 상대방의 이행으로 인하여 받으리라고 기대하는 이익을 말한다. 영미법에서는 "기대한다(expect)"는 표현을 이용하여 기대이익(expectation interest)이라는 용어를 사용하고, 독일법에서는 이행(Erfüllung)이라는 표현을 이용하여 이행이익(Erfüllungsinteresse)이라는 용어를 사용한다. 우리나라는 독일과 마찬가지로 이행이익이라는 표현을 사용하고 있다. 김재형, "계약의 해제와 손해배상의 범위," 민법론 Ⅱ, 박영사, 2004, 78면. 이 글에서 이행이익과 손해배상에 관한 부분은 위 논문을 요약하고 보완한 것이다.

5) 곽윤직 편, 민법주해(Ⅸ), 1995, 474면 이하(지원림 집필부분) 참조.

상태를 회복할 수 있도록 하여야 한다. 이 점은 판례에서 인정되고 있다. 즉, 대판(전) 1967. 5. 18, 66다2618(집 15-2, 11)은 타인의 권리매매에 관한 사안에서, 매도인이 "계약이 완전히 이행된 것과 동일한 경제적 이익"을 배상함이 상당할 것이므로 그 손해는 매수인이 입은 손해뿐만 아니라 얻을 수 있었던 이익의 상실도 포함된다고 판결하였다. 또한 대판 2008. 12. 24, 2006다25745(공 2009, 82)는 "채무불이행책임에서 손해배상의 목적은 채무가 제대로 이행되었더라면 채권자가 있었을 상태를 회복시키는 것이므로, 계약을 위반한 채무자는 계약이 완전히 이행된 것과 동일한 경제적 이익을 배상하여야 한다."라고 판결하였다. 심지어 대법원은 1962년에 계약해제 시의 손해배상이 이행이익의 배상이기 때문에, 신뢰이익의 배상을 청구하는 것이 허용되지 않는다고 판결하였다.[6] 이는 채무불이행으로 인한 손해배상이 신뢰이익이 아닌 이행이익의 배상을 하는 것이라는 점을 명백히 한 것이다. 따라서 판례는 채무불이행으로 인한 손해를 이행이익의 손해로 보고 있다고 말할 수 있다.

그러나 이에 배치되는 판결들이 있다. 가령 대판 1992. 4. 28, 91다29972(공 1992, 1698)는 "계약의 일방당사자가 상대방 당사자의 이행을 믿고 지출한 비용도 그러한 지출 사실을 상대방이 알았거나 알 수 있었고 또 그것이 통상적인 지출비용의 범위 내에 속한다면 그에 대하여도 이행이익의 한도 내에서는 배상을 청구할 수 있으며, 다만 이러한 비용 상당의 손해를 일실이익 상당의 손해와 같이 청구하는 경우에는 중복배상을 방지하기 위하여 일실이익은 제반비용을 공제한 순이익에 한정된다."라고 하였다.[7] 이 판결은 지출비용의 배상을 인정한 것으로 이해

6) 대판 1962. 2. 22, 4294민상667(민판집 54-827). 그 후에도 이 판결에서 전개한 법리를 따르는 다수의 판결이 나왔다. 대판 1962. 10. 18, 62다550(법고을LX 검색); 대판 1983. 5. 24, 82다카1667(공 1983, 1010); 서울고판 1998. 7. 15, 97나36226(하집 1998-2, 106).

되고 있다. 그런데 이러한 비용 상당의 손해를 일실이익 상당의 손해와 같이 청구하는 경우에 일실이익은 '제반비용을 공제한 순이익'에 한정하고 있다. 이행이익을 청구하는 경우에 통상 비용을 공제하지 않은 총이익을 일실이익으로 청구할 수 있으므로, 이 사건에서 지출비용의 배상을 청구하지 않고 단순히 이행이익을 청구할 수 있다고 하더라도 계산상 동일한 결론에 도달할 것이다. 이를 도식으로 표시하면, "[지출]비용+(총이익－비용)＝총이익"이라고 표시할 수 있다. 따라서 이행이익을 청구하는 경우에 지출비용의 배상도 청구할 수 있다고 하는 것은 실제 결과에서는 아무런 차이가 없다.

한편, 대판 1999. 7. 27, 99다13621(공 1999, 1771)은 "계약의 일방 당사자가 상대방의 이행을 믿고 지출한 비용인 이른바 신뢰이익의 손해도 그러한 지출 사실을 상대방이 알았거나 알 수 있었고 또 그것이 통상적인 지출비용의 범위 내에 속한다면 그에 대하여도 이행이익의 한도 내에서 배상을 청구할 수 있다"고 하였다. 그 표현만을 보면, 상대방의 이행을 믿고 지출한 비용(이하 '지출비용'이라 한다)과 신뢰이익의 손해를 마치 동일한 것으로 보고, '신뢰이익의 손해'를 배상해야 할 손해의 범위에 포함시키고 있는 것처럼 보인다. 그러나 신뢰이익의 손해는 지출비용의 손해보다 넓은 의미를 갖고 있기 때문에, 지출비용의 손해를 신뢰이익의 손해로 볼 수는 없다.

그 후에 나온 대판 2002. 6. 11, 2002다2539(공 2002, 1617)는 지출비용의 배상에 관한 가장 중요한 판결로서, "채무불이행을 이유로 계약해제와 아울러 손해배상을 청구하는 경우에 그 계약이행으로 인하여 채권자가 얻을 이익 즉 이행이익의 배상을 구하는 것이 원칙이지만, 그에 갈음하여 그 계약이 이행되리라고 믿고 채권자가 지출한 비용 즉 신뢰이익의 배상을 구할 수도 있다고 할 것이고, 그 신뢰이익 중 계약의

7) 이와 유사한 판결로는 대판 1996. 2. 13, 95다47619(공 1996, 949).

체결과 이행을 위하여 통상적으로 지출되는 비용은 통상의 손해로서 상대방이 알았거나 알 수 있었는지의 여부와는 관계없이 그 배상을 구할 수 있고, 이를 초과하여 지출되는 비용은 특별한 사정으로 인한 손해로서 상대방이 이를 알았거나 알 수 있었던 경우에 한하여 그 배상을 구할 수 있다고 할 것이고, 다만 그 신뢰이익은 과잉배상금지의 원칙에 비추어 이행이익의 범위를 초과할 수 없다고 할 것이다."라고 판단하고 있다. 이 판결은 이행이익의 배상이 원칙임을 밝히고, 지출비용 즉 신뢰이익의 배상은 이행이익의 배상에 갈음하여 청구할 수 있는 것으로 하고 있는데, 지출비용의 배상에 관한 혼란을 정리하기 위하여 지출비용의 배상을 청구할 수 있는 요건이나 범위를 제한한 것으로 볼 수 있다. 이 판결은 계약해제 시의 손해배상에 관한 것이지만, 계약을 해제하지 않고 채무불이행을 이유로 손해배상을 청구하는 경우에도 동일하게 볼 수 있을 것이다. 실제로 채권자가 계약을 해제하지 아니하고 채무불이행을 이유로 손해배상을 청구하는 사례에서 지출비용의 배상을 인정한 대법원 판결들도 다수 있다.[8)]

그런데 지출비용 또는 신뢰이익의 배상을 인정한 대법원 판결들의 실제 사안을 보면, 이행이익의 산정이 어렵지 않은 경우들이다. 가령 위 대판 1992. 4. 28, 91다29972에서는 총이익이 이행이익의 산정기준이 되고, 위 대판 2002. 6. 11, 2002다2539에서는 일조 등의 방해로 인하여 생긴 아파트의 가치하락분 상당액이 이행이익에 해당한다. 따라서 이와 같은 사건에서 이행이익의 배상을 인정하는 것으로 충분하고 굳이 지출비용의 배상을 청구할 필요성이 크지 않다고 할 수 있다.

한편, 대판 2006. 2. 10, 2003다15501은 "채무불이행을 이유로 계약

8) 대판 1980. 5. 13, 80다130(법률신문 제1352호, 7면); 대판 1991. 10. 11, 91다25369(공 1991, 2714); 대판 1994. 11. 11, 94다22446(공 1994, 2361); 대판 1992. 8. 14, 92다2028(공 1992, 2660); 대판 1999. 2. 9, 98다49104(공 1999, 475).

해지와 아울러 손해배상을 청구하는 경우에 채권자는 이행이익의 일부로서 그 계약이 이행되리라고 믿고 채권자가 지출한 비용의 배상을 구할 수 있다"고 판단하였는데, 이 판결은 지출비용을 이행이익의 일부로 파악하고 있다.

채무불이행의 경우에 채권자는 그 이행을 통하여 얻을 수 있었을 이익을 얻지 못한다. 채권자는 그와 같은 이익을 얻기 위하여 다른 사람과의 새로운 거래를 해야 하는 경우가 많을 것이다. 이러한 경우에는 채권자가 이미 지출한 비용에 상당하는 비용을 추가로 지출하는 것이 통상적일 것이기 때문에, 이행이익을 산정하는 경우에 이미 지출한 비용을 고려해야 할 것이다. 물론 채권자가 새로운 거래를 하는 데 지출비용이 적게 든다면 기존에 지출한 비용을 기준으로 이행이익을 산정할 수 없다. 이는 채권자가 부담해야 할 손실이기 때문이다.

(2) 비교법적 고찰

(가) 비교법적으로 볼 때 손해배상액의 일반적인 산정기준은 채무가 제대로 이행되었더라면 채권자가 있었을 상태로 만들어 주어야 한다는 점에서 통일적인 모습을 띠고 있다. 보통법에서는 이러한 손해배상액의 산정기준을 "기대이익"이라고 하고, 독일과 오스트리아에서는 "적극적 이익" 또는 "이행이익"이라고 한다.[9] 우리나라와 일본에서도 이행이익이라는 용어를 사용하고 있다.

영국 등 보통법 국가에서는 채권자가 이행이익(또는 기대이익)을 청구할 수 있으나, 그 대신에 신뢰이익을 청구하는 것을 허용한다. 가령 잉글랜드에서는 피고가 계약을 위반한 경우에 원고는 손해배상으로 기대이익 또는 신뢰이익의 배상을 청구할 수도 있고, 원상회복(restitution)을 청구할 수도 있다. 기대이익, 신뢰이익, 원상회복을 청구할 수 있는 경우에, 그들 중에서 어떤 구제수단을 선택할 것인지는 원

9) 주 4 참조.

고에게 달려있다.[10] 미국에서 계약 위반(breach of contract)에 대한 구제수단은 원칙적으로 손해배상이지만, 원고가 기대이익을 청구할 수 없는 경우에 기대이익 대신 신뢰이익을 청구할 수 있다.[11] 잉글랜드나 미국에서도 손해배상의 원칙적인 모습은 이행이익의 배상이지만, 그 대신 신뢰이익의 배상을 인정하고 있다.

한편, 독일 민법 제249조는 "손해배상의 방법과 범위"라는 표제로 제1항에서 "손해배상의 의무를 부담하는 사람은 배상의무를 발생시키는 사정이 없었다면 있었을 상태를 회복하여야 한다."라고 정하고 있다. 또한 유럽계약법원칙 등에서는 손해배상에 계약을 이행하였더라면 얻었을 이익이 포함되어야 한다는 방식으로 규정하고 있다. 즉, 유럽계약법원칙 제9:502조 제1문은 "손해배상액의 일반적인 산정은 불이행의 상대방으로 하여금 계약이 적정하게 이행되었다면 그가 있었을 상태에 가능한 한 가장 가깝게 하는 금액으로 한다. 이러한 손해배상은 불이행의 상대방이 입은 손실과 그가 박탈당한 이익을 포함한다."라고 정하고 있다.[12] 유럽공통참조기준초안(Draft Common Frame of Reference. 이하 'DCFR'이라 한다) 제Ⅲ.-3:702조 제1문도 이와 유사하게, 적절한 이행이 있었다면 채권자가 놓이게 될 상태에 가능한 한 근접하게 하는 금액으로 채무불이행으로 인한 손해배상액을 산정하도록 하고 있다. 또한 중국합동법 제113조는 계약상 의무를 이행하지 않은 경우에 "손해배상

10) Treitel, The Law of Contract, 12th ed. 2007, 848.

11) 상세한 것은 Fuller & Perdue, The Reliance Interest in Contract Damages (pts. 1 & 2), 46 Yale L.J. 52 (1936); Hudec, Restating the "Reliance Interest", 67 Cornell L. Rev. 704 (1982); Lando/Beale(주 3), 441 참조.

12) 채권자는 자신이 잃은 계약상 기대에 해당되는 가치만큼을 배상하라고 청구할 수 있다. 재화의 매매나 용역의 공급 계약에서 이는 보통 계약상 가격과 시장가격 또는 현재가격의 차액으로 평가된다. 통상의 손해배상액으로서 청구할 수 있는 금액에는 발생한 비용과 얻지 못한 이익이 포함된다. Lando/Beale (주 3), 438 ff.

액은 계약위반으로 인하여 발생한 손해와 대등하며, 계약의 이행에 의하여 얻을 수 있는 이익도 이에 포함된다."라고 정하고 있다.[13]

(나) 지출비용의 배상에 관하여 직접적인 규정을 두고 있는 경우로는 독일의 현행 민법을 들 수 있다. 독일에서 채권자가 지출한 비용을 청구할 수 있는지 여부에 관하여 논란이 많았는데, 이에 관하여 민법에 명시적인 규정을 두게 되었다.

2001년 독일의 채권법 개정 전에는 무익하게 지출한 비용이 손해배상에 포함되는지에 관하여 아무런 규정이 없었다. 채무불이행의 경우에 손해배상액은 차액설에 따라 산정하여야 하는데, 채권자가 손해를 입지 않았거나 손해를 증명할 수 없는 경우에는 채권자의 손해배상청구권이 인정되지 않는다. 채권자가 비용을 지출했고 채무불이행으로 인하여 이것이 무익하게 된 경우에도 손해배상을 청구할 수 없었다. 그런데 독일의 판례는 이른바 "수익성 추정(Rentabilitätsvermutung)"이론을 발전시켰다.[14] 이것은 채무자가 이행하지 않는 반대급부와 채권자의 급부는 동등한 가치가 있고, 채권자가 거래와 관련하여 지출한 비용은 채무자로부터 급부를 수령했더라면 완전히 회수되었을 것이라는 점에서 출발한다.[15] 지출비용 자체를 손해로 보는 것이 아니라, 계약을 이행한 경우에 회수할 수 있는 가능성을 상실한 것을 손해라고 본다.[16] 그리하여 채권자는 지출비용을 적극적 이익에 대한 청구권의 범위에서 최소한의 손해라고 주장할 수 있다는 것이다. 그러나 이것은 추정이기

13) 채성국, 중국의 계약책임법, 경인문화사, 2008, 329면.

14) BGHZ 71, 234, 239; 99, 182, 197; 123, 96, 99; 136, 102, 104; Dauner-Lieb, "Das Leistungsstörungsrecht im Überblick," Dauner-Lieb/Heide/Lepa/Ring (Hrsg.), Das Neue Schuldrecht, 2002, 95; Dörner/Staudinger, Schuldrechtsmodernisierung, 2002, 50f.; Huber/Faust, Schuldrechtsmodernisierung, Kap. 4 Rn. 4f.; Palandt/ Heinrichs (61. Aufl., 2002), §284 Rn. 2ff.

15) Palandt/Heinrichs (61. Aufl., 2002), § 325 Rn. 15.

16) jurisPK-BGB/Alpmann (2. Aufl., 2004), § 284 Rn. 6.

때문에 번복될 수 있다. 즉 채권자가 경제적 목적으로 비용을 지출한 경우에는 배상을 청구할 수 있지만, 자선이나 소비적인 목적으로 비용을 지출한 경우나 손해를 증명할 수 없는 경우에는 그 배상을 청구할 수 없었다.[17] 따라서 지출비용 중에서 손해로 볼 수 있는 한정된 범위에서 손해배상이 인정되었다고 볼 수 있다.

2001년에 이루어진 독일의 채권법 개정[18]에 따라 헛되이 지출한 비용의 배상에 관한 명문의 규정을 두고 있다. 채권자는 채무자의 의무위반을 이유로 "이행을 갈음하는 손해배상", 즉 전보배상을 청구하는 것(제281조 내지 제283조)을 갈음하여 '무익한 비용의 배상'을 청구할 수 있다고 규정한다(제284조). 채권자는 급부의 수령을 믿고 비용을 지출했고 그 지출이 상당한 것인 경우에는 그 비용의 배상[19]을 청구할 수 있다. 그러나 채무자가 의무를 위반하지 않았더라도 그 비용의 목적을 달성할 수 없었다면 그 비용의 배상이 허용되지 않는다.

입법 당시 이 규정이 손해배상법의 근본원칙에 반한다는 이유로 반대하는 견해도 있었으나,[20] 이 규정을 찬성하는 입장에서는 계약의

17) BGHZ 99, 182, 195ff.; BGHZ 114, 193; Stoll, JZ 1987, 517ff.; Canaris, "Die Reform des Rechts der Leistungsstörungen," JZ 2001, 499, 516.

18) 당시의 개정 논의를 소개한 글로는 양창수, "독일의 새로운 민법개정제안," 서울대학교 법학 제41권 제4호(2001. 2), 92면 이하; Coester(김재형 역), "독일의 채권법개정," 서울대학교 법학 제42권 제1호(2001. 5), 288면 이하; 김형배, "독일채권법현대화법안," 저스티스 제34권 제5호(2001. 10), 82면 이하 등이 있다. 이것은 우리 민법학의 연구에도 지대한 영향을 미쳤는데, 지출비용의 배상에 관한 논의도 그 중의 하나로 볼 수 있다.

19) 2000년 8월의 독일 채권법 개정을 위한 토론용초안(제325조 제1항 제2문)에서는 "손해의 배상"(Ersatz des Schadens)이라는 용어를 사용하였으나, 2001년 3월의 수정안(Konsolidierte Fassung)부터 "비용의 배상"(Ersatz der Aufwendungen)이라는 용어로 바꾸었다. 그 의미에 관하여는 Canaris(주 17), 517 참조.

20) Stoll, "Notizen zur Neuordnung des Rechts der Leistungsstörungen," JZ 2001, 589, 595f.; Altmeppen, "Untaugliche Regeln zum Vertrauensschaden und Erfüllungsinteresse im Schuldrechtsmodernisierungsentwurf," DB 2001, 1339, 1403.

좌절(Scheitern des Vertrags)에 대하여 책임이 있는 상대방에게 무익하게 된 지출비용을 부담시켜야 한다고 주장하였다.[21] 또한 독일 민법 제284조에서는 수익성 추정에 관한 종래의 판례와 달리 계약의 이행을 믿고 지출한 비용만을 증명하면 그 배상을 청구할 수 있기 때문에, 비용의 배상에 관한 불확실성이 없어졌다고 설명한다. 입법자는 종래의 수익성 추정에 관한 판례를 입법한 것이 아니라, 이것을 넘어서 채무불이행으로 인한 손해대신 지출비용의 배상을 가능하게 한 것이다. 수익성 추정에 관한 판례에 따르면 경제적 목적이 없이 비용을 지출하거나 손해를 증명할 수 없는 경우에는 지출비용의 배상이 인정되지 않지만, 위 규정에 따르면 이와 같은 경우에도 지출비용의 배상을 청구할 수 있다.[22]

이 규정에 따른 비용의 배상에 관해서는 채무자가 이 비용을 예견할 수 있었는지 여부는 문제되지 않는다.[23] 비용의 배상은 이행이익을 한도로 한다는 제한도 없다. 따라서 이 규정에 따른 비용의 배상은 이행이익과 상관없이 인정된다.[24] 또한 독일의 채권법 개정 이후에는 계약해제의 경우에도 채권자는 전보배상을 갈음하여 제284조에 따른 무익한 비용의 배상을 청구할 수 있다.[25]

그러나 이 규정에서 말하는 비용의 배상이 신뢰이익의 배상을 의미하는 것은 아니다. 가령 어떤 물건의 매수인이 매매목적물과 동일한 종류의 물건을 제3자로부터 더 싸게 구입할 수 있었으나 매도인이 계

21) 이것은 특히 카나리스의 주장을 따른 것이다. Canaris(주 17), 516; Begründung zu §284, BT-Drucks 14/6040, 142f.

22) Lorenz, Karlsruher Forum 2005: Schuldrechtsmodernisierung – Erfahrungen seit dem 1. Januar 2002, 2006, 83.

23) Canaris(주 17), 517; Dauner-Lieb(주 14), 100.

24) Begründung zu §284, BT-Druks 14/6040, 144; Dauner-Lieb(주 14), 100.

25) Begründung, Allgemeiner Teil, BT-Drucks 14/6040, 93; Dauner-Lieb(주 14), 83.

약을 제대로 이행할 것이라고 믿고 이를 구입하지 않았다고 하자. 이러한 소극적 이익도 신뢰이익에 포함되지만, 위 규정을 근거로 이러한 소극적 이익까지 배상청구할 수는 없다.[26] 이와 같은 소극적 이익의 배상여부는 이 규정과 무관하게 배상여부가 결정된다.[27]

입법자는 이 규정을 손해배상청구권에 관한 규정으로 보지 않고 좌절된 비용의 배상 문제로 보았다.[28] 그러나 법률 개정 이후에 이 규정의 법적 성격에 관해서는 논란이 있는데, 다음의 세 견해가 있다. 먼저 지출비용의 배상에 관한 규정을 손해배상청구권에 관한 규정으로 보는 견해[29]와 독자적인 청구권원을 정한 규정이라는 견해[30]가 있다. 한편 채권자가 이익을 얻을 목적이 있었을 때에는 손해배상규정이고, 이익을 얻는 것 이외의 목적이 있었을 때에는 독자적인 청구권원이라는 견해도 있다.[31] 이와 같은 견해의 대립은 이 규정에 따른 지출비용의 배상이 일반적인 손해배상의 범위를 넘을 수도 있기 때문에 발생한 것이다. 지출비용의 배상은 손해배상과는 구별되는 것이지만, 이익을 얻을 목적으로 비용을 지출한 경우에는 지출비용의 배상이 손해배상의 기능을 갖는다고 볼 수 있다.

(3) 개정방안

(가) 이행이익

채무불이행으로 인한 손해배상은 일반적으로 이행이익의 배상이라

---

26) Begründung zu §284, BT-Drucksache 14/6040, 144; Canaris(주 17), 517; Dauner-Lieb(주 14), 100.

27) Palandt/Grüneberg (72. Aufl., 2013), §284 Rn. 2.

28) BT-Drucks 14/6040, 144.

29) Stoppel, "Der Ersatz frustrierter Aufwendungen nach §284 BGB," AcP 204 (2004), 84f.

30) Schwarze, Das Recht der Leistungsstörungen, 2008, §25 Rn. 42; Reim, NJW 2003, 3362f.; Huber/Faust(주 14), Kap. 4 Rn. 2; Gsell, NJW 2006, 125; jurisPK-BGB/Alpmann (2. Aufl., 2004), Rn. 7.

31) MünchKomm/Ernst (6. Aufl., 2012), §284 Rn. 8.

고 할 수 있다. 그러나 신뢰이익의 배상에 관해서는 나라마다 차이가 많다. 영국과 미국에서는 계약위반으로 인한 손해배상은 원칙적으로 이행이익의 배상을 의미하지만, 예외적으로 신뢰이익의 배상을 인정하고 있다. 독일 등 대륙법계에서는 채무불이행의 경우에 신뢰이익의 배상을 인정하지 않고 있기 때문에, 신뢰이익의 인정여부에서 보통법과 대륙법은 차이가 있다. 한편 독일에서는 2002년부터 시행되는 채권법 개정 당시 헛되이 지출한 비용의 배상을 인정하는 규정을 도입하였다. 그러나 그 밖의 나라에서 이와 같은 방식을 채택하고 있는 입법례는 찾아보기 어렵다.

우리 민법에 이행이익이나 신뢰이익에 관한 명시적인 규정은 없다. 그러나 입법례 중에는 이에 관한 명문의 규정을 두고 있는 경우가 있다. 민법의 규정만으로는 채무불이행으로 인한 손해배상이 이행이익의 배상을 의미하는지, 신뢰이익의 배상을 의미하는지 명확하지 않다. 이에 관해서 입법례 등을 참고하여 민법에 명시적인 규정을 둘 수 있을 것이다. 그 방안으로는 다음의 두 가지를 생각할 수 있다.

첫째, 채무불이행으로 인한 손해배상은 채무불이행이 없었더라면 있었을 상태로 만드는 것이라는 점을 명시하는 방안이다. 이에 관한 문구로는 "채무불이행으로 인한 손해의 배상은 채권자가 채무불이행이 없었더라면 있었을 상태가 되도록 하여야 한다."라는 규정을 신설할 수 있을 것이다. 이 방안은 채무불이행으로 인한 손해배상의 의미에 관하여 포괄적이고 일반적인 원칙을 표현한 것으로 볼 수 있지만, 손해배상의 의미를 적극적으로 밝혀주지 못하고 아무런 내용을 담지 못한 것이고 부정적 표현을 사용한다는 비판이 있을 수 있다.

둘째, 채무불이행으로 인한 손해배상은 채무를 이행하였더라면 있었을 상태로 만드는 것이라는 점을 명시하는 방안이다. 이에 관한 문구로는 "채무불이행으로 인한 손해의 배상은 채무가 이행되었더라면 있었을 상태가 되도록 하여야 한다."를 생각할 수 있다. 이 방안은 손해배상은 이행이익을 배상하는 것이라는 기본적인 태도를 분명하게 표현한 것이다.

위 두 가지 방안 중 어느 것을 채택하더라도 큰 문제는 없지만, 채무불이행으로 인한 손해배상에 관하여 좀 더 분명한 입장을 표명하고 있다는 점에서 두 번째 방안이 나을 것으로 생각한다.

분과위원회에서 본격적으로 논의한 개정안은 다음과 같다.[32)]

제392조의2(채무불이행으로 인한 손해배상)

① [제1안] 채무불이행으로 인한 손해의 배상은 채무가 이행되었더라면 있었을 상태를 회복할 수 있도록 하여야 한다.

[제2안] 채무불이행의 경우에 채무자는 채권자에게 채무가 이행되었더라면 있었을 상태를 회복하도록 손해를 배상하여야 한다.

[제3안] 채무불이행의 경우에 채무자는 채무가 이행되었더라면 채권자가 얻었을 이익을 배상하여야 한다.

[제4안] 채무불이행의 경우에 채무자는 채권자에게 채무불이행이 없었더라면 있었을 상태를 회복하도록 손해를 배상하여야 한다.

제392조의2 제1항에 관한 4개의 안은 손해배상이 채무가 이행되었더라면 있었을 상태나 이익을 회복하도록 할 것인지(다만 제1, 2, 3안은 표현이 조금씩 다를 뿐이다), 아니면 채무불이행이 없었더라면 있었을 상

32) 필자는 처음에 분과위원회에 "제392조의2(채무불이행으로 인한 손해배상) ① 채무불이행으로 인한 손해의 배상은 채무가 이행되었더라면 있었을 상태를 회복할 수 있도록 하여야 한다. ② [제1안] 제1항의 손해[배상해야 할 손해]에는 채무의 이행으로 얻을 수 있는 이익[또는 일실이익]과 비재산적 손해를 포함한다. [제2안] 제1항의 손해[배상해야 할 손해]에는 장래에 발생할 손해와 비재산적 손해를 포함한다."라는 안을 토대로 논의할 것을 제안하였다. 아래의 개정안은 논의과정에서 표현을 수정한 것이다.

태를 회복하는 것으로 할 것인지(제4안)에 차이가 있다. 분과위원회안은 위 제2안을 제1안으로 하되, 다만 '상태를 회복하도록'이라는 표현이 부적절하다는 의견이 있어 '상태에 이르도록'으로 수정하였다. 또한 제1항 중 위 [제4안]을 분과위원회 제2안으로 정하였다.

한편, 이행이익의 배상에 관한 규정을 신설할 경우에 그 위치를 어디에 둘 것인지 문제된다. 현행 민법 제390조를 제1항으로 하고 제2항에 이행이익에 관한 규정을 두는 방안과 제392조의 2를 신설하여 이행이익에 관한 규정을 두는 방안을 검토하였다. 민법 제390조는 채무불이행으로 인한 손해배상에 관한 일반원칙을 정한 것으로, 특히 과실책임의 원칙을 정하고 있다는 점에 중대한 의미가 있다. 따라서 이행이익이나 손해배상의 종류에 관해서는 별도의 규정으로 정하는 것이 나을 것으로 생각한다. 다른 입법례에서도 채무불이행으로 인한 손해배상의 근거 규정과 손해배상액에 관한 규정을 구분하고 있다. 가령 국제물품매매계약에 관한 국제연합 협약(United Nations Convention on Contracts for the International Sale of Goods, 이하 'CISG'라 한다)은 제45조와 제61조에서 손해배상을 청구할 수 있다는 근거 규정을 두고, 손해배상액에 관해서는 제74조 내지 제77조에서 규정하고 있다.

분과위원회의 개정안은 다음과 같다.

제392조의2(손해배상의 내용)

[제1안] 채무불이행의 경우에 채무자는 채권자에게 채무가 이행되었더라면 있었을 상태에 이르도록 손해를 배상하여야 한다.

[제2안] 채무불이행의 경우에 채무자는 채권자에게 채무불이행이 없었더라면 있었을 상태에 이르도록 손해를 배상하여야 한다.

그 후 실무위원회에서는 민법 제390조를 제390조 제1항으로 하고,

제2항을 신설하여 "채무자는 채권자에게 채무가 이행되었더라면 있었을 상태에 이르도록 손해를 배상하여야 한다."라고 규정하자고 하였는데, 위 제1안을 채택한 것으로 볼 수 있다. 그러나 분과위원장단 회의에서는 이에 관한 규정을 두지 않기로 하여 민법개정위원회 전체회의에서 논의할 기회가 없었다.

(나) 신뢰이익

신뢰이익의 배상에 관해서는 규정을 둘 필요가 없을 것이다. 우리나라 학설과 판례에서 채무불이행으로 인한 손해배상으로 신뢰이익의 배상을 인정하고 있지 않고, 다른 나라에서도 이를 인정하는 경우는 많지 않기 때문이다. 민법개정위원회에서 다행스럽게도 신뢰이익의 배상에 관한 규정을 신설하자는 의견은 전혀 없었다.

(다) 지출비용의 배상

1) 개정안의 작성경과

지출비용의 배상에 관한 규정을 둘 것인지 문제된다. 지출비용의 배상에 관해서는 논란이 되고 있다. 독일 민법에서는 제284조에서 비용배상의 청구를 인정하는 규정을 두고 있다. 그러나 이와 같은 규정을 두고 있는 입법례는 독일 민법 이외에는 찾기 어렵다. CISG, 프랑스 민법, 일본 민법과 일본 민법 개정시안, 중국 합동법, UNIDROIT 국제상사계약원칙(UNIDROIT Principles of International Commercial Contracts, 이하 'PICC'라고 한다), 유럽계약법원칙, DCFR 모두 이와 같은 규정을 두고 있지 않다. 따라서 비교법적으로 볼 때 이와 같은 규정을 두는 것은 국제적으로 보편적인 입법방향과는 거리가 있다.

분과위원회에서 지출비용의 배상 규정의 신설 문제에 관한 논의를 하였다. 채무불이행으로 인한 손해배상은 이행이익의 배상이므로, 판례에서 지출비용의 배상을 인정하는 것은 법적 근거가 없기 때문에, 헛되이 지출한 비용에 대한 배상청구를 인정하려면 명문의 규정이 필요하다는 견해가 있었다.[33] 그러나 다른 분과위원들은 지출비용의 배상 청구에 관한 규정을 두는 것에 반대하였다. 그 이유가 동일한 것은 아니었지만, 대체로 다음과 같은 이유가 제시되었다. 첫째, 이 문제에 관해서는 논란이 많고, 이와 같은 규정을 두고 있는 입법례도 드문 상태이므로 학설과 판례상의 논의를 지켜본 다음에 규정을 둘 것인지를 결정하여야 한다. 지금 논의가 정리되지 않은 상태에서 입법하는 것은 시기상조라고 할 수 있다. 둘째, 지출비용의 배상 문제는 손해배상의 범위 내에서 해결될 수 있다는 견해에서는 지출비용을 이행이익을 산정할 때 고려하는 요소 또는 자료로 보면 충분하다. 셋째, 비용배상의 문제는 이행이익과 신뢰이익의 문제가 겹쳐서 매우 어려운 문제이다. 지출비용의 배상에 관한 규정을 둘 경우—가령 유추적용 등의 방법으로—신뢰이익의 배상을 인정하는 근거로 작용할 수도 있다. 결국 분과위원회에서는 위에 든 이유 등을 들어 지출비용의 배상을 명문으로 규정하는 것에 소극적이었다.

그러나 실무위원회[34]와 분과위원장단 회의에서 지출비용의 배상에 관한 규정을 두기로 하였다. 다만 분과위원장단에서 구체적인 개정안의 작성은 분과위원회에 맡겼다. 필자는 지출비용의 배상에 관한 규정을 둘 경우 구체적인 개정시안을 작성하였고, 분과위원회에서 논의한 끝에, 다음과 같이 규정할 것을 제안하였다.[35]

---

33) 송덕수 분과위원장의 의견.

34) 실무위원회에서 제안한 안은 제390조 제3항을 신설하여 본문에서 "채권자는 채무가 이행될 것을 믿고 지출한 비용의 배상을 청구할 수 있다."라고 정하고, 단서에 관해서는 두 개의 안을 제안하였는데, 제1안은 "그러나 제2항의 손해배상과 중복하여 청구할 수 없다."라는 것이고, 제2안은 "그러나 제2항의 손해배상액을 초과하여 청구할 수 없다."라고 정하는 것이다.

35) 이것은 필자가 작성한 개정시안을 토대로 표현을 수정한 것이다. 지출비용의 배상에 관하여 명문의 규정을 두고 있는 입법례는 독일 민법이기 때문에, 독일 민법의 규정을 참조하였고, 입법례가 거의 없는 점을 고려하여 지출비용의 배상을 엄격하게 인정하고자 하였다.

제395조의2(지출비용의 배상)

① 채권자가 채무가 이행될 것이라고 믿고 비용을 지출하고 그 지출이 상당한 경우에 채권자는 그 비용의 배상을 청구할 수 있다. 그러나 채무를 이행하더라도 비용지출의 목적을 달성할 수 없었을 때에는 그러하지 아니하다.

② 제1항에 따른 청구 금액은 채무가 이행되었더라면 받았을 이익을 초과할 수 없다.

그 후 분과위원장단과 전체회의에서 통과된 개정안은 다음과 같다.

제392조의 2(지출비용의 배상) 채무불이행의 경우에 채권자는 채무가 이행될 것을 믿고 지출한 비용의 배상을 청구할 수 있다. 그러나 그 배상액은 채무가 이행되었더라면 받았을 이익액을 넘지 못한다.

2) 개정안의 의미와 문제점

① 개정안의 의미를 이해하려면 독일 민법 제284조와 비교해 볼 필요가 있다. 이 규정의 표제는 "무익하게 지출된 비용의 배상"이고, "채권자가 급부의 획득을 신뢰하여 비용을 지출하고 또 그 지출이 상당한 것인 경우에는 그는 급부를 갈음하는 손해배상 대신에 그 비용의 배상을 청구할 수 있다. 다만 채무자의 의무위반이 없더라도 비용지출의 목적이 달성될 수 없었을 때에는 그러하지 아니하다."라고 정하고 있다. 위 규정은 지출비용의 배상을 인정하고 있는데, 특히 단서의 내용은 계약좌절의 법리에서 유래한 것이다.

독일 민법의 위 규정을 신뢰이익을 규정한 것으로 이해하는 견해도 있으나, 이는 신뢰이익을 인정한 것이 아니다. 독일에서는 지출비용의 배상을 손해배상과는 구별하고 있다. 독일 민법에서는 손해배상과는 구별하여 위 규정을 두고 있고, 매도인의 담보책임 등에 관한 규정에서도 손해배상과 병렬적으로 위 규정에 따른 지출비용의 배상을 청구할 수 있다고 규정하고 있다. 따라서 독일 민법에서는 지출비용의 배상을 손해배상과는 분리하여 이해하고 있다.

② 우리나라 민법의 위 개정안과 관련해서는 다음과 같은 사항을 생각해볼 필요가 있다.

첫째, 지출비용의 배상을 전보배상을 갈음하여 인정할 것인지, 이와 같은 제한을 두지 않고 인정할 것인지 문제된다. 독일 민법의 위 규정에서는 전보배상을 갈음하여 지출비용의 배상을 인정하고 있다. 이러한 입장을 따른다면 우리 민법에서는 전보배상에 관한 민법 제395조[36] 다음에 지출비용의 배상에 관한 규정을 두어야 할 것이다. 그러나 우리 민법 개정안에서는 제392조의2에서 지출비용의 배상에 관하여 규정하고 전보배상을 갈음하여 지출비용의 배상을 인정해야 한다는 제한이 없다. 따라서 개정안에 따르면 이론적으로는 채권자가 이 규정에 따라 지출비용의 배상을 청구하면서 이와 별도로 전보배상을 청구할 수도 있을 것이다.[37]

또한 개정안에 따르면 이 규정에 따라 이행지체로 인한 지연배상을 청구하는 대신 지출비용의 배상을 청구할 수도 있을 것이다. 그러나 지연배상을 청구하는 경우에까지 지출비용의 배상을 인정할 필요성은 매우 적다. 금전채무불이행의 경우에는 민법 제397조, 제379조에 따라 법정이율인 연 5푼의 지연손해금을 배상하여야 하기 때문에, 이와 별도

36) 제395조의 표제는 "이행지체와 전보배상"이라고 규정하고 있는데, 민법개정위원회에서 "전보배상"으로 표제를 바꾸고 규정을 좀 더 포괄적으로 규정하기로 하였다.

37) 이러한 경우에도 지출비용의 배상은 이행이익의 한도를 넘을 수 없다는 제한이 적용되고, 또한 중복하여 배상을 받을 수 없다고 보아야 한다.

로 규정을 둘 필요가 없다. 금전채무 이외의 채무를 불이행한 경우에도 지출비용 등을 감안하여 지연배상을 정하면 충분할 것이다. 지연배상의 경우에 가령 채권추심을 위한 비용을 배상하여야 하기 때문에, 지출비용의 배상을 인정해야 한다고 생각할 수 있다. 그러나 이행지체로 인하여 채권자가 추가로 채권추심비용을 지출했다면 이는 이행이익의 손해에 해당하기 때문에, 지출비용의 배상에 관한 규정을 별도로 둘 필요가 없을 것이다.[38]

둘째, 지출이 상당한 경우(또는 통상적인 경우)에 한하여 지출비용의 배상을 인정하는 방식으로 규정을 둘 것인지 문제된다. 이것은 지출한 비용을 모두 청구할 수 있는 것은 아니고 그 비용 지출이 상당한 경우에 한하여 배상을 청구하도록 하자는 것이다. 민법에 규정된 비용상환청구권에 관한 규정(가령 제203조 등)을 보면 필요비와 유익비로 구분하여 비용의 상환을 청구하는 사람이 보존이나 개량하기 위한 것인지를 증명할 것을 요구하고 있다. 이와 유사하세 지출비용배상의 경우에도 지출비용을 청구할 수 있으려면 '상당한' 경우에 한하도록 규정할 필요가 있다. 이에 대하여 지출비용의 배상에 관하여 민법 제393조가 적용되기 때문에, 지출이 상당한 경우로 한정할 필요가 없다고 생각할 수 있다. 지출비용의 배상에 관한 규정이 없는 상태에서는 민법 제393조가 적용된다고 보아야만 손해배상으로서 지출비용의 배상을 인정할 수 있다. 그러나 지출비용의 배상에 관한 규정을 명시적으로 도입할 경우에는 새로운 규정에 따라 요건을 충족하면 그 배상을 인정해야 할 것

38) 추심채무의 경우에 채권자가 채무자에게 갔으나 채무자가 이행을 하지 않아 채권자가 다시 채무자에게 갈 경우에는 최초의 여행비용 배상을 인정하여야 할 것이라고 한다. 그러나 이 경우에 채권자가 채무자에게 이행기에 갔을 때 채무자가 이행을 했더라면, 그 후에 채무자에게 채권추심을 위하여 가지 않아도 되었을 것이기 때문에, 두 번째 여행경비는 통상 이행이익의 손해로서 배상을 하여야 한다.

이기 때문에, 지출비용의 배상에 관하여 민법 제393조가 적용된다고 볼 수 있을지는 의문이다.[39] 또한 제393조가 적용된다고 볼 경우 특별한 사정으로 인한 손해에 관하여 예견가능하면 지출비용을 배상하여야 하는데, 이는 바람직하지 않다.

셋째, 채무를 이행하더라도 비용지출의 목적을 달성할 수 없었을 경우에도 지출비용의 배상을 인정할 것인지 문제된다. 필자는 제395조의2 제1항 단서에 "그러나 채무를 이행하더라도 비용지출의 목적을 달성할 수 없었을 때에는 그러하지 아니하다."라는 규정을 둘 것을 제안하였고, 분과위원회에서도 이것이 받아들여졌다. 채무를 이행했더라도 비용지출의 목적을 달성할 수 없는 경우에까지 지출비용의 배상을 인정하는 것은 채권자에게 망외의 이익을 주는 것이다. 그러나 이 방안은 전체회의에서 받아들여지지 않았다.

넷째, 지출비용의 배상은 이행이익액을 한도로 한다는 규정을 둘 것인지 문제된다. 독일 민법에는 이에 해당하는 규정이 없다. 영국이나 미국의 경우 신뢰이익의 배상은 이행이익을 한도로 하고 있다. 우리나라에서도 지출비용의 배상을 이행이익의 한도로 한다는 판결이 있다.[40] 손해배상은 본래 이행이익의 배상을 의미하므로, 이를 초과하는 지출비용을 청구할 수 있다고 하는 것은 채권자를 과도하게 보호하는 것이다. 이에 관한 규정을 두지 말자는 의견도 있었으나, 결국 지출비용의 배상은 이행이익액을 한도로 한다는 규정을 두기로 하였다.[41]

39) 지출비용의 배상에 대하여 민법 제393조가 적용되는지에 관해서는 개정위원들 사이에서 의견이 대립하였는데, 전체회의에서 다수의 의견이 제393조가 적용된다고 보았다. 이에 따라 "그 지출이 상당한 경우에" 배상을 청구할 수 있다는 규정을 하지 않았다. 그러나 지출비용 자체가 손해라고 할 수 없기 때문에, 지출비용의 배상에 관해서는 제393조를 비롯한 손해배상에 관한 규정이 유추적용된다고 보아야 할 것으로 생각한다.

40) 위 대판 2002. 6. 11, 2002다2539.

41) 한편, 지출비용의 배상은 이행이익의 배상과 중복하여 청구할 수 없다는 규정

다섯째, 매도인이나 수급인의 담보책임 등 여러 규정에서 손해배상 규정을 두고 있는데, 이 규정들에서 지출비용의 배상에 관한 규정을 둘 것인지 문제된다. 독일 민법에서는 매도인의 담보책임에 관한 규정에서도 손해배상 또는 헛되이 지출한 비용의 배상에 관하여 명시적으로 규정하고 있다. 그러나 우리 민법개정안에서는 지출비용의 배상을 손해배상의 일종으로 보아 매도인의 담보책임 등에서는 지출비용의 배상에 관한 규정을 두지 않았다. 이와 관련하여 몇 가지 해석론이 나올 수 있다. 먼저 채무불이행으로 인한 지출비용의 배상은 과실책임이 인정되는 경우에 한하여 인정된다는 견해이다. 이 견해에 따르면 매도인의 담보책임 등 무과실책임이 인정되는 경우에는 지출비용의 배상이 인정되지 않는다고 할 것이다. 그러나 매도인의 담보책임도 채무불이행책임의 일종이므로 이 견해는 받아들여지지 않을 것으로 생각된다. 또한 매도인의 담보책임 등에서 일반적인 채무불이행과 달리 지출비용의 배상을 다르게 보아야 할 이유가 없을 것이다. 다음으로 채무불이행으로 인한 손해배상을 청구할 수 있는 경우에는 항상 지출비용의 배상이 인정되어야 한다는 견해이다. 이 견해가 민법개정위원회에서 다수의 위원이 생각하는 해석론이다.[42] 그러나 손해와 지출비용은 구별되는 개념이다. 따라서 이에 관하여 혼란을 없애기 위하여 명시적인 규정을 두는 것이 바람직할 것이다.

을 둘 것인지 여부도 검토하였으나, 이에 관한 규정을 두지 않기로 하였다.

42) 여기에서 나아가 불법행위의 경우에도 지출비용의 배상이 인정되어야 한다는 견해도 있을 수 있다. 특히 계약과 관련된 불법행위의 경우에는 채무불이행책임과 불법행위책임의 경계가 모호한 경우가 적지 않기 때문이다. 만일 지출비용의 배상을 채무불이행에 한정하여 인정한다면 채무불이행책임과 불법행위책임의 경계획정이 매우 중요한 경우가 생길 것이다. 또한 상법 등 특별법에서 손해배상을 인정하는 경우가 있는데, 이러한 경우에도 지출비용의 배상에 관한 규정을 적용하거나 유추적용할 수 있는지 문제될 수 있다. 이에 관해서는 여러 해석론이 나올 수 있을 것이다.

여섯째, 지출비용의 배상에 관한 규정의 위치를 어느 곳에 둘 것인지에 관해서도 논란이 있었다. 민법 제390조 제2항에 이행이익에 관한 규정을 두고 제3항으로 지출비용의 배상에 관한 규정을 두는 방안, 제392조의 2로 규정하는 방안, 제395조의 2로 규정하는 방안이 있었다. 독일 민법 규정은 전보배상에 관한 규정 다음에 지출비용의 배상에 관한 규정이 있다. 이행이익의 배상에 관한 규정 다음에 지출비용의 배상에 관한 규정을 두고 있다는 점에서 이 방법이 바람직할 것으로 생각되나, 민법개정위원회 전체회의에서는 제392조의 2로 지출비용의 배상에 관한 규정을 두기로 하였다.

일곱째, 지출비용의 배상에 관하여 과실상계에 관한 제396조가 적용되는지 문제된다. 지출비용의 배상을 손해배상으로 볼 경우에는 과실상계에 관한 규정이 적용될 것이다. 이와 달리 지출비용의 배상을 별도의 청구권을 부여한 규정으로 볼 경우에는 과실상계에 관한 규정이 적용되지 않을 것이지만, 채권자에게 과실이 있는 경우에는 지출비용의 배상에 관해서도 과실상계에 관한 규정을 유추적용하여 배상액을 감액할 수 있다고 보아야 한다.

3. 손해의 종류: 특히 비재산적 손해, 일실이익, 장래의 손해

(1) 현재의 상황

민법에 채무불이행의 경우에 손해의 종류에 관하여 명시적인 규정을 두고 있지 않고, 이에 관해서는 해석에 의하여 해결하고 있다. 손해의 종류를 다양하게 분류할 수 있는데, 다른 입법례와 비교하여 입법적으로 검토할 수 있는 사항에 한정하여 다루고자 한다.

손해는 재산적 손해와 비재산적 손해로 구분할 수 있다. 재산적 손해는 재산에 관하여 생긴 손해이고, 비재산적 손해는 생명, 신체, 자유, 명예 등의 비재산적 법익에 관하여 생긴 손해이다. 비재산적 손해는 정신적 타격, 고통, 슬픔을 평가한 것이기 때문에 정신적 손해라고도 하고, 그 배상금을 위자료라고 한다.[43] 민법 제751조에서는 "재산 이외의 손해"라는 표현을 사용하고 있고, 제752조에서는 "재산상의 손해"라는 표현을 사용하고 있다. 채무불이행으로 인한 손해배상에 관한 규정에서는 재산상의 손해나 재산 이외의 손해라는 표현을 사용하고 있지 않지만, 학설과 판례에서 재산적 손해 이외의 손해, 즉 비재산적 손해도 인정되고 있다.

채무불이행의 경우에 재산적 손해뿐만 아니라, 비재산적 손해 또는 정신적 손해도 배상의 범위에 포함될 수 있다. 그러나 비재산적 손해의 배상에 대해서는 매우 제한적으로 손해배상을 인정하고 있다. 이에 관한 판례[44]의 태도를 정리하면 다음과 같다. 첫째, 채무불이행으로 손해가 발생한 경우 채권자가 받은 정신적인 고통은 그 재산적 손해에 대한 배상이 이루어짐으로써 회복된다고 한다. 그리하여 채무불이행의

43) 곽윤직, 채권총론, 제6판, 박영사, 2009, 113면; 김상용, 채권총론, 화산미디어, 2009, 147면 이하; 김증한·김학동, 채권총론, 제6판, 박영사, 1998, 126면 이하.

44) 대판 1996. 12. 10, 96다36289(공 1997, 319)는 "일반적으로 위임계약에 있어서 수임인의 채무불이행으로 인하여 위임의 목적을 달성할 수 없게 되어 손해가 발생한 경우, 그로 인하여 위임인이 받은 정신적인 고통은 그 재산적 손해에 대한 배상이 이루어짐으로써 회복된다고 보아야 하고, 위임인이 재산적 손해에 대한 배상만으로는 회복될 수 없는 정신적 고통을 입었다는 특별한 사정이 있고, 수임인이 그와 같은 사정을 알았거나 알 수 있었을 경우에 한하여 정신적 고통에 대한 위자료를 인정할 수 있다"고 한다. 대판 1996. 6. 11, 95다12798(공 1996, 2106)은 "일반적으로 건물신축 도급계약에 있어서 수급인이 신축한 건물에 하자가 있는 경우에, 이로 인하여 도급인이 받은 정신적 고통은 하자가 보수되거나 하자보수에 갈음한 손해배상이 이루어짐으로써 회복된다고 봄이 상당하고, 도급인이 하자의 보수나 손해배상만으로는 회복될 수 없는 정신적 고통을 입었다면 이는 특별한 사정으로 인한 손해로서 수급인이 이와 같은 사정을 알았거나 알 수 있었을 경우에 한하여 정신적 고통에 대한 위자료를 인정할 수 있다고 한다. 대판 1980. 10. 14, 80다1449(공 1980, 13321); 대판 1993. 11. 9, 93다19115; 대판 1997. 2. 25, 96다45436(공 1997, 881)도 동일한 취지이다.

경우 재산적 손해 이외에 위자료를 인정하는 사례는 매우 드물다. 둘째, 채권자가 재산적 손해에 대한 배상만으로는 회복될 수 없는 정신적 고통을 입었다는 특별한 사정이 있고, 채무자가 그와 같은 사정을 알았거나 알 수 있었을 경우에 한하여 정신적 고통에 대한 위자료를 인정할 수 있다. 이러한 판례법리는 결국 채무불이행에서 정신적 고통에 대한 배상을 제한하기 위한 이론으로 작용하고 있다.[45)]

대법원 판결에서 채무불이행으로 인한 손해배상에서 정신적 고통에 대한 예견가능성을 인정한 예를 찾기 어렵다. 그러나 이것이 논리적으로 타당한지는 의문이다. 재산적 손해에 대한 배상이 이루어지는 것과 정신적 고통이 회복되는 것은 별개의 문제이다. 재산적 손해를 배상받더라도 정신적 고통이 회복되지 않는 경우가 많다. 또한 채무불이행의 경우에 채권자가 정신적 고통을 입을 것이라는 것을 알거나 알 수 있는 경우가 많다. 한편 하급심판결 중에는 채무불이행의 경우에 정신적 손해의 배상을 인정한 예들도 있다.[46)]

또한 채무불이행의 경우에 일실이익이나 장래에 발생한 손해도 손해배상의 범위에 속하는데, 이에 관해서도 명시적인 규정을 둘 것인지 문제될 수 있다.

(2) 개정방안

채무불이행의 경우에 배상할 손해를 열거하고 있는 입법례를 살펴보고자 한다. 대부분의 입법례에서 배상하여야 할 손해에 일실이익을 포함시키고 있고, 비재산적 손해나 장래에 합리적으로 발생할 것으로 보이는 손해에 관한 규정을 두고 있는 경우도 있다. 가령 독일 민법 제252조는 "일실이익"이라는 표제하에 제1문에서 "배상되어야 할 손해에

45) 김재형, "프로스포츠선수계약의 불이행으로 인한 손해배상책임," 민법론 Ⅲ, 박영사, 2007, 386면 이하 참조.

46) 서울민지판 1990. 2. 7, 89가합54840(하집 1990－1, 28); 서울지법 동부지판 1994. 9. 29, 94가합8455(하집 1994－2, 60).

는 일실이익도 포함된다."라고 정하고 있고, 독일 민법 제253조는 비재산적 손해의 배상에 관한 규정을 두고 있다. 프랑스 민법에서는 제1149조가 채권자가 입은 적극손실과 상실한 소극이익을 손해로 배상하여야 한다고 정하고 있다.[47] 일본 민법개정시안 【3.1.1.68】 제2항은 "손해를 금전으로 평가할 때는 채무의 내용인 급부의 가치 외 채무불이행으로 인해 채권자가 받은 적극적 손해, 채권자에게 박탈된 장래의 이익 및 채권자가 받은 비재산적 손해를 고려하여 배상액을 확정한다."라고 정하고 있다.[48]

CISG 제74조 제1문은 "당사자 일방의 계약위반으로 인한 손해배상액은 이익의 상실을 포함하여 그 위반의 결과 상대방이 입은 손실과 동등한 금액으로 한다."라고 정하고 있다. PICC 제7.4.2조는 제1항 제2문에서 "피해당사자가 입은 모든 손실과 그가 상실한 모든 이익"을 포함하여 배상하도록 정하고 있고, 제2항에서 "그러한 손해는 비금전적일 수도 있고 또한 예를 들어 육체적 고통이나 감정적 괴롭힘을 포함한다."라고 정하고 있다. 또한 위 원칙 제7.4.3.조 제1항은 "배상되어야 할 손해는 합리적인 정도로 확실한 손해(장래의 손해를 포함한다)에 한한다."라고 정하고 있다. 유럽계약법원칙 제9:501조 제2항은 손해배상을 청구할 수 있는 손실로 "비재산적 손실"과 "합리적으로 볼 때 발생

---

47) 프랑스 민법 제1151조는 채권자가 입은 적극손해 및 일실이익이 계약채무불이행의 직접적이며 즉각적인 결과인 경우에 한하여 손해배상범위에 포함된다고 정하고 있다.

48) 법무부 역, 일본 채권법개정의 기본방침, 일본 민법(채권편)개정검토위원회 편, 2009, 243면(이것은 일본민법(채권법) 개정검토위원회가 2009년 3월말에 종합한 「채권법 개정의 기본방침」(검토위원회시안) 및 제안요지를 정리한 것이다. 그 후 일본 법무성의 법제심의회 민법(채권관계)부회에서 개정시안을 작성하는 과정에서 이를 참고하고 있다. 이 글에서 일본 민법 개정시안은 이 책자에 있는 것을 가리키는 것으로 일본 법무성의 공식적인 안을 가리키는 것은 아니다). 한편, 오스트리아 민법 제1324조, 제1325조와 제1331조에서는 과실의 정도에 따라 장래 일실이익의 배상여부를 정하고 있다.

할 것으로 보이는 장래의 손실"을 열거하고 있고, 제9:502조는 "손해배상액의 일반적인 산정은 불이행의 상대방으로 하여금 계약이 적정하게 이행되었다면 그가 있었을 상태에 가능한 한 가장 가깝게 하는 금액으로 한다. 이러한 손해배상액은 불이행의 상대방이 입은 손실과 그가 박탈당한 이익을 포함한다."라고 정하고 있다. DCFR 제Ⅲ.-3:701조 제2항은 "손해배상을 청구할 수 있는 손실에는 합리적으로 발생할 것으로 보이는 장래의 손실을 포함한다."라고 정하고 있고, 제Ⅲ.-3:702조는 손해배상액의 일반적인 산정에 관하여 "채무불이행에 의하여 발생한 손해배상액의 일반적인 산정기준은 채권자로 하여금 채무가 적정하게 이행되었다면 그가 있었을 상태에 가능한 한 가깝게 하는 금액으로 한다. 이러한 손해배상액은 불이행의 상대방이 입은 손실와 그가 박탈당한 이익을 포함한다."라고 정하고 있다.

위의 입법례 등에서 나타나는 손해의 종류로는 일실이익, 비재산적 손해, 장래에 발생할 손해 등을 들 수 있다. 우리나라의 학설과 판례에서도 일실이익의 배상을 인정하고 있다. 입법례에서 일실이익에 관한 규정을 두는 경우가 매우 많다. 다만 일실이익은 법전상의 표현으로는 어색한 점이 있어 "얻을 수 있었던 이익"이라는 표현을 사용할 수 있을 것이다. 채무불이행으로 인한 손해배상에 관한 소송에서 위자료를 인정하는 경우가 많지 않지만, 채무불이행의 경우에 비재산적 손해도 손해에 속한다는 점은 분명하다. 채무불이행의 경우 비재산적 손해에 관한 규정을 명시할 경우 비재산적 손해를 지나치게 많이 인정하게 될 것이라는 의견도 있는 반면에, 비재산적 손해에 대한 배상을 좀 더 유연하게 인정하는 것이 바람직하다는 생각도 있을 수 있다. 제392조의2에 비재산적 손해를 배상해야 할 손해로 열거한다고 하더라도 제393조의 규정에 의하여 제한을 받는다. 따라서 판례의 태도와 크게 차이가 있다고 볼 수 없다. 장래에 발생할 손해는 배상액의 산정 이후에 발생할 손실라고 할 수 있는데, 가령 장래 소득의 상실이나 기회비용의 상실이 이에 포함된다.

우리 민법에 채무불이행으로 채권자에게 이미 발생한 적극적 손해, 채권자가 얻을 이익의 상실, 비재산적 손해 등을 포함한다는 점을 명시하는 방안을 생각할 수 있을 것이다. 그 방안으로는 제392조의 2를 위에서 본 바와 같이 신설하고, 제1항에서 손해배상의 일반적 기준을 명시한 다음에, 제2항에서 다음과 같은 규정하는 방법을 생각할 수 있다.

[제1안] 제1항의 손해[배상해야 할 손해]에는 채무의 이행으로 얻을 수 있는 이익[또는 일실이익]과 비재산적 손해를 포함한다.

[제2안] 제1항의 손해에는 장래에 발생할 손해와 비재산적 손해를 포함한다.

[제3안] 제1항의 손해에는 일실이익, 비재산적 손해와 장래에 발생할 손해를 포함한다.

분과위원회에서 위 방안 중 제3안에 따라 제392조의 2 제2항은 "제1항의 손해에는 얻을 수 있었던 이익, 비재산적 손해 및 장래에 발생할 손해를 포함한다."라고 규정할 것을 제안하였다. 채무불이행의 경우에 일실이익이나 비재산적 손해도 손해에 포함되고, 이미 발생한 손해뿐만 아니라 장래에 발생할 손해도 손해에 포함되기 때문에, 이를 명시적으로 규정한 것이다. 실제 사건에서 채무불이행의 경우에 비재산적 손해의 배상을 인정하는 경우가 많지 않지만, 현대의 계약에서 비재산적 손해를 인정해야 할 필요가 높다고 보아 이에 관해서도 명시적인 규정을 두기로 하였다. 또한 장래에 발생할 손해도 포함시키기로 하였다.[49]

49) 유럽계약법원칙 제9:501조 제2항 (b)호에서는 "합리적으로 볼 때 발생할 것으로 보이는 장래의 손실"이라고 하고 있으나, 이를 간략하게 표현한 것이다.

여러 입법례에서 일실이익, 비재산적 손해, 장래의 손해를 손해로 인정하는 명문의 규정이 있다는 점을 고려한 것이다. 그러나 분과위원장단 회의에서는 위 개정안을 민법개정위원회 전체회의에 회부하지 않았다.

Ⅲ. 손해배상의 범위와 예견가능성

1. 개 설

민법은 제393조에서 손해배상의 범위에 관하여 구체적으로 정하고 있다. 제1항은 "채무불이행으로 인한 손해배상은 통상의 손해를 그 한도로 한다."라고 규정하고 있고, 제2항은 "특별한 사정으로 인한 손해는 채무자가 이를 알았거나 알 수 있었을 때에 한하여 배상의 책임이 있다."라고 규정하고 있다.

종래에는 손해배상의 범위를 상당인과관계설에 따라 설명하였다.[50] 즉, 채무불이행과 손해 사이에 상당인과관계가 있는 경우에 그 손해를 배상하여야 한다는 것이다. 대법원 판결에서도 상당인과관계설을 따르는 판결들이 많이 나왔다.[51] 그러나 제393조가 손해를 통상손해와 특별한 사정으로 인한 손해로 구분하고, 특별한 사정으로 인한 손해는 예견가능성이 있는 경우에 배상하도록 규정하였는데, 이는 예견가능성론에 따른 것이다. 따라서 이 규정에 따라 손해배상을 통상손해와 특별한 사정으로 구분하고, 특별한 사정으로 인한 손해는 예견가능한 한도에서 손해를 배상하여야 할 것이다.

대판 2008. 12. 24, 2006다25745(공 2009, 82)는 손해배상의 범위에 관한 일반법리를 다음과 같이 정리하고 있다.

---

50) 곽윤직(주 43), 116면 이하; 김상용(주 43), 169면; 김증한·김학동(주 44), 134면 이하; 이은영, 채권총론, 제4판, 박영사, 2009, 290면 이하. 이에 대한 비판적인 견해로는 김형배, 채권총론, 제2판, 박영사, 1998, 252면 이하 참조.

51) 이에 관해서는 곽윤직 편, 민법주해(Ⅸ), 1995, 524면 이하(지원림 집필부분)

「민법 제390조 본문은 "채무자가 채무의 내용에 좇은 이행을 하지 아니한 때에는 채권자는 손해배상을 청구할 수 있다"고 규정하고 있다. 채무불이행책임에서 손해배상의 목적은 채무가 제대로 이행되었더라면 채권자가 있었을 상태를 회복시키는 것이므로, 계약을 위반한 채무자는 계약이 완전히 이행된 것과 동일한 경제적 이익을 배상하여야 한다. 한편, 민법 제393조 제1항은 "채무불이행으로 인한 손해배상은 통상의 손해를 그 한도로 한다"고 규정하고 있고, 제2항은 "특별한 사정으로 인한 손해는 채무자가 이를 알았거나 알 수 있었을 때에 한하여 배상의 책임이 있다"고 규정하고 있다. 제1항의 통상손해는 특별한 사정이 없는 한 그 종류의 채무불이행이 있으면 사회일반의 거래관념 또는 사회일반의 경험칙에 비추어 통상 발생하는 것으로 생각되는 범위의 손해를 말하고, 제2항의 특별한 사정으로 인한 손해는 당사자들의 개별적, 구체적 사정에 따른 손해를 말한다.」[52)]

이 판결은 채무불이행으로 인한 손해배상으로 이행이익을 배상하여야 한다는 점을 분명히 하고 있다. 또한 소유권이전등기절차의 이행이 장기간 지연된 경우, 수분양자에게는 그 재산권을 완전히 행사하지 못하는 손해가 발생하였다고 할 것이고, 주위 부동산들의 거래상황 등에 비추어 볼 때 등기절차가 이행되지 않음으로써 수분양자 등이 활용기회의 상실 등의 손해를 입었을 개연성이 인정된다면, 등기절차 지연으로 인한 통상손해가 발생하였다고 할 것이며, 이 손해가 특별한 사정으로 인한 손해라고 하더라도 예견가능성이 있다고 하였다.

52) 동지: 대판 2009. 7. 9, 2009다24842(공 2009, 1295).

2. 통상손해와 특별한 사정으로 인한 손해

(1) 통상손해

제1항의 통상손해는 특별한 사정이 없는 한 그 종류의 채무불이행이 있으면 사회일반의 거래관념 또는 사회일반의 경험칙에 비추어 통상 발생하는 것으로 생각되는 범위의 손해를 말한다. 이는 계약에서 추구하는 통상적·전형적인 목적(이익)과 당사자가 계약 당시 공통적으로 추구하였던 목적에 비추어 그 채무불이행이 그 실현을 좌절시킨 이익을 배상하도록 하기 위한 것이다.

대법원 판결에서 나타나는 주요한 사례를 들면 다음과 같다. ① 매매계약의 이행불능으로 인한 전보배상의 경우에 이행불능 당시의 매매목적물의 시가 상당액이 통상의 손해이다. ② 채무불이행 또는 불법행위로 인하여 물건이 훼손·멸실된 경우 원칙적으로 훼손 등 당시의 수리비나 교환가격을 통상의 손해로 보아야 한다. 훼손으로 수리가 불가능한데 그 상태로 사용가능하면 교환가치의 감소분이, 사용이 불가능하면 물건의 교환가치가 통상의 손해이고, 수리가 가능한 경우에는 수리비가 통상의 손해(다만 수리비가 물건의 교환가치를 초과하는 경우에는 그 손해액은 형평의 원칙상 교환가치 범위 내로 제한된다)이다.[53] ③ 영업용 차량이 사고로 인하여 파손되어 그 유상교체나 수리를 위하여 필요한 기간 동안 그 차량에 의한 영업을 할 수 없었던 경우에는 영업을 계속 했더라면 얻을 수 있었던 수익상실은 통상의 손해로 인정되어야 한다.[54] ④ 물건의 인도의무의 이행지체를 이유로 한 손해배상의 경우에

---

53) 대판 1970. 9. 22, 70다649; 대판 1995. 9. 29, 94다13008; 대판 1999. 1. 26, 97다39520.

54) 대판 1990. 8. 14, 90다카7569. 대판 2006. 1. 27, 2005다16591, 16607(공 2006, 325)은 임대인의 방해로 임대차가 종료된 경우 "다른 특별한 사정이 없는 한 그 임대차 목적물을 대신할 다른 목적물을 마련하기 위하여 합리적으로 필요한

는 일반적으로 그 물건을 사용·수익함으로써 얻을 수 있는 이익, 즉 그 물건의 임료 상당액이 통상의 손해이다. 그러므로 건축공사에 관한 도급계약에서도 그 수급인이 목적물인 건물의 건축공사를 지체하여 약정기한까지 이를 완성·인도하지 않은 때에는 적어도 당해 건물에 대한 임료 상당의 손해액을 배상하여야 한다.[55]

(2) 특별한 사정으로 인한 손해

특별한 사정으로 인한 손해는 당사자들의 개별적, 구체적 사정에 따른 손해를 말하고, 이에 대하여는 채무자가 알았거나 알 수 있었을 경우에 한하여 배상책임을 진다.[56] 통상손해는 계약의 당사자가 예견하였다고 볼 수 있기 때문에, 별도로 예견가능성을 요구하지 않은 것이라고 볼 수도 있다. 이와 같이 보면 우리 민법에서 손해배상의 범위를 정할 때 채무자의 예견가능성이 핵심적인 준거틀로 작용하고 있다고 말할 수 있다.

이 원칙은 프랑스 민법(제1150조)과 일본 민법(제545조 제3항)을 통하여 우리 민법에 계수되었다. 이 원칙에 관하여 가장 유명한 선례는 영국의 판례[57]로서, 계약 위반의 경우에 합리적인 사람을 기준으로 예견가능한 손해에 대해서만 책임을 인정한다. 따라서 채무자는 계약체결 당시 스스로 예견했거나 예견할 수 있었던 손해에 대해서만 책임을 진다. 이때 예견가능성은 채무자가 알았거나 알 수 있었던 제반사정을

기간 동안 그 목적물을 이용하여 영업을 계속하였더라면 얻을 수 있었던 이익, 즉 휴업손해를 그에 대한 증명이 가능한 한 통상의 손해로서 배상을 받을 수 있을 뿐이며(그 밖에 다른 대체 건물로 이전하는 데에 필요한 부동산중개료, 이사비용 등은 별론으로 한다), 더 나아가 장래 그 목적물의 임대차기간 만료 시까지 계속해서 그 목적물을 사용·수익할 수 없음으로 인한 일실수입 손해는 이를 별도의 손해로서 그 배상을 청구할 수 없다."라고 한다.

55) 대판 1995. 2. 10, 94다44774.

56) 대판 1994. 11. 11, 94다22446.

57) Hadley v. Baxendale (1854) 9 Exch. 341 (Court of Exchequer).

고려하여 판단하여야 한다. 어떤 기계를 매도한 사람이 그 인도를 지체하여 매수인이 그 기계를 이용한 수익을 얻지 못하게 된 경우에, 매수인은 그 기계를 이용하여 정상적으로 얻을 수 있었던 수익에 대하여 배상을 청구할 수 있다. 만일 매수인이 이례적으로 유리한 계약을 제3자와 체결했는데, 매도인이 그 사실을 몰랐다면, 매수인은 그로부터 얻을 수 있었을 수익에 대하여 배상을 청구할 수 없다.[58)]

대법원 판결에서 특별한 사정으로 인한 손해에 관하여 판단한 사례들이 많다. 가령 물건을 전전 매매함으로써 얻는 이익, 즉 전매이익은 이에 해당한다고 보는 경향이 있다.[59)] 또한 성능미비의 기계를 공급하고도 원고의 공장에서 위 기계를 수거하지 아니함으로써 원고가 그 대신하는 기계를 설치하여 외국수입상과의 계약에 따른 수출물제조를 위한 원자재를 가공할 수 없게 되어 부득이 다른 공장에서 가공함으로써 발생한 손해는 특별한 사정으로 인한 손해라고 한다.[60)] 한편, "토지 매도인의 소유권이전등기의무가 이행불능인 경우 통상의 손해배상액은 토지의 채무불이행 당시의 교환가격이나, 만약 그 매도인이 매매 당시 매수인이 이를 매수하여 그 위에 건물을 신축할 것이라는 사정을 이미 알고 있었고 매도인의 채무불이행으로 인하여 매수인이 그 토지 위에 신축한 건물이 철거될 운명에 이르렀다면, 그 손해는 적어도 특별한 사정으로 인한 것"이라고 한다.[61)]

이행불능 이후에 목적물의 시가가 등귀한 경우에 손해를 어떻게 산정할지 문제되는데, 대법원은 이를 특별사정으로 인한 손해 문제로 해결하고 있다. 즉, 매매계약을 이행할 수 없게 된 다음에 목적물의 시

58) 상세한 것은 Treitel(주 9), 870−879; Chitty On Contracts, 30th ed. 2008, §§ 27−039−27−044 참조.

59) 대판 1967. 5. 30, 67다466; 대판 1992. 4. 28, 91다29972.

60) 대판 1980. 8. 26, 80다1171.

61) 대판 1992. 8. 14, 92다2028.

가가 등귀한 경우에 채무자가 이를 알거나 알 수 있었을 경우에 한하여 이를 특별사정으로 인한 손해로 보아 그 배상을 청구할 수 있고, 이행불능 당시의 시가가 계약 당시의 그것보다 현저하게 앙등한 경우에는 그 가격에 대하여 손해배상을 청구할 수 없다고 한다.[62]

그리고 계약불이행의 경우에 정신적 손해도 특별한 사정으로 인한 손해로 파악하고 있다. 가령 "일반적으로 건물신축도급계약이나 임대차계약 등에서 수급인이나 임대인의 채무불이행으로 인하여 손해가 발생한 경우, 이로 인하여 상대방이 받은 정신적 고통은 재산적 손해에 대한 배상이 이루어짐으로써 회복된다고 보아야 할 것이므로, 상대방이 재산적 손해의 배상만으로는 회복될 수 없는 정신적 고통을 입었다는 특별한 사정이 있고, 수급인 등이 이를 알았거나 알 수 있었을 경우에 한하여 정신적 고통에 대한 위자료를 인정할 수 있다."라고 한다.[63]

한편, 특별사정으로 인한 손해배상에서 채무자가 그 사정을 알았거나 알 수 있었는지의 여부를 가리는 시기가 문제된다. 이에 관해서는 계약체결당시를 기준으로 해야 한다는 견해도 있으나, 다수설은 계약체결 시가 아니라 채무의 이행기까지를 기준으로 예견가능성을 판단하고 있다.[64] 대판 1985. 9. 10, 84다카1532(공 1985, 1324)[65]는 "민법 제393조 제2항 소정의 특별사정으로 인한 손해배상에 있어서 채무자가

62) 대판 1967. 11. 28, 67다2178; 대판 1978. 1. 10, 77다963; 대판 1993. 5. 27, 92다20163.

63) 대판 1993. 11. 9, 93다19115; 대판 1994. 12. 13, 93다59779.

64) 곽윤직(주 43), 122면; 김주수, 채권총론, 제3판 증보판, 삼영사, 2003, 180면; 김증한·김학동(주 43), 143면.

65) 사안은 다음과 같다. 원고는 피고로부터 부동산을 매수한 다음, 위 계약이 제대로 이행될 것으로 믿고 위 부동산을 소외인에게 전매하기로 하는 계약을 체결하고 그 계약금 600만원을 수령하였다. 그러나 피고의 채무불이행으로 인하여 위 계약이 해제되었다. 그리하여 원고도 위 전매계약을 이행할 수 없게 되어 위 소외인에게 위 계약금에 해당되는 금 600만원의 위약배상금을 지급하게 되어 동액 상당의 손해를 입었다.

그 사정을 알았거나 알 수 있었는지의 여부를 가리는 시기는 원심판시와 같이 계약체결당시가 아니라 채무의 이행기까지를 기준으로 판단하여야 할 것"이라고 한 다음, "피고는 그 채무의 이행기(1982. 8. 15) 이전인 1982. 8. 9. 원고가 위 매수부동산을 위 목진주에게 전매한 사실을 알고 있었던 사실이 인정되므로 피고는 채무이행기 전에 이미 원고가 위 전매계약 때문에 입게 된 손해의 원인이 된 특별사정을 알고 있었음이 명백하다"고 판결하였다.[66]

3. 손해배상의 범위에 관한 개정 문제

(1) 통상손해와 특별한 사정으로 인한 손해

민법 제393조는 통상손해와 특별한 사정으로 인한 손해를 구분하고 있다. 이와 같은 구분을 하지 않는 입법례도 있지만, 이와 같이 구분하는 입법례도 있다. 가령 영국 물품매매법[67]이나 미국 리스테이트먼트[68]에서도 우리 민법과 동일한 방식은 아니지만 통상손해와 특별손해를 구분하고 있다. 한편, 일본 민법개정시안에서는 손해배상의 범위를 정하는 원칙으로서 예견가능성을 기준으로 할 것을 제안하면서 통상손해와 특별손해의 구분을 하지 않고 있다. 그러나 일본 민법에서 말하는 「통상손해」·「특별손해」의 구조를 사용하는 것이 일본 민법 제416조에 따른 이론에 익숙해져 있는 연구자와 실무자에게 알기 쉽다는 의견도 있다.[69] 통상손해와 특별손해를 구분하는 것이 불합리한 것이

66) 이 판결에 관해서는 양창수, "민법 제393조 제2항이 정하는 "특별한 사정"의 예견시기", 민법연구 제2권, 박영사, 1991, 117면 이하 참조.

67) 영국 물품매매법(the Sale of Goods Act 1979) 제50조 제2항는 "손해배상의 범위는 매수인의 계약위반으로 인해 사건의 통상적인 경과로 직접적 또는 자연적으로 발생된 것으로 평가되는 손실이다."라고 정하고 있다.

68) 미국법조협회(ALI), 제2차 계약법 리스테이트먼트 제351조 제2항 (a)호는 "사건의 통상적인 과정에서 발생한 손실"은 예견가능한 손해로 보고 있다.

69) 법무부 역(주 48), 243면.

라고 볼 수 없다. 따라서 이와 같은 구분을 유지하는 것이 좋을 것으로 생각한다.

(2) 예견가능성과 상당인과관계

독일 민법은 채무불이행으로 인한 손해배상의 범위에 관하여 예견가능성 기준을 거부하고 대신에 상당인과관계론을 적용하고 있다. 손해는 채무불이행에 의해 야기되었어야 하고 통상적인 과정에서 발생한 손해만이 배상의 대상이 된다. 그러나 채무불이행으로 인하여 손해의 발생가능성이 상당한 정도로 증가하고 이에 따라 실제로 손해가 발생한 것이라면, 상당인과관계론에 따라 채무자는 책임을 진다.

그러나 대부분의 입법례는 기본적으로 예견가능성론을 따르고 있다.[70] 위에서 본 Hadley v. Baxendale 판결에서 제시된 내용은 이후 영국, 미국 등 보통법 국가의 판례에 영향을 미쳤다. 프랑스 민법은 제1150조에서 예견가능성 기준에 관하여 정하고 있다. CISG 제74조도 손해배상을 이와 같이 예견가능성을 기준으로 제한하고 있다.[71]

한편, 유럽계약법원칙은 제9:503조에서 예견가능성에 관하여 "불이행자는 계약의 체결 시에 그의 불이행의 개연성 있는 결과로 예견하였거나 합리적으로 예견할 수 있었던 손실에 대하여만 책임이 있다. 다만 불이행이 고의나 중과실로 인한 경우에는 그러하지 아니하다."라고 정하고 있다. 채무불이행책임은 계약체결 시에 그의 불이행에 따른 결과로서 예견하였거나 예견했어야 하는 부분에 한정된다. 그러나 이 조항의 후단은 고의 또는 중과실에 의한 계약위반의 경우에 관한 특별규정을 두고 있다. 비록 일반적으로 채무자는 계약의 체결 시에 예견했거나 예견하였어야 했던 손해에 대해서만 책임을 져야 하지만, 이 조항의

70) 이에 관해서는 우선 Lando/Beale(주 3), 442－443 참조.

71) Schlechtriem/Schwenzer, Kommentar zum Einheitlichen UN－Kaufrecht (5. Aufl., 2008) Art. 74, Rn. 45. 참조. 또한 PICC 제7.4.4.조도 참조.

후단은 고의 또는 중과실에 의한 불이행의 경우에 대한 특별한 원칙을 규정하고 있다. 이러한 경우 채무자가 책임을 져야 할 손해는 예견가능성 원칙에 의해 제한되지 않으며, 예견할 수 없었더라도 모든 손해를 배상해야 한다.[72] DCFR(Ⅲ.－3:703)도 이와 마찬가지이다.

우리 민법에서 예견가능성론을 채택한 것은 바람직한 태도라고 할 수 있다. 예견가능성을 판단하는 시기를 어떻게 볼 것인지 등에 관하여 논란은 있으나, 예견가능성론 자체를 수정하여야 한다는 견해는 찾기 어렵다.

(3) 예견가능성의 판단시기

(가) 예견가능성을 판단하는 기준시점을 언제로 정할 것인지 문제된다. 예견가능성의 기준시기에 대해서 계약체결 당시를 기준으로 할지, 이행기를 기준으로 할지, 채무불이행시를 기준으로 할지 논란이 있다.

(나) 많은 입법례에서 예견가능성을 판단하는 기준시점에 관하여 계약체결 시 또는 채무발생 시를 기준으로 하고 있다. 가령 프랑스 민법(제1150조)이나 유럽계약법원칙(제9:503조), DCFR(Ⅲ.－3:703) 등을 들 수 있다. 손해배상의 범위를 채무자가 채무발생 시에 예견하였거나 예견가능한 범위로 제한하고 있다.

채무자의 입장에서 보면, 채무자는 예견 가능한 손해에 대해서 책임을 져야 한다. 채무자가 계약체결 당시에 상대방에게 어떠한 손해가 발생할 것을 예상할 수 있었다면, 채무자는 자기의 책임을 제한하는 규정을 두거나 책임의 위험을 부담하는 대신에 더 많은 반대급부의무를 요구할 수도 있고 계약을 체결하지 않을 수 있기 때문이다. 반면에 채권자의 입장에서 보면, 채권자는 채무자가 예견할 수 있었던 손해에 대한 배상만을 청구할 수 있다. 채무자가 예견할 수 없었던 손해에 대해

---

72) Lando/Beale(주 3), 442.

서는 채무자가 대비를 할 수 없기 때문에 예견가능하지 않은 손해의 배상을 요구하는 것은 타당하지 않기 때문이다.[73)]

(다) 일본 민법개정시안에서는 손해배상의 범위에 관하여 제1항에서 "계약에 근거하여 발생한 채권에 있어서 채권자는 계약체결 시에 양 당사자가 채무불이행의 결과로서 예견하거나 또는 예견할 수 있었던 손해의 배상을 채무자에 대하여 청구할 수 있다."라고 정하고, 제2항에서 "채권자는 계약체결 후 채무불이행이 있기까지 채무자가 예견하거나 또는 예견할 수 있었던 손해에 관해서도 채무자가 이를 회피하기 위한 합리적인 조치를 강구하지 않았다면 채무자에 대하여 그 배상을 청구할 수 있다."라고 정할 것을 제안하고 있다. 이 제안은 계약에 근거한 위험배분을 기초로 하여 배상범위를 정해야 한다는 입장에서 이른바 예견가능성 원칙을 채용한 다음에, 계약체결 시에 양당사자가 예견할 수 있었던 손해뿐만 아니라, 계약체결 후 채무불이행의 시점까지 채무자가 예견할 수 있었던 손해에 관해서도 계약에 맞추어 채무자에게 손해회피를 위해 성실하게 행동할 것을 촉구하고, 이 손해를 손해회피를 위한 합리적인 행동을 취하지 않은 채무자에게 부담케 하는 원칙을 채용한 것이라고 한다. 이 경우에 합리적 조치의 내용은 계약의 취지에 맞게 정하고 있다. 한편 위 제안은 손해배상의 범위가 상당인과관계에 의해 정해진다는 사고를 채용하고 있지 않다. 그러나 현행 일본 민법 제416조가 기초단계에서 예견가능성 원칙을 채용하고 있었다는 이해에서 본다면, 개정안은 현행 민법과 기본적으로 동일한 사고에 입각하는 것이며, 또한 최근의 국제적인 경향에도 합치한다.[74)]

(라) 우리나라에서도 예견가능성을 계약체결 시를 기준으로 판단

73) von Bar, Clive ed., Principles, Definitions and Model Rules of European Private Law: Draft Common Frame of Reference, Vol. Ⅰ, 2010, 909.

74) 이 단락은 법무부 역(주 48), 243면 참조.

하여야 할 것인지 문제된다. 그러나 판례는 이를 부정하고 있음은 위에서 본 바와 같다.

계약 등 법률행위에서 발생하는 채무를 이행하지 않은 경우 그 손해배상은 계약체결 시를 기준으로 예견가능성이 있는 채무에 한하여 배상하는 것을 원칙으로 하는 것을 검토할 필요가 있다. 그런데 제390조는 계약 등 법률행위에서 발생하는 채무뿐만 아니라 법률의 규정에 의하여 발생하는 채무에 대해서도 적용되기 때문에 채무의 발생 시로 하여야 할 것이다. 다만 고의 또는 중과실이 있는 경우에는 계약체결 이후에 예견가능한 손해도 배상할 필요가 있다고 생각할 수 있다. 따라서 예견가능성의 판단시기 문제는 다음 항에서 보는 고의 또는 중과실의 경우 예외 규정을 둘 것인지 여부와 관련이 있다.

(4) 고의 또는 중과실의 경우 예외 규정을 둘 것인지 여부

채무불이행에 고의 또는 중과실이 있는 경우에는 계약체결 당시에 예견하였거나 예견할 수 있었던 손해에 한정하여 배상하는 것은 바람직하지 않다. 유럽계약법원칙 등에서는 이에 관한 명문의 규정을 두고 있다. 그러나 일본 민법개정시안에서는 이에 관한 규정을 두고 있지 않다. 그 이유에 대하여 손해발생에 관하여 채무자가 의욕하거나 인용한 손해, 즉 채무자에게 손해발생에 고의가 있는 경우에는 채무자가 손해발생을 인식하고 있기 때문에 위 조항에 의하여 처리될 수 있다고 보아 독립의 원칙으로 규정을 두지 않았다고 설명한다.[75]

(5) 개정방안

민법 제393조에서 "손해배상의 범위"라는 표제로 통상손해와 특별손해로 구분하여 정하고 있는데, 제2항에 관하여 3개의 개정안을 작성하였다.

제1안은 제2항을 "특별한 사정으로 인한 손해는 채무의 발생 시에

---

75) 법무부 역(주 48), 243면.

채무자가 이를 알았거나 알 수 있었을 때에 한하여 배상할 책임이 있다. 그러나 채무자에게 채무불이행에 관한 고의 또는 중과실이 있는 경우에는 그러하지 아니하다."와 같은 방식으로 수정하는 것이다.[76] 계약에 기한 채무의 경우에는 채무자가 계약체결 시에 그 손해를 알았거나 알 수 있었을 때에 한하여 배상하고, 그 밖의 채권의 경우에는 채무의 발생 시에 채무자가 그 손해를 알았거나 알 수 있는 경우에 한하여 손해를 배상하도록 한 것이다. 그러나 채무불이행에 관하여 채무자에게 고의 또는 중과실이 있는 경우에는 예견 또는 예견가능성 요건을 충족하지 않은 경우에도 배상하도록 하였다.

이에 반하여 채무의 이행기 또는 채무불이행시를 기준으로 예견 또는 예견가능성을 판단하는 것이 타당하다는 견해도 있다. 이를 입법한다면 "특별한 사정으로 인한 손해는 채무의 이행기에[채무불이행 시까지] 채무자가 이를 알았거나 알 수 있었을 때에 한하여 배상할 책임이 있다. 그러나 채무자에게 채무불이행에 관한 고의 또는 중과실이 있는 경우에는 그러하지 아니하다."라고 규정할 수 있는데, 이를 제2안으로 제시하였다. 한편, 현재의 판례와 같이 입법할 경우는 제3안으로 작성하였는데, "특별한 사정으로 인한 손해는 채무의 이행기에[채무불이행 시까지] 채무자가 이를 알았거나 알 수 있었을 때에 한하여 배상할

76) 이 방안은 다시 "특별한 사정으로 인한 손해는 채무의 발생 시에[또는 "계약의 체결 그 밖에 채무가 발생할 당시에"] 채무자가 이를 알았거나 알 수 있었을 때에 한하여 배상할 책임이 있다. 그러나 채무자에게 채무불이행에 관한 고의 또는 중과실이 있는 경우에는 채무자가 이를 알 수 없었던 손해에 대해서도 배상할 책임이 있다."라고 정하는 방안과 "특별한 사정으로 인한 손해는 채무의 발생 시에[또는 "계약의 체결 그 밖에 채무가 발생할 당시에"] 채무자가 이를 알았거나 알 수 있었을 때에 한하여 배상할 책임이 있다. 그러나 채무자에게 채무불이행에 관한 고의 또는 중과실이 있는 경우에는 채무불이행 시에['채무불이행 시까지' 또는 '채무불이행이 있기까지'라는 표현 사용 가능] 채무자가 이를 알았거나 알 수 있었을 손해[에 대해서도] 배상할 책임이 있다."라고 정하는 방안으로 수정할 수도 있다.

책임이 있다."라고 규정할 수 있을 것이다.

현행 민법의 규정은 여러 가지 해석이 가능하다. 따라서 이 문제를 규정하지 말고 판례에 맡겨두자는 의견이 있었다. 이에 대하여 판례에 의하여 계약체결 시를 기준으로 하는 것은 배제되어 있고 이에 관한 판례가 바뀌는 것을 기대하기 어렵하는 의견이 있었다. 이 상태에서 위 판례를 입법으로 개정할 것인지, 판례에 계속 맡겨 둘 것인지 문제가 된다. 분과위원회에서 개정위원들의 의견이 일치되지 않아 이 문제에 관하여 위와 같이 2개의 안을 제안하기로 하였다. 제1안은 현행 규정을 그대로 유지하는 것이고, 제2안은 제393조 제2항을 "특별한 사정으로 인한 손해는 채무의 발생 시에 채무자가 이를 알았거나 알 수 있었을 때에 한하여 배상할 책임이 있다."라고 정하는 것이다. 다만 제2안을 따를 경우에 일본민법개정시안과 같이 '계약체결 후 채무불이행이 있기까지 채무자가 예견하거나 또는 예견할 수 있었던 손해에 관해서도 채무자가 이를 회피하기 위한 합리적인 조치를 강구하지 않았다면 손해배상을 청구할 수 있도록 해야 한다'는 의견도 있었으나, 이 점을 명시하지는 않기로 하였다.

한편, 고의 또는 중과실이 있는 경우에 예견가능성을 요구하지 않는 방안에 관해서 논의를 하였다. 그러나 고의 또는 중과실의 경우에는 계약체결 이후 채무불이행 당시까지 알았거나 알 수 있었던 사정까지 배상범위에 들어가는 것은 좋지만, 특별한 사정으로 인한 모든 손해를 배상하는 것까지는 곤란하다는 의견이 있었다. 분과위원회에서 특별한 사정으로 인한 손해에 대하여 채무자에게 채무불이행에 관한 고의·중과실이 있는 경우에 예견가능성이 없더라도 손해를 배상하도록 하는 규정은 두지 않기로 하였다.

채무불이행으로 인한 손해에 대한 예견가능성을 판단하는 시기에 관해서는 계약체결 등 채무의 발생 시로 하는 방법과 채무불이행시를 기준으로 하는 방법이 양극단에 있다. 이 두 방법은 각각 장단점이 있기 때문에, 그중 어느 한 방법을 채택하는 것은 쉽지 않은 문제이다. 그리하여 두 방법을 절충하는 방법이 있을 수 있는데, 이에 관해서는 민법개정위원회에서 충분한 논의를 하지 못한 셈이다. 손해배상의 범위에 관한 규정의 중대성에 비추어 신중한 논의가 필요하지만, 이 문제에 관해서도 폭넓은 검토가 필요할 것이라고 생각한다.

Ⅳ. 대체거래와 손해배상

1. 개 설

채무불이행으로 인하여 채권자가 대체거래를 한 경우에 대체거래가격을 기준으로 손해배상을 산정할 것인지 여부에 관해서는 우리나라에서 거의 논의하고 있지 않지만, 여러 입법례에서 대체거래에 관한 규정을 두고 있다.

채무불이행으로 인하여 채권자가 대체거래를 한 경우에는 대체거래가격이 손해배상의 산정기준이 될 것이고, 이와 같은 대체거래를 하지 않은 경우에는 목적물의 시가를 기준으로 손해배상을 산정하여야 할 것이다.[77] 대법원 판결에서도 대체거래가격을 기준으로 손해배상을 산정하여야 한다고 한 적이 있다. 가령 매매계약이 해제된 후에 매도인이 제3자에게 그 매매목적물을 다시 매도한 경우에 손해배상은 "매도인이 당초의 매매계약에 의하여 취득할 것으로 예상되었던 매매대금과 제3자[와] 사이의 매매계약에 의하여 취득하게 되는 매매대금과의 차액"에 "당초의 매매대금의 취득예정 시기로부터 후의 매매대금의 취득 시기까지의 기간 동안의 당초의 매매대금에 대한 법정이율에 의한 이

77) CISG 제75조, 제76조와 유럽계약법원칙 제9:506조와 제9:507조는 이에 관하여 상세하게 규정하고 있다. 상세한 것은 Lando/Beale(주 3), 448-450 참조.

자 상당액"을 합산한 금액이라고 한다.[78] 매수인이 매도인의 채무불이행으로 인하여 제3자로부터 동종의 물품을 매수하여야 하는 경우에는 그 매매대금과 그 매매에 소요되는 통상적인 비용이 손해배상의 범위에 포함될 것이다.[79]

2. 비교법적 고찰

CISG 제75조는 "계약이 해제되고 계약해제 후 합리적인 방법으로, 합리적인 기간 내에 매수인이 대체물을 매수하거나 매도인이 물품을 재매각한 경우에, 손해배상을 청구하는 당사자는 계약대금과 대체거래대금과의 차액 및 그 외에 제74조에 따른 손해액을 배상받을 수 있다."라고 정하고 있다. PICC 제7.4.5조는 대체거래의 경우의 손해의 증명에 관하여 "피해당사자가 계약을 해제하고 합리적인 기간 내에 합리적인 방법으로 대체거래를 한 경우에 그는 계약가격과 대체거래가격의 차액 및 기타 손해의 배상을 청구할 수 있다."라고 정하고 있다. 유럽계약법원칙 제9:506조는 대체거래라는 표제로 "불이행의 상대방이 계약을 해제하고 합리적인 기간 내에 합리적인 방식으로 대체거래를 한 경우에, 그는 계약가격과 대체거래가격의 차액 및 이 절의 규정에 의하여 배상받을 수 있는 한도에서 그 밖의 손실에 대하여 배상을 청구할 수 있다."라고 정하고 있다. DCFR Ⅲ.－3:706도 이와 유사한 규정을 두고 있다.

채권자의 손해를 평가하는 방법으로 대체적 이행을 구하는 데 드는 비용을 계산하는 것이 타당한 경우가 많다. 채권자가 실제로 합리적인 대체거래를 한 경우, 계약가격과 대체거래가격의 차액을 손해로서

78) 대판 2001. 11. 30, 2001다16432(공보불게재). 다만 제3자에의 매도가격이 시가에 비추어 현저히 저렴하게 책정된 경우에는 이 방식을 적용할 수 없다.

79) 대판 1997. 11. 11, 97다26982(공 1997, 3762)는 이에 관하여 직접 판단한 것은 아니지만, 이 판결에서 위와 같은 결론을 도출할 수 있다.

배상하여야 한다. 이 경우 채무자는 대체거래를 하는 데 지출한 비용 등도 모두 배상할 책임이 있다.[80] 일본 민법개정시안은 【3.1.1.71】에서 물건 가격을 배상해야 할 경우 채권자가 채무불이행 후에 대체거래를 하고 또한 그 대체거래가 합리적인 시기에 이루어진 때에는 대체거래액이 불합리하게 고액인 경우를 제외하고 대체거래액을 배상할 물건의 가액으로 하고, 대체거래액이 불합리하게 고액인 때에는 대체거래가 이루어진 시점에서 대체거래에 요구되는 합리적인 금액을 배상할 물건의 가격으로 할 것을 제안하고 있다.[81]

3. 개정방안

채무불이행이 있은 후에 채권자가 다른 곳에서 동일한 물건을 구입하는 등 대체거래를 한 경우에 그로 인한 손해의 배상을 청구할 수 있다는 규정을 둘 필요가 있다. 위에서 본 것처럼 판례에서도 대체거래를 고려하여 손해배상액을 산정하고 있다. 이 경우 계약을 해제한 후에만 대체거래로 인한 손해의 배상을 청구할 수 있다고 규정할 수도 있고, 그렇지 않고 채무불이행이 있은 후에는 합리적인 방식(또는 방법)으로 대체거래를 하였다면 그로 인한 손해의 배상을 청구할 수 있다고 규정할 수도 있다. 이 경우 대체거래는 합리적인 기간 내에 있어야 한다. 합리적인 기간 내에 합리적인 방식으로 대체거래를 한 경우에 한하여 그 금액이나 비용을 청구할 수 있다고 정하는 것이 좀 더 정확하고, 이 방안이 좋은 방안이라고 할 수 있다. 그런데 이와 같이 정할 경우 '합리적인'이라는 표현이 두 번 나와 간략하게 줄이자는 의견이 있을 수 있고, '합리적인 방식으로'라고 정하면 '합리적인 기간 내에 합리적인 방식으로' 대체거래를 한 경우를 가리키는 것으로 해석할 수 있기 때문

80) Lando/Beale(주 3), 448－449.
81) 법무부 역(주 48), 246면.

에, '합리적인 방식으로'라는 표현으로도 충분하다고 생각할 수 있을 것이다.

민법 제393조의3을 신설하여 대체거래로 인한 손해에 관하여 규정할 것을 제안하였다. 제1안은 채권자가 채무불이행이 있은 후 합리적인 방식으로 대체거래를 한 경우에 대체거래를 함으로써 발생한 손해의 배상을 청구할 수 있다고 정한 것이다. 제2안은 채권자가 계약을 해제한 후 합리적인 방식으로 대체거래를 한 경우에 대체거래를 함으로써 발생한 손해의 배상을 청구할 수 있다고 정한 것이다. 채무불이행이 있은 후에 대체거래를 할 수 있도록 하는 것이 나을 것으로 생각된다. 해제의 요건이 발생하더라도 계약의 해제가 곤란한 경우가 있을 수 있기 때문이다.

분과위원회에서 위 두 방안에 관하여 논의하였는데, 규정을 두는 방안과 규정을 두지 않는 방안을 제시하기로 하였다. 대체거래에 관한 규정을 둘 경우에 해제의 요건이 발생하더라도 계약의 해제가 곤란한 경우가 있을 수 있기 때문에, 채무불이행이 있은 후에 대체거래를 할 수 있도록 하였다. 또한 대체거래의 시기에 관하여 기간과 방식을 모두 열거하여 합리적인 정도로 제한할 수 있도록 하였다.

> 제393조의2(대체거래로 인한 손해) 채무불이행이 있은 후 채권자가 합리적인 기간 내에 합리적인 방식으로 대체거래를 한 경우에 대체거래를 함으로써 발생한 손해의 배상을 청구할 수 있다.

손해배상액을 산정하는 방식이 여러 가지가 있는데, 위와 같은 개정안은 그 유형을 찾아서 조문화하려는 것이다. 실제 사건에서 손해배상청구를 하면서 대체거래로 인한 손해의 배상을 청구하는 예가 적다. 대체거래로 인한 비용을 손해로 인정하는 것이 합리적이라고 생각한다면 이를 규정해서 대체거래비용을 청구하도록 하는 것이 바람직할 것이다. 위 개정안은 대체거래비용을 손해배상으로 청구할 수 있도록 한 것이고, 매우 불합리하게 고액으로 대체거래를 한 경우에는 합리적인 범위를 벗어났다고 하여 손해배상의 범위에서 제외될 것이다.

Ⅴ. 손해배상액을 산정하기 곤란한 경우 손해액의 산정방법

1. 판 례

채무불이행으로 인한 손해배상액의 청구에 있어서 손해의 발생 사실과 그 손해를 금전적으로 평가한 배상액에 관하여는 손해배상을 구하는 채권자가 주장·입증하여야 한다. 채권자가 손해배상책임의 발생원인 사실에 관하여는 주장·입증을 하였더라도 손해의 발생 사실에 관한 주장·입증을 하지 아니하였다면 변론주의의 원칙상 법원은 당사자가 주장하지 아니한 손해의 발생 사실을 기초로 하여 손해액을 산정할 수는 없다.[82)]

그런데 대판 2004. 6. 24, 2002다6951, 6968(공 2004, 1201)[83)]은 이른바 서정원 사건에 대한 판결로서, 손해배상액을 산정하기 곤란한 경우에 법원이 손해배상액을 산정하여야 한다고 하였다. 이 사건에서 축구선수인 피고(서정원)와 원고 축구단과 사이에 입단계약을 체결하면서 피고의 해외 진출과 그 후의 복귀에 관한 약정을 포함시켰다. 그러나 피고가 위 약정에 따르지 않자, 원고 축구단이 손해배상을 구하는 소를

82) 대판 2000. 2. 11, 99다49644(공 2000, 671).

83) 이에 관한 평석으로는 김재형(주 45), 367면 이하가 있다. 또한 이 사건과 관련하여 비교법적으로 검토한 정태윤, "이른바 위자료의 보완적 기능과 관련하여 살펴본 프랑스에서의 위자료제도," 판례실무연구(Ⅶ), 2004, 245면 이하; 제철웅, "채무불이행으로 인한 손해배상에 있어서 위자료의 보완적 기능," 판례실무연구(Ⅶ), 2004, 261면 이하도 참조.

제기하였다. 법원은 피고가 국내에 복귀하면서 원고와 복귀에 따른 협상을 하지 않은 채 다른 축구단에 입단한 것은 원고와의 구단복귀 약정을 위반한 것이라고 보고, 피고는 그 위반으로 원고가 입은 손해를 배상할 의무를 진다고 판단하였다. 그런데 원심판결과 대법원 판결은 손해액을 다른 방식으로 산정하고 있다. 원심은 그 손해액에 대한 입증이 대단히 곤란하여 이를 확정하기는 사실상 불가능하므로, 위자료의 보완적 기능을 빌어 피고에 대하여 위자료의 지급으로서 원고의 손해를 전보하여야 한다고 판단하였다. 그러나 대법원은 다음과 같이 판단하였다.

> "채무불이행으로 인한 손해배상청구소송에 있어, 재산적 손해의 발생사실이 인정되고 그의 최대한도인 수액은 드러났으나 거기에는 당해 채무불이행으로 인한 손해액 아닌 부분이 구분되지 않은 채 포함되었음이 밝혀지는 등으로 구체적인 손해의 액수를 입증하는 것이 사안의 성질상 곤란한 경우, 법원은 증거조사의 결과와 변론의 전취지에 의하여 밝혀진 당사자들 사이의 관계, 채무불이행과 그로 인한 재산적 손해가 발생하게 된 경위, 손해의 성격, 손해가 발생한 이후의 제반 정황 등의 관련된 모든 간접사실들을 종합하여 상당인과관계 있는 손해의 범위인 수액을 판단할 수 있다고 하겠다."

이 판결은 축구선수 서정원의 복귀 약정 위반으로 인한 손해를 재산적 손해로 보면서 이를 산정할 수 없는 경우에 변론 전체의 취지와 증거조사의 결과를 토대로 제반 사정을 고려하여 손해액을 정할 수 있다고 하였다. 채무불이행으로 인한 손해배상청구소송에서 재산적 손해의 발생사실이 인정되나 구체적인 손해의 액수를 입증하는 것이 곤란한 경우, 법원은 증거조사의 결과와 변론 전체의 취지에 의하여 고려하여 손해액을 판단할 수 있다고 한 점에서 매우 중요한 의미가 있다.[84] 그 후 불법행위로 인한 손해배상의 경우에도 마찬가지로 보고 있다.[85]

그러나 이것이 법관에게 손해를 주먹구구식으로 인정하여도 좋다는 권한을 부여한 것은 아니다. 손해액을 산정하는 기초가 되는 사실을 좀 더 엄밀하게 밝히고 손해액 산정에 고려한 요소를 제시하는 것이 필요할 것이다.

2. 저작권법 등의 규정

저작권법 등에는 손해가 발생한 사실은 인정되나 손해액을 산정하기 어려운 때에 변론의 취지와 증거조사의 결과를 참작하여 상당한 손해액을 인정할 수 있다는 규정을 두고 있다. 저작권법 제126조는 "법원은 손해가 발생한 사실은 인정되나 제125조의 규정에 따른 손해액을 산정하기 어려운 때에는 변론의 취지 및 증거조사의 결과를 참작하여 상당한 손해액을 인정할 수 있다."라고 정하고 있다.[86] 언론중재 및 피해구제 등에 관한 법률 제30조 제2항은 "법원은 제1항에 따른 손해가 발생한 사실은 인정되나 손해액의 구체적인 금액을 산정하기 곤란한 경우에는 변론의 취지 및 증거조사의 결과를 고려하여 그에 상당하다고 인정되는 손해액을 산정하여야 한다."라고 정하고 있다.[87]

---

84) 동지: 대판 2008. 12. 24, 2006다25745(공 2009, 82).

85) 대판 2005. 11. 24, 2004다48508; 대판 2006. 9. 8, 2006다21880(공 2006, 1662).

86) 특허법 제128조 제5항 등도 이와 유사하게 규정하고 있다.

87) 그 밖에 여러 법률에 이에 관한 규정이 있다. 독점규제 및 공정거래에 관한 법률 제57조, 특허법 제128조 제5항, 상표법 제67조의2 제1항, 디자인보호법 제64조 제5조, 부정경쟁방지 및 영업비밀보호에 관한 법률 제14조의2 제5항, 장애인차별금지 및 권리구제 등에 관한 법률 제46조 제3항, 콘텐츠산업 진흥법 제38조 제2항, 증권관련 집단소송법 제34조 제2항.

3. 비교법적 고찰

스위스채무법 제42조 제2항은 "수액으로 증명할 수 없는 손해는 사물의 통상의 경과와 피해자가 취한 조치를 참작하여 법관이 재량으로 평가한다."라고 정하고 있다. 독일 민사소송법 제287조 제1항은 "손해의 성립 여부와 그 손해 또는 배상할 이익의 범위에 관하여 당사자들 사이에 다툼이 있는 경우에, 법관은 제반사정을 참작하여 자유로운 심증에 따라 이를 판단한다. 신청된 증거조사 또는 직권에 의한 감정인의 감정을 명할 것인지 여부와 그 범위는 법원의 재량에 따른다. 법원은 손해 또는 이익에 관하여 증거제출자를 심문할 수 있다. [···]"라는 규정을 두고 있다. PICC 제7.4.3조 제 3 항과 유럽불법행위법그룹의 유럽불법행위법원칙 제2:105조에도 손해의 평가 또는 손해의 증명에 관하여 이와 유사한 규정이 있다.[88]

4. 개정방안

민법에는 위와 같은 규정이 없지만, 동일한 결과를 인정할 수 있다. 즉, 채무불이행이나 불법행위로 인한 손해배상의 경우에 손해의 발생이 인정되나 그 손해액을 확정할 수 없는 경우에 변론의 취지와 증거조사의 결과를 참작하여 손해액을 산정할 수 있다고 보아야 한다. 민법이나 민사소송법에도 위와 같은 규정을 둘 필요가 있다.[89] 저작권법 등 개별 법률에서는 변론 전체의 취지와 변론의 취지라는 용어가 혼재

---

88) UNIDROIT, *Principles of International Commercial Contracts 2010*, 2010, p. 269; European Group on Tort Law, *Principles of European Tort Law Text and Commentary*, 2005, p. 39.

89) 김재형(주 45), 396면. 독일에서는 민사소송법 제287조 제 1 항에서 규정하고 있다. 독일과 같이 민사소송법에서 규정할 수도 있지만, 손해배상에 관한 규정을 한 곳에 모아 둔다는 점에서 민법의 손해배상에 관한 규정에서 함께 규정할 수도 있을 것이다. 김재형, 언론과 인격권, 박영사, 2012, 433면.

되어 사용되고 있는데, 어느 하나로 통일하는 것이 좋을 것이다. 민법에 규정한다면, 제394조의2를 신설하여 "손해액의 산정"이라는 표제로 "손해가 발생한 사실은 인정되나 손해액을 산정하기 곤란한 경우에 법원은 변론의 취지와 증거조사의 결과를 참작하여 손해액을 산정하여야 한다."라고 규정하고, 제763조에서 제394조 다음에 "제394조의2"를 추가하면 될 것이다. 저작권 법 등에서 손해액의 '인정'과 손해액의 '산정'이 혼재되어 있는데, 손해액의 산정이 낫은 것으로 생각한다. 손해액의 '산정'은 손해액을 계산하여 금액을 결정한다는 뜻으로, 손해액을 계산할 수 있는 한도에서는 최대한 계산을 해보고 그것도 안 되면 법원이 결정하여야 한다는 점을 담기 위하여 손해액의 산정이라는 표현을 쓰는 것이 좋을 것이다. 분과위원회에서 논의한 결과 다음과 같은 규정을 둘 것을 제안하였다.

> 제394조의2(손해액의 산정) 손해가 발생한 사실은 인정되나 손해액을 산정하기 어려운 경우에 법원은 변론 전체의 취지와 증거조사의 결과를 참작하여 손해액을 산정하여야 한다.

민법개정위원회 전체회의에서는 위 규정을 자유심증주의에 관한 민사소송법 제202조 다음에 제202조의2에 두되, 표현을 수정하여 "손해액의 산정"대신 "손해액의 결정"이라고 하고, "손해액을 산정하기 매우 어려운 경우"로 요건을 한정하기로 하였다.

Ⅵ. 채권자의 손해감경의무와 손해방지비용

1. 개　　설

민법 제396조는 과실상계에 관하여 "채무불이행에 관하여 채권자에게 과실이 있는 때에는 법원은 손해배상의 책임 및 그 금액을 정함에 이를 참작하여야 한다."라고 정하고 있다. 2004년 민법개정안에서는 이 규정을 "채무불이행으로 인한 손해의 발생 또는 확대에 관하여 채권자에게 과실이 있는 때에는 손해배상의 책임 및 그 범위는 이를 참작하여 정하여야 한다."라고 개정하기로 하였다. 한편 2010년 제2기 민법개정위원회 2분과위원회에서 "채권자 과실의 참작"이라는 표제로 위 개정안을 수정하였다.[90)]

그런데 최근 채권자의 손해억지의무 또는 손해감경의무를 인정할 것인지 논란이 되고 있다. 학설과 판례는 대체로 손해억지의무 또는 손해경감의무를 인정하고 있다고 볼 수 있는데, 이를 과실상계문제로 해결하고 있다. 그러나 위와 같은 태도가 타당한 것인지 검토할 필요가 있다. 또한 채권자의 손해방지비용의 배상을 인정할 것인지 검토할 필요가 있다.

2. 비교법적 고찰

CISG 제77조는 "계약위반을 주장하는 당사자는 이익의 상실을 포함하여 그 위반으로 인한 손실을 경감하기 위하여 그 상황에서 합리적인 조치를 취하여야 한다. 계약위반을 주장하는 당사자가 그 조치를 취하지 아니한 경우에는, 위반 당사자는 경감되었어야 했던 손실액만큼 손해배상액의 감액을 청구할 수 있다."라고 규정한다. PICC 제7.4.7조는 피해당사자에 일부 기인한 손해에 관하여 "손해가 피해당사자의 작위 또는 부작위나 그가 위험을 부담하는 사유에 일부 기인한 때에는 손

90) 필자는 표현을 다음과 같이 수정하는 것이 바람직하다고 생각한다. "제396조(채권자 과실의 참작) 채무불이행으로 인한 손해의 발생 또는 확대에 채권자의 과실이 기여한 때에는 [법원은] 그 과실 및 기여 정도를 참작하여 손해배상의 책임과 범위를 정하여야 한다." 또한 법원을 주어로 하고 있는 것을 그대로 둘 것인지 검토할 필요가 있을 것이다.

해배상액은 각 당사자의 행위를 참작하여 그러한 요인들이 동 손해에 기여한 범위를 한도로 감액된다."라고 정하고, 제7.4.8조는 손해의 경감에 관하여 제1항에서 "불이행당사자는 피해당사자가 합리적인 조치를 취함으로써 경감될 수 있었던 범위까지는 피해당사자가 입은 손해에 대한 책임이 없다."라고 정하고, 제2항에서 "피해당사자는 손해를 경감시키는 조치를 취하는 데 합리적으로 소요된 비용의 배상을 청구할 수 있다."라고 정한다.

유럽계약법원칙 제9:504조 제1항은 불이행의 상대방에게 귀책되는 손실에 관하여 "불이행자는, 불이행의 상대방이 불이행 또는 그 결과에 기여한 한도에서, 불이행의 상대방이 입은 손실을 배상할 책임이 없다."라고 정한다. 이 규정은 채권자가 자신의 불합리한 행동으로 인해 발생한 손실에 대해서는 손해배상을 청구할 수 없다는 원칙을 나타내고 있다. 그 의미는 다음 두 경우에 책임을 제한한 것이다. 첫째, 채권자의 행위가 불이행의 부뷰적 원인인 경우이다. 둘째, 채권자가 불이행 자체에 대해서는 전혀 책임이 없으나, 그의 행동으로 인해 손실 발생의 효과가 악화된 경우이다. 셋째, 불이행에 기인한 손실이 적절한 경감조치를 취했으면 감소되거나 없어질 수 있었던 경우는 제9:505조에서 다루어진다. 첫 번째와 두 번째는 "기여과실(contributory negligence)"의 개념에 속하고, 세 번째는 "손해경감의무 위반(failure to mitigate)"과 관련된 것이다.[91]

그리고 유럽계약법원칙 제9:505조에서는 손실의 경감에 관한 규정을 두고 있다. 제1항은 "불이행자는 불이행의 상대방이 합리적인 조치를 취함으로써 그 손실을 경감할 수 있었을 한도에서는 불이행의 상대방이 입은 손실에 대하여 책임을 지지 않는다."라고 정하고, 제2항은 "불이행의 상대방은 손실을 경감시키려고 시도하는 과정에서 합리적으

91) Lando/Beale(주 3), 444.

로 지출한 모든 비용을 배상받을 권리가 있다."라고 정한다. 채권자가 채무자의 채무불이행이나 그 결과에 기여하지 않은 경우에도, 그가 손실을 피하기 위하여 합리적인 조치를 취하였다면 피할 수 있었을 손실에 대하여는 배상을 청구할 수 없다. 손실을 경감하지 못하는 경우는 채권자가 불필요하거나 불합리한 비용을 지출했기 때문에, 또는 손실을 경감하거나 손실을 상쇄하는 이익을 얻을 수 있는 합리적 조치를 취하지 않았기 때문에 발생한다. 채권자는 그 손실을 경감하기 위한 조치를 반드시 채무자의 의무위반을 안 즉시 취해야 하는 것은 아니다. 그러한 즉각적인 조치를 취해야 되는지, 그렇지 않아도 되는지는 채권자의 행위가 그 상황에서 합리적인지 여부에 달려있다. 채권자는 상황에 비추어 합리적인 행동을 하거나 또는 비합리적인 행동을 삼가야 할 의무만을 진다. 따라서 단지 채무자의 책임을 감소시키기 위해서 채권자가 자신의 업계에서의 평판을 해칠 수 있는 방법으로 행동할 필요는 전혀 없다. 이 원칙은 당사자 일방이 제9:304조의 예견된 불이행에 책임이 있는 경우, 예컨대 이행기에 계약을 이행하지 않을 것이라고 고지하는 경우에도 적용된다. 채권자는 더 이상의 비용을 불필요하게 지출해서는 안 되고 그 손실을 경감시키기 위한 조치를 취해야 한다. 종종 채권자는 손실을 경감시키기 위해 추가적인 비용을 부담해야 할 것이다. 이러한 부수적 비용도 합리적인 경우에는 청구할 수 있다. 때때로 한 당사자가 당시에는 그 손실을 경감시키기 위한 합리적인 조치로 보이는 행위를 하였으나 실제로는 손실을 증가시키는 경우가 있다. 이 경우에도 발생한 손실 전부에 대한 배상을 청구할 수 있다.[92]

DCFR에서도 이와 유사한 규정을 두고 있다. Ⅲ.－3:704조는 채권자에게 책임이 있는 손실에 관한 규정으로 "채무자는 채권자가 불이행 또는 그 결과에 기여한 한도에서, 채권자가 입은 손실을 배상할 책임이

92) Lando/Beale(주 3), 445－446.

없다."라고 정한다. Ⅲ.－3:705조는 손실의 경감에 관하여 제1항에서 "채무자는 채권자가 합리적인 조치를 취하여 그 손실을 경감시킬 수 있었을 한도에서는 채권자가 입은 손실에 대하여 책임을 지지 않는다."라고 정하고, 제2항에서 "채권자는 손실을 경감시키려고 시도하는 과정에서 합리적으로 발생한 비용에 대해서 배상을 청구할 수 있다."라고 정한다.

일본 민법개정시안 【3.1.1.73】는 채권자의 손해감경의무에 관하여 다음과 같이 제안하고 있다. 제1항에서 "법원은 채무불이행에 의해 채권자가 입은 손해에 대해, 채권자가 합리적인 조치를 강구하였다면 그 발생 또는 확대를 방지할 수 있었던 때는 손해배상액을 감경할 수 있다."라고 규정하고, 제2항에서 "채권자는 채무자에 대하여 손해의 발생 또는 확대를 방지하기 위하여 요구되는 비용의 배상을 합리적인 범위에서 청구할 수 있다."라고 규정하고 있다. 이것은 채무불이행으로 인한 손해의 발생 또는 확대를 억제하기 위하여 채권자에 대해서도 합리적 행동이 요구되어야 한다는 점(손해경감의무), 손해경감의무의 위반이 있다면 배상액이 감경가능하다는 점을 명백하게 하고, 채권자는 손해의 발생 또는 확대의 방지에 필요한 비용의 배상을 합리적인 범위에서 채무자에 대하여 청구할 수 있도록 한 것이다.[93]

3. 개정방안

민법 제396조의2를 신설하여 채권자의 손해경감의무와 손해방지비용에 관한 규정을 둘 것을 제안하고자 한다. 상법 제680조는 손해방지의무에 관하여 규정하고 있는데,[94] 이와 같은 내용을 민법에도 규정

93) 법무부 역(주 48), 248면 이하.

94) 상법 제680조는 "손해방지의무"라는 표제로 제1항에서 "보험계약자와 피보험자는 손해의 방지와 경감을 위하여 노력하여야 한다. 그러나 이를 위하여 필요 또는 유익하였던 비용과 보상액이 보험금액을 초과한 경우라도 보험자가 이를

하는 것이 바람직하다.

채권자의 손해경감의무에 관하여 "채권자가 합리적인 조치를 취하여 손해의 발생 또는 확대를 방지할 수 있었을 때에는 법원은 손해배상액을 감경할 수 있다."라고 규정할 수 있다. 위 규정에서 "법원은 손해배상액을 감경할 수 있다"는 표현을 "그 한도에서 책임을 지지 않는다"라고 정할 수도 있을 것이다. 또한 채권자의 손해방지비용에 관하여 채권자는 손해의 발생 또는 확대를 방지하기 위하여 발생한 비용의 배상을 합리적인 범위에서 청구할 수 있다고 규정할 필요가 있다. 분과위원회에서는 다음과 같이 표현을 수정하였다.

> 제396조의2(채권자의 손해감경의무와 손해방지비용) ① 채권자가 적절한 조치를 취하여 채무불이행으로 인한 손해의 발생 또는 확대를 방지하거나 경감할 수 있었을 때에는 손해배상액을 줄일 수 있다.
>
> ② 채권자는 손해의 발생 또는 확대를 방지하거나 경감하기 위하여 발생한 비용의 배상을 적절한 범위에서 청구할 수 있다.

과실상계에 관한 규정으로 손해감경의무를 포섭하는 데는 한계가 있다. 채권자의 과실이 채무불이행 자체에 부분적인 원인이 되는 경우와 채권자가 채무불이행 자체에는 전혀 책임이 없는데 그의 행동으로 손해가 더 확대되는 경우에는 민법 제396조로 해결할 수 있다. 그러나 채무불이행에 기인한 손해가 적절한 경감조치를 취했으면 감소되거나 없어질 수 있었던 경우는 위 규정으로 해결되지 않는다. 그리하여 손해감경의무에 관한 규정을 두기로 한 것이다. 제396조를 넓게 해석하는 방식으로 해결할 수도 있으나, 손해경감의무에 관하여 명확한 규정을

부담한다."라고 정하고 있다.

두는 것이 바람직할 것이다.[95)]

손해방지비용의 배상에 관해서는 두 가지 규정방식을 생각할 수 있다. 손해의 발생을 방지하거나 경감하기 위해서 합리적으로 비용을 지출한 경우에 그 비용을 모두 배상하게 하는 방식이 있다. 이와 달리 손해의 발생을 방지하기 위해서 지출한 비용 중에서 합리적인 범위에서 배상하는 방식이 있다. 위 개정안은 두 번째 방식을 채택한 것이다.

Ⅶ. 결 론

채무불이행으로 인한 손해배상의 개념, 종류, 범위와 손해액의 산정은 민법에서 핵심적인 부분을 차지하고 있다. 이에 관한 연구도 켜켜이 쌓여있고, 무수히 많은 판례가 나오고 있다. 그러나 이 주제에 관한 입법론적 논의는 거의 없었다.

필자가 2011년 민법개정위원회에서 채무불이행법 등을 담당하고 있는 분과위원회로 옮겼을 때에도 필자가 손해배상의 범위에 관한 개정시안을 작성하게 될 것이라고는 전혀 생각하지 못했다.[96)]

개정시안을 작성하는 것[97)]이 주어진 일이기는 했지만—그리고 대

95) 분과위원회에서 손해의 발생 또는 확대를 막는다는 것으로 충분하지 않고, 손해를 줄이는 것도 포함시키는 것을 분명히 하기 위하여 손해의 발생 또는 확대를 방지할 뿐만 아니라 이를 경감한다는 표현을 넣기로 하였다. '줄여야 한다'는 표현을 사용하자는 의견과 '줄일 수 있다'는 표현을 사용하자는 의견이 있었는데, 분과위원회안으로 '줄일 수 있다'는 표현을 사용하기로 하였다. 또한 "합리적인 조치"는 "적절한 조치"로 수정하기로 하였다.

96) 분과위원회에서 2010년부터 채무불이행으로 인한 손해배상에 관하여 몇 가지 개정안을 작성하였는데, 이 문제에 관하여 좀 더 포괄적인 검토가 필요하다고 생각되어 필자가 개정시안을 작성하는 일을 맡게 되었다.

97) 위에서 다룬 사항 이외에도 손익상계에 관하여 제396조의 3으로 "채무불이행으로 인하여 채권자가 이익을 얻은 때에는 이를 배상해야 할 손해액에서 공제한다."라는 규정을 작성하였으나, 이에 관해서는 2010년에서 규정을 두지 않기로 하였으므로, 2011년에는 분과위원회에서 논의하지 않기로 하였다. 또한 불

부분의 개정시안이 전체회의에서 논의될 기회조차 없었지만—, 채무불이행으로 인한 손해배상에 관하여 입법론적인 검토를 해본 것은 커다란 소득이었다. 채무불이행으로 인한 손해배상 문제를 계속 해석론에만 맡겨둘 수는 없다고 생각한다. 손해배상법에 관하여 좀 더 깊이 있는 연구를 토대로 개정안을 작성하고 보완하여 손해배상실무를 이끌어 가는 법적 토대를 마련할 수 있기를 기대해본다.

법행위에 관한 제763조에서 채무불이행으로 인한 손해배상에 관한 규정 중 불법행위에 준용할 조항을 작성하기도 하였으나, 이 부분은 다른 분과에서 다루기로 하였다.

제 2 편

부당이득

소유물반환청구권에 부수하는 채권관계를 독자적으로 규율할 필요가 있는가?*

—점유물로부터 수취한 과실 등과 관련된 부당이득법의 개정 제안

제 철 웅**

Ⅰ. 서 설

(1) 민법 제201조 제1항은 "선의의 점유자는 점유물의 과실을 수취한다."고 규정하고, 제2항 및 제3항은 악의의 점유자, 강폭 점유자 그리고 은비 점유자의 과실반환의무에 관하여 규정하고 있다. 한편 제202조는 '점유자의 회복자에 대한 책임'이라는 표제하에 점유물의 멸실, 훼손에 대한 책임관계를 규율하며, 제203조는 '점유자의 상환청구권'이라는 표제하에 점유자가 지출한 비용상환관계를 규율하고 있다. 일부 학설[1)]은 제201조를 점유권의 효력의 하나로 설명하여 왔지만, 다수의 학설들은 위 규정들이 소유물반환관계가 존재하는 경우에 적용된다는 견해를 취해 왔다.[2)]

---

* 이 글은 존경하는 양창수 대법관께 헌정하는 논문으로 작성되었다. 양창수 대법관은 서울대 교수로 재직할 당시 필자의 석사, 박사학위논문 지도교수였다. 이는 필자의 학문적 여정에 가장 큰 행운의 하나였다. 필자의 법적 논증방식, 연구방식에 가장 지대한 영향을 미친 분 중의 한 분이기 때문이다.

** 한양대학교 법학전문대학원 교수.

1) 가령 곽윤직, 물권법, 제7판(2004), 155면 이하 참조.

2) 예컨대 곽윤직 대표편집, 민법주해 Ⅳ, 350면 이하(양창수 집필부분); 김증한/

제201조 내지 제203조의 규정 전체를 어떻게 분류하는가와 무관하게, 학설들은 제201조의 선의의 점유자는 점유할 권원이 없음에도 불구하고 그 권원이 있다고 오신하고, 그 오신에 정당한 사유가 있는 점유자를 의미하는 것으로 이해해 왔다. 문언만으로 보면, 민법 제202조 및 제203조의 점유자 및 회복자의 개념도 명확하지는 않다. 가령 점유의 회복 또는 반환을 구할 수 있는 권원은 다양한데, 그 모든 관계에 이 규정이 적용되는지, 제202조 내지 제203조에서 규율하는 것과 동일한 소재를 규율하는 다른 규정이 있을 때 그 규정과 제202조 내지 제203조는 어떤 관계에 있는지 등도 명확하지는 않다. 그러나 위 규정들이 소유물반환청구권에 부수하는 채권관계를 규율한다고 보는 입장에서는, 여기서의 점유자는 권원 없는 점유자로, 회복자는 소유자로 인정할 것이다.

그런데 권원 없는 점유자가 수취한 과실 등의 반환을 청구할 때, 부당이득법이 적용된다면 비록 그가 선의의 점유자라 하더라도 현존이익의 한도에서 이를 반환해야 하는데(민법 제748조 제1항), 제201조 제1항은 이와 달리 선의점유자에게 과실수취권을 인정하고 있다. 따라서 양 규정의 관계가 적지 않게 논의되어 왔다. 대법원 판례는 일찍부터 제201조의 선의 점유자에 대해서는 제748조 제1항에 따른 책임추궁이 가능하지 않다고 해석해 왔다.

(2) 민법 제201조 내지 제203조 전체가 소유물반환청구권에 부수하는 채권관계라는 인식이 널리 확산된 이후, 대법원은 제201조 내지 제203조에 관하여 주목할 만한 판결을 해 왔다. 대표적인 것이 제203조에 관한 대법원 판결이다. 제203조의 점유자는 권원 없는 점유자에 한정되며, 권원 있는 점유자가 지출한 비용은 同條의 적용대상에서 제외된다는 것,[3] 권원 없는 점유자가 제3자와의 도급계약을 통해 점유물

김학동, 물권법 제9판, 박영사, 226면; 이영준, 물권법, 박영사, 320면 이하 참조.

에 비용을 지출하게 한 경우 제203조의 비용지출은 수급인이 아니라 도급인인 권원 없는 점유자라는 것[4] 등이 그 예이다. 물론 제201조 제2항은 악의의 권원 없는 점유자에게 과실수취권이 없다는 취지일 뿐이고, 그의 부당이득반환의무는 제748조 제2항에 따라 규율된다는 판결도 있었다.[5]

이 글에서는 소유물반환청구권에 부수하는 채권관계를 제201조 내지 제203조에서 별도로 규율한 이유가 무엇인지, 이를 별도로 규율할 필요가 있는지 등을 검토한 후, 이 규정들을 대체할 수 있는 다른 합리적인 입법 방안은 없는지를 살펴보고자 한다. 아래에서는 먼저 소유물반환청구권의 특성을 먼저 살펴본 후, 우리 민법에서 과연 부수적 채권관계의 독자적 규율이 필수적인지를 확인해 볼 것이다. 그 후 민법 개정사안과 그 취지에 관한 필자의 의견을 제시하고자 한다.

Ⅱ. 소유물반환청구권의 특수성과 부수적 채권관계의 규율

1. 소유물반환청구권의 특성

(1) 청구권임에도 불구하고 소유물반환청구권은 여러 점에서 채권적 청구권과는 다른 특성을 가지고 있다. 무엇보다도 소유물반환청구권의 이행불능은 채권적 청구권의 이행불능과는 다른 특성을 가지고 있다.[6] 이에 대해서는 민법주해에 있는 양창수 교수의 글을 읽어야 할 것이다.

3) 대판 2003. 7. 25., 2001다64752 참조.
4) 대판 2002. 8. 23., 99다66564, 99다66571 참조.
5) 대판 2003. 11. 14., 2001다61869 참조.
6) 김증한/김학동, 물권법, 287면 이하; 이영준, 물권법, 485면 등에서는 채무불이행에 관한 규정들이 소유물반환청구권에도 준용된다고 한다. 그러나 본문은 이와 다른 입장이다.

"… 점유의 상실은 소유물반환관계 그 자체의 성립을 저지하기 때문에, 그로 인한 반환불능에 대하여는 성질상 이행불능에 관한 법리가 적용될 여지가 없다. 그 이외의 원인, 가령 고권에 의한 인도금지 등으로 인한 반환불능의 경우에도 그 책임문제에 대하여는, 물건의 멸실, 훼손으로 인한 책임에 관한 민 §202를 유추적용할 것이고, 또 同條가 이를 배타적으로 규율한다고 할 것이다. 따라서 이에 대하여 채무불이행에 관한 규정이 적용될 여지는 없다. 다만 이러한 반환불능이 인정되면, 채무의 이행을 청구하는 소송에서와 마찬가지로, 원고의 청구는 기각된다 …"

주관적이든 객관적이든 채무자가 더 이상 급부할 수 없다고 인정되면 채권적 청구권의 경우 이행불능이 있고, 채권자는 급부에 갈음한 손해배상청구권을 가진다(민법 제390조). 권원 없는 점유자의 입장에서 보면, 목적물의 멸실이든, 제3자에게 점유를 이전한 것이든, 소유물반환의무를 이행할 수 없게 되는 경우가 얼마든지 있을 수 있다. 위 양창수 교수의 글은 이 경우 이행불능에 관한 채권법의 규정은 적용되지 않는다는 것이다.

이행불능의 점에서 볼 때, 소유물반환청구권과 채권적 청구권 간의 이런 차이점은 최근 대법원 2012. 5. 17. 선고 2010다28604 전원합의체 판결에서 마침내 확인되었다. 여기서는 제3자에 의한 시효취득으로 말미암아 기판력 있는 소유물방해제거청구권(구체적으로는 등기말소청구권)의 실현이 불가능해진 경우, 종전 소유자는 방해제거의무를 부담하였던 전소의 피고를 상대로 방해제거청구권의 이행불능을 이유로 한 전보배상을 청구할 수 있는지가 쟁점이었다. 다수의견은 다음과 같이 말한다.

"소유자가 자신의 소유권에 기하여 실체관계에 부합하지 아니하는 등기의 명의인을 상대로 그 등기말소나 진정명의회복 등을 청구하는 경우에, 그 권리는 물권적 청구권으로서의 방해배제청구권(민법 제214조)의 성질을 가진다. 그러므로 소유자가 그 후에 소유권을 상실함으로써 이제 등기말소 등을 청구할 수 없게 되었다면, 이를 위와 같은 청구권의 실현이 객관적으로 불능이 되었다고 파악하여 등기말소 등 의무자에 대하여 그 권리의 이행불능을 이유로 민법 제390조상의 손해배상청구권을 가진다고 말할 수 없다. 위 법 규정에서 정하는 채무불이행을 이유로 하는 손해배상청구권은 계약 또는 법률에 기하여 이미 성립하여 있는 채권관계에서 본래의 채권이 동일성을 유지하면서 그 내용이 확장되거나 변경된 것으로서 발생한다. 그러나 위와 같은 등기말소청구권 등의 물권적 청구권은 그 권리자인 소유자가 소유권을 상실하면 이제 그 발생의 기반이 아예 없게 되어 더 이상 그 존재 자체가 인정되지 아니하는 것이다. 이러한 법리는 선행소송에서 소유권보존등기의 말소등기청구가 확정되었다고 하더라도 그 청구권의 법적 성질이 채권적 청구권으로 바뀌지 아니하므로 마찬가지이다."

다수의견에 대해 별개의견은 다음과 같이 반박하였다.

"청구권이 발생한 기초가 되는 권리가 채권인지 아니면 물권인지와 무관하게 이미 성립한 청구권에 대하여는 그 이행불능으로 인한 전보배상을 인정하는 것이 법리적으로 불가능하지 아니하며, 이를 허용할 것인지는 법률 정책적인 결단이므로, 이미 대법원에서 이를 허용하여 채권에 못지않게 물권을 보호하는 견해를 취한 것은 구체적 타당성 면에서 옳고, 확정판결을 거쳐 기판력이 발생되어 있는 경우에는 더욱 그러하다고 보이며, 장기간 이와 같은 견해를 유지하여 온 판례들을 뒤집어 물권 내지는 물권자의 보호에서 후퇴하여야 할 이론적·실무적인 필요성이 없다. 따라서 선행소송에서 본래적 급부의무인 소유권보존등기 말소등기절차를 이행할 의무가 현존함이 확정된 경우, 그 이행불능 또는 집행불능에 따른 전보배상책임을 인정하는 것이 가능하다."

양창수 대법관은 다음과 같이 대법원의 다수의견을 보충하는 견해를 제시하였다.

"채무불이행이 있는 경우에는 채권자로 하여금 채무자가 채무를 제대로 이행하였다면 있었을 재산상태 등을 달성하는 것, 즉 채권을 원래의 의미에 맞게 경제적·내용적으로 실현할 것을 요구할 수 있도록 하는 것이 바로 민법 제390조에서 정하는 채무불이행을 이유로 하는 손해배상청구권인 것이다. 따라서 이는 채권의 존속을 전제로 한다. 다만 이행불능의 경우에는 그 원래의 급부청구는 무의미하여 허용되지 아니하므로, 그 채권의 내용이 전보배상으로 전환되는 것뿐이다. … [중략] … 물권적 청구권은 소유자가 그의 소유권을 상실하는 경우에는 이미 이를 인정할 필요가 바로 없게 되어 소멸하는 것이고, 이는 방해가 종료되거나 별개의견이 예로 드는 물건이 소멸하는 경우에도 마찬가지인 것이다. … [중략] … 따라서 부동산의 소유자가 부실의 소유권등기명의인을 상대로 소유권에 기하여 그 등기의 말소를 청구할 수 있는 권리, 즉 방해배제청구권으로서의 소유권등기말소청구권을 가지고 있었다고 하더라도, 그가 더 이상 소유권을 가지지 못하게 되었다면, 그로써 바로 그의 위와 같은 등기말소청구권은 소멸한다. 이러한 등기말소

청구권의 당연 소멸은 물권적 청구권이 '소유권으로부터 나오는' 권리, 즉 앞서 본 대로 소유권의 원만한 실현을 달성하기 위한 수단적 권리라는 성질에서부터 자연스럽게 귀결되는 것이다. 이와 같이 소유권의 상실로 등기말소청구권이 소멸하는 것은 매매계약의 목적물이 멸실되거나 매도인이 이를 제3자에게 양도함으로써 매도인이 부담하는 소유권이전 등의 채무가 이행불능이 되어 그가 매수인에게 전보배상을 하여야 하는 등의 법적 책임을 지는 것과는 그 성질을 달리하는 것으로서, 등기말소의무가 '이행불능'이 된 것이 아니라 그 의무의 기초가 상실되어 아예 없어진 것이다. … [중략] … 이를 그 의무의 '이행불능'으로 파악하여 무슨 전보배상의 채무불이행책임을 논의할 여지가 없는 것과 하등 다를 바 없다. 이와 같이 채무의 이행불능을 이유로 하는 손해배상채무(민법 제390조) 등의 채무불이행책임은 물권적 청구권의 성질에 반하므로, 그 한도에서 민법 제390조는 물권적 청구권에 준용될 수 없다."

대법원의 다수의견이나 보충의견에 따르면, 반환불능이 있는 일체의 사안에서 반환불능을 초래한 권원 없는 점유자와의 관계에서 소유물반환청구권이 소멸하는 것이어서, 이행불능으로 인한 손해배상청구권도 인정될 수 없다는 논리로 나아갈 것이다. 달리 말하면, 반환불능이 있는 일체의 사안에서 소유자가 손해배상을 구할 수 있다고 한다면, 그것은 민법 제750조의 불법행위책임이거나 민법 제202조의 책임을 통해서 가능하다는 논리일 것이다.[7]

---

7) 독일법에서도 소유물반환청구소송의 계속 후 피고의 책임 있는 사유로 반환불능에 이르게 되면 원고는 독일 민사소송법 제264조(종전의 제268조) 제3호에 따라 손해배상청구로 청구취지를 변경할 수 있고, 이 때 그 청구권은 독일 민법 제989조(우리 민법 제202조에 유사)라고 한다. Soergel/Mühl, BGB, 12. Aufl., §985 Rn. 19 참조.

채권적 급부청구권이 소멸할 경우 손해배상청구권으로 전환되는 것이 논리필연이 아니라 채무자보호를 위한 입법정책이라고 보는 입장이라면, 소유물반환청구권의 소멸로 인한 손해배상청구권을 인정하는 입법정책을 전개하는 것도 불가능하지는 않을 것이다. 그 점에서는 이 문제는 여전히 논의의 여지는 남아 있을 것이다. 그럼에도 불구하고 이로써 물권적 청구권과 채권적 청구권의 관계에 관한 기존 논의에 중요한 한 획이 그어진 것이다.

(2) 위 (1)의 논의는 물권적 청구권의 이행불능과 대상청구권의 인정이라는 주제와도 밀접히 연관되어 있다. 채권적 청구권의 이행불능이 있고 그로 인해 채무자가 급부에 갈음하는 代償을 취득한 경우, 채권자는 원래의 급부에 갈음한 그 대상의 반환을 청구할 수 있다.[8] 적지 않은 학설들은 소유물반환의무의 이행불능에도 대상청구권이 인정될 수 있다고 한다. 이에 대해 민법주해에서 양창수 교수는 다음과 같이 쓰고 있다.

> "… 점유자는 소유권 자체가 아니라 그 점유를 반환할 의무만을 부담하는 것인데, [수용보상금청구권, 보험금청구권, 제3자에 대한 손해배상청구권 등—인용자가 첨가] 위에서 든 대상이라고 든 것들은 실질적으로 그 점유의 등가물이 아니라 소유권의 등가물이거나, 아니면 소유권 자체에 대한 침해를 이유로 하여 이로 인한 손해배상 등의 구제수단을 소유자가 직접 취득하기 때문에, 그 외에 점유자에 대하여 대상청구권을 부여할 여지가 없는 것이다. 나아가 보험금의 경우에도, 점유자가 물건보험에 유효하게 가입하였다면, 이는 점유자 자신의 이익을 도모하기 위한 의사에 기하여 자신의 비용으로 가입한 것이므로, 보험금을 점유의 등가물로서 소유

8) 대판 1992. 5. 22., 92다4581, 92다4598 등 다수의 판결 참조.

자에게 양도하여야 한다는 것은 부당하다 …"

소유물반환청구권은 "점유"의 반환을 청구하는 것이고, 그 "점유" 자체는 경제적 가치가 없는 것이어서, 반환의무자의 이행불능이 있고, 그로 인해 점유자가 사실상 또는 적법하게 취득한 보험금, 매각대금 등은 "점유"의 代償이 아니므로, 이의 반환을 구할 수 없다는 논리이다. 앞서 (1)에서 언급한 대법원 전원합의체 판결은 손해배상청구권의 인정 여부가 쟁점이었지만, 소유물반환청구권의 이행불능과 대상청구권의 인정여부도 이와 달리 판단할 수 없다. 특히 반환불능에도 불구하고 소유물반환청구권이 소멸하지 않았다면(가령 점유하는 제3자에 대해 소유물반환청구권이 성립하는 경우), 손해배상청구와 마찬가지로 代償의 반환을 구할 여지가 없을 것이다.

요컨대 소유물반환의무의 불능이 있더라도, 일반적인 채권적 청구권의 이행불능과 달리 이행에 갈음한 손해배상청구권(전보배상청구권)이나 대상청구권이 성립한다는 논리는 소유물반환청구권에 적용되기 어렵다는 것이다.[9)]

(3) 소유물반환청구권이 일반 채권적 청구권과 다른 점은 여타의

9) 혹자는 소유물반환청구권에 관하여 기판력 있는 판결이 있고, 소유자가 일정 기간을 정하여 물건의 반환을 청구한 경우, 그 기간의 도과 이후에는 전보배상으로 소유물의 가액에 해당하는 손해배상청구권을 인정하는 독일의 판결례(BGHZ 53, 29, 32 ff.)를 원용하면서, 소유물반환청구권에 기판력 있는 경우는 달리 취급할 수 있지 않은가라는 의문을 제기할 수도 있겠다. 독일법에서의 이런 논의의 당부는 차치하더라도(독일 통설은 이를 긍정하지만, 이에 반대하는 견해도 있다. 자세한 것은 Staudinger/Gursky, BGB §985 Rn. 58) 참조. 그런데 독일 민법 제283조는 급부의무에 관해 기판력 있는 판결이 내려진 경우, 채권자는 상당한 기간 내에 이행하지 않으면 이를 수령하지 않겠다고 통지할 수 있고, 그 기간의 도과로 채권자는 전보배상을 청구할 수 있다고 규정하고 있다. 이 규정을 소유물반환관계에도 준용하여, 소유자는 소유권의 양도와 상환으로 전보배상을 구할 수 있다고 한다. 그러나 이런 규정이 없는 우리 법에서는 위와 같은 결론을 도출하기는 쉽지 않을 것이다.

급부장애에서도 나타난다. 첫째, 채권적 청구권의 이행지체와 소유물반환청구권의 이행지체의 효과는 동일하지 않다. 무엇보다도 제395조의 적용에 의문이 있다. 제395조에 따르면, "지체 후 이행이 채권자에게 이익이 없는 때에는 채권자는 수령을 거절하고 이행에 가름한 손해배상을 청구할 수 있다."고 규정한다. 소유물반환의무의 이행지체가 있을 때 소유자가 이행에 가름한 손해배상으로 소유물의 가액의 배상을 청구하는 것이 가능한가? 이를 논하는 국내의 학설은 없지만,[10)] 독일의 다수설과 판례는 이를 긍정한다. 그러나 소유물반환의무자의 급부는 점유반환이기 때문에 소유물의 가액이 점유반환에 가름한 손해배상일 수는 없다. 바로 이런 이유 때문에 독일의 다수설도 소유권의 양도와 상환하여 소유물의 가액의 배상을 청구할 수 있다고 해석한다. 명문의 규정이 없음에도 불구하고 이런 복잡한 과정을 통과해야 하는 전보배상청구권을 우리 법에 도입할 이유는 없을 것이다.[11)]

둘째, 소유물반환의무를 기한 없는 의무로 이해한다면, 제387조가 준용될 수 있을까? 기한 없는 채무의 경우 이행청구를 받은 때로부터 지체책임이 있다(민법 제387조 제2항). 이렇게 못 볼 바도 없을 것이다. 만약 이렇게 이해한다면, 소유물반환의무자가 이행지체에 빠지게 되면 그는 소유자가 입은 지연손해를 배상해야 할 것이다. 목적물을 사용·수익하지 못한 손해, 그로부터 과실을 수취하지 못한 손해가 소유자의 대표적 손해일 것이다. 그런데 이론적으로만 보면, 이행청구를 받았지만 자신이 여전히 소유자라고 오신하는 경우도 있을 것이고, 그 결과 민법 제201조 제1항의 과실수취권이 여전히 인정된다고 볼 사안도 있

10) 국내의 학설들은 소유물반환청구권에도 이행지체에 관한 규정이 준용된다고 하지만, 세부적인 논의를 하지는 않는다.

11) 민법주해 Ⅴ, 188면(양창수 집필부분)에서는 점유자가 이행지체로 인한 손해배상의무를 부담하는지를 自問하면서, 이 문제는 제202조에 의해 배타적으로 해결되어야 할 것이지, 별도의 손해배상청구권을 인정할 필요가 없다고 한다.

을 것이다. 이런 사안이 성립할 수 있다고 가정해 보자. 그러면 제387조 제2항의 유추적용은 제201조 제1항의 평가와 모순되지 않는가? 소유물반환의무자에게 과실수취권이 있는데도, 그는 소유자가 수취하지 못한 과실을 배상해야 하기 때문이다. 바로 이런 이유 때문에 독일 민법 제990조 제2항은 악의 점유자에게만 이행지체에 관한 추가적인 책임을 인정하고, 선의점유자에게는 이행지체에 관한 책임을 인정하지 않는다.

셋째, 어떤 요건이 충족되어야 하는지에 관한 논의를 차치하더라도, 일단 이행지체에 빠졌다고 인정되면, 그 때에는 이행지체로 인한 손해배상(민법 제390조),[12] 이행지체 중의 책임가중(제392조)을 인정할 수 있을지, 아니면 불법행위법의 적용을 통해 해결하여야 할지 등은 여전히 논란의 여지가 있는 문제로 남아 있을 것이다.

요컨대 이행지체에 관한 규정 전체가 소유물반환청구권에는 준용되지 않는다는 것이다.

(4) 이에 반하여 수령지체에 관한 규정들은 대체로 다 준용된다고 하더라도 무리는 없을 것이다. 첫째, 수령지체의 요건도 수정 없이 적용되어야 할 것이고, 둘째, 점유자의 고의 또는 중대한 과실이 없는 한 그 후의 멸실 등으로 인한 반환불능에 대해 책임지지 않아도 될 것이다(제401조의 준용). 셋째, 민법 제402조는 준용될 여지가 없겠지만, 수령지체 중에는 민법 제201조 제2항은 적용되지 않는다고 해야 할 것이다. 이 점에서 제402조가 유추적용된다고 보는 것이 타당할 것이다.[13] 넷

12) 이행지체로 인한 손해 중 목적물의 멸실, 훼손과 무관한 손해도 얼마든지 상정할 수 있다. 대표적인 예가 소유자가 그 소유물을 사용, 수익하지 못한 것 또는 제3자에게 인도해야 하는데 그 의무를 이행하지 못함으로써 손해배상을 해야 할 경우 등등 다양할 것이다. 독일법에서조차 일단 이행지체에 빠진 경우에는 이런 손해의 배상을 긍정하고 있다(독일 민법 제990조 제2항).

13) 독일 민법 제302조는 수령지체 중 과실반환의무에 관한 규정을 두고 있지만, 우리 민법은 이에 상응하는 규정이 없다. 그러나 이자와 과실은 상호 맞비기는

째, 수령지체 중 증가한 변제비용의 부담에 관한 제403조의 준용도 부정할 이유가 없다.

2. 소유물반환청구권에 부수하는 채권관계의 독자적 규율?

(1) 계약에 의한 채권관계가 성립된 경우 그 채권관계의 내용은 주로 당사자에 의해 자율적으로 결정될 것이고, 당사자가 규율하지 않은 사항은 임의법규로써 이를 보충하는 것이 일반적이다. 그 내용이 약정채권관계와 동일할 수 없지만, 사무관리, 부당이득, 불법행위 등 법정채권관계가 성립한 경우에도, 그 성질에 따라 일반 채권관계에서의 임의법규의 내용에 약간의 변형을 가하여 규율하면 될 것이다. 특히 법정채권관계에서의 이행불능, 이행지체는 약정채권관계와 다르지 않은 특성을 가지고 있다. 그러나 앞서 언급한 것처럼 소유물반환청구권의 이행불능 및 이행지체는 채권적 청구권의 그것과 차이가 있고, 따라서 채권법의 규정을 그대로 적용하기가 어렵다. 그렇다면 소유물반환청구권의 행사에 부수하는 채권관계도 별도로 규율할 필요성이 있지는 않은가?

여기에 덧붙여 소유물반환의무를 부담하는 권원 없는 점유자를 통상의 채무자와 달리 보호할 필요성이 있다면 이런 부수적 채권관계를 독자적으로 규율하는 것이 정당할 수도 있다. 이 문제는 다시 권원 없는 양도인으로부터 동산 및 부동산을 양수하였기 때문에 이를 소유자에게 반환하여야 하는 자를 보호할 필요성이 있는가와 연관되어 있다. 소유물반환의무를 부담하는 자가 자본주의의 근간을 형성하는 거래과정에 참여한 양수인이었다면 이들에 대한 적절한 보호조치를 제공하는 것이 사회질서의 유지에 필수적일 수도 있다. 가령 이런 양수인이 소유

성질이 있을 뿐 아니라, 법적으로도 유사하게 취급되기 때문에 제402조를 유추적용하는 것이 가능할 것이다. 가령 제548조 제2항은 '이자'에 관해서만 규정하지만 과실반환에 대해서도 동조를 유추적용하는 것도 그 한 예이다.

자에게 조건 없이 소유물반환의무를 부담하여야 한다면, 양수인은 이를 통해 입은 손해를 양도인에 대한 계약책임의 추궁으로써 비로소 전보받을 수 있다. 양수인은 청산과정에서의 양도인의 무자력위험에 전면적으로 노출되는 셈이다. 모든 거래에는 위험이 내재하기 마련인데, 그 위험을 줄이는 제도가 마련되어 있다면 거래비용은 그만큼 낮아질 것이고 그 결과 거래는 더 효율화될 것이다. 달리 말하면 양수인이 부담할 위험 중 일부라도 덜어 줄 수 있다면 그 만큼 거래의 효율성이 증가할 수 있다는 것이다. 소유물반환관계에 부수하는 채권관계에서 양수인 보호를 위한 요소를 도입시킬 입법적 정당성이 있는 셈이다.

그러나 양수인을 보호하면 동시에 그만큼 소유자의 보호가 감소하게 된다. 미시적으로 보면 이 과정은 제로섬 게임이기 때문이다. 따라서, 제도적으로 보면, 소유자가 입은 손해를 어떤 경로를 거치든 소유물반환청구권을 성립시키게 한 원인을 제공한 자, 즉 거래과정에 끼어들었던 그 어떤 양도인에게서 전보받을 수 있게 해야 할 것이다. 이런 장치를 마련한다면, 제도적 및 이론적으로는, 소유자의 일방적 희생을 강요하지는 않는 셈이다. 물론 소유자 역시 문제의 양도인으로부터 손실을 전보받기 때문에 부담하는 위험, 즉 그의 무자력위험을 부담하게 된다. 소유자와 소유물반환의무를 부담하는 점유자가 각자 채무자의 무자력위험을 분담함으로써 전체적으로는 시장질서 제도를 원활하게 운영할 가능성을 확보할 수 있다. 소유자의 부당한 기본권 침해의 소지는 없다는 것이다.

이런 생각에 이르게 되면, 소유물반환청구권에 부수하는 채권관계를 독립적으로 규율하면서, 일정한 범위의 반환의무자를 우대하는 규정을 둘 필요성과 정당성이 확보된다고 볼 수도 있을 것이다. 입법정책이라는 관점에서 보면, 독일 민법이 제987조 내지 제1003조에서 이런 부수적 채권관계를 독자적으로 규율한 것은 이 점에서 수긍할 수도 있을 뿐 아니라 참조할 바가 없지 않을 것이다.

(2) 부수적 채권관계를 별도로 규율할 경우 여기에 포함되어야 할 사항은 어떤 것이 있을까? 독일 민법으로부터 그 판단에 도움을 얻을 수 있다. 첫째, 독일 민법은 소송계속 후의 권원 없는 점유자, 무상으로 점유를 취득한 권원 없는 점유자, 악의의 점유자는 각 기준이 된 시점[14]부터 수취한 과실(또는 사용이익), 수취할 수 있었으나 過失로 수취하지 못한 과실을 소유자에게 반환하여야 하고(제987조, 제988조, 제990조), 자신의 過失로 목적물이 멸실, 훼손 여타의 사유로 반환할 수 없게 됨으로써 소유자에게 발생한 손해를 배상하여야 한다(제989조, 제990조). 반면 선의의 점유자는 과실수취권이 있을 뿐 아니라, 목적물의 멸실, 훼손에 대해 책임지지 않는다(제993조). 이 점은 독일 부당이득법이 선의의 수익자라 하더라도 현존이익의 한도에서 과실반환의무를 지는 것과는 대조적이다(독일 민법 제818조 제3항). 가령 원인행위만이 무효가 된 경우, 각 당사자는 비록 선의라 하더라도 수취한 과실 또는 이자를 현존이익의 한도에서 반환하여야 하지만(제818조 제3항의 적용), 소유물반환의무를 부담하는 권원 없는 점유자가 선의인 경우에는 과실수취권이 인정된다(제993조).

둘째, 이행지체책임에 있어서도 부수적 채권관계는 독자성을 가지고 있다. 소유자가 권원 없는 점유자에게 소유물반환청구권을 행사하

14) 악의의 점유자의 경우에는 독일법은 독특한 처리를 하고 있다. 독일 민법 제990조 제1항은 "점유자가 점유취득의 시점에서 선의이지(in gutem Glauben) 않으면, 그는 소유자에 대해 점유취득의 시점부터 제987조, 제989조에 따라 책임이 있다. 점유자가 나중에 자신에게 점유할 권리가 없음을 안 경우, 그 안 때로부터 동일하게 책임진다."고 규정한다. 통설은 점유취득시의 악의(in bösem Glauben)는 점유할 권리가 있다고 오신한 것에 중과실이 있을 때를 의미한다고 하고, 점유취득시 중과실 없이 점유할 권리가 있다고 오신한 경우에는 사후적으로 점유할 권리 없음을 안 경우에 한정되고, 중과실로 모르더라도 악의는 아니라고 한다. 이에 대한 비교적 상세한 설명은 Staudinger/Gursky, §990 Rn. 8-28 참조.

여 반환을 청구하거나 그 소송이 계속되었다 하더라도 그것만으로는 이행지체에 빠지지 않는다. 이행지체에 빠지기 위해서는, 소송계속 후의 권원 없는 점유만으로는 불충분하고, 악의의 점유자여야 한다(제990조 제2항). 이는 일반법인 부당이득법과 비교하더라도 차이가 있다. 물론 부당이득법에서도 선의의 수익자는 현존이익의 한도에서 반환의무가 있고, 또 그 때문에 설령 독일 민법 제284조의 요건이 충족되더라도 그것만으로는 이행지체에 빠지지 않는다는 점에서는 부수적 채권관계와 유사한 면이 없지는 않다. 그러나 악의의 수익자로 되거나 선의의 수익자라도 부당이득반환 등의 소송이 계속된 후에는 독일 민법 제284조 제1항의 요건이 충족되면 이행지체책임이 있다.[15] 이에 반해 선의의 점유자[16]는 이행지체에 있어서도 소송이 계속되더라도 지체책임을 지지 않으며, 주관적 및 객관적 반환불능에 대해서도 책임지지 않는다는 것이다(제993조).

셋째, 권원 없는 점유자가 타인 소유물에 비용을 지출한 사안도 독일 민법에서는 소유자-점유자 관계법에서 독자적으로 규율된다. 즉 독일 민법 제994조 내지 제1003조가 그것이다. 그 요지는 간단히 다음과 같이 정리할 수 있다. 필요비에 관하여는 그 이익이 현존하는지와 무관하게 소유자로부터 그 상환을 청구할 수 있게 하되, 과실을 수취할 권리가 있는 점유자는 통상의 필요비는 그 상환을 구할 수 없게 한다.

---

15) Staudinger/Lorenz, BGB, §818 Rn. 51 참조. 유의할 점은 악의의 수익자 또는 소송계속 후의 수익자가 되었다고 해서 그것만으로 지체에 빠지는 것은 아니다. 여기에 이행지체에 빠지기 위한 추가요건, 즉 최고가 있어야 한다. Staudinger/Lorenz, BGB §819 Rn. 16.

16) 엄밀하게 말하면 제987조 내지 제992조의 요건을 충족하지 않은 여타의 점유자를 의미한다. 소송계속 후의 점유자, 무상점유취득자, 점유할 권원 없음에 관하여 악의 또는 중과실로 권원 없음을 알지 못하고 점유를 취득한 권원 없는 점유자 또는 사후적으로 점유할 권원 없음을 알게 된 권원 없는 점유자가 아닌 여타의 자를 총칭하여 선의의 점유자라 표현한 것이다.

그러나 소송계속 후의 점유자, 악의의 점유자는 필요비를 사무관리법에 따라 그 상환을 구할 수 있다.[17] 유익비의 경우 소송계속 이전, 악의의 점유자가 되기 이전에 지출한 것이고, 그 가액의 증가가 현존한 경우에 그 상환을 청구할 수 있다(제996조). 따라서 소송계속 후의 점유자 또는 악의의 점유자가 지출한 유익비는 그 상환을 청구할 수 없다.[18] 제997조 이하 제1003조까지는 비용상환청구권의 행사방법에 관하여 상세하게 규율하고 있다.

이상 개관한 내용을 보면, 소유물반환청구권에 부수한 채권관계를 독자적으로 규율한다고 할 경우, 거기에는 소유물반환의무의 이행지체, 객관적 및 주관적 사유로 소유물반환의무를 이행할 수 없게 된 때[19]의 당사자 관계의 규율, 소유물로부터 수취한 과실의 반환관계, 소유물에 지출한 비용의 상환관계 등이 포함될 것이다.

(3) 부수적 채권관계를 물권법에 독자적으로 규율한다는 것은 이미 그 자체가 채권법 규정의 적용을 배척하고 배타적으로 규율하겠다는 것이다. 달리 말하면 부당이득, 불법행위, 사무관리, 급부장애에 관한 제반 규정들이 부수적 채권관계법에 있는 내용과 충돌될 경우 後者가 우선적으로 적용하고, 前者의 적용은 배제하겠다는 것이다. 이에 반

17) 그 결과 사무관리가 인정되면, 위임법에 따라 그 상환을 구할 수 있고, 사무관리성이 인정되지 않으면 부당이득법에 따라 그 반환을 구할 수 있다. 전자와 달리, 후자의 경우 그 이익이 소유자에게 현존하여야 상환을 구할 수 있다는 점에 차이가 있다.

18) 이에 대해서는 반대의 해석도 주장되고 있다. 즉 유익비의 경우에도 소유물반환청구권자에게 사실상 이익으로 귀결된 경우 부당이득반환청구를 할 수 있도록 해야 한다는 것이다. 가령 Larenz/Canaris, Schuldrecht Bd. Ⅱ., S. 290 f. 참조.

19) 이는 채무의 이행불능(그 사유자 주관적이든 객관적이든)과 동일한 개념은 아니다. 채무가 이행불능이 되면 채권자는 동일한 급부를 더 이상 실현할 가능성이 없어지지만, 소유물반환의무를 이행할 수 없게 되었다고 해서 소유자의 소유물반환청구권이 소멸하지는 않을 수 있기 때문이다. 소유물반환청구권이 소멸하는 것은 소유물이 멸실되는 등의 사유로 소유권을 상실할 때뿐이다.

해 소유물반환청구에 대해 기판력 있는 판결이 있는 경우, 소유자가 독일 민법 제283조에 따라 일정 기간을 정하여 이행을 최고한 경우 그 기간의 도과로 전보배상을 청구할 수 있는 것,[20] 소유자가 이행을 최고한 후 제286조 제2항에 좇아 전보배상을 청구할 수 있는 것[21] 등은 물권법에 이에 관한 직접의 규정이 없기 때문에 유추적용이 검토될 수 있을 것이다. 독일의 판례는 이를 긍정하는 것이다.

Ⅲ. 우리 민법에서도 부수적 채권관계가 필수적인가?

1. 독일 민법의 부수적 채권관계의 규율의 입법정책적 평가

(1) 부수적 채권관계를 독자적으로 규율하는 독일 민법의 기저에 있다고 판단되는, 즉 그 정당화사유로 자리매김할 수 있는 입법정책은 분명 경청할 점이 있다. 거래관계의 청산으로부터 발생하는 상대방의 무자력위험 등을 소유물반환청구권자인 소유자와 청산관계상의 채권자인 소유물반환의무자 사이에 분산시킴으로써, 거래비용을 감소시킬 수 있고, 결과적으로 거래안전을 보호함으로써 시장경제질서라는 사회질서의 유지에 기여하게 할 수 있다는 것이다. 비록 그 직접적 효과를 계량할 경우 그다지 크지 않다고 하더라도, 입법정책에서 이런 관점을 유지하는 것의 파급효과는 결코 무시할 수 없을 것이다. 그럼에도 불구하고, 법비교라는 관점에서 보면 독일 민법의 규율내용은 그다지 모범적이지 않은 것처럼 보인다.

첫째, 선의, 악의에 대한 개념이 부당이득법과 차이가 있기 때문에 부당이득법의 규율과 부수적 채권관계의 규율 간에 격차가 그만큼 더 커질 수밖에 없다. 부당이득법에서는 법률상 원인 없음을 안 자는 강화

20) BGHZ 53, 29 ff.
21) Staudinger/Gursky, BGB §985 Rn. 57 참조.

된 부당이득반환책임으로서 소송계속 후의 수익자와 동일한 책임을 부담하는데(제819조), 소송계속 후의 반환의무자는 다시 일반규정인 민법 제292조에 따라 부수적 채권관계법상의 소송계속 후의 권원 없는 점유자와 동일한 책임을 지게 된다. 그 결과 부당이득반환의무자는 자신이 취득한 이익이 법률상 원인 없음을 안 경우에만 강화된 책임을 지는 반면, 부수적 채권관계에서의 권원 없는 점유자는 점유할 권원 없음을 중대한 과실로 모른 경우에도 過失로 수취하지 못한 과실도 반환하여야 하고, 지출비용의 상환에서도 불이익을 받게 된다. 물론 독일법에서는 원물을 부당이득으로 반환해야 할 자는 통상 소유자로서 그 소유권을 부당이득으로 반환해야 하는 것에 반해, 부수적 채권관계는 권원 없는 점유자의 책임을 규율하기 때문에, 前者의 책임을 後者의 책임보다 가볍게 하더라도 큰 문제는 없을지도 모른다. 그러나 독일법에서도 원물을 부당이득으로 반환해야 할 자가 소유권을 취득하지 않은 사안이 얼마든지 있다. 이 경우 소유자는 소유물반환청구권과 부당이득반환청구권을 겸유할 수 있다. 소유자가 前者의 권리를 행사할 경우 점유자는 부당이득반환의무를 부담할 때보다 더 강화된 책임을 지게 되는 셈이다. 따라서 여기에 어떤 형태로든 조정이 불가피할 것이다.[22)]

그러나 보다 근본적인 의문은 거래안전을 보호하기 위한 목적이라면 일정 집단, 가령 그것이 선의의 권원 없는 점유자인 경우 그 집단만을 우대하는 것으로 국한하여야지, 나머지 집단을 일반적인 법원칙이 적용되는 경우보다 더 불리하게 취급해서는 안 될 것이다. 이는 정책목표를 희석시킬 뿐 아니라, 어설픈(?) 균형감각으로 인해 정책목표대상과 무관한 집단을 끌어들여 제재를 가하는 것으로 귀결될 것이기 때문

22) 독일의 판례는 이런 사안을 독일 민법 제988조의 무상취득의 사안에 준하여 취급함으로써 부수적 채권관계가 아닌 부당이득법의 적용을 통해 당사자 사이의 이익을 조절하고자 한다.

이다. 이런 점에서 보면, 법률효과라는 점에서는 소송계속 후 또는 악의의 부당이득반환의무자와 소송계속 후 또는 악의의 권원 없는 점유자를 동일하게 취급할 수는 있지만, 그 적용집단의 범위에 차이를 둔 것은 그다지 설득력이 없다는 것이다.

둘째, 선의의 점유자에 대한 우대정책 역시 과한 면이 없지 않다. 무엇보다도 권원 없는 점유임을 중과실 없이 모른 경우 이행지체나 반환불능에 대해 책임이 없다고 한 것(제993조)은 지나친 면이 있다는 것이다. 자신에게 점유할 권리가 없음을 과실 없이 모른 경우, 그 자에게 이행지체나 반환불능에 대한 책임을 지우는 것은 일반 법리를 적용하더라도 문제가 있을 것이다. 자신의 반환의무를 과실 없이 모르고, 오히려 이를 자기 물건이라 오신하고 있는 자로 하여금 그 물건에 관하여 선량한 관리자의 주의를 기울이게 하기 때문이다. 이것은 과실책임주의에 걸맞지 않을 것이다.[23] 그런데 독일 민법은 이행지체나 반환불능에 대해 책임지지 않는 자의 범위를 중과실 없이 점유할 권원 없음을 알지 못한 자에게까지 확대하고 있다. 이는 거래안전의 보호에 너무 집착한 나머지 과한 보호를 제공한 것이 아닌가라는 의문이 들게 하는 것이다.

셋째, 비용상환에 관하여도 악의의 점유자를 지나치게 불이익하게 한 것도 문제이다. 필요비 이외의 비용지출에 관하여 그것이 설령 소유자에게 이득이 되었다 하더라도 그 상환을 구할 수 없게 한 것(제996조)은 악의의 점유자에 대한 제재의 성격이 있다. 물론 악의의 부당이

23) 가령 대법원은 시효취득이 완성되어 소유자가 소유권이전등기의무를 부담하더라도 이 사실을 과실 없이 모른 경우에 한 처분은 적법하다고 판단하는 것을 상기해 보면 될 것이다. 법정채권관계에서는 그 관계의 존재를 과실 없이 모르는 경우가 있을 것이기 때문에, 법률에 다른 규정이 없는 한, 그 상태에서 한 어떤 행위(그것이 반환거절이든, 반환물의 훼손이든)에 위법성을 인정하기는 어려울 것이다.

득반환의무자도 독일 민법 제292조의 적용을 통해 악의의 점유자와 동일하게 처리된다는 점에서는 평등한 취급이라고 할 수 있겠지만, 위 첫째에서 언급한 것처럼 악의의 개념이 동일하지 않기 때문에 일정의 부분집단은 정책적으로 불이익하게 취급받는 셈이다.

넷째, 입법기술이라는 점에서 독일의 부수적 채권관계는 지나치게 자세한 규율로 인해 오히려 그 내용을 파악하기가 쉽지 않다. 그러나 이런 단점은 위에서 언급한 것에 비하면 사소한 부분일 것이다.

(2) 프랑스 법계에서도 독일의 부수적 채권관계와 유사한 관념을 가지고 있지만, 이를 채권법과 구분되는 별개의 독자적 규율체계로 인식하지 않는다. 이는, 모범성이라는 관점에서 볼 때, 독일식의 입법모델의 전파력의 한계를 보여주는 것이라고 할 수 있지 않을까? 여기서 잠시 프랑스 민법의 규율을 살펴볼 필요가 있다. 프랑스 민법은 우리 민법 제201조 내지 제203조에 해당되는 3가지 형태의 규정만을 가지고 있다.

첫째, 선의의 점유자는 점유의 효력으로서 과실수취권이 있다고 규정하고 있다(프랑스 민법 제549조). 여기서의 선의란 승계취득(titre translatif)한 자가 그 권원의 흠결을 알지 못한 것을 의미한다(제550조). 이 규정은 무권리자로부터 타인 소유물을 양수한 경우뿐 아니라, 권리자로부터 소유권을 양수하였으나 그 원인행위가 무효, 취소된 경우에도 동일하게 적용된다고 한다.[24)]

둘째, 비용지출의 경우는 규율 내용이 조금 더 복잡하다. 먼저 권원 없는 점유자가 소유자의 토지에 건축을 하거나 식재한 경우, 프랑스 민법 제555조가 이를 규율한다. 원칙은 토지의 소유자가 건축물 또는

24) Malaurie/Aynés, Les Biens, Defrénois, 2007, nos. 516－517 참조. 이 규정은 로마법에서 연유하는 것이지만, 로마법에서와 달리 소비한 과실의 반환의무를 면해 주는 것에 그치는 것이 아니라, 아예 과실수취권을 인정하는 것에 그 특징이 있다고 한다.

식재물의 소유자가 된다는 것이다. 정착물은 토지에 따른다는 원칙이 적용된 결과이다. 그러나 소유자는 권원 없는 점유자가 악의인 경우 그로 하여금 그의 비용으로 건물 또는 식재물의 철거를 청구할 수 있다. 반면 소유자가 정착물을 보유하고자 할 경우에는 소유자의 선택에 좇아 가액의 증가분 또는 지출비용을 상환하여야 한다. 그러나 건축 또는 식재가 아니라, 소유물의 보존에 필요한 비용 또는 기타의 비용(유익비 또는 사치비)을 지출한 경우에는 제555조를 적용하지 않고, 로마법에 그 연원을 둔 다른 원칙이 적용된다.[25] 이에 따르면, 권원 없는 점유자의 선의, 악의를 불문하고 필요비는 권원 없는 점유자의 선택에 좇아 가액증가분 또는 지출비용의 상환을 구할 수 있다. 유익비상환은 선의의 점유자에게만 인정되고, 사치비는 그 상환이 인정되지 않는다. 최근의 파기원 판결은 선의 점유자는 필요비, 유익비의 상환을 구할 수 있다고 하고, 악의의 점유자는 그 비용지출이 필요비일 경우 비용으로 가액이 증가된 경우에 한하여 이를 상환받을 수 있다고 한다.

셋째, 소유물의 멸실, 훼손에 대해서는 그 손해를 배상하여야 하는데, 이는 일반법리에 맡겨져 있고, 별도의 규율을 하지 않고 있다.

이상에서 간단히 살펴본 것에서 알 수 있듯이, 프랑스법은 위 규율들을 소유물반환청구권에 부수하는 채권관계로서 독자적으로 규율할 의도를 가지지 않았던 것 같다. 무엇보다도 선의, 악의 개념에서 부당이득법과 위 규율들 간에 차별을 두지도 않고 있으며, 부당이득법과 별도의 규율이라는 의식도 없는 것으로 보인다. 다만 선의의 점유자를 우대하여야 한다는 점에서는 독일법과 차이가 없다. 그렇다고 해서 반사적으로 악의의 점유자를 더 불이익하게 취급하는 바는 없다.

(3) 우리 민법의 제201조 내지 제203조는 일본 민법 제189조, 제190조(위 양 규정은 우리 민법 제201조에 상응함),[26] 제191조(우리 민법

25) Malaurie/Aynés, no. 448 참조.

제202조에 상응), 제196조(우리 민법 제203조에 상응)를 계수한 것이다. 일본 민법은 Boissonade가 기초한 舊民法 재산편 제194조, 제195조, 제196조, 198조를 계수한 것이다.

Boissonade가 기초한 위 각 규정은 모두 프랑스 민법에 기초한 것이지만, 구민법 재산편 제196조(우리 민법 제203조에 상응), 구민법 제198조(우리 민법 제202조)는 프랑스 민법과 차이가 있다. 첫째, 프랑스 민법의 규율과 달리, 구민법 제196조 제1항은 점유자의 선의, 악의를 불문하고 필요비와 유익비의 상환을 구할 수 있도록 하되, 사치비는 그 상환을 구할 수 없도록 하였다. Boissonade는 위 규정을 '누구도 권리 없이 타인의 손해로 이득을 얻을 수 없다.'는 정의의 법칙으로부터 정당화시키고 있다.[27] 둘째, 구민법 제198조 역시 프랑스 민법에 없으나 악의의 점유자의 경우 그 책임은 불법행위책임과 다를 바 없다는 것에서, 선의 점유자의 책임은 부당이득반환책임이라는 것에서 이를 각각 정당화하고 있다.[28]

Boissonade의 이런 구민법을 일본 明治民法의 입법자들은 자구의 수정만을 거친 후 그대로 이를 계수하여 현행 일본 민법으로 삼았다. 더구나 明治民法의 입법자들은 부당이득법의 규율과 일본 민법 제189조 이하가 각각 별개의 독자적인 규율이라는 인식은 전연 가지지 않았다. 달리 말하면 일본 민법 제189조 이하가 소유물반환청구권에 부수

---

26) 일본 민법 제189조 제1항은 우리 민법 제201조 제1항으로, 일본 민법 제190조 제1항은 우리 민법 제201조 제2항으로, 일본 민법 제190조 제2항은 우리 민법 제201조 제3항으로 각각 계수되었고, 일본 민법 제189조 제2항은 우리 민법 제197조 제2항으로 각각 계수되었다.

27) Code de Civil De L'Empire Du Japon Accompagné D'Un Exposé Des Motifs, Tomb second, 1891, p. 200 참조. 同所에서 Boissonade는 이런 규율이 당시의 프랑스 민법이라고 설명하고 있다.

28) Code de Civil De L'Empire Du Japon Accompagné D'Un Exposé Des Motifs, Tomb second, 1891, p. 202 참조.

하는 채권관계의 독자적 규율이라는 인식은 없었다는 것이다. 이는 일본 민법 제704조의 규율에서 매우 분명하게 드러난다. 同條는 우리 민법 제748조 제2항과 동일한 내용을 다음과 같이 규율한다. "악의의 수익자는 그 받은 이익에 이자를 붙여 반환하지 않으면 안 된다. 이 경우에 또한 손해가 있는 때에는 그 배상책임을 부담한다."는 것이다. 그런데 악의의 수익자가 금전 아닌 물건을 받은 경우 이자를 붙여 반환할 수는 없는 노릇이다. 제704조는 구민법 재산편 제368조에서 유래된 것인데,[29] 구민법 재산편 제368조에서는 악의의 수익자의 반환범위를 받은 이익이 금전인 원본인 때와 물건인 때를 구분하여 상세히 규율하는 반면, 제704조는 받은 '이익에 이자를 붙여' 반환하도록 함으로써 훨씬 간명하게 규정하였다. 그러나 입법이유서에서는 구민법 재산편 제368조 제1호 내지 제3호와 그 취지가 동일한 것이라고 하면서도, 구민법 제368조 제2호에 열거한 내용은 악의의 점유자에 관한 부분에서 이미 규정하고 있기 때문에 자명하여 이를 별도로 규정할 필요가 없다고 한다.[30] 달리 말하면 제704조의 '이익에 이자를 붙여' 반환하는 것은 구민법 재산편 제368조 제1호에 상응하는 것이며, '손해가 있을 때 이를 배상해야 한다'는 것은 구민법 재산편 제368조 제3호에 상응하는 것이며, 동조 제2호에 상응하는 것은 일본 민법 제190조인 셈이다. 이렇듯 일본 민법은 부당이득법과 부수적 채권관계의 규율 간의 경계선 없이

29) 구민법 재산편 제368조는 다음과 같이 규정한다. "제361조 제2호에 열거한 供與[제2호에서는 부당이득으로 받은 여러 유형을 언급하는데, 채무없이 변제하거나 불법원인으로 지급하거나, 성취되지 않거나 소멸된 원인으로 인하여 급여한 물건이 그것이다—인용자 첨가]를 악의로 수령한 자는 소송이 계속된 날에 있어서 자기에게 부당하게 이익이 되는 바의 것 이외에 다음 각호의 물건을 반환하여야 한다. 1. 원본을 수령한 때로부터 그 법률상의 이자 2. 수령을 해태하거나 소비한 특정물의 과실 뜨는 산출물 3. 자기의 과실로 초래된 가액의 감소 또는 멸실, 단 그 물건이 공여자에게 있었더라면 그 손해를 받지 않았을 경우라면 불가항력으로 발생한 멸실 또는 훼손의 경우도 마찬가지이다."

30) 출전불상, 민법수정안이유서, 제703조 입법이유서 설명 부분 참조.

통일적으로 이를 규율하고 있는 셈이다.

2. 우리 민법의 부수적 채권관계에 관한 대법원의 법운용과 그 문제점: 제201조를 중심으로

(1) 대법원은 일찍부터 민법 제201조상의 과실수취권이 있는 권원 없는 점유자를 상대로 소유자가 부당이득반환청구권을 행사하여 수취한 과실 또는 사용이익의 반환을 구할 수 없다고 판단하였다.[31] 따라서 제201조는 민법 제748조 제1항의 적용을 배제하는 부당이득법의 특칙으로 자리 잡았다. 그러나 과실수취권이 있다고 해서 일체의 부당이득반환청구권이 배제되지는 않는다. 가령 선의의 권원 없는 점유자라 하더라도 자신의 계약상대방과의 관계에서는 자신이 수취한 과실을 부당이득으로 반환하여야 한다.[32] 제201조는 이를 배제하는 규정은 아니다. 바로 그러한 의미에서 점유권의 효력으로서 배타적인 과실수취권을 인정하는 것이기보다는 소유자의 권원 없는 점유자에 대한 부당이득반환청구에 대한 특별규정인 셈이다.

한편 대법원은 민법 제201조의 선의점유자를 민법 제197조의 선의점유자와 구분되게 해석해 왔다.[33] 일찍이 대판 1969. 9. 30., 69다1234

---

31) 대판 1967. 11. 28., 67다2272에서는, 소유자가 권원 없는 점유자를 상대로 부당이득반환청구권을 행사하여 소유물의 사용이익의 반환을 구한 사안이었고, 대판 1965. 9. 28., 65다1641에서도 소유자가 선의의 권원 없는 점유자를 상대로 부당이득반환청구권으로써 자기 소유물의 사용이익의 반환을 구한 사안이었다.

32) 가령 무권리자와의 무효인 매매계약에 기해 목적물을 인도받은 자는 민법 제201조의 선의점유자일 수 있고, 따라서 소유자의 과실반환청구에 대해 과실수취권을 주장할 수 있지만, 계약상대방인 무권리자와의 관계에서는 수취한 과실을 부당이득으로 반환해야 할 경우도 있다는 것이다. 무효인 매매(또는 기타 과실수취권을 수반하는 점유할 권리의 취득원인)에 기한 점유라 하더라도 그 취득원인의 유효를 믿었다면 제201조의 선의의 점유자에 해당된다는 견해로는 민법주해 Ⅳ, 379면(양창수 집필부분) 참조. 同所에서는 대법원도 동일한 입장이라고 하면서, 대판 1966. 9. 20., 66다939 판결을 예로 들고 있다.

33) 이에 관한 상론은 민법주해 Ⅳ, 385면 이하(양창수 집필부분) 참조.

이래 다수의 판결에서, 소유자(원고)의 점유물반환청구가 인용될 경우 이와 더불어(또는) 소유자가 점유로 인한 부당이득반환을 청구하면, 점유자는 자신에게 점유할 권원이 있다고 오신한 근거를 주장·입증하여야 한다고 함으로써 민법 제201조의 선의점유자가 제197조의 선의점유와는 구분됨을 분명히 해 왔다. 後者의 선의점유는 추정되기 때문에 제201조의 선의점유가 이와 동일하다면, 부당이득반환청구권자가 오히려 악의점유임을 입증하지 않는 한 과실반환을 청구할 수 없다고 해야 할 것이기 때문이다. 그 관계를 보다 잘 정식화한 것은 대판 2002. 11. 22., 2001다6213이다. 거기에서 대법원은 점유자에게 "**본권이 인정되지 아니하여 부당이득반환청구가 일응 이유 있는 것으로 인정되는 경우에 한하여 소송경과에 따라 피고들에 대하여 점유권 그 자체에 기하여 인정되는 과실수취권에 관한 민법 제201조 제1항을 주장하는 것인지에 관한 석명을 구하고, 피고들이 그 과실수취권을 주장하는 경우에는 다시 원고에 대하여 피고들이 악의의 점유자로 된 시기의 주장·입증과** 아래에서 보는 **민법 제197조 제2항의 원용 여부 등에 관하여 방어권을 행사할 기회**"(강조는 필자)를 주어야 한다고 판단하고 있다.

그렇다면 제201조에서 말하는 선의는 무엇인가? 대판 1981. 8. 20., 80다2587에서는 과실취득권을 포함하는 권원(소유권, 지상권, 임차권 등)이 있다고 오신하여야 한 것을 의미한다고 하고, 대판 1981. 9. 22., 81다233에서는 소유자로 오신한 자로부터의 사용승낙도 점유할 권원 있음을 오신한 근거에 해당된다고 판단하였다. 민법주해에서 양창수 교수는 이런 일련의 대법원 판결을 분석한 후 통설과 달리 민법 제201조의 "선의"는 근거 있는 오신, 즉 그렇게 믿은 데 대하여 과책이 없는 오신이어야 한다고 주장하였다.[34] 대법원의 판결례를 자세히 검토해 보면 설득력 있는 주장이라고 하지 않을 수 없다.

---

34) 민법주해 Ⅳ, 381면 이하(양창수 집필부분) 참조.

(2) 그런데 매우 흥미로운 것은 우리 대법원은 프랑스 민법에서와 마찬가지로, 소유자와의 매매가 무효, 취소된 경우에도 매매의 무효를 알지 못한 선의의 매수인을 위하여 제201조를 적용하는 것을 주저하지 않는다는 것이다. 대법원 1993. 5. 14. 선고 92다45025 판결에서는 "쌍무계약이 취소된 경우 선의의 매수인에게 민법 제201조가 적용되어 과실취득권이 인정되는 이상 선의의 매도인에게도 민법 제587조의 유추적용에 의하여 대금의 운용이익 내지 법정이자의 반환을 부정함이 형평에 맞다."고 함으로써 이를 시인하고 있다.

그러나 이 판결의 적용범위는 해제 아닌 여타의 사유로 쌍무계약이 청산과정에 들어가게 되어, 양 당사자가 각자 취득한 대가관계 있는 급부와 반대급부를 부당이득으로 반환하여야 할 경우에 한정된다고 해야 할 것이다. 왜냐하면 대법원 2008. 1. 18. 선고 2005다34711 판결의 사안에서는 무효인 매매에 기해 매수인만이 대금을 지급하였는데, 거기서는 선의의 매도인에게 제587조를 유추적용하지 않고, 대신 부당이득법의 일반법리를 적용하고 있기 때문이다. 즉 "부당이득반환의 경우 수익자가 반환해야 할 이득의 범위는 손실자가 입은 손해의 범위에 한정되고, 여기서 손실자의 손해는 사회통념상 손실자가 당해 재산으로부터 통상 수익할 수 있을 것으로 예상되는 이익 상당이라 할 것이며, 부당이득한 재산에 수익자의 행위가 개입되어 얻어진 이른바 운용이익의 경우, 그것이 사회통념상 수익자의 행위가 개입되지 아니하였더라도 부당이득된 재산으로부터 손실자가 통상 취득하였으리라고 생각되는 범위 내에서는 반환해야 할 이득의 범위에 포함된다. 매매계약이 무효인 경우, 매도인이 매매대금으로 받은 금전을 정기예금에 예치하여 얻은 이자가 반환해야 할 부당이익의 범위에 포함된다."는 것이다. 그렇다면 소유자와의 무효인 매매에 기하여 매수인만이 물건을 인도받은 경우, 위 대판 2005다34711의 판결의 법정신을 관철하면, 선의의 매수인에게는 민법 제201조를 적용하지 않는 것이 타당할 수 있을 것이다.

여기서 우리는 우리 민법 도처에 산재해 있는 대금의 지급과 물건의 인도가 대가관계를 이룰 때, 그 대금의 이자와 물건으로부터 수취한 과실(또는 사용이익)은 상호 맞비기는 대칭적 성격이 있다는 법정신과 조우하게 된다.[35] 가볍게는 대금의 이자에 관하여만 규율하였지만, 그 규정을 물건으로부터 수취하거나 수취할 수 있는 과실(또는 사용이익)에 유추적용하는 것(가령 민법 제402조, 제548조 제2항 등의 유추적용)으로부터, 대금과 물건이 각기 인도되었거나 인도되지 않은 경우 대금의 이자와 물건으로부터 수취하거나 수취할 수 있는 과실을 상호 청구할 수 없게 만드는 규정(환매에 관한 민법 제590조 제3항, 매매의 이행과정을 규율하는 민법 제587조 등)을 거쳐, 계약종료에도 불구하고 보증금을 반환하지 않은 경우 임대차가 존속한 것으로 간주함으로써 대가관계에 있는, 보증금으로부터 수취한 이자와 물건의 사용이익의 대가(임료)를 맞비기는 것으로 규정하는 것(주택임대차보호법 제4조 제2항, 상가건물임대차보호법 제9조 제2항) 등이 그러한 예이다. 이를 전면적으로 일반화시키기는 어렵겠지만, 적어도 많은 법영역에서 이런 법원칙이 관철되고 있고, 그 한 예가 위 대법원 92다45025 판결이라고 해도 과언이 아닐 것이다.

(3) 민법 제201조 제1항에만 국한한다면, 대법원의 법운용에는 별다른 문제가 없다고 할 수 있을지 모른다. 그러나 제201조 제2항은 제1항의 선의점유자가 아닌 자를 의미하는 것일 수밖에 없기 때문에 여러 가지 문제를 낳게 된다. 대판 2003. 11. 14., 2001다61869에서는 제201조 제1항의 선의점유자가 아닌 악의의 점유자는 과실수취권이 없다는

35) 이를 적절하게 지적하는 것으로, 양창수, 민법연구 3, 507－511면 참조. 거기서는 대판 1993. 4. 9., 92다25946; 대판 1993. 5. 14., 92다45025의 판결을 간단히 평석하면서 이 점을 지적하고 있다.

것을 제2항에서 규정한 것이고, 이 때의 악의의 점유자의 과실반환범위는 제748조 제2항에 따라 정해진다고 하였다. 이런 법리가 우리 민법의 연혁에도 부합하지 않고, 그 결과에서도 비교법적으로 이례적이라는 점은 차치하더라도,[36] 제201조 제2항의 "악의" 개념과 제748조의 "악의" 개념이 동일하지 않다는 점에 주목해야 할 것이다. 부당이득법상의 악의 개념을 다루고 있는 판결례를 일별하면, 거기서의 악의는 법률상 원인 없음을 "안" 경우를 의미하는 것이지, 법률상 원인 없음을 "과실로 알지 못한 것"을 포섭하지는 않는다.

대법원 2010. 1. 28. 선고 2009다24187,2419에서는, "[부당이득반환의무에서의] '악의'라고 함은, 민법 제749조 제2항에서 악의로 의제되는 경우 등은 별론으로 하고, 자신의 이익 보유가 법률상 원인 없는 것임을 인식하는 것을 말하고, 그 이익의 보유를 법률상 원인이 없는 것이 되도록 하는 사정, 즉 부당이득반환의무의 발생요건에 해당하는 사실이 있음을 인식하는 것만으로는 부족하다."고 한다. 대법원 2002. 2. 5. 선고 2001다66369 판결에서도 무효라는 사정을 알고 있었다는 것을 알았다는 이유로 악의의 수익자라고 판단하였으며, 대법원 2000. 4. 11. 선고 99다4238 판결에서도, 부당이득의 수익자가 이익을 받은 후 그 이익이 법률상 원인 없음을 안 때에는 그때부터 받은 이익에 민법 소정의 연 5%의 이자를 붙여 반환하여야 한다(민법 제748조 제2항, 제749조, 제379조)고 판단하였다.

이상의 판결례를 종합해 보면, 민법 제201조의 선의의 점유자로 인정받지 못하는 자는 권원 없음을 안 경우가 아니라 하더라도 부당이득법상의 악의 수익자와 동일한 책임을 지게 된다(위 대판 2001다61869의 법이론의 적용). 민법 제201조 제1항의 우대를 받지 못한다고 해서,

36) 이에 관한 상론은 제철웅, "지연이자 및 부당이득으로서의 이자"에 대한 지연배상청구권, 비교사법 13권 1호(2006. 3), 238면 이하 참조.

일반법리인 부당이득법상의 악의의 수익자보다 더 불리한 위치에 서게 되는 것이 과연 합리적인지는 의문이 아닐 수 없다. 달리 말하면 우리법도 독일과 마찬가지의 문제점을 안고 있다는 것이다. 한편 소유자와의 매매가 무효, 취소된 경우 매수인에게 민법 제201조 제1항의 선의개념을 그대로 적용하더라도, 동일한 문제가 생기게 된다. 그 혜택을 받지 못하는 자는 일반법리보다 더 불리한 대우를 받게 될 것이기 때문이다. 더구나 이것은 자신의 선택이 아니라, 법의 적용을 통해서 이루어지는 것이므로, 법 자체의 정당성 내지 입법정책의 정당성을 재검토해 보아야만 하는 것이다.

3. 우리 민법에서 과연 독자의 부수적 채권관계의 규율이 필요한가?

(1) 무권리자로부터 물건을 양수하였으나 이를 소유자에게 반환하여야 할 자의 책임을 경감시키는 방법으로 그를 우대함으로써 거래안전의 보호에 기여할 수 있다는 입법정책적 관점은 선의취득법의 평가와도 일맥상통할 뿐 아니라, 시장경제질서의 원활화를 위해서도 바람직할 수 있다. 이런 입법정책은 반대의 논거가 확실히 제시되지 않는 한 그대로 유지하는 것이 바람직할 것이다. 그렇다고 하더라도 거래안전의 보호의 수혜자가 되지 않는다는 이유로 일반법리가 적용될 경우보다 더 불이익하게 취급받을 이유는 없을 것이다. 입법정책의 수혜자가 되지 못하는 자는 우대를 받지 못하는 것으로 충분하고, 대신 일반법리의 적용을 받게 하는 것이 더 합리적인 입법정책일 것이다. 그 점에서도 제201조 이하의 규정을 부분적으로 수정하는 것은 불가피할 것이다.

(2) 이런 점을 차치하더라도, 과연 소유물반환청구권에 부수한 채권관계를 일반법리와 구분되는 독자의 것으로 규율할 필요가 있는가? 적어도 우리 법에서는 이를 긍정할 이유는 없어 보인다.

첫째, 연혁적으로도 우리 법은 부수적 채권관계를 일반 법리와 구분되는 독자의 것으로 규율하는 역사를 갖지 않았다. 우리의 법역사와 법환경을 도외시하고 계수할 만큼 독일법의 부수적 채권관계에 관한 입법정책이 모범적이라고 할 수 있을지도 의문스럽다.

둘째, 민법 제201조의 선의의 점유자를 '점유할 권원이 있다고 오신한 것에 합리적 내지 정당한 사유가 있는 자'로 이해하는 한, 이는 점유할 권원 없음을 과실 없이 모른 것과 매우 흡사하고 그 방향으로 법을 해석할 여지가 있다면,[37] 불법행위법의 특별규정이라고 이해될 수 있는 제202조는 우리 법에서 거의 불필요한 규정이라고 해도 과언이 아니다.[38]

셋째, 제203조 역시 입법 당시의 시점으로 돌아가, 이득을 객관적으로 이해하는 한, 부당이득법의 일반법리와 크게 다르지 않은 것처럼 보인다. 제203조와 동일한 가치판단을 민법의 여러 곳에서 하고 있다는 것만 보더라도 이런 이해가 크게 어긋나지 않은 것처럼 보인다. 그러나 오늘날의 관점에서는 부당이득을 객관적으로만 이해할 것이 아니라, 주관적으로 이해하여야 한다는 인식이 확산되고 있기 때문에 오히려 이런 인식이 반영될 필요가 있을 것이다.

넷째, 이행지체, 반환불능에 관하여도 소유물반환청구권에 국한한 독자의 규율은 필요가 없을 것이다. 가령 주관적 반환불능을 이유로 급

---

37) 오늘날의 오스트리아 민법에서도 이렇게 해석하고 있다고 한다. Rummel/Spielbücher, ABGB § 326 Rn. 2 참조.

38) 다만 악의의 점유자의 민법 제202조의 손해배상의무는 불법행위책임이 아니라 법정책임이라는 관념을 취한다면, 동조의 채무는 일반법인 민법 제162조에 따라 10년의 소멸시효에 걸릴 것이다. 그렇다면 제202조를 삭제한다고 해서 불법행위법의 적용으로 단기소멸시효에 걸리는가? 그렇게 해석할 이유는 없을 것이다. 왜냐하면 민법 제748조 제2항의 손해배상책임 역시 부당이득법상의 손해배상책임으로 10년의 소멸시효에 걸릴 것이고, 악의의 점유자 중 동조의 적용을 받는 자(소송계속 후의 점유자 포함)의 손해배상책임의 소멸시효에는 영향이 없을 것이기 때문이다.

부에 갈음한 손해배상을 청구한다 하더라도 그 급부는 경제적 값어치 없는 점유반환이고, 또 소유자는 소유물반환청구권을 상실하지 않는 것이어서 소유물의 가치에 상응하는 손해는 발생하지 않는다고 할 수 있다. 물론 소유자가 추급에 추가적인 비용이 든다든지, 점유를 반환받지 못함으로써 사용수익하지 못하는 손해가 생겼다면 그 부분을 손해배상으로 청구할 수 있다고 해석하는 것으로 충분할 것이다. 이행지체의 경우도 일반 법리와 본질적으로 다르다고 볼 이유도 없을 것이다. 소유물반환관계는 법정채권관계상의 채무와 유사하기 때문에 유책사유 없는 이행지체도 얼마든지 있을 수 있을 것이다. 그러므로 점유할 권원이 있다고 오신한 것에 과실이 없는 한도에서는 이행지체로 인한 책임을 물을 수 없다고 해석하는 것도 가능할 것이다. 이행지체가 있을 때의 전보배상 역시 급부가 그 자체로는 경제적 값어치 없는 점유여서 그에 갈음한 손해배상은 가능하지 않을 뿐 아니라, 소유권의 양도 없이는 소유물반환청구권이 소멸되지 않기 때문에 성질상 민법 제395조는 적용되지 않는다고 해석하는 것으로 충분할 것이다.[39] 그럼에도 불구하고 이행지체로 인한 여타의 손해배상을 청구하는 것에는 아무런 지장이 없을 것이다. 이것은 배상받을 수 있는 손해의 개념 확정에 관한 문제로 해결하면 될 것이다. 요컨대 소유물반환청구권에도 채권법의 일반법리가 적용되지만 소유물반환청구권의 성질상 불가피하게 일반법리의 수정이 요구된다고 이해하는 것으로 충분할 것이다.

물론 소유물의 멸실, 훼손, 타인에 의한 소유권취득으로 인한 객관적 반환불능(훼손의 경우 일부불능)이 있을 때에 이를 이행불능(또는 일부불능)으로 파악하여 민법 제390조를 적용시킬 것인지, 아니면 불법행

39) 물론 독일의 통설처럼 소유권의 양도와 상환하여 소유권의 가액의 배상을 청구할 수 있다고 해석하는 것도 가능하겠지만, 이는 이론적으로 타당성이 없다. 전보배상청구권은 급부에 갈음하는 것인데, 소유권의 양도가 급부가 아니므로 소유권의 가액을 전보배상으로 청구할 수 없기 때문이다.

위로 보고 제750조를 적용시킬 것인지의 문제는 남아 있을 것이다. 먼저 이를 이행불능으로 파악한다면, 점유반환의 불능이 이행불능의 직접 결과일 것이고 그로 인해 소유권의 상실 또는 소유권의 가액의 감소는 확대손해에 해당된다고 이해해야 할 것이다. 그 결과 점유반환불능으로 인한 손해배상은 청구할 수 없다 하더라도 확대손해의 배상은 청구할 수 있을 것이며, 여기에 과실상계의 법리가 적용될 수 있을 것이다.[40] 이런 사정을 감안하면 양자의 실질적인 차이는 입증책임, 특히 소멸시효에 있을 것이다. 그럼에도 불구하고 객관적 반환불능의 문제는 이론적으로는 채무불이행으로 취급하지 않는 것이 타당할 것이다. 소유자가 책임을 묻고자 하는 것은 소유권의 가액 또는 거기에 준하는 손해배상일 것이고, 이는 위법행위로 인한 타인의 권리 침해에 해당될 것이기 때문이다. 그렇다면 여기에 두 가지 가능성만 남게 된다. 첫째는 객관적 반환불능의 사태를 불법행위로 이해하고 규율하는 것이 그것이고, 둘째는 민법 제748조 제2항을 적용시키는 것이 그것이다. 양자의 경합을 인정한다면, 악의의 수익자에 해당되는 사안에서는 소멸시효에 관한 한 민법 제163조가 적용될 수 있을 것이고, 그 밖의 사안은 민법 제766조가 적용될 수 있을 것이다.

(3) 이상의 언급을 토대로 하면, 우리 법에서는 독자의 부수적 채권관계의 규율이 불필요하다. 오히려 필요한 것은 권원 없는 선의의 점유자를 우대하는 정책을 부당이득법의 특칙으로 자리매김하고, 여타의 사안은 부당이득법의 일반법리에 맡겨 처리하도록 하는 것이 바람직할

---

40) 우리 법에서는 본래의 급부청구권을 행사할 때에는 과실상계의 법리가 적용되지 않는다고 한다(대판 대법원 2000. 4. 7. 선고 99다53742 참조). 그렇다면 본래의 급부에 갈음한 손해배상을 구할 때 이는 최소손해로서 과실상계가 적용되지 않는다고 보는 것이 합리적이지 않을까? 그럼에도 불구하고 대법원은 전보배상청구에도 과실상계의 법리를 긍정하고 있다. 가령 대법원 2008. 9. 25. 선고 2007다1364 참조.

것이다. 한걸음 더 나아가, 비용상환에 관한 시대관념의 변화를 반영할 필요가 있는지를 검토하는 것이 필요할 것이다.

Ⅳ. 부수적 채권관계에 대한 민법 개정의 제안

1. 기본방향

소유물반환청구권에 부수하는 채권관계를 규율하는 제201조 내지 제203조 중 제202조 제1문 전단 및 제2문을 제외하면 전부 부당이득법과 밀접한 관련이 있다. 부당이득법과 관련된 규정에 한정해서 보면, 이들 규정이 소유물반환관계에만 특수하게 규율되는 것은 아니다. 첫째, 대법원은 권리자와의 계약이 무효, 취소된 사안에도 제201조 제1항을 적용한다. 둘째, 계약의 무효, 취소로 취득한 소유권을 반환하여야 하는 사안의 경우,[41] 민법 제201조가 적용되지 않는다. 왜냐하면 부당이득반환의무자는 소유자이기 때문이다. 이 때 부당이득반환의무자가 선의라 하더라도 소유권에 기하여 취득한 과실 등을 부당이득으로 반환하도록 처리하는 것(민법 제748조 제1항)이 법적 평가에서 일관성이 있는 것인지 의문이다. 왜냐하면 권리자와의 매매가 무효여서 부당이득반환의무자가 소유권을 취득하지 못하는 경우에는 제201조를 적용해서 수취한 과실 등에 대해 부당이득반환의무가 없는데, 권리자와의 매매가 무효여서 취득한 소유권을 부당이득으로 반환해야 하는 경우에는 제201조가 적용되지 않아서 과실반환의무가 있다는 것은 차별할 이유

---

41) 가령 제3자를 위한 계약에서의 대가관계가 무효, 취소된 경우, 대법원은 정당하게도 대가관계가 무효, 취소된 경우에도 기본관계가 유효하기 때문에 수익자는 요약자에 대한 권리를 여전히 가진다고 한다. 대판 2003. 12. 11., 2003다49771 참조. 따라서 수익자는 낙약자로부터 소유권을 취득할 수 있다. 다만 이 경우 요약자는 수익자로부터 취득한 것을, 수익자는 낙약자로부터 취득한 것을 각각 부당이득으로 반환하여야 한다.

없는 두 사안을 차별하는 것이기 때문이다. 셋째, 반환의무자가 반환할 물건에 지출한 비용의 상환을 구하는 사안의 경우 일반부당이득법과는 다르지만, 이 경우에도 권리자와의 매매가 무효, 취소된 사안과 무권리자와의 매매를 통해 물건을 취득한 자, 소유권을 취득한 자와 그렇지 않은 자를 각각 구분할 이유는 없을 것이다. 따라서 이와 관련된 부분을 통일적으로 규율하는 것이 필요할 것이다.

한편 불법행위법적 성격을 가진 제202조의 규율내용 전부가 과연 불법행위법의 특칙인지도 의문스럽다. 무엇보다도 현행법 제201조 이하의 "선의" 점유자는 점유할 권원에 대한 오신을 한 자로서, 그 오신에 합리적 근거가 있는 경우여야 한다. 이런 자는 통상 선의, 무과실에 가까운 자일 것이고, 또 실무에서 그와 같이 법을 운영하는 것이 바람직할 것이다. 만약 제202조의 선의점유자도 점유할 권원 없음을 과실 없이 모른 자로 규정한다면, 이들이 물건을 멸실 또는 훼손시킨 경우에는 불법행위책임을 묻지 못한다고 보는 것이 타당할 것이다. 따라서 제202조 제1문 후단은 불법행위법의 일반원칙에 반하는 것이 아니면서, 동시에 선의점유자에게 부당이득법의 책임만 지우겠다는 취지이므로 일반불법행위법의 특칙이라고 보기 어렵다. 또한 선의점유자가 아닌 자가 지는 책임 역시 일반불법행위법에 의해 얼마든지 규율되는 책임이다.[42)]

그러므로 제201조 내지 제203조는 모두 삭제하고, 그 중 부당이득법적 성격이 있는 규정만 일반부당이득법의 예외로서 제748조 이하에서 각각 규율하는 것이 바람직할 것이다.

42) 민법 제202조의 손해배상책임이 적용될 경우에는 민법 제765조의 단기소멸시효가 아닌 일반소멸시효에 걸린다는 점에서 소유자가 더 보호되는 효과가 있을 것이다. 그러나 제202조를 삭제하더라도, 민법 제748조 제2항의 손해배상책임은 여전히 남기 때문에 그 규정에 따른 일반 소멸시효의 적용이 더 타당할 수 있을 것이다.

2. 구체적 제안

(1) 제201조 내지 제203조를 삭제할 경우 다음과 같이 민법을 개정하는 것이 바람직할 것이다.

[제748조의 개정사안]

① 선의의 수익자는 그 이익이 현존한 한도에서 전조의 책임이 있다.

② 악의의 수익자가 받은 이득이 원물인 경우 그로부터 수취한 과실, 수취할 수 있었으나 과실로 수취하지 못한 과실의 가액을 반환하여야 하고, 받은 이득이 금전인 경우 이에 이자를 붙여서 반환하여야 하고, 손실자에게 이를 초과하는 손해가 있을 경우 이를 배상하여야 한다.

[개정취지]

앞서 언급한 것처럼 일본 명치민법 입법자들은 제201조를 부당이득법의 특칙으로 이해하였기 때문에, 부당이득법의 규정과 점유권의 효력 규정을 통합시켜 읽을 때에만 부당이득반환 범위에 대한 법적 규율을 제대로 파악할 수 있게 된다. 그러므로 제201조를 삭제할 경우 동조 제2항의 악의의 점유자의 과실반환의무는 제748조 제2항에 포함시켜 규율하는 것이 필요하다. 일본 명치민법의 입법자들은 과실반환에 관하여는 점유법에, 취득한 금전에 대한 이자반환에 관하여는 부당이득법에 각각 분산하여 규율하였는데, 이를 통합시켜야 한다는 것이다.

한편 위 통합의 적정성 여부와 관련해서 현행 민법 제748조 제2항의 "이득"이 부당이득을 가액으로 반환할 사안에도 적용된다고 해석할 수 있다는 견해도 살펴볼 필요가 있다. 만약 이렇게 이해한다면, 반환할 대상이 원물로부터 수취한 과실인 경우에는 문리해석을 통해 동조의 적용은 없을 것이고, 수취한 과실을 소비하여 대신 그 가액을 반환해야 할 경우에는 이자를 가산해야 한다고 해석하게 될 것이다. 그 결과 부당이득반환채권자는 전자보다 후자의 사안에서 더 큰 혜택을 입는 셈이다. 이렇게 해석해서는 안 된다는 것을 단적으로 보여 주는 예일 뿐이다. 결국 일본 명치민법의 입법자들이 의도했고, Boissonade의 구민법이 예정했던 바의 원래의 모습을 복원시킬 필요가 있다는 것이다. 그것이 바로 위 개정안이다.

(2) 한편 과실 등의 반환에 관하여는 일반 부당이득법의 특례라는 것을 분명히 하기 위해 별도의 조문으로 이를 처리하는 것이 바람직할 것이다.

[제748조의2(과실등의 반환의 특례) 개정사안]

① 권리 없는 자로부터 원물 또는 금전을 양수한 자로서 자신에게 과실수취권 또는 사용수익권이 있다고 오신한 자는 소유자에 대하여 과실(또는 사용이익) 또는 이자를 수취할 수 있다.

② 계약의 무효 또는 취소로 당사자가 취득한 것을 부당이득으로 상호 반환하여야 할 경우 각 당사자는 과실(또는 사용이익) 또는 이자를 수취할 수 있다. 단, 이행지체 또는 불법행위에 기한 손해배상책임에는 영향을 미치지 아니한다.

③ 제1항, 제2항에 따라 과실(또는 사용이익)을 수취할 권리 있는 자가 통상의 용법과 다른 사용 등으로 인해 반환할 물건이 멸실, 훼손된 경우에는 그 받은 이익이 현존하는 한도에서 부당이득반환책임이 있다.

[개정취지]

물건 또는 대금을 반환할 경우 원물 또는 대금으로부터 수취한 과실 및 이자의 반환에 관하여, 물권법의 소유물반환청구권이 행사되거나 부당이득반환청구권이 행사될 수 있다. 前者는 천연과실이 그대로 남아 있고, 그 천연과실의 소유권이 반환청구권자에게 있을 때 그러하다. 後者의 경우는 과실이 원물로 남아 있지 않는 경우(소비된 경우를 포함) 또는 이자의 반환이 문제될 때 그러하다. 한편 민법 제201조는 물권법에 규정되어 있지만, 이를 소유물반환청구권에 부수하는 규정으로서 부당이득법의 특칙으로 이해되어 왔는데, 거의 절대다수의 사안이 부당이득반환청구권의 행사로써 수취한 과실(또는 사용이익)의 가액의 반환을 구하는 것이므로, 이를 굳이 제201조가 위치한 물권법 규정에 둘 이유가 없다. 즉 이를 통합시켜 규율할 정당성이 있다는 것이다. 또한 제201조는 소유자가 권원 없는 점유자에게 소유물반환청구권을 행사할 때 그에 부수하는 규정으로 이해되어 왔지만, 반드시 거기에 한정할 필요가 없다. 첫째, 가령 소유물이 이미 멸실된 경우에도 종래의 소유자는 원물의 가액 및 수취한 과실 등의 반환을 부당이득반환청구으로써 구하려고 할 것인데, 이 때에는 제213조의 소유물반환청구권은 이미 소멸한 상태이지만, 제201조가 적용될 수 있다. 즉 제213조에 부수하지 않는 사안도 있다는 것이다. 둘째, 취득한 소유권을 부당이득으로 반환하여야 할 경우도 있는데, 이 때에는 민법 제201조가 적용되지 않는다고 하면 그것도 또한 낯설 수 있다. 권원 있는 점유자를 권원 없는 점유자보다 더 열악하게 취급할 이유가 없기 때문이다. 이것만 보더라도 제201조를 반드시 권원 없는 점유자에게만 적용되는, 소유물반환청구권에 부수하는 규정이라고 이해할 이유는 없다. 셋째, 소유자로부터 물건을 매수하였으나 그 계약이 무효, 취소된 경우 수취한 과실 및 원물의 반환을 구하는 사안의 경우, ① 권원 없는 점유자이기는 하지만 점유할 권원 없음을 몰랐을 경우가 있다. 대법원 1993. 5. 14. 선고 92다45025 판결은 이 경우 매수인에게 제201조를 적용하여 과실수취권을 인정한다. 반면 선의의 매도인에게는 제578조를 유추적용하여 이자수취권을 인정한다. ② 매수인만이 목적물을 취득하고, 매도인은 대금을 받지 않은 경우 매수인으로 하여금 과실수취권을 인정하는 것은 매수인의 과도한 보호일 수 있다. 앞서 언급한 대법원 판결에서는,[43] 선의의 매도인만이 대금을 선취득하고, 선취득한 대금으로부터 이자를 수취한 경우 그 이자는 제748조 제1항에 따라 반환할 의무가 있다고 판단하였다. 그렇다면 매수인만이 목적물을 선취득한 경우에도 이익상황이 동일하다고 해야 할 것이다. ③ 매수인이 소유권을 취득하였으나 이를 부당이득으로 반환하여야 하고, 매도인도 대금을 반환하여야 할 경우에는 위 ①의 대법원 판결과 유사하게 처리하여, 과실수취권 및 이자수취권을 인정하는 것이 적절할 것이다. 이상의 여러 사안들을 망라적으로 규율하기 위해서는, 이를 통합하여 부당이득법인 제748조의2로서 부당이득반환범위의 특칙으로 규정하는 것이 적절할 것이다.

개정 제안에 따르면, 첫째, 쌍무계약이 무효, 취소된 경우 각 계약당사자가 취득한 것을 상호 청산하여야 할 의무를 부담하는 경우에도 어느 일방이 이행지체에 빠지지 않은 한 과실 또는 이자 수취권이 있음을 규정하고자 한 것이다. 이것은 우리 민법 전반에 걸쳐 과실과 이자가 상호 맞비기는 것으로 처리되고 있는 것을 존중하여 이를 부당이득반환규정에 포함시키고자 한 것이다. 가령 쌍무계약의 무효, 취소로 인해 상호 부당이득으로 반환하여야 할 경우, 대법원은 선의의 매수인이 과실수취권을 가진다면, 선의의 매도인도 제587조의 유추적용을 통해 이자 수취권을 가져야 한다고 하는 것이 그 예이다. 그 밖에도 전세임대차가 종료하더라도 전세보증금이 반환되기 전에는 임대차가 존속하기 때문에 임료와 전세금의 이자 상당액을 각자 부당이득으로 반환하지 않아도 되도록 처리하는 입법례(주택임대차보호법 및 상가건물임대차보호법 등)도 참조하였다. 다만 계약 청산과정에서 어느 일방만이 부당이득으로 반환하여야 할 경우, 이는 부당이득법의 일반 원칙에 따라 처리될 것이다. 이렇게 함으로써 매수인이 취득한 소유권을 부당이득으로 반환하여야 할 경우에도 현행 제201조의 법리가 적용되도록 하였

43) 대판 2008. 1. 18. 선고 2005다34711 참조.

다. 둘째, 이런 사안에는 매도인, 매수인의 선의–악의를 문제삼지 않았다. 특히 매매 등의 무효, 취소사유를 사후적으로 안 경우, 이 때에 악의자에게 제2항을 적용시키고, 이자와 과실이 상호 맞비긴다는 정신을 적용하지 않는 것은 과도한 私罰로 볼 여지가 있기 때문이다. 다만 애초부터 무효, 취소사유를 알면서도 타인과 계약한 자도 있을 텐데 이들에게는 지나친 보호가 아닌가라는 의문이 있을 수 있다. 이 문제는 불법행위법의 해석에 맡겨 두는 것이 타당할 것이다.

개정안에서 과실 및 이자 수취권을 규정하여 제748조 제1항의 예외로 삼고자 한 것은, 매우 드물겠지만 천연과실이 현존하여 원물의 소유자가 소유물반환청구권의 행사로써 과실반환을 구하고자 하는 경우에도 과실수취권이 위 개정안 제1항, 제2항의 자에게 있기 때문에 소유물반환청구권이 성립되지 않는다는 것도 아울러 밝히고자 이렇게 규정하였다.

한편 위 개정안 제3항은, 통상의 용법과 다른 사용으로 물건이 멸실, 훼손 또는 마모된 경우, 그것은 과실수취권의 범위에 포함되지 않는다는 것을 분명하게 한 규정이다. 여기에는 가령 원물의 과도한 사용으로 원물의 가격이 감소한 경우, 제3항에도 불구하고 현존이익의 한도에서 이를 반환하도록 하는 효과가 있다. 이 점은 현행 민법에는 잘 드러나지 않지만(특히 제201조와의 관계에서), 독일 민법은 이를 제993조 제1항에서 규율하고 있다.

(3) 민법 제203조를 대체하는 규정은 민법 제748조의3에서 규정하는 것이 바람직할 것이다.

제748조의3[반환의무자가 지출한 비용의 반환청구]

① 소유물반환의무자 또는 부당이득반환의무자가 원물을 반환할 때, 그 반환을 청구하는 자에게 필요비의 반환을 구할 수 있다. 다만 제748조의2에 따라 과실 또는 그 가액을 반환하지 않아도

될 경우에는 통상의 필요비의 반환은 청구할 수 없다.

② 제1항의 비용반환청구권자가 유익비를 지출하고 그 가액의 증가가 현존하는 경우 지출비용 또는 가액증가 중 가액이 낮은 것의 반환을 청구할 수 있다. 다만 비용지출의 시점에서 원물반환의무가 있음을 알았거나 알 수 있었을 때에는 원물의 반환청구권자는 현존이익의 한도에서 이를 반환할 책임이 있다.

[개정취지]

이 규정은 반환청구권자가 소유물반환청구권의 행사로써 원물의 반환을 구하건, 부당이득반환청구권의 행사로써 원물의 반환을 구하건, 원물반환의무자가 그 원물에 지출한 비용을 부당이득으로 반환청구할 때, 제748조 제1항과 다른 내용의 특칙을 정한 것이다. 따라서 그 적용범위는 현행 제203조보다 조금 넓을 수 있다. 가령 소유물반환청구권 또는 부당이득반환청구권으로써 점유의 반환을 구하는 사안만이 아니라, 부당이득반환청구권으로써 원물 및 소유권의 반환을 구하는 경우에도 이 규정이 적용된다. 현행법에서는 부당이득으로 원물 및 소유권을 반환하여야 하는 자(가령 제3자를 위한 계약에서 대가관계가 무효, 취소된 경우), 그 반환의무자는 점유할 권리가 있는 자이기 때문에 제203조가 적용되지 않고, 그 자가 지출한 비용의 상환은 일반부당이득법에 따라 처리될 수도 있을 것이다. 그러나 적용되는 법리의 차이에 불과하고 그 이익상환에서는 별다른 차별성이 없는 이런 사안을 달리 처리할 이유가 없기 때문에, 제203조의 처리를 여기에도 동일하게 적용하고자 한 것이다. 다만 선의, 악의의 개념은 여기서는 제748조 제1항, 제2항과 달리 처리하고자 하였다.

부당이득으로써 비용의 상환을 구할 때에도 제748조 제1항에 따르면 그 상환의무자는 현존이익의 항변을 할 수 있으나, 개정사안인 제748조의3에 따르면 원칙적으로 현존이익의 항변을 할 수 없게 된다. 특히 제1항 제1문, 제2항 제1문에 따라 지출비용(필요비의 경우), 객관적으로 현존하는 이익(유익비)을 각각 반환하여야 한다. 다만 위 개정안 제748조의2에 따라 과실수취권이 있는 자는 통상의 필요비의 반환을 구할 수 없도록 하였다. 그러나 반환의무가 있다는 것을 알았거나 알 수 있었던 자가 비용지출을 한 경우 비용반환의무자는 다시 일반 원칙에 따라 현존이익의 한도에서 이를 반환할 의무가 있도록 규정하였다. 이 점은 현행 민법 제203조와는 다른 처리이다.

우리 민법에는 제203조 이외에도 비용상환에 관한 특별규정을 여러 곳에서 두고 있는데, 그 내용은 민법 제203조와 대동소이하다. 그러나 제203조 이외의 사안들은 모두 권원 있는 점유자가 지출한 비용의 상환에 관한 것이고, 그 비용상환의 상대방의 입장에서는 대부분 계약을 통해 관련 규정과 다른 내용의 합의를 할 수 있는 위치에 있다. 환매, 사용대차, 임대차, 전세권, 지상권 등의 사안이 그 예이다. 그 밖의 사안에서도 모두 적법한 점유자가 지출한 비용의 상환에 관한 것인데(유치권자, 질권자, 저당권의 부담있는 부동산의 제3취득자가 비용을 지출한 경우), 이 때에는 환가가 예정된 목적물의 담보가치의 유지 내지 증가를 위한 비용지출일 경우가 대부분이고, 환가과정을 통해 비용상환이 이루어지기 때문에 비용상환의무자를 그다지 불이익하게 하지 않는다. 따라서 적법 점유자가 지출한 비용상환에 관한 규정들은 변경 없이 그대로 두는 것이 바람직할 것이다.[44] 이에 반해 권원 없는 점유자가 지출한 비용은 대부분 그 상대방의 입장에서는 그 비용지출을 미리 저지할 방법이 없고, 비용상환도 물건 반환청구권자에 의해 실현되기 때문에, 부당이득법의 일반원칙에 따라 처리하는 것이 바람직할 것이다.

44) 물론 제203조를 준용하는 규정의 경우, 불가피하게 개정되어야 하겠지만 이는 타규정의 개정에 수반하는 반사적인 것에 지나지 않는다.

(4) 이상과 같은 특례를 규정하게 되면, 제한된 범위의 반환의무자는 보호를 받지만, 그 보호를 받지 못하는 자는 일반부당이득법의 법리에 따라 처리될 것이다. 이것이 현행 법과 가장 큰 차이라고 해도 과언이 아니다. 현행 법에 따르면 민법 제201조의 선의점유자에 해당되지 않으면, 부당이득법상의 악의의 수익자에 해당되지 않더라도 악의의 수익자와 동일한 책임을 지게 된다. 위 개정안에 따르면 이런 폐단이 없어진다는 장점도 있다. 물론 부당이득법의 선의, 악의 개념이 현행 민법 제201조의 선의, 악의 개념과 동일해질 수도 있을 것이다. 이는 장래의 학설 판례에 맡겨질 것이며, 이 부분은 개정안에 의해 어떤 영향도 받지 않을 것이다.

V. 결 론

소유물반환청구권은 분명 통상의 채권적 청구권과는 구분되는 특징을 가지고 있지만, 그 이유만으로는 소유물반환청구권에 부수하는 채권관계 일체를 독자적으로 규율할 이유는 없다. 오히려 우리 법 하에서는 거래안전의 보호를 위해 특혜를 받아야 할 유형을 제외한 여타의 사안들은 모두 부당이득법, 불법행위법, 또는 채무불이행법의 일반원칙의 적용, 유추적용에 맡겨 두는 것이 합리적인 입법정책일 것이다.

오상채무자의 변제와 수령자의 급부자에 대한 착오

김 형 석*

Ⅰ. 서 론

1. 현실에서는 채무가 없음에도 불구하고 자신을 채무자라고 생각하고 타인의 채무를 변제하는 사안이 있다. 그러한 경우 오상채무자는 채권자로서 변제를 수령한 사람으로부터 자신의 급부를 비채변제로 반환청구할 수 있다(민법[1] 제741조).[2] 민법도 이러한 결과를 당연한 것으로 전제로 하여, 오상채무자의 변제의 경우에 예외적으로 반환청구가 배제되는 경우를 정하고 있다(제745조). 그런데 이상의 규율은 통상 채권자가 오상채무자를 실제로 자신이 보유한 채권의 채무자라고 믿고 급부를 수령한 경우를 상정하여 적용된다. 즉 예를 들어 甲이 실제로는 乙에 대해 채권을 가지고 있는데 丙을 채무자로 생각하였고, 丙 역시 그 채무와 관련해 자신을 甲의 채무자라고 생각하여 채무를 변제하는 사안이 문제되는 것이다. 그런데 경우에 따라서는 다른 모습의 사안이 나타날 수도 있다. 甲이 乙에 대해 보유하는 채권에 대하여 丙이 자신을 채무자로 착각하고 이를 변제하였으나 甲은 그 변제를 자신의 채무

---

* 서울대학교 법과대학·법학대학원 교수.

1) 아래에서 법명의 지시 없이 인용하는 조문은 민법의 조문이다.

2) 우선 곽윤직, 채권각론, 제6판, 2003, 363면 참조.

자 乙의 변제로 생각하고 있는 사안이 그러하다. 이러한 사안에서도 丙을 오상채무자로 보아 甲에 대한 부당이득반환청구를 인정하고 제745조를 적용할 수 있는가? 아니면 甲이 급부자에 대해 착오를 하고 있었다는 이유로 이와는 다른 법적 취급이 필요한가? 예를 들어 甲의 변제에 대한 신뢰보호라는 관점에서 丙의 청구를 아예 부정하는 것이 타당할 수도 있지 않겠는가? 이에 대해 우리 학설의 입장은 분명하지 않은 것으로 보인다(아래 주 117 참조).

2. 최근 대법원이 선고한 大判 2010. 6. 24., 2010다9269(공보 2010, 1438)은 이 문제에 대해 생각해 볼 소재를 제공한다. 대법원은 "피고 회사의 화물차량 운전기사인 소외인이 피고 소유 화물차량을 운전하면서 피고의 지정 주유소가 아닌 원고가 경영하는 주유소에서 대금을 지급할 의사나 능력이 없음에도 불구하고 원고로부터 경유 합계 17,963ℓ 시가 29,812,207원 상당을 공급받아 편취한 뒤 이를 피고의 화물운송사업에 사용한 사실, 아직 원고에게 그 유류대금이 결제되지 않은 사실"을 배경으로 "피고는 법률상 원인 없이 위 유류대금 상당의 이익을 얻고 그로 말미암아 원고는 동액 상당의 손해를 입었으므로 피고는 원고에게 이를 부당이득으로서 반환할 의무가 있다고 판단하여 원고의 주위적 청구를 인용"한 원심을 종래 전용물소권을 부정하기 위해서 들고 있었던 판례법리를 인용하여 파기하였다. 즉 그러한 청구를 인용하게 되면 자기책임 하에 체결된 계약 위험을 타인에게 전가하여 계약법의 일반원리에 반하고, 상대방의 일반채권자를 해하게 되며, 수익자의 항변권 등을 침해할 우려가 있으므로 인정할 수 없다는 것이다.

그런데 이 판결의 원심[3]이 확정한 사실관계를 살펴보면, 이 사건을 단순히 전용물소권의 법리에 포섭할 수 있는지 여부에 대해 의문이

3) 울산지판 2009. 12. 24., 2009나3395.

생길 수도 있다. 이 사건에서 피고는 특수화물자동차 운송사업 등을 목적으로 하는 회사로서, 피고는 특정 화물운송계약의 이행을 위해 화물차량을 운행하는 과정에서 A 주유소를 지정주유소로 정한 후 오로지 그곳에서 경유를 주유하도록 하고 1개월 단위로 주유대금을 결제하여 왔다. 피고의 운전기사로서 화물차량을 운전하여 화물을 운송하던 B는 평소 월급의 상당 부분을 복권을 구입하는 바람에 더 이상 복권구입비를 마련하기 어렵게 되자, 주유소를 경영하는 원고로부터 경유를 주유받더라도 그 대금을 지급할 의사나 능력이 없음에도 불구하고 합계 17,693ℓ, 시가 29,812,207원 상당을 주유받아 편취한 후, A 주유소에 근무하는 불상의 직원과 공모하여 마치 A 주유소에서 위와 같은 분량의 경유를 주유받은 것처럼 허위 전표를 작성한 후 피고에게 제출하여 피고로부터 그 유류대금을 지급받아 절반씩을 나누어 가졌다. 그 과정에서 B는 원고로부터 편취한 경유를 화물차량에 모두 주유하여 피고의 화물운송사업에 사용하지만, 피고는 원고에게 그 유류대금을 지급하지 않고 있었다. 원고는 피고에 대해 유류대금에 상응하는 금액(29,812,207원)을 부당이득으로 반환청구하였고, 제1심은 이를 부정하였나, 원심은 청구를 받아들였다.

이러한 사실관계에서 만일 B가 원고와 자기 이름으로 유류공급계약을 체결하였다면 그래서 B가 계약상 채권자의 지위에서 원고로부터 경유를 공급받았다면 이 사건은 의문의 여지 없이 전용물소권이 문제되는 사안이고, 대법원이 이러한 청구를 기각한 결과는 타당할 것이다. 그러나 만일 B가 직원의 지위에서 피고의 이름으로 유류공급계약을 체결하고 경유를 공급받았다면 문제는 간단하지 않다. 그러한 경우 B는 피고의 무권대리인으로서 유류공급계약을 체결하였고 그 계약은 추인이 있을 때까지 무효이다(제130조). 그런데 여기서 원고는 무효인 계약의 이행으로 B를 통해 피고에게 경유를 급부하고자 하였는 데 반해,[4] 피고는 이를 A 주유소의 변제로 간주하고 A 주유소에게 대금을 지급하였다(물론 사실관계에서는 B와 A의 직원에 의해 편취되었다). 이러한 사안에서는 앞서 언급한 문제 즉 오상채무자의 변제가 있었으나 채권자는 이를 자신의 정당한 채무자의 변제로 생각한 경우에 오상채무자의 부당이득반환이 허용되는지 여부의 문제가 제기되며, 이는 전용물소권과는 다른 논의를 요구하게 된다.

물론 이 자리에서 판결에 확정된 이상으로 사실관계를 탐구할 방법은 없다. 실제로 대법원의 전제와 마찬가지로 B가 당사자로서 자신의 이름으로 원고 주유소와 유류공급계약을 체결하였을 수도 있었을 것이다. 그러나 원심이 인정한 사실들에 비추어 볼 때 그러한 가능성에 대해서는 의문의 여지가 있다. 무엇보다 특수화물자동차 운송사업을 영위하는 회사의 운전기사가 회사의 화물차량을 대동하고 주유소에서 유류공급계약을 체결하면서 외상으로 유류를 공급받는 상황에서, 운전기사 스스로 계약당사자로 등장하였고 상대방인 주유소 업자도 그를 당사자로 하여 계약을 체결하고 무담보의 선이행을 하였다는 것은 계약해석상 쉽게 납득하기 어려운 점이 있다. 오히려 평균인의 관점에서 볼 때 운전기사는 회사의 이름으로 유류공급계약을 체결하였고 주유소 업자 역시 회사의 신용도를 평가하여 선이행하였다고 보는 결론이 자

4) 이 경우에 원고가 피고에게 경유의 소유권을 이전하는 행위(제188조 제1항) 역시 무권대리를 이유로 무효이기는 할 것이다. 그러나 피고는 우선 경유가 그의 화물차량에 주유됨으로써 점유보조자(제195조) B를 통해 경유의 점유를 급부이득으로 수령한 것이고, 이후 경유가 소비됨으로써 피고는 그 경유의 가치에 상응하는 이익 또한 받게 되었다. 이 소비에 따른 이득은, 그것이 타인 소유의 물건 소비의 형식으로 나타났다고 하더라도, 급부된 이득의 반환불능으로 발생한 것이므로 마찬가지로 급부이득으로 취급되어야 한다. 즉 이는 급부된 목적물의 반환불능으로 인한 가액반환이다(제747조 제1항). 大判 1981. 8. 11., 80다2885(로앤비 검색); 곽윤직 편집대표, 민법주해[XVII], 2005, 565－566면(양창수 집필); Martin Schwab in *Münchener Kommentar zum Bürgerlichen Gesetzbuch*, Band 5, 5. Aufl., §818. Rn. 98 등 참조.

연스러울지도 모른다. 그러나 그 당부를 여기서 단정할 수는 없다.[5)]

3. 그러나 그 당부와는 별론으로 이 판결은 우리 실무에서도 급부자에 대한 착오를 수반하는 오상채무자 변제 문제가 나타날 수 있음을 충분히 시사하고 있다. 이에 대해서는 오늘 심포지엄의 자리에서 축하를 받으시는 은사님께서 이미 80년대 중반에 독일의 학설과 판례를 소개하시면서 문제의식을 명확하게 하셨으며,[6)] 또한 이후 오상채무자의 변제와 관련한 논고로 논의를 심화시키신 바 있다.[7)] 본고는 앞서 인용한 판결을 계기로 하여, 그리고 방금 언급한 선행 연구를 이어 받아, 이후 전개된 외국의 논의를 추적하고 평가한 다음 우리 민법에 대한 해석론을 제안하고자 한다.

---

5) 원심판결에 의하면 원고는 예비적으로 사용자책임을 기초로 유류대금 상당의 손해배상을 청구하였는데, 이에 대해 피고는 B가 "경유를 공급받을 당시 피고의 직원이 아닌 지입차주임을 내세웠으므로 그러한 행위는 피고의 직무집행과 관련이 없어 사용자 책임이 없다"고 주장하였다고 한다. 원심은 피고의 부당이득 책임을 긍정하였으므로 원고의 예비적인 주장에 대해 판단하지는 않았고, 그 결과 피고 주장의 당부는 판결상 확인되지 않는다. 그러나 어쨌든 원심이 판결에서 인정한 사실관계에서 피고의 주장과 같은 사실은 확인되지 아니한다.

6) 양창수, 일반부당이득법의 연구, 서울대학교 박사학위논문, 1987, 200면 이하. 이 서술은 일부 수정 하에 민법주해[XVII] (주 4), 212면 이하에 수록된다. 이후 동일한 문제에 대해 논급하는 일부 문헌이 있으나(예를 들어 최종균, "삼자관계 부당이득에 관한 고찰", 전주대학교 사회과학연구원 사회과학논총, 제14집 제1호, 1998, 366면 이하; 박세민, 삼각관계상의 부당이득, 서울대학교 박사학위논문, 2007, 99면 이하 등), 서술의 충실성 및 참조가치라는 관점에서 아직도 1987년의 논문에서 발견되는 서술 수준에 전혀 미치지 못한다고 생각된다. 본고와 관련해서 흥미로운 우연은 이 논문이 설명을 진행하기 위해 冒頭에 들고 있는 사례인데, 여기서도 (물론 구체적인 내용은 다르지만) 직원의 기망에 의해 유류공급이 이루어진 사안이 언급되고 있는 것이다!

7) 양창수, "타인채무의 착오변제", 민법연구, 제7권, 2003, 335면 이하.

Ⅱ. 외국에서의 논의

1. 먼저 대륙법의 상황을 이해하기 위해 전제가 되는 유럽 보통법에 대해 간략하게 살핀다.

(1) 오상채무자의 변제와 관련된 부당이득은 보통법에서 크게 다투어진 문제 중의 하나이다. 이는 로마법대전에 전승된 비채변제 관련 법원들 사이에서 일견 모순이 관찰되었기 때문이다. 즉 로마법원은 일부 개소에서는 채권자가 자신의 채권의 이행으로 급부를 수령하였더라도 변제자가 채무 없이 급부한 때에는(si is qui dat non debitum dat) 부당이득반환을 인정하고 있었고 그래서 예컨대 자신이 상속인이나 상속재산점유자라고 믿고 상속채권을 변제한 사람에게 반환청구를 허용하고 있었던 것에 반해,[8] 다른 개소에서는 진정한 채무자가 아닌 사람이 변제를 한 경우이더라도 "자신의 것을 받은"(suum recipit) 채권자로부터 반환청구는 허용되지 않는다고 말하고 있었던 것이다.[9] 그러나 차지우스(Zasius)가 전자의 경우는 변제자가 자신이 채무자라고 믿고 자신의 이름으로(suo nomine) 타인 채무를 변제한 사안이 문제되고 있고 그 때에는 부당이득반환이 인정되지만, 후자의 경우는 상속재산을 점유하고 있는 사람이 (자신을 채무자라고 믿고 자신의 이름으로 변제한 것이 아니라) 단순히 상속채무를 상속재산으로부터 변제한 것에 그치는 사안에 관한 것이어서 변제의 효과가 발생하고 부당이득은 배제된다고 주장한 이래,[10] 보통법상 통설은 오상채무자의 타인채무 변제의 경우

8) Pomp. D. 12, 6, 19, 1. 또한 Paul. D. 12, 6, 65, 9도 참조.

9) Paul. D. 12, 6, 44. 또한 C. 3, 31, 5도 참조.

10) Zasius, *Antinomiarum aliquot dissolutines*, n. 14, *Opera omnia*, tomus V, Lugduni, 1550, Sp. 246. 이와 관련해 차지우스가 페트루스 스텔라(Petrus Stella)와 벌인 논쟁은 아마도 서로 다른 나라의 법률가들이 수행한 최초의 논쟁으로 유명하다고 한다. Stintzing, *Geschichte der deutschen Rechtswissenschaft*, Abt. 1, 1880, S. 165 참조.

그의 채권자에 대한 부당이득반환을 인정하고 있었다.[11] 도마(Domat) 역시 이러한 입장을 채택하여 오상채무자의 부당이득반환을 시인하였는데, 다만 그는 채권자가 오상채무자의 변제를 받은 이후 채권증서를 훼멸해 진정한 채무자에 대한 채권이 소멸하거나 소멸될 위험이 있는 경우에는 변제효가 발생하며 변제자는 그 효과를 자신에게 귀속시켜야 한다고 하여 부당이득반환을 제한하는 단서를 부가하였다.[12] 이러한 도마의 주장은 이후 프랑스 민법에 의해 채택되었고(동법 제1377조 제2항), 이후 확장된 내용으로 일본 민법(동법 제707조) 및 우리 민법(제745조)에 계수되기에 이르렀다.[13]

(2) 그런데 보통법학의 이러한 지배적 견해는 변제자가 자신을 채무자로 믿고 자신의 이름으로 타인채무를 변제하였다는 사정을 강조하여 그러한 착오에 대한 정정으로서 부당이득반환을 인정하는 입장이며, 그러한 경우 채권자가 변제자를 진정한 채무자로 믿었는지 여부에 따라 사안유형을 나누어 논의하거나 결론을 달리한 것으로는 보이지 않는다.[14] 다시 말하면 서론에서 제기된 물음, 즉 채권자가 급부자의 동일성에 대해 착오하여 오상채무자의 변제를 진정한 채권자의 변제로 믿고 수령한 경우에 특별한 취급이 요구되는지 여부의 문제가 보통법

11) Oertmann, “Die Zahlung fremder Schulden”, AcP 83 (1894), 461ff. 참조.

12) Domat, *Les lois civiles dans leur ordre naturel*, Liv. Ⅱ, Tit. Ⅶ, Sect. 1, *Oeuvres complètes* par Remy, tome premier, Paris, 1835, p. 464.

13) 독일 민법은 이러한 규정을 두고 있지는 않지만, 학설은 채권자가 원래의 채무자에 대하여 자신의 채권을 실현하지 못하는 한도에서 이득자의 현존이익(제748조 제1항)이 없다고 해석하거나 채권자가 자신의 채권을 부당이득을 청구하는 오상채무자에게 양도하여 방어할 수 있다고 해석하여 결과적으로 유사한 결론에 도달한다. 이에 대해서는 von Caemmerer, “Irrtümliche Zahlung fremder Schulden”, *Gesammelte Schriften*, Band I, 1968, S. 348 참조. 이와 관련해 양창수 (주 7), 354면 이하는 이 규정의 일반적인 입법론적 정당성에 의문을 제기하며 개별적으로 불법행위나 현존이익 상실을 주장할 수 있도록 하는 방법을 선호한다.

14) Oertmann (주 11), 463ff. 참조.

학에서 명시적으로 제기되어 논의되지는 않은 것 같다. 오히려 그에 대한 논의의 부재로부터 판단할 때, 오상채무자는 착오로 변제한 것을 반환청구할 수 있다는 일반적 법리를 채권자가 급부자의 동일성에 대해 착오하여 진정한 채무자로부터 변제를 수령하였다고 믿고 있었던 사안에서도 그대로 적용하여 비채변제반환을 긍정하였던 것으로 추측된다.[15)]

2. 이제 우리의 부당이득법의 이해에 강한 영향을 미치고 있는 독일의 학설과 판례를 상세하게 고찰하기로 한다.

(1) 독일 민법전은 프랑스 민법전 및 이를 계수한 민법전들과는 달리 오상채무자의 변제에 대해 특별한 규정을 두고 있지는 아니하다. 그래서 보통법에서와 마찬가지로 오상채무자가 착오로 타인채무를 변제한 경우에 변제를 수령한 채권자에게 부당이득반환을 청구할 수 있는지 아니면 진정한 채무자에게 구상을 할 수 있는지 여부에 대해 해석의 여지가 존재한다. 그러나 전통적으로 통설은 보통법 학설을 이어받아 오상채무자는 채권자로부터 자신이 한 급부를 비채변제로 반환청구할 수 있다고 해석하고 있었다.[16)] 그리고 이는 채권자가 급부자의 동일성에 대해 착오를 한 경우에도 마찬가지였던 것으로 보인다. 이는 예컨대 1920년의 제국법원의 한 판결을 통해 알 수 있다(Bierkutscher-Fall; 맥주공급마차 마부 사건).[17)] 이 사건에서 원고는 맥주공급마차 마부인 L을 중개인으로 하여 피고에게 고기를 매도하고자 하였는데, L은 오히려 자신의 이름으로 피고와 매매계약을 체결하고 원고 내지 그 직원으로 하

15) Flume, *Studien zur Lehre von der ungerechtfertigten Bereicherung*, 2003, S. 216ff.은 그러한 전제에 기초해서 보통법 학설을 이해한다.

16) 예컨대 Oertmann, *Recht der Schuldverhältnisse*, 3./4. Aufl., 1910, §814 Anm. 1 c).

17) RGZ 98, 64.

여금 피고에게 고기를 공급하게 하였다. 그리고 L은 피고에게 청구서를 발송하였고, 피고는 그에 따라 대금을 지급하였다. 이후 원고가 피고에게 대금지급 또는 부당이득반환을 청구하자, 피고는 자신은 L과 계약관계가 있을 뿐이고 원고와 L 사이의 관계는 알지 못하였다고 하면서 대금지급과 부당이득반환을 모두 거부하였다. 여기서 오상채무자의 타인채무 변제가 있었으나 채권자는 급부자의 동일성에 대해 착오한 사안유형이 문제되었음을 알 수 있다. 제국법원은 이 사안에서 피고 재산으로부터 원고 재산으로의 직접적 재산이동을 시인하면서, 피고는 L과 체결한 계약에 기초해서는 원고의 고기에 대한 공급청구권이 없고, 또한 원고는 타인 채무를 변제하려 한 것이 아니라 자신이 채무자라고 믿고 자신의 계약을 이행하려고 한 것이었으므로, 법률상 원인이 없는 이득이 발생하였다고 하여 원고의 반환청구권의 성립을 기본적으로 긍정하였다. 그러나 이 사안에서 제국법원은 결과적으로 원고의 청구를 기각하였는데, 이는 원고가 피고의 청구가 있기 전에 선의로 L에게 대금을 지급함으로써 현존이익이 상실되었다는 이유에서였다(독일 민법 제818조 제3항). 피고가 L과 계약을 체결한 이상, 고기 공급과정에서 원고가 자신을 공급자라고 명명하였다든가 관련 사정이 대금지급 이전에 피고에게 알려졌다고 하더라도, L이 위탁매매인이라고 생각될 수도 있었으므로 그러한 사정만으로 피고의 선의를 배제될 수는 없다는 것이었다.[18]

(2) 그러나 전후 독일 연방대법원은 이러한 제국법원의 입장을 포기하고 채권자가 오상채무자의 변제를 진정한 채무자의 변제로 수령한 사안에서는 오상채무자의 부당이득반환을 거부하는 견해로 선회하였다.[19] 논의를 촉발시킨[20] 1961년의 한 판결(Idealheim-Fall; 이데알하임

18) 그 밖에 동일한 문제에 관한 제국법원의 판례에 대해서는 König, Ungerechtfertigte *Bereicherung*, 1985, S. 228ff. 참조.

사건)[21]에서는 피고인 건축주와 I 회사(이데알하임 유한회사) 사이에 I 회사가 공동주택을 건축해 피고에게 공급하는 계약을 체결되었다. 여기서 I 회사는 구체적인 건설작업을 위해 건축업자인 원고와 도급계약을 체결하였는데, 그 협상과정에서 건축업자는 I 회사의 건축기사로서 협상을 진행한 W를 건축주의 대리인이라고 전제하고 계약을 체결하였다. 이후 공사를 마친 건축업자가 건축주에게 보수를 청구하자, 건축주는 자신은 I 회사와 계약관계가 있을 뿐이라는 이유로 지급을 거절하였다. 여기서 원고와 피고 사이의 도급계약은 무권대리를 이유로 무효이므로, 결국에는 원고의 피고에 대한 부당이득반환이 문제되는데, 연방대법원은 이를 부정하였다. 즉 비록 원고의 작업에 의해 피고의 부동산의 가치가 증가하였더라도, 피고가 I 회사와 계약관계에 있었던 이상 피고는 그러한 재산적 이익을 I 회사의 출연으로 수령한 것이고, 따라서 피고는 원고의 "손실로"(auf Kosten) 이득하지 아니하였다는 것 즉 피고와 원고 사이에 직접적 재산이동은 없어 부당이득의 요건이 충족되지 아니한다는 것이었다. 이 판결은 연방대법원이 오상채무자의 변제라는 관점을 일체 고려하지 아니하고 전적으로 세 당사자 사이의 급부관계에만 초점을 맞추어 이유를 제시하는 것이 특징적인데, 이 때문에 이 판결만으로는 연방대법원이 제국법원의 판례에서 벗어나 새 판례를 정립하고 있는지 아니면 우발적인 일회성 판결을 내린 것인지 여부가 분명하지 않았다.

이러한 사정은 1961년의 다른 판결(Koks-Fall; 코크스 사건)에서도 마찬가지이다. 여기서 피고는 대금을 선급한 다음 H로부터 난방을

19) 아래의 이데알하임 사건과 전자제품 사건에 대해서는 이미 민법주해[XVII](주 4), 214면 이하(양창수 집필) 참조.

20) König (주 18), S. 231에 의하면 BGH WM 1957, 926 판결이 이 문제를 최초로 다루고 있었지만 거의 주목을 받지 못한 채로 지나갔다고 한다.

21) BGHZ 36, 30.

위한 코크스 공급을 받는 계약을 체결한 상태였는데, 피고가 H에게 코크스 공급을 주문하자 그 사이 영업을 중단한 H는 자신을 대리인으로 삼고자 하였던 원고로 하여금 피고에게 코크스를 공급하게 하였다. 자신이 매매계약의 당사자라고 믿은 원고는 피고에게 코크스를 인도하면서 자신이 피고에 공급한다는 사실과 대금완불시까지 소유권이 유보된다는 취지가 기재된 서면을 교부하였다. 이후 원고가 피고에게 대금의 지급을 청구하자, 피고는 자신은 H와 계약관계에 있고 그에게 이미 대금이 지급되었음을 이유로 이행을 거절하였고(이미 코크스는 소비되었다), 원고는 인도한 코크스의 가액을 부당이득으로 청구하였다. 연방대법원은 원고와 피고 사이에 매매계약에 체결되었음을 부정하고, 그에 따라 코크스 소유권이 원고에서 피고로 이전되었다는 사실도 부정하였다. 오히려 피고는 H와 계약관계에 있었던 이상 소유권이전을 위한 법률행위도 피고와 H 사이에 존재하였고 보아야 하고, 여기서 H가 원고를 통해 피고에게 코크스의 점유를 창출하였으므로 피고는 무권리자인 양도인으로부터 선의·무중과실로 목적물을 인도받았으므로 코크스의 소유권을 선의취득하였다는 것이다(독일 민법 제932조 이하 참조). 연방대법원은 이렇게 피고가 코크스 소유권을 선의취득하였으므로 그 이득은 법률상 원인이 있어 원고에 대해 반환의무가 없다고 결론지었다. 이 판결은 피고가 원고가 아닌 중간자(H)로부터 변제를 받았다고 보는 점에서는 이데알하임 사건과 일치하지만, 연방대법원이 전적으로 선의취득의 관점 즉 이른바 지시취득(Geheißerwerb)에 의한 선의취득이 가능하다는 관점에서 판단하고 있어 이데알하임 사건에서와 마찬가지로 급부자에 대한 착오가 있는 사안유형에 대한 판례로서 의미를 가지는지 여부는 불확실했다.

하지만 연방대법원은 1963년의 판결(Elektrogeräte-Fall; 전자제품 사건)[22)]에서 이데알하임 판결이 일회적인 돌출재판이 아니라 판례의 변경임을 확인해 주었다. 여기서는 여러 주택을 건설하는 건축주인 피고가 B 회사에게 전자기계의 조달을 포함한 전자설비공사를 위탁한 사안이 문제되었다. 여기서 B 회사는 원고 회사에 작업에 필요한 전자제품을 주문하였는데, 원고 회사가 건축기사를 통해 건축주에게 주문확인서를 송부하자, 건축기사는 자신이나 건축주가 주문을 한 바 없으며 만일 B 회사로부터 주문을 받은 것이라면 B 회사와 접촉할 것을 통지하며 주문확인서를 반송하였다. 그러나 원고 회사는 그에 반응하지 아니한 채로 피고를 수령자로 하는 서면과 함께 전자제품을 공사현장에 공급하였고 B 회사의 기술자는 이를 설치하였다. 이후 원고 회사가 피고 건축주에게 대금을 청구하자 이미 B 회사에 대금을 지급한 피고는 이를 거부하였다. 소송에서 원고는 피고와의 매매계약에 따른 대금지급을 청구하면서도, 그것이 받아들여지지 않는 경우 자신이 제공한 전자제품의 가액을 부당이득으로 반환하거나 자신의 전자제품을 반환할 것을 청구하였다. 그러나 연방대법원은 원고의 청구를 받아들이지 않았다. 연방대법원은 우선 원고와 피고 사이에 계약에 성립하지 않았음을 확인하고, 전자제품이 부동산에 부합되었으므로 피고는 그 소유권을 취득하였고(독일 민법 제946조) 그 경우 부당이득에 따른 이익조정을 명하는 독일 민법 제951조 제1항은 법률효과준용이 아니라 법률요건준용이므로 부당이득의 일반규정인 독일 민법 제812조가 충족되는지 살펴야 한다고 하였다. 그리고나서 연방대법원은 당시 통설화되고 있던 유형론적 견해에 따라 급부를 "의식적이고 목적지향적인 타인재산 증가행위"로 이해한 다음, 이데알하임 사건의 결론을 이어받아 피고는 원고가 아닌 B 회사로부터 급부를 수령한 것이어서 원고는 피고에게 급부이득반환을 청구할 수 없다고 하였다. 특히 연방대법원은 그러한 경우 원고가 피고에게 급부하려고 하였다는 의사는 결정적인 요소가 될

22) BGHZ 40, 272.

수 없다고 하면서, 급부수령자의 신뢰보호라는 관점에서 "급부자의 내심의 의사가 아니라 '출연수령자의 관점에서 본' 급부자 신원의 인식가능성이 기준이 된다"고 하여 급부관계의 판단은 급부수령자의 관점에서 판단되어야 한다는 입장을 확정하였다. 그리고 이어서 판결은 수령자가 급부로 수령한 것은 비급부부당이득으로서 반환될 수 없다는 이른바 보충성원칙을 선언하였다. 이로써 전자제품 사건에서는 피고는 B 회사로부터 급부의 수령으로서 전자제품의 소유권을 취득하였으므로, 원고는 피고에 대해 급부이득반환을 청구할 수 없고, 또한 원고는 보충성원칙에 따라 침해이득반환도 청구할 수 없다는 결론이 도출되었다. 이 판결로 연방대법원은 한편으로 부당이득 일반에 대해 유형론을 채택하면서, 다른 한편으로 채권자의 급부자 착오가 매개한 오상채무자 변제 사안에서 부당이득반환청구를 불허함을 명백히 하였다.

이후 독일 연방대법원은 오상채무자의 변제가 있는 경우 부당이득반환을 급부수령자인 채권자의 관점에 따라 판단한다는 판례에 따라 일련의 사건들을 판단하였다. 1974년의 판결(Hemden-Fall; 셔츠 사건)[23]에서는, 셔츠와 블라우스를 생산하는 E 회사가 경제적으로 어려움에 빠지자 평소 E 회사를 위해 중개거래를 했던 재단사 M이 청산을 도와주기로 하면서 자신의 이름으로 피고와 청산자금 조달을 위한 소비대차 계약 및 셔츠 매매계약을 체결하였고, 피고가 E 회사로부터 셔츠를 수령하려고 하자 E 회사는 자신이 매매계약의 당사자라고 믿고 피고에게 셔츠를 공급하였으며, 이후 피고가 M에게 소비대차액을 공제한 잔대금을 지급한 사안이 문제되었다. E 회사로부터 권리를 양도받은 원고가 피고에 대해 대금지급 내지 셔츠에 상응하는 가액의 부당이득을 구하였는데, 연방대법원은 전자제품 사건의 결론을 적용하여 피고는 E회사가 아닌 M으로부터의 급부로 셔츠 소유권을 취득한 것이므

23) BGH NJW 1974, 1132.

로 E 회사 및 그의 특정승계인인 원고에게 부당이득으로 반환할 의무가 없다고 하였다. 그러면서 연방대법원은 이러한 결론은 "출연자가 자신의 것이라고 믿은 채무를 변제하고자 행한 출연의 목적지정에 대해서도 타당하다"고 하면서, 출연자가 생각한 목적이 출연수령자가 생각한 목적과 불일치하는 경우에는 후자의 관점에서 급부관계를 판단해서 부당이득반환이 행해져야 한다고 말하고, "항소법원이 원용한 다른 내용의 제국법원 판례는 부당이득법상 급부개념의 발전적 형성에 의해 낡은 것이 되었다"고 하여 명시적으로 제국법원 판례를 배척하는 취지를 밝혔다. 그리고 연방대법원은 이상의 법리와 코크스 사건의 법리를 적용하여, 피고는 E 회사가 아닌 M과의 매매계약에 의해 셔츠를 인도받은 것이어서 독일 민법 제932조 이하에 따라 셔츠의 소유권을 선의취득한다고 판시하였다. 이 사건으로 오상채무자의 타인채무 변제를 채권자가 진정한 채무자의 변제로 오인한 사안유형에 대한 연방대법원의 판례는 오상채무자의 부당이득반환청구를 부정하는 입장으로 확정되었다.

이러한 판례에 대해서는 학설에서 찬반양론이 있다.[24] 아래에서는 대표적인 주장들을 그 논거와 함께 개관하기로 한다.

(3) 먼저 판례에 대해 비판적인 견해를 살펴본다.

(a) 먼저 플루메는 이데알하임 사건에 대한 평석에서 판례를 비판한 이래 여러차례 이 문제에 대해 의견을 표명하면서 기본적으로 오상채무자의 부당이득반환이 인정되어야 한다는 입장을 피력하였다.[25] 제자인 빌헬름도 그의 주장을 따른다.[26] 플루메에 의하면, 갑이 을의

24) 간략한 개관으로 민법주해[XVII] (주 4), 212면 이하(양창수 집필) 참조.

25) Flume, JZ 1962, 281; AcP 1999 (1999), 1; *Festschrift für Ernst Wolf*, 1994, 61 등. 이 논문들은 Flume (주 15)에 수록되어 있으며, 이 책으로 인용한다. 그 밖에도 Flume, *Allgemeiner Teil des Bürgerlichen Rechts*, 2. Band: Das Rechtsgeschäft, 4. Aufl., 1992, § 473 a) a. E. (S. 805)도 참조

지시를 받아 병에게 출연을 할 때 갑에서 병으로 직접 급부가 행해지는 것으로 보지 아니하고 오히려 갑이 을에게, 을이 병에게 급부를 한 것으로 취급되는 이유는 을이 그러한 출연을 지시하였고 갑이 그에 따랐다는 사정에서 구해야 한다. 즉 을의 의사(한편으로 갑의 출연을 자신의 재산에 통합하고 다른 한편으로 자신의 재산의 일부를 출연으로 병의 재산에 통합시킨다는 재산적 결단)에 따른 지시가 있고 그것이 갑에 의해 이행될 때 비로소 을의 재산이 감소함으로써 병의 재산이 증가한다고 평가할 수 있다는 것 즉 을의 병에 대한 급부가 존재한다는 것이다. 그리고 이러한 결과는 예를 들어 본인의 대리인에 대한 수권이 있을 때 대리인의 의사표시가 본인에 귀속되는 것과 실질에서 있어 차이가 없다고 한다.[27] 그런데 오상채무자의 변제의 경우에 중간자의 지시에 따라 출연이 이루어지는 것이 아니라 오상채무자 스스로 자신의 채무의 이행을 위해 급부를 하는 것이므로 이는 중간자의 급부가 될 수 없고 오상채무자 자신의 급부일 수밖에 없으며, 이 경우 채권자가 이를 진정한 채무자의 급부로 믿었다는 사정은 오상채무자에게는 무관한 사정이라는 것이다.[28] 그리고 이익상황을 살펴볼 때 이러한 분쟁은 통상 기망을 한 중간자가 무자력이기 때문에 발생하는데, 기망을 한 중간자와 계약관계에 있었던 급부수령자가 그러한 기망 덕분에 중간자의 무자력 위험을 오상채무자에게 전가하는 것은 정당하지 않다고 한다.[29] 따라서 플루메는 기본적으로 급부자에 대한 착오가 있는 경우에도 오상채무자의 변제수령자에 대한 부당이득반환을 인정하고자 한다. 이러한 입장

26) Wilhelm, *Rechtsverletzung und Vermögensentscheidung als Grundlagen und Grenzen des Anspruchs aus ungerechtfertigter Bereicherung*, 1973, S. 147ff.

27) Flume (주 15), S. 166ff., 193f.; Wilhelm, JuS 1973, 1, 3ff.

28) Flume (주 15), S. 193f.

29) Flume (주 15), S. 195f.

에서는 문제 해결을 위해 급부자 관점에 의할 것인지 아니면 급부수령자의 관점에 의할 것인지를 다투는 것은 전적으로 통설의 관점을 투영한 것뿐이어서 부당하고, 자신들은 급부자의 관점에 의하는 것이 아니라 당사자의 재산적 결단에 따른 재산이동의 흐름에 따라 급부관계를 결정할 뿐이라고 한다.[30] 그러나 이 견해에 의하더라도 급부수령자의 신뢰보호가 도외시 되는 것은 아니다. 플루메는 급부수령자의 신뢰보호는 현존이익상실의 항변(독일 민법 제818조 제3항)에 의해 달성할 수 있다고 주장한다. 즉 변제수령자가 오상채무자의 급부를 종국적으로 보유할 수 있다고 신뢰하여 중간자에게 반대급부를 지급하였다면 그 한도에서 현존이익이 없다고 주장하여 부당이득반환의무에서 벗어날 수 있다는 것이다.[31] 그리고 이러한 방법이 구체적인 타당성을 도모할 수 있는데, 예를 들어 코크스 사건에서처럼 급부수령자가 선이행한 경우 판례에 의하면 급부수령자는 자신이 인수한 선이행위험도 회피하여 이를 오상채무자에게 전가할 수 있게 되지만, 현존이익 상실의 항변을 인정할 경우 그러한 난점은 발생하지 않는다고 한다.[32]

(b) 폰 캐머러도 비슷한 이익형량에 기초해서 판례에 비판적인 입장을 보인다. 그에 의하면 급부수령자가 다른 사람(중간자)에 대해 동일한 내용의 급부를 청구할 수 있는 권리가 있다는 사정만으로 급부수령자가 오상채무자의 급부에 대해 어떠한 권리를 가진다는 결과 정당화되기 어렵다.[33] 그러한 결과는 중간자가 급부자의 급부에 대해 처분할 수 있는 지위 즉 급부자가 중간자의 지시에 따를 의무가 있거나

30) Wilhelm (주 26), S. 149.

31) Flume (주 15), S. 196, 218; Wilhelm (주 26), S. 152f.

32) Flume (주 15), S. 196. 직접청구금지에 의한 '추상적 신뢰보호'에 대해 현존이익 상실 항변이나 손해배상에 의한 '구체적 신뢰보호'를 대비하면서 후자가 보다 타당한 신뢰보호라고 말하는 Canaris, "Der Bereicherungsausgleich im Dreipersonenverhältnis", *Festschrift für Larenz*, 1973, S. 825ff. 참조.

33) von Caemmerer (주 13), S. 360, 365.

따를 용의가 있는 경우에만 정당화된다는 것이다.[34] 반면 급부자에 관한 착오가 있는 사안에서는, 법률행위 해석이나 착오취소에 대한 규율에 비추어 볼 때 급부관계와 법률상 원인관계의 판단을 전적으로 급부수령자의 관점에 따르도록 할 수는 없다고 한다. 실제로 급부수령자가 오상채무자의 출연을 중간자의 급부라고 판단할 수 있는 것은 그가 중간자와 계약관계에 있다는 사정 때문인데, 이러한 사정은 오상채무자에 대해 특별한 사정으로서 급부수령자 영역에 속하며 그가 위험을 부담해야 할 사정이라고 한다. 그러므로 그러한 경우 급부로부터는 하나의 객관적인 의미를 간취할 수 없어 법률상 원인에 관한 합의가 결여하고, 그 결과 오상채무자는 자신의 급부를 부당이득으로 반환청구할 수 있어야 한다는 것이다.[35] 다만 폰 캐머러는 이들 사례에서 오상채무자가 중간자에 대해 무권대리인의 책임을 물을 수 있다는 규정(독일 민법 제179조) 즉 본인에 대한 청구를 배제하고 무권대리인에 대해서만 책임을 묻도록 하는 규율로부터 부당이득을 배제하는 판례의 입장이 정당화될 수도 있다는 가능성을 시사하기는 한다.[36] 그러나 그는 바로 이를 배척한다. 한편으로 무권대리인의 책임은 상대방의 대리권에 대한 신뢰를 보호하고자 하는 것이지 대리인의 신용에 대한 신뢰를 보호하고자 하는 것이 아니다. 다른 한편으로 본인(급부수령자)은 무권대리인이 조달한 급부를 종국적으로 보유하기 위해서는 무권대리를 추인해야 하

34) von Caemmerer (주 13), S. 365.

35) 이상 von Caemmerer (주 13), S. 360.

36) 이러한 폰 캐머러의 단서를 이익형량에 반영하여 예컨대 이데알하임 사건 등에서 판례를 지지하는 견해로 Esser/Weyers, *Schuldrecht*, Band Ⅱ, 6. Aufl., 1984, §48 Ⅲ 6 (S. 390); Koppensteiner/Kramer, *Ungerechtfertigte Bereicherung*, 2. Aufl., 1988, S. 38; von Sachsen Gessaphe in *Antwaltkommentar BGB*, Band 2, Teilband 2, 2005, §812 Rn. 179. 반면 무권대리인의 책임 규정에서 그러한 가치평가를 도출할 수 없다는 견해로 Flume (주 25), §473 a) a. E. Fn. 20b (S. 805).

므로 추인이 없는 한 법률상 원인이 없는 것으로 하여 수령한 급부를 급부자에게 반환하는 것이 타당하며, 다만 중간자인 무권대리인에게 대가를 지급한 경우에만 현존이익이 상실되어 의무에서 벗어나는 것으로 취급해야 한다는 것이다.37)

(c) 에써는 이데알하임 사건 이전에 발간된 채권법 교과서 제2판에서 이미 오상채무자의 출연이 있는 경우 그것이 누구의 급부에 해당하는지 여부는 급부수령자의 관점에 따라 결정되어야 한다는 견해를 피력한 바 있었다.38) 그러나 그는 이데알하임 사건과 관련한 플루메의 비판39)에 직면하여 이후 견해를 변경한다.40) 그는 플루메와 폰 캐머러의 견해에 따라서 급부수령자의 신뢰는 오로지 그가 오상채무자의 변제를 종국적인 것으로 믿고 중간자에게 반대급부를 변제한 경우에만 보호될 필요가 있다고 말하면서, 그 경우 급부관계를 결정함에 있어서 급부수령자가 타인(중간자)와의 사이에 계약관계가 존재한다는 사정은 오상채무자와의 관계에서 고려되어서는 안 된다고 한다.41) 만일 판례와 같이 급부수령자의 관점을 기준으로 일관한다면 오상채무자의 변제지정은 표시상 객관적으로 이해되는 의미와 표의자의 내심의 의사가 불일치하므로 독일 민법상 내용착오(동법 제119조 제1항)에 해당하여 착오취소의 대상이 된다고 한다. 그렇다면 오상채무자는 자신의 변제지정을 취소하여 급부수령자에게 부당이득으로 반환청구를 할 수 있고, 급부수령자가 중간자에게 대가를 지급하였으나 반환받을 수 없는 손해 등은 취소자의 무과실 손해배상책임(동법 제122조)의 적용으로 해

37) von Caemmerer (주 13), S. 366ff. 폰 캐머러는 여기서 영미법상 非開示本人의 법리(doctrine of the undisclosed principal; 우리 상법 제48조 참조)와의 유사성에 착목하여 영미 판례로부터 가치평가를 원용하고 있다.
38) Esser, *Schuldrecht*, 2. Aufl., 1960, §190 2 pr. (S. 782).
39) Flume (주 15), S. 218 Fn. 14.
40) Esser, *Schudrecht*, Band Ⅱ, 4. Aufl., 1971, §102 Ⅱ 2 Fn. 27 (S. 351).
41) Esser (주 40), §102 Ⅱ 2 (S. 350).

결될 것인데(아래 Ⅱ. 2. (4) (b) 참조), 이러한 해결보다는 바로 부당이득을 인정하면서 급부수령자의 신뢰를 현존이익 상실의 항변으로 보호하는 것이 보다 적절하다는 것이다. 그리고 약정에 반하여 행위한 중간자를 사용한 위험은 오상채무자가 아닌 급부수령자가 부담하는 결과가 타당하다고 한다.[42)]

(d) 메디쿠스 역시 기본적으로 급부자에 관한 착오가 있는 경우에도 오상채무자의 부당이득반환을 인정하는 입장이다. 그 역시 급부수령자의 신뢰보호 문제는 그가 오상채무자의 급부보유를 신뢰하여 중간자에게 대가를 지급한 경우에만 제기될 수 있다고 말한다. 그러므로 그렇지 않은 때에는 당연히 오상채무자의 부당이득반환청구가 허용되어야 한다. 반면 급부수령자가 이미 중간자에게 대가를 지급한 때에는, 그가 오상채무자에 비해 더 보호를 받아야 한다고 한다. 오상채무자는 중간자의 대리권을 확인하지 않았을 뿐만 아니라 신용을 부여하여 선이행을 하였는데 반해, 급부수령자는 중간자로부터 급부를 받았다고 믿고 대가를 지급한 것이다. 따라서 오상채무자는 충분한 근거 없이 중간자를 신뢰하였기 때문에, 그러한 신뢰가 좌절되어 발생한 손해를 부담해야 한다고 한다. 이는 결과적으로 오상채무자에게 부당이득반환을 허용하면서, 급부수령자가 중간자에게 반대급부를 한 때에는 현존이익 상실의 항변을 인정하는 입장이다.[43)]

(4) 이러한 비판론에도 불구하고 다수설은 판례를 지지하고 있다.

(a) 다수설은 우선 급부수령자의 관점에 따라 급부관계를 판단하는 태도는 법률행위 해석의 일반이론으로부터 당연히 도출되며, 굳이 변제목적지정과 관련해 다른 입장을 채택할 이유가 없다는 점을 든다. 일반적인 견해에 따르면 급부자가 자신의 급부를 법률상 원인(통상

42) Esser (주 40), § 102 Ⅱ 2 (S. 350f.).

43) Medicus/Petersen, *Bürgerliches Recht*, 22. Aufl., 2009, Rn. 688.

이행되어야 할 채무)과 관련지우는 행위인 변제목적지정은 제3자의 변제(독일 민법 제267조) 및 변제충당(동법 제366조)과 관련해 법률행위 즉 변제자의 단독행위 내지 적어도 준법률행위로서 이해되고 있으므로,[44] 출연에 수반하는 변제목적지정을 판단할 때 수령자의 관점에서 출발하는 것은 법률행위 해석의 일반원칙(독일 민법 제133조, 제157조)에 비추어 당연하다는 것이다.[45] 또한 급부수령자와 중간자와의 사이에 계약관계가 있다는 사정은 오상채무자에게 무관한 것으로 급부관계를 판단할 때 고려되어서는 안 된다는 폰 캐머러 등의 비판에 대해서는, 출연을 받는 사람이 이를 중간자로부터 기인한다고 여기는 이상 이는 제3자가 아닌 계약당사자들의 사정이므로 급부관계 판단에서 배제할 필요가 없고, 오히려 중간자가 수령자의 계약을 "제3자"(오상채무자)를 이용해 이행하는 사실이 변제목적지정의 당사자인 이들에게 알려져 있는 것이라 한다.[46]

더 나아가 다수설은 급부수령자의 신뢰는 현존이익 상실의 항변으로 보호될 수 있다는 소수설의 견해가 타당하지 않다고 비판한다. 첫째, 종래의 해석에 따르면 급부수령자가 급부의 종국적 보유를 신뢰하여 중간자에게 대가를 지급하였다고 해서 현존이익이 상실된다고 해석할 근거가 없다고 한다. 예를 들어 갑의 동산을 병으로부터 매수한 을이 이를 다시 자신의 이름으로 양도하여 양수인이 선의취득한 경우 또는 갑의 동산을 을이 병으로부터 매수하여 자신의 부동산에 부합한 경

44) 간단한 개관으로 Looschelders, *Schuldrecht. Allgemeiner Teil*, 6. Aufl., 2008, Rn. 394 참조.

45) Thomä, JZ 1962, 623, 625f.; Zeiss, AcP 165 (1965), 332, 333ff.; Wieling, JZ 1977, 291, 292; Reuter/Martinek, *Ungerechtfertigte Bereicherung*, 1983, §12 Ⅰ 3 b) (S. 454f.); Larenz/Canaris, *Lehrbuch des Schuldrechts*, 13. Aufl., 1994, §70 Ⅲ 3 b) (S. 218f.); Fikentscher/Heinemann, *Schuldrecht*, 10. Aufl., 2006, Rn. 1431; MünchKomm/Schwab (주 4), §812 Rn. 184 등 참조.

46) Reuter/Martinek (주 45), §12 Ⅰ 3 b) (S. 455).

우, 갑의 을에 대한 부당이득반환청구에 대해 을은 동산 취득을 위해 병에게 지급한 반대급부를 이유로 현존이익 상실을 주장할 수는 없다는 것이 일반적인 견해이다.[47] 그렇다면 오상채무자가 부당이득반환을 청구할 때 급부수령자가 중간자에 지급한 대가를 현존이익 상실로 주장할 수 있다고 해석할 수는 없지 않겠는가?[48] 실제로 맥주공급마차 마부 사건의 제국법원과는 달리 오스트리아 대법원은 유사한 사례에서 현존이익 상실을 부정한 바도 있다.[49] 물론 이러한 비판에 대해 메디쿠스는 종래 인정되던 법리는 침해이득반환에 관한 것이고 오상채무자는 급부이득을 반환하는 것이므로 달리 볼 수 있다고 답하기는 한다.[50] 그러나 급부이득의 경우에도 급부목적물 취득과 관련해 제3자에게 지급한 대가를 현존이익 상실 근거로 볼 수 있는지 여부에 대해서는 학설에서 아직 명확한 태도가 있다고 보기는 어렵다.[51] 또한 급부이득반환이라고 하더라도 오상채무자와 급부수령자 사이에 무권대리로 무효인 쌍무계약의 청산이 문제되는 한에서는 제3자와의 계약관계에 따른 대가 지급은 더욱 고려할 여지 없이 이익의 현존을 인정해야 할지도 모르며 ("사실적 쌍무관계"), 급부수령자가 (부합 등 없이) 물건을 여전히 점유하고 있다면 오상채무자는 소유물반환청구도 가능할 것인데[52] 그러한 경

47) 우선 Stadler in Jauernig, *Bürgerliches Gesetzbuch*, 14. Aufl., 2011, §816 Rn. 10, §818 Rn. 36.

48) Wieling (주 45), 293f.

49) von Caemmerer (주 13), S. 362 Fn. 75; Wilburg in Klang, *Kommentar zum Allgemeinen Bügerlichen Gesetzbuch*, 6. Band, 2. Aufl., 1951, S. 484 참조.

50) Medicus/Petersen (주 43), Rn. 688.

51) Jauernig/Stadler (주 47), §818 Rn. 32; Westermann/Buck-Heeb in Erman, *Bürgerliches Gesetzbuch*, Band Ⅱ, 12. Aufl., 2008, §818 Rn. 40. 명시적으로 오상채무자 타인채무 변제의 경우 채권자의 현존이익 상실 항변을 인정하는 견해로 MünchKomm/Schwab (주 4), §818 Rn. 137.

52) 소수설에 의하면 오상채무자의 채권자에 대한 급부가 존재하므로, 판례가 코크스 사건과 셔츠 사건에서 판단한 바와 같은 내용의 선의취득은 가능하지 않다. 그래서 소유권은 오상채무자에서 급부수령자에게 바로 이전되어야 하는데,

우 현존이익 상실의 항변을 주장할 수 없게 되어 부당이득만 문제되는 경우와 균형이 맞지 않는 것도 사실이다.[53] 덧붙여, 현존이익의 상실을 인정한다면 이는 부당이득의 청구권자가 급부관계 당사자 아닌 제3자와의 관계에서 발생한 대항사유(exceptio ex iure tertii)의 대항을 받는 결과가 되어 일반적 급부이득 법리와 합치하지 않는다고 한다.[54] 둘째, 소수설에 따라 현존이익 상실 항변을 부여하는 방법만으로는 급부수령자의 신뢰를 충분히 보호할 수 없다고 한다.[55] 예를 들어 오상채무자가 시효가 완성한 타인채무를 자신의 채무라고 믿고 채권자에게 변제하고 채권자는 이를 진정한 채무자가 시효이익을 포기하고 변제한 것으로 수령한 경우, 채권자가 시효완성한 채무가 변제되었음을 믿고 증여나 추가적 소비 등을 하였다면 소수설에 의할 때 오상채무자는 변제수령자에게 자신의 급부를 반환청구 할 수 있겠으나 채권자는 현존이익 상실의 항변을 할 수 없어 불이익을 받게 된다는 것이다.[56] 요컨대 현존이익 상실의 항변을 인정할 수 있는지 여부가 불분명한 이상 급부수령자의 신뢰는 수령자의 관점에서 급부관계를 판단함으로써 달성할 수 있다.

마지막으로 다수설은 이익형량에 근거해서도 판례의 입장이 정당하다고 한다. 이에 의하면 급부수령자는 중간자와 계약을 체결하고자 의욕하였고 그 중간자의 무자력 위험을 동시이행 관계에 의해 예방하

급부수령자가 물건을 중간자로부터 공급받는다고 믿는 이상 물권적 합의 역시 불합의를 이유로 무효이므로 소유권은 (부합·소비 등이 있기 전에는) 오상채무자에게 있게 되어 소유물반환청구가 가능하다고 보아야 하는 것이다.

53) 이는 von Caemmerer (주 13), S. 363이 자인하는 바이다. 후자의 점에 대해 Stephan Lorenz in Staudinger, *Kommentar zum Bürgerlichen Gesetzbuch*, §§ 812–822, 2007, § 812 Rn. 61도 同旨.

54) Erman/Westermann/Buck-Heeb (주 51), § 812 Rn. 15.

55) Thomä (주 45), 626; Wieling (주 45), 293.

56) Thomä (주 45), 626 Fn. 36이 드는 예이다.

였다. 이제 오상채무자의 변제를 믿고 자신의 반대급부를 이행한 급부수령자가 오상채무자에게 부당이득반환의무가 있다면 그는 다시 중간자에게도 변제를 해야 하므로 이중변제의 위험에 빠지게 된다고 한다. 물론 소수설은 여기서 급부수령자가 현존이익 상실의 항변을 할 수 있다고 하지만, 앞서 본 바와 같이 이는 자명하지 않다. 반면 오상채무자에게는 자신의 계약상대방이 누구인지 확인해 볼 것을 기대할 수 있고, 대리인의 대리권을 확인하는 것은 그의 위험영역에 속하는 사항이다.[57] 그렇다면 급부수령자는 자신의 계약관계의 진행에서 중간자 및 오상채무자의 관계에서 나오는 쟁점의 영향을 받지 않도록 하는 원칙에 따르는 해결이 타당하다는 것이다.[58] 이와 관련해서 무권대리인 책임을 정하는 규정으로부터 무권대리인의 상대방은 본인이 아닌 무권대리인을 상대로 책임을 물어야 한다는 평가를 도출하는 논거가 추가된다(앞의 주 36 참조).

(b) 그런데 급부관계 결정과 관련해 수령자관점 기준설을 채택하는 견해에서도 착오취소의 방법으로 해결하자는 주장이 유력하다.[59] 이 견해에 의하면 변제목적지정이 법률행위인 이상 그에 법률행위 해석의 일반원칙이 적용되어 수령자의 관점이 기준이 되는 것 자체에는 문제가 없다고 한다. 그런데 만일 오상채무자가 자신이 채무자라고 믿고 변제를 위해 급부를 하였으나 채권자가 이를 진정한 채무자의 변제로 인식하고 수령한 경우, 오상채무자의 변제목적지정에는 취소권을 발생시키는 내용착오(독일 민법 제119조 제1항)가 존재한다고 한다. 즉

57) AnwK-BGB/von Sachsen Gessaphe (주 36), §812 Rn. 179. König (주 18), S. 235도 참조.

58) Loewenheim, *Bereicherungsrecht*, 3. Aufl., 2007, S. 45f.

59) Thomä (주 45), 626; Canaris (주 32), S. 826ff.; Wieling (주 45), 292f.; Weitnauer, NJW 1974, 1729, 1731; Staudinger/Stephan Lorenz (주 53), §812 Rn. 61.

오상채무자의 변제목적지정에서는 표시행위로부터 추단되는 의사와 표의자의 내심의 의사가 불일치하므로 내용착오가 있다는 것이다. 그러므로 오상채무자는 자신의 변제목적지정을 취소하고, 원상회복으로 부당이득반환을 청구할 수 있게 된다. 다만 그는 급부수령자의 현존이익상실 항변을 감수해야 하고, 더 나아가 독일 민법이 착오취소의 경우 취소자에게 부과하는 무과실의 손해배상책임을 부담하게 된다(동법 제122조). 특히 이러한 손해배상에 의해 급부수령자가 급부보유를 믿음으로써 입은 손해들이 전보되어 보다 적절한 신뢰보호가 도모된다고 주장한다. 이 견해에 의하면 이데알하임 사건 등에서 판례는 결론에 있어서 타당한 것이다. 왜냐하면 취소권자인 오상채무자는 독일 민법 제121조 제1항에 따라 지체 없이 즉 유책한 지연 없이 취소권을 행사해야 할 것인데, 이들 사건에서 원고인 오상채무자는 그러한 요건을 충족하지 못하여 취소권은 소멸하였고 결국 부당이득반환청구는 불가능하게 되었기 때문이다.[60)]

이러한 견해에 대해서는 판례를 지지하는 입장이나 소수설 모두로부터 비판이 있다. 이에 의하면 착오취소를 인정하는 견해는 오상채무자가 자신의 이름으로 변제목적지정을 한다고 전제하고 있으나, 이는 타당하지 않다고 한다. 즉 오상채무자의 변제목적지정은 급부수령자에 대한 관계에서 객관적으로 성립하지 못하였다는 것,[61)] 오히려 중간자가 기망적 언명으로 채권자에게 오상채무자의 출연을 자신의 급부로 지정하는 변제목적지정을 하였다는 것이다.[62)] 그러나 착오취소에 의한 해법을 주장하는 견해 중에서도 카나리스는, 오상채무자는 자신의 이

60) Larenz/Canaris (주 45), §70 Ⅲ 3 b) (S. 219).

61) Reuter/Martinek (주 45), §12 Ⅰ 3 b) (S. 455).

62) Flume (주 15), S. 195; Hager, “Der sachenrechtliche Verkehrsschutz als Muster der Lösung von Dreipersonenkonflikten”, *50 Jahre Bundesgerichtshof*, Band I, 2000, S. 801; MünchKomm/Schwab (주 4), §812 Rn. 185.

름으로 행위하면서 자신의 변제목적지정을 한다고 믿고 있었으나 급부수령자의 관점에서는 타인의 이름으로 행위하였거나 중간자의 사자로서 등장하였으므로 그러한 맥락에서 내용착오가 존재한다고 설명하므로,[63] 이상의 비판은 이 설명에는 잘 들어맞지는 않는다. 그러나 이러한 카나리스의 견해에도 다음과 같은 비판이 제기된다.[64] 즉 오상채무자가 수령자의 관점에서 대리인으로서 내용착오를 하였다고 하더라도 통설에 의하면 그러한 경우 취소권은 대리인이 아니라 본인에게 귀속된다고 하고, 대리인에게는 독일 민법 제164조 제2항의 취지상 그러한 이유에 의한 취소권은 부여될 수 없으므로, 카나리스의 설명은 타당할 수 없다고 한다. 더 나아가 수령자의 관점에서는 통상 오상채무자가 중간자의 이행보조자로서 출연한다고 인식될 것인데, 그렇다면 수령자의 관점에서는 오상채무자는 대리인이 아니라 사자로서 중간자의 변제목적지정을 전달하는 것으로 나타나게 될 것이고, 그러한 경우 사자에게 취소권을 인정할 수는 더더욱 없다는 것이다. 이러한 비판에 대해 카나리스는 착오가 있는 의사표시는 오상채무자가 전달하는 중간자의 변제목적지정이 아니라, 사자의 의사표시 즉 오상채무자의 내심의 의사와는 달리 자신이 사자로서 자신의 이름으로 행위하지 않는다는 내용으로 표시된 의사표시라고 말하면서, 두 개의 의사표시가 결합되어 있는 것으로 이해한다.[65] 그러나 이러한 답변은 카나리스 본인이 인정하는 바와 같이 현실의 하나의 의사표시를 관념상 인위적으로 두 개의 의사표시로 분해해서 어느 한편에 취소권을 인정하는 결과를 가져오므로, 설명으로서 궁색한 느낌은 지울 수 없다.

---

63) Canaris (주 32), S. 827.

64) Reuter/Martinek (주 45), § 12 Ⅰ 3 b) (S. 455f.); Hager (주 62), S. 801; MünchKomm/Schwab (주 4), § 812 Rn. 185.

65) Larenz/Canaris (주 45), § 70 Ⅲ 3 b) Fn. 42 (S. 219).

3. 반면 프랑스 민법에서 상황은 어떠한가?

(1) 프랑스 민법 제1376조는 착오로 또는 알면서 비채변제를 수령한 사람은 이를 변제자에게 반환할 의무가 있다고 정하고, 동법 제1377조 제1항은 착오로 자신이 채무자라고 믿은 사람이 채무를 변제한 때에는 그는 채권자에 대해 반환을 청구할 권리가 있다고 정한다. 프랑스에서 오상채무자의 부당이득반환은 이 두 규정에 의해 규율되고 있다. 이는 강학상 채무가 부존재한 경우를 말하는 객관적 비채변제에 대하여 채권자 아닌 자에게 급부되었거나 채무자 아닌 자가 급부한 경우로서 주관적 비채변제라고 불린다.[66] 이러한 구별이 필요한 이유는 비채변제반환의 요건으로 급부자에게 비채변제와 관련한 착오가 있을 것이 요구되는지 여부에 관하여 구별할 필요가 있기 때문이다. 현재 판례 앞서 인용한 제1376조, 제1377조 제1항의 해석상 객관적 비채변제의 경우에는 급부자의 착오가 적극적 요건이 아니지만, 주관적 비채변제의 경우에는 급부자의 착오가 적극적 요건이라고 해석하고 있다.[67] 그러므로 오상채무자의 부당이득반환이 문제되는 사안에서는 오상채무자가 자신이 착오에 있었음을, 즉 자신이 채무자라고 믿고 있었음을 입증해야 한다.

이들 규정에 의하면 출연자가 자신을 채무자라고 믿고 급부를 하고 채권자도 출연자를 진정한 채무자라고 믿고 급부를 수령하였다면 비채변제가 성립함은 의문의 여지가 없다. 그러한 경우 급부자는 급부수령자에 대해 비채변제의 반환을 청구할 수 있다. 급부수령자의 신뢰보호는 앞서 언급한 제1377조 제2항에 의해 이루어진다(앞의 Ⅱ. 1. 참조).

---

66) 우선 Bénabent, *Droit civil. Les Obligations*, 11e éd., 2007, n° 471.

67) Bénabent (주 66), n° 473.

(2) 이에 대해 오상채무자의 급부를 수령자가 진정한 채무자의 급부로 수령한 사안 즉 급부자에 대한 착오가 있었던 사안은 어떻게 처리되는가? 이 문제에 관해서는 학설과 판례에서 특별한 취급은 존재하지 않는다. 즉 프랑스 민법 제1376조, 제1377조가 그대로 적용되어 해결되는 것으로 보인다.68) 즉 동법 제1377조 제1항은 명시적으로 급부자의 착오만 요구하고 있고, 동법 제1376조 제1항은 급부수령자가 착오에 있었든 아니면 사정을 알았든 무관하게 반환의무를 명하고 있으므로, 급부자가 자신을 채무자로 믿고 급부한 이상 그의 부당이득반환에는 영향이 없다고 해석되는 것이다. "고려되는 유일한 착오는 변제자의 착오이다."69) 급부수령자의 선의 내지 악의는 오상채무자의 비채변제 반환에 영향을 주지 아니하며, 오로지 프랑스 민법 제1377조 제2항에 따른 신뢰보호와 관련해서만 의미를 가진다.70)

(3) 그러므로 프랑스 민법에서는 오상채무자는 자신의 급부를 채권자가 진정한 채무자의 변제로 믿고 수령한 경우이더라도 원칙적으로 이를 부당이득으로 반환청구할 수 있다. 그렇게 부당이득반환이 인정되는 경우, 급부보유를 신뢰해 불이익을 입을 수 있는 급부수령자를 보호할 필요가 발생하는데, 이는 다음의 방법에 의해 이루어진다.71)

첫째, 앞서 여러 차례 언급한 프랑스 민법 제1377조 제2항에 따라

68) Friedmann and Cohen in *International Encyclopedia of Comparative Law*, Vol. X: Restitution - Unjust Enrichment and Negotiorum Gestio, Chapter 10: Payment of Another's Debt, 1991, n. 58; Schlechtriem, *Restitution und Bereicherungsausgleich in Europa*, Band 2, 2001, Kap. 7 Rn. 226.

69) Perinet-Marquet, *Juris classeurs civil*, Art. 1376 à 1381, 1991, n° 39. 그 밖에 Ghestin, Billiau et Loiseau, *Traité de droit civil*, Le régime des créances et des dettes, 2005, n° 825; Malaurie, Aynès et Stoffel-Munck, *Les obligations*, 4e éd., 2009, n° 1045도 참조.

70) Terré, Simler et Lequette, *Droit civil. Les obligations*, 10e éd., 2009, n° 1057.

71) Bénabent (주 66), n° 477.

채권자가 비채변제를 수령한 다음 그 보유를 신뢰하여 채권증서를 훼멸한 때에는 오상채무자는 부당이득반환을 청구할 수 없다. 그러한 경우 오상채무자의 변제는 마치 제3자의 변제와 마찬가지의 효과를 발생시키고, 그는 진정한 채무자에 구상을 할 수밖에 없다. 더 나아가 판례는 비채변제를 수령한 채권자가 그 보유를 신뢰하여 담보를 포기하거나 더 이상 확보하지 아니하는 행위도 채권증서의 훼멸과 동등하게 취급하여 오상채무자의 비채변제 청구를 부정한다.[72] 반면 채권자가 비채변제의 보유를 신뢰하여 진정한 채무자에 대한 관계에서 추급을 하지 않았고 그 결과 채권의 시효가 완성한 경우에 대해서는 견해가 대립한다.[73]

둘째, 오상채무자가 자신을 채무자라고 믿은 점에 대해 과실(faute)이 있는 경우 즉 그의 착오가 유책한 착오(erreur inexcusable)인 경우, 그러한 사실은 비채변제 반환에 영향을 주는가? 이에 대해서는 종래 파기원 판례에서 견해의 대립이 있다고 한다.[74] 즉 (주로 사회보장급부의 반환청구와 관련된 사건을 다루는) 파기원 사회부는 프랑스 민법 제1377조의 문언을 기초로 과책이 있더라도 오상채무자의 부당이득반환에는 영향이 없다는 견해를 채택하고 있었음에 반해,[75] (주로 은행거래와 관련된 비채변제 사건을 다루는) 파기원 상사부는 ① 비채변제의 수령자가 자신의 진정한 채권의 내용에 상응하는 급부를 수령한 것이고 ② 변제자가 "신중함이 요구하는 주의를 다하지 아니하였다는 점에 스스로를 비난해야 하는" 때에는 오상채무자의 비채변제 반환청구는 허용될 수

72) Bénabent (주 66), n° 477; Ghestin, Billiau et Loiseau (주 69), n° 824.

73) 전거와 함께 Ghestin, Billiau et Loiseau (주 69), n° 824; Mazeaud et Chabas, *Leçons de droit civil*, tome Ⅱ/1, 9e éd., 1998, n° 662.

74) 반면 객관적 비채변제의 경우에 변제자의 과실이 부당이득반환에 영향을 주지 않는다는 점에 대해서는 학설과 판례가 대체로 일치하고 있다. Terré, Simler et Lequette (주 70), n° 1058 참조.

75) Cass. soc., 14 juin 1979, Bull. soc. n° 546.

없다는 입장을 보이고 있는 것이다.[76] 이에 대해 민사부의 태도는 반드시 명백하지는 않다고 한다.[77] 이러한 혼선 때문에 실제로 문헌에서는 판례의 태도를 서술함에 있어 서로 상반되는 모습이 나타나기도 한다.[78] 그러나 이러한 혼란에도 불구하고 파기원의 각부는 오상채무자가 변제를 할 때 과실이 있었다면 이는 불법행위를 구성하고, 그 결과 급부수령자가 비채변제의 보유를 신뢰하여 입은 손해를 배상할 의무가 있다는 점에서는 이제 견해가 일치하는 것으로 보인다.[79] 그러므로 오상채무자에게 과실이 있으면 그는 급부수령자에게 부당이득으로 반환청구를 할 수 있지만 동시에 급부수령자에 대해 손해배상해야 할 금액을 공제한 나머지만을 반환청구할 수 있게 되는 것이다.[80] 그러므로 결국 판례에 의한다면 오상채무자가 자신을 채무자라고 믿은 바에 과실이 있는 경우에는, 상사부 판례에 따라 선의의 채권자는 부당이득반환의무에서 벗어날 수도 있지만, 이러한 법리에 의하지 않더라도 선의의 채권자는 자신이 비채변제의 보유를 신뢰하여 입은 손해의 배상을 청구할 수 있으므로, 어느 방법에 의하든 보호를 받는다는 결과가 발생한다(카나리스의 용어를 빌자면 전자는 추상적 신뢰보호를, 후자는 구체적 신뢰보호를 도모하는 해석인 셈이다; 앞의 주 32 참조).

4. 커먼로에서 오상채무자의 변제에 관한 취급은 대륙법과는 다른 법개념과 법리에 따라 해결되고 있다. 우선 영국법에 관한 내용을 살펴

76) Cass. com., 22 nov. 1977, Bull. com., n° 275.
77) 자세한 것은 Ghestin, Billiau et Loiseau (주 69), n° 806.
78) 예를 들어 Bénabent (주 66), n° 477은 상사부의 견해를, Cabrillac, *Droit des obligations*, 8e éd., 2008, Rn. 202는 사회부의 견해를 "판례"로 서술하고 있다.
79) Flour, Aubert et Savaux, *Les obligations*, 2. Le fait juridique, 10e éd., 2003, n° 31 참조.
80) 전거와 함께 Ghestin, Billiau et Loiseau (주 69), n° 839, 특히 파기원 사회부에서 전개된 법리에 대해서 n° 840 참조.

본 다음, 미국법의 상황을 리스테이트먼트를 중심으로 간략하게 고찰한다.

(1) 대륙법에서 비채변제의 반환(condictio indebiti)으로 다루어지는 법률문제들은 커먼로에서는 착오에 의한 변제(payment by mistake)로서 다루어진다. 즉 채무가 없음에도 불구하고 변제할 의무가 있다는 착오하에 급부를 한 사람은 급부수령자로부터 급부한 것의 반환을 청구할 수 있다.[81] 그런데 이 글의 주제와 관련하여 주의할 점은 커먼로는 원칙적으로 채무자 아닌 제3자의 변제를 허용하지 않는다는 사실이다. 즉 채무자 아닌 사람이 유효한 변제를 하기 위해서는 그는 채무자의 동의를 받는 등 채무자의 대리인으로 채무자의 이름으로 변제를 해야 한다.[82] 말하자면 채무자의 유효한 수권이 있었고 그에 따라 제3자가 출연을 한 경우에만 변제효가 발생한다. 그 결과 제3자가 예컨대 ① 채무자의 수권이 없거나, ② 채무자의 수권이 철회되었거나, 아니면 ③ 채무자를 위해 독자적으로 변제를 위한 출연을 하였더라도 이는 유효한 변제가 될 수 없다. 그러므로 이들 경우에 출연자인 제3자는 채무자의 추인이 있기 전까지 급부한 것을 부당이득으로 반환청구할 수 있다.

이러한 관점에서 본다면 오상채무자의 변제 즉 제3자가 자신을 채무자라고 생각하여 채권자에게 변제를 위한 급부를 한 경우, 원칙적으로 그것만으로 변제효는 발생하지 아니하고 그 결과 오상채무자는 급부수령자에게 급부한 것을 부당이득으로 반환청구할 수 있다는 결론은 어렵지 않게 도출될 수 있다. 앞서의 법리에 따를 때 이러한 경우 채권자의 급부보유를 정당화할 수 있는 사정은 존재하지 않기 때문이다. 요컨대 오상채무자는 자신의 급부를 반환청구할 수 있다. 다만 문제는 급

---

81) Goff and Jones, *The Law of Restitution*, 7th ed., 2007, n. 4-001 sqq (p. 187 sqq); Schlechtriem (주 68), Kap. 7 Rn. 202ff.

82) McKendrick in *Chitty on Contracts*, vol. 1, 29th ed., 2004, n. 21-041.

부수령자가 선의인 경우에 그의 신뢰보호의 관점에서 착오변제를 이유로 하는 부당이득반환이 배제될 수 있는지 여부이다.

(2) 착오변제로 인해 부당이득반환이 가능한 사안에서 급부보유를 믿음으로 인해 불이익을 입을 수 있는 급부수령자의 신뢰보호의 문제가 필연적으로 발생한다. 이를 해결하는 여러 법리가 있지만[83] 가장 대표적인 것은 부당이득법 일반에 적용되는 상태변경(change of position)의 법리이다. 여기서 상론할 여지는 없으나, 주지하는 바와 같이 이 법리는 우리 민법의 현존이익 상실의 항변과 기능상 비교할 수 있는 보호를 부여하는 구제수단이다.[84] 그런데 더 나아가 착오변제가 있는 경우에 급부수령자의 신뢰를 보호하는 법리로 유효한 약인(good consideration)의 항변이 있다. 이는 기능상 대륙 보통법상에 인정되고 있던 "suum recipit"의 항변[85]에 대체로 상응한다고 평가할 수 있다. 이는 형식적으로는 급부수령자가 수령한 변제에 대한 약인을 이미 제공한 경우에는 그 변제는 유효한 것으로 취급되이 출연자가 착오변제를 이유로 더 이상 부당이득반환을 청구할 수 없다는 내용이다.[86] 보다 구체적으로 말하면 변제자나 그의 수권을 받은 제3자가 변제를 위하여 급부한 경우에, 그 급부가 착오에 의한 것이더라도 채권자가 그러한 급부에 상응하는 내용의 채권을 보유하고 있었고 급부가 그 채권의 변제를 위한 것이었다면, 급부자는 착오변제를 이유로 부당이득반환을 청구할 수 없음을 의미한다.[87] 즉 채권자는 유효하게 존재하는 채권의 기초를

83) Burrows, *The Law of Restitution*, 2nd ed., 2002, p. 509 sqq. 참조.

84) Burrows (주 83), p. 510 sqq.

85) 앞의 Ⅱ. 1. 및 김형석, "지급지시 · 급부관계 · 부당이득", 서울대학교 법학, 제47권 제3호, 2006, 314면 이하 참조.

86) Virgo, *The Principles of the Law of Restitution*, 2nd ed., 2006, p. 172.

87) Goff and Jones (주 81), n. 4-044 (p. 219); Friedmann and Cohen (주 68), n. 59. 그러한 의미에서 여기서 말하는 약인은 급부수령자가 변제에 대한 대가로 출연자가 아닌 채무자에 대해 자신의 채권을 소멸시킨다는 것을 의미하며,

이루는 채권관계와 관련하여 유효한 약인을 제공한 것이고, 그에 따라 변제가 이루어진 경우 비록 그것이 급부자의 착오에서 비롯하였더라도 채권자는 "자신의 것을 받았다"(suum recipit)고 말할 수 있는 것이다. 물론 채권자는 선의일 것이 요구된다.[88] 19세기의 한 지도적 선례에서는 다음과 같은 사건이 문제되었다. 유언자는 C에 대해 채권을 가지고 있었는데, 이는 C가 상속으로 승계한 부동산에 설정된 저당권으로 담보되고 있었다. 유언자가 사망한 다음 유언집행자인 피고가 C에게 이행을 청구하자, C는 저당권이 설정된 부동산을 원고에게 양도하고 원고가 채무를 변제해 주도록 계약을 체결하였고, 그에 따라 원고는 피고에게 채무에 상응하는 금액을 지급하였다. 그런데 이후 양도된 부동산을 승계하였다고 생각되었던 C는 사실은 유언에 의하면 그 부동산을 취득할 수 없었다는 사실이 밝혀졌다. 이에 원고가 피고에 착오변제를 이유로 부당이득반환을 청구하였지만, 재무부법원(Court of Exchequer)는 이를 기각하였다. "은행[원고]은 어떤 의미에서는 아무런 약인 없이 금전을 변제하였지만, 피고는 C로부터 금전을 수령할 완전한 권리를 가지고 있었고, 은행원들은 그를 위해 변제를 하였다. 그들이 무가치한 담보를 취득하기 위해 금전을 변제하는 것에 대해 주의를 기울여야 했음은 사실이다. 그러나 피고는 그들의 착오와는 아무런 관계가 없다. […] 금전은, 사실상, 은행이 C의 대리인으로서 변제한 것이다."[89] 이 법리는 영국법상 지급지시 사례 예컨대 고객의 잔고가 충분하지 않음에도 착오로 고객이 발행한 수표를 지급한 사안에서 고객에 대해 유효한 채권을 가지고 있었던 선의의 수령자에 대한 출연자의 직접청구를 배제하는 중요한 기능을 수행한다.[90]

계약성립과 관련해서 논의되는 고전적인 의미의 약인과는 의미를 달리한다. Goff and Jones (주 81), n. 41-002 (p. 887) 참조.

88) Goff and Jones (주 81), n. 4-044 (p. 221), n. 41-002 (p. 887).

89) Aiken v Short (1856) 1 H & N 210, at 214 per Pollock, C.B.

그러므로 채무 없는 자의 착오변제의 경우에도 채권자가 유효한 채권을 가지고 있어 그 변제를 수령하여 만족을 받을 수 있는 지위에 있었다면, 그의 신뢰는 보호되고 착오변제를 이유로 하는 부당이득반환은 배제된다. 그런데 앞서의 서술에서도 명백한 바와 같이, 유효한 약인의 항변은 기본적으로 채무자가 스스로 변제하거나 채무자의 수권을 받은 제3자가 변제하는 사안을 중심으로 형성되었다. 그렇다면 만일 채무자의 변제에 관한 수권이 부재함에도 제3자가 채무자의 이름으로 착오변제를 한 경우에도, 급부수령자는 유효한 약인을 제공하였음을 들어 부당이득반환을 거부할 수 있을 것인가? 예를 들어 수표를 발행한 고객이 수표의 지급을 정지했음에도(수권의 철회) 은행이 착오로 수표를 지급한 경우, 고객에 대해 유효한 채권을 가지고 있는 선의의 수령자는 은행의 부당이득반환청구를 거부할 수 있는가? 판례는 이를 부정한다. 채무자의 수권이 없는 이상 은행의 급부가 변제효를 가질 수 없고, 그 한도에서 수령자는 그에 대한 약인을 제공하였다고 볼 수 없다는 것이다.[91] 이로써 유효한 약인의 항변은 제3자가 채무자의 수권에 따라 변제한 사안유형에서만 허용된다는 점이 분명해졌다.[92]

(3) 이러한 내용은 본고의 주제인 오상채무자의 변제와 관련해서도 의미를 가진다. 우선 출연자가 자신을 채무자라고 믿으며 급부를 하였고 채권자도 그를 채무자라고 믿고 수령한 경우에 대해 살펴본다. 여기에 앞서의 판례 법리를 적용하면 오상채무자는 자신이 변제로 급부한 것을 채권자로부터 반환청구할 수 있다는 결론이 도출될 것이다. 진

90) 흥미로운 예로 Chambers v Miller (1862) 143 E.R. 50. Goff and Jones (주 81), n. 4-044 (p. 221); Friedman and Cohen (주 68), n. 61; Schlechtriem (주 68), Kap. 7 Rn. 119 등 참조.

91) Barclays Bank Ltd v WJ Simms Son & Cooke (Southern) Ltd [1980] Q.B. 677, at 703 per Robert Goff, J.

92) Virgo (주 86), p. 174 참조.

정한 채무자의 수권이 없는 이상 오상채무자의 급부는 변제효를 가질 수 없고, 그 한도에서 수령자 역시 진정한 채권자와의 관계에서 변제에 대한 유효한 약인을 제공하였다고 볼 수 없기 때문이다. 그래서 예컨대 자신이 토지 소유자라고 잘못 믿고 해당 교구의 십일조 수조권자에게 변제한 사람은 착오변제를 이유로 자신의 급부를 반환청구할 수 있다.[93] 그리고 이상의 이러한 결론은 급부자의 동일성에 착오가 있는 사안 즉 오상채무자가 자신을 채무변제를 위해 급부하였으나 채권자는 이를 진정한 채무자의 변제라고 생각하여 수령한 경우에도 다를 바 없을 것이다. 왜냐하면 여기서도 진정한 채무자의 수권이 없어 유효한 약인이 결여된다는 사정은 다를 바 없기 때문이다. 실제로 판례도 같은 결과에 도달한다. 이 쟁점이 문제된 한 사건에서 B는 매수선택권부 임대차(hire-purchase)에 의해 피고로부터 가구들을 취득하였으나, 대금으로 지급한 수표의 지급이 거절되자 피고는 B로부터 가구를 되찾아 갔다. 그러자 B는 원고에게 접근해 자신은 특정 자동차회사의 판매대리인이라고 하면서 원고도 판매대리인이 될 것을 권유했고, 원고가 이를 승낙하여 대리인계약을 체결하자 피고를 회사의 실질적 자금원이자 사주라고 설명하면서 원고가 피고에게 일정 금액을 예치금으로 지급하도록 하였다. 이에 원고가 B를 통해 피고에게 수표를 발행하자, 피고는 가구를 다시 B에게 인도하였다. 이후에 B의 사기가 밝혀져 원고는 피고에게 수표로 지급된 금전의 반환을 청구하였고, 귀족원은 원고는 착오변제를 하였다는 이유로 그의 부당이득반환을 청구를 받아들였다.[94]

93) Durrant v Ecclesiatical Commissioners for England and Wales (1880) 6 Q.B.D. 234. 유사한 사실관계에 같은 결론으로 Baylis v Bishop of London [1913] 1 Ch. 127.

94) R.E. Jones Ltd v Waring and Gillow Ltd [1926] A.C. 670, at 679-680, 681-682 per Viscount Cave, L.C.; at 687-688 per Lord Shaw; at 697 per Lord Carson etc.

이 선례는 앞서 설명한 법리에 충실하게, 비록 피고는 자신의 B에 대한 채무를 원고가 변제하였다고 신뢰하였더라도, 원고가 수표지급으로 B의 채무를 변제하는 것도 아니었으므로, 유효한 약인의 법리는 적용되지 않는다는 내용으로 설명되고 있다.[95] 이에 의한다면 급부자의 동일성에 관한 착오가 있는 오상채무자 변제 사안유형에서 영국의 판례는 기본적으로 급부자의 시각을 기준으로 급부관계를 결정한다고도 말할 수 있을 것이다.[96] 즉 수령자의 시각은 타인채무 변제에 채무자의 수권(플루메의 표현을 빌자면 "재산적 결단"; 앞의 Ⅱ. 2. (3) (a) 참조)이 없다는 사정을 갈음할 수 없다.[97]

(4) 영국법에서 오상채무자의 타인채무 변제를 포함하여 착오변제를 이유로 급부자가 급부수령자에게 부당이득반환을 청구할 수 있는 경우에, 유효한 약인의 항변이 허용되지 않는다면 급부수령자는 (다시 카나리스의 표현을 빌자면) 청구로부터 차단되는 내용의 추상적 신뢰보호는 누릴 수 없다. 그는 이제 자신의 선의에 기초해 구체적으로 입은 불이익을 기초로 하여 구체적 신뢰보호를 부여하는 구제수단에 의지해야 하며, 이는 이미 언급한 상태변경의 항변에 의해 부여된다. 그러므로 오상채무자의 급부를 수령한 채권자가 그 보유를 신뢰하여 예컨대 중간자에 대해 반대급부를 한 경우에는 상태변경의 법리에 따라 현존이익이 없음을 이유로 부당이득반환의무에서 벗어날 수 있을 것이다.[98]

95) Goff and Jones (주 81), n. 4-046 (p. 222); Virgo (주 86), p. 175 fn. 202.
96) Friedman and Cohen (주 68), n. 66.
97) Schlechtriem (주 68), Kap. 7 Rn. 227.
98) Friedman and Cohen (주 68), n. 69. 물론 이 저자들은 영국법에서는 착오변제의 경우 급부수령자의 상태변경의 항변이 당사자들의 의무위반을 고려하여 상당히 엄격하게 인정된다고 서술하고 있으나, 이는 귀족원의 Lipkin Gorman v Karpnale Ltd [1991] 2 A.C. 548 및 이후 판례 발전에 비추어 더 이상 현재의 법상태를 반영하는 설명으로 볼 수는 없을 것이다. Goff and Jones (주 81), n.

(5) 오상채무자의 변제와 관련해 미국법은 영국법과 유사한 개념틀을 가지고 문제를 해결하지만 세부적으로는 영국법과 다른 결론에 도달한다. 물론 이 자리에서 미국 각주의 판례 상황을 상세하게 살피는 것은 본고의 목적과 필자의 능력을 벗어나는 시도일 것이다.[99] 아래에서는 리스테이트먼트를 중심으로 오상채무자의 착오변제와 관련되는 내용을 개관하는 서술로 그치고자 한다.

먼저 영국법과 구별되는 특징으로 미국법은 채무자의 수권 없는 제3자의 변제에 대해 보다 허용적인 태도를 취한다. 즉 채무자의 수권이 없이 제3자가 변제를 하더라도 이는 일단 채무를 소멸시킬 수 있고, 다만 채무자는 상당한 기간 내에 제3자의 변제의 효력을 상실시킬 가능성을 보유한다.[100] 그러므로 채무자가 상당한 기간 내에 아무런 반응을 하지 않는 경우 제3자의 변제는 종국적으로 채무를 소멸시킬 수 있다. 영국법과 구별되는 이러한 차이는 (제3자가 독자적으로 타인채무를 변제하든 아니면 제3자가 채무자에 대해 의무 있다고 믿고 타인채무를 변제하든) 채무자가 관여하지 않은 타인채무 변제의 사안에서 변제가 유효할 수 있어 착오변제를 이유로 하는 부당이득반환에 영향을 줄 수 있다. 또한 채무자의 관여가 없어도 유효한 채무 변제가 가능한 하므로 착오변제의 경우에 채권자의 적법한 급부보유에 대한 신뢰도 보다 적극적으로 고려할 여지가 존재한다. 이러한 경향은 선의의 급부수령자 보호에서 잘 나타난다. 예컨대 지급지시가 철회되었으나 무시된 경우, 예컨대 수표를 발행한 사람이 그 지급을 정지하였으나 은행이 실수로 이를 지급한 사안에서, 영국법에서는 채무자의 수권이 없다는 이유만

40-008 (p. 852 sqq.); Virgo (주 86), p. 706-707; Schlechtriem (주 68), Kap. 7 Rn. 227 참조.

99) 다만 von Caemmerer (주 13), S. 359 이하는 20세기 중반까지 미국의 판례를 소재로 관련 문제를 서술하고 있어 간략하지만 참고가 된다.

100) The American Law Institute, *Restatement of Contracts* 2d, 1981, § 278 (2).

으로 부당이득반환이 가능하게 될 것이지만 미국법에서는 변제는 (상당한 기간 내에 채무자의 이의가 없는 한) 유효하게 취급될 것이다.[101] 게다가 채무자가 상당한 기간 내에 이의를 제기한 경우에도, 착오변제자는 우선 부당이득반환을 청구할 수 있지만,[102] (영국법과는 달리) 미국법은 채무자의 수권이 없더라도 채권자가 이미 존재하던 채권의 내용에 좇은 급부를 수령하였다고 볼 수 있으면(suum recipit!) 그 변제는 종국적으로 유효하다고 하므로 그 때에는 급부자는 착오변제를 이유로 부당이득반환을 청구할 수 없게 된다.[103] 이로써 미국법의 경우 급부수령자의 신뢰는 영국법과는 달리 보다 강한 보호를 받는다.

이러한 규율은 오상채무자의 변제의 사안에서도 그대로 적용된다. 우선 오상채무자가 자신을 채무자라고 믿고 타인 채무를 변제하였고 채권자 역시 오상채무자를 진정한 채무자라고 믿고 이를 수령한 경우, 오상채무자는 우선 착오변제를 이유로 부당이득반환을 청구할 수 있다.[104] 그러나 이에 대해 채권자는 그 급부가 자신의 진정한 채권에 상응하는 내용의 급부로서 수령하였다는 사정을 들어 선의유상의 변제수령자로서 반환의무에서 벗어날 수 있다.[105] 즉 영국법과는 달리 이 경

101) Friedman and Cohen (주 68), n. 63.

102) The American Law Institute, *Restatement of the Law of Restitution and Unjust Enrichtment* 3d, 2011, § 6.

103) *Restatement of the Law of Restitution* 3d (주 102), § 6 comment a, § 67. 이는 영국의 유효한 약인의 항변에 상응하는 법리이다. 1937년의 제1차 리스테이트먼트는 이를 유상변제(discharge for value)라고 하여 영국법과 유사한 용어로 표현하고 있었다(The American Law Institute, *Restatement of the Law of Restitution, Quasi Contracts and Constructive Trusts*, 1937, § 14). 제3차 리스테이트먼트는 선의유상 취득자(bona fide purchaser) 법리와의 평행성을 고려하여 선의유상 변제수령자(bona fide payee) 법리라고 표현을 수정하였으나 내용의 실질에 변경이 있는 것은 아니다.

104) *Restatement of the Law of Restitution* (주 103), § 43 (1); *Restatement of the Law of Restitution* 3d (주 102), § 6, § 7 comment b.

105) *Restatement of the Law of Restitution* (주 103), § 14 comment b;

우에도 유상변제의 법리(주 103 참조)가 적용되어 채권자의 신뢰는 보호를 받는다. 물론 각주의 판례법이 반드시 리스테이트먼트의 규율에 부합하는 통일적인 모습을 보이지는 않는다는 지적은 주목할 만하다.[106] 예를 들어 메사추세츠의 대법원(Supreme Judicial Court)이 판단한 한 선례에서 다음과 같은 사안이 문제되었다. 한 보험중개인 M은 피보험자의 행세를 하며 그의 서명을 위조하여 보험회사인 피고로부터 (M이 점유하고 있는) 생명보험증권을 담보로 대출을 받은 다음, 다시 위조로 인해 생명보험증권을 담보로 제공하고 은행인 원고로부터 대출을 받은 다음 선순위 담보권을 소멸시키기 위해 보험회사의 대출채권을 변제하도록 하였다. 이는 말하자면 원고가 피보험자의 피고에 대한 채무를 제3자로서 변제하려고 하였는데, 피보험자는 채무자가 아니며 오히려 중간자인 M이 채무자인 사안으로, 기본적으로 오상채무자의 변제에 준해서 판단되어야 함은 의문의 여지가 없다(아래 주 117 참조). 여기서 원고인 은행은 피보험자의 채무 및 이를 담보하는 선순위 담보권인 피고의 담보권이 존재하지 않아 이를 소멸시킬 수 없었음을 이유로 부당이득반환을 청구하였고, 법원은 이를 인용하였다. 피고는 계약명의인인 피보험자가 아닌 M에 대해 불법행위에 기한 청구권을 가지고 있고 당사자들은 변제 시점에 그 존재도 알지 못하였으므로, 피고는 상실한 권리가 없고 따라서 원고의 피고에 대한 변제와 관련해 진정한 권리를 상실하는 방법으로 대가를 제공한 선의유상 변제수령자는 아니라는 것이다.[107] 그러나 유사한 사실관계에 대해 각주의 판례들은 견해가 대립하고 있다.[108] 반면 제3차 리스테이트먼트는 명시적으로 이 판결의

Restatement of the Law of Restitution 3d (주 102), §67.

106) Friedman and Cohen (주 68), n. 65 참조.

107) National Shawmut Bank of Boston v Fidelity Mut. Life Ins. Co. 318 Mass. 142, 61 N.E.2d 18 (1945).

108) *Restatement of the Law of Restitution* 3d (주 102), §67 Illustration 9,

법리를 배척하면서, 피고의 중간자에 대한 권리소멸도 착오변제에 대한 대가가 될 수 있어 피고를 선의유상의 변제수령자로 규정하기에 이르렀다.[109] 이로써 변제수령자의 관점에서 추상적 신뢰보호를 강조하는 리스테이트먼트의 태도는 한층 더 강화되었다고 말할 수 있다.[110]

그리고 이상의 법리는 오상채무자의 급부를 채권자가 진정한 채무자의 급부로 믿고 수령한 경우에도 다를 바 없다. 그러한 경우에도 오상채무자는 착오변제를 이유로 급부를 부당이득으로 반환청구할 수 있지만, 채권자는 이를 진정한 채무자의 급부로 믿은 이상 선의유상의 변제수령자로서 반환의무에서 벗어날 것이기 때문이다.[111] 실제로 이 사안유형에서 급부수령자는 앞서 인용한 메사추세츠 대법원이 판단한 사안에서보다 더 보호가치가 있다고 할 수 있으므로, 리스테이트먼트의 입장에 선다면 여기서도 동일한 결과를 인정하는 해결이 당연할 것이다. 물론 각주의 판례에서는 서로 상이한 선례가 발견된다.[112]

Ⅲ. 우리 민법의 해석

1. 지금까지 오상채무자의 급부를 수령자가 진정한 채무자의 급부로 믿고 수령한 사안유형의 부당이득반환문제에 대해 각국의 태도를 살펴보았다. 여기서는 각국의 판례가 이 문제에 대해 서로 상이한 결론

Reporter's note d 및 인용된 선례들 참조.

109) *Restatement of the Law of Restitution* 3d (주 102), §67 (1) (c), Reporter's note f.

110) 유사한 사안에 대해 리스테이트먼트와 같은 결과에 도달하는 오스트레일리아 대법원(High Court of Australia)의 Porter v Latec Finance (Qld.) Pty. Ltd, (1964) 111 C.L.R. 177도 참조. Goff and Jones (주 81), n. 4-047 (p. 224)도 同旨.

111) Friedman and Cohen (주 68), n. 66.

112) von Caemmerer (주 13), S. 359 이하에 인용된 판례들 참조.

을 내리고 있고, 그에 접근하는 이론적인 도구 역시 반드시 동일하지는 않다는 사실이 확인된다.

그러나 어느 나라에서든 대립하고 있는 이익들은 기본적으로 같다. 기망에 관여한 중간자는 보호가치가 없기 때문에, 고려되는 이익으로는 한편으로는 자신을 채무자로 믿고 착오로 변제한 채무자의 원상회복 이익이 있고, 다른 한편으로는 자신의 채권이 변제되었다고 믿고 급부를 계속 보유하는 것에 대한 급부수령자의 현상유지 이익이 있다. 여기서 현실적으로 제기되는 물음은 중간자의 무자력 위험을 누가 부담해야 하는지 여부이다.[113] 만일 중간자에게 자력이 있으면 급부수령자는 오상채무자에게 반환을 하더라도 자신의 채무자인 중간자에게 여전히 채권을 행사하여 만족을 받을 수 있으므로 심각한 난점은 발생하지 않는다. 마찬가지로 중간자에게 자력이 있으면 오상채무자의 반환청구를 부정하더라도 그는 중간자에 대해 구상을 할 수 있어 착오변제를 실질적으로 회복할 수 있으므로 불이익을 입지 않는다. 분쟁은 바로 기망을 사용한 중간자가 무자력이기 때문에 오상채무자는 급부수령자로부터 급부한 것을 반환받고자 하고, 급부수령자는 이를 보유하고자 하는 사정으로부터 발생한다.

이 물음이 어려운 이유는 사안유형의 특성상 이 두 이익 중 어느 것을 우선할 것인지 여부에 대해 쉽게 답하기 어렵기 때문이다.[114] 착오로 인한 급부가 오상채무자에게 회복되어야 함은 수긍할 수 있는 바이지만, 급부수령자가 일정한 신뢰보호를 받을 필요가 있다는 점 역시 부정하기는 어렵다. 동시에 오상채무자와 급부수령자 모두에게 중간자의 무자력을 자신의 위험으로 감수해야 할 사정이 존재한다는 사실도

113) Flume (주 15), S. 191, 195.

114) Goff and Jones (주 81), n. 4–047 (p. 224: “이는 제3자의 기망적 행위에 의해 야기된 손실을 두 명의 잘못 없는 당사자들 중 누가 부담해야 하는지에 관한 언제나 제기되는 문제(the perennial one)이다”).

판단을 어렵게 한다. 급부수령자는 기망을 사용한 중간자를 자신의 계약상대방으로 선택하였으므로, 자신의 계약상대방의 계약관련 행태로 발생한 불이익 특히 그의 무자력을 계약에 수반하는 위험으로 받아들여야 할지도 모른다. 그러나 오상채무자 역시 계약을 체결하는 과정에서 대리인이나 사자의 권한을 확인하지 아니하였고,[115] 급부를 하는 과정에서 자신의 변제목적지정을 명확하게 하지 않았으므로 그로부터 발생하는 불명확은 그가 부담해야 하는 위험이라고 볼 가능성도 충분히 있다.

그러나 이러한 이익충돌도 불구하고 급부수령자가 착오로 급부된 재산적 이익을 그대로 보유하고 있는 한도에서는 오상채무자의 이익이 급부수령자의 이익보다 보호가치 있다고 생각된다. 즉 급부수령자가 오상채무자의 급부를 수령하였지만 그 보유를 신뢰하여 자신의 재산을 감소시키는 등 자신의 법적 지위를 불리하게 변경시키는 행위를 하지 않고 있는 동안에는 오싱채무지의 반환청구를 인정해도 급부수령자의 정당한 이익이 침해된다고 말하기 어렵다. 물론 급부수령자는 오상채무자에게 수령한 급부를 반환한 이후에는 무자력인 중간자에 대해 채권을 행사해야 한다. 그러나 이는 원래 급부수령자가 오상채무자의 변제 이전에 이미 처해 있던 상황이다. 급부수령자가 오상채무자의 착오변제로 갑자기 향상된 재산상태를 그대로 유지할 보호가치 있는 이익이 있다고는 말할 수 없다.[116] 그러므로 오상채무자의 부당이득반환청구를 일반적으로 부정하여 급부수령자에게 추상적 신뢰보호를 부여하

115) 표견대리가 성립하지 않는 한 무권대리의 위험은 상대방이 부담하는 것이 원칙이고(제130조), 이는 권한 없는 사자의 경우에도 다를 바 없다. '表見代理'를 '표견대리'로 읽는 것이 정당하다는 점에 대해서는 김형석, "사용자책임에서 사무집행관련성의 판단", 서울대학교 법학, 제53권 제2호, 2012, 395면 주 189 참조.

116) 양창수 (주 7), 355면("일종의 福運"); Flume (주 15), S. 195f.; Larenz/Canaris (주 45), §70 Ⅲ 3 d) (S. 220); Medicus/Petersen (주 43) Rn. 688 등 참조.

는 해석은 타당하기 어렵다고 생각된다. 오상채무자의 착오변제를 이유로 급부수령자가 원래 부담해야 할 중간자의 무자력 위험을 오상채무자에게 전가할 이유는 없기 때문이다. 그러므로 급부수령자 신뢰보호 문제는 급부수령자가 급부의 보유를 신뢰하여 자신의 법적 지위를 불리하게 변경한 때, 예컨대 중간자로부터 반대급부를 받았다고 믿고 그에게 반대급부를 이행한 때에 비로소 진지하게 제기된다. 이러한 고려는 해석상 원칙적으로 오상채무자의 부당이득반환청구를 인정하고, 선의의 채권자 보호는 현존이익 상실의 항변(제748조 제1항)에 의해 도모하는 해결로 기울게 한다.[117)]

2. 그렇다면 이러한 견해에 대해 외국에서 제기되고 있는 반론들이 우리 민법의 해석론으로도 수긍할 수 있는 것인지 검토할 필요가 있다.

---

117) 종래 통설적 서술에 의하면 제745조의 적용에서 채권자는 유효한 변제를 받았다고 믿었다는 점에서 선의이어야 하지만, "그러한 오신은, 변제자를 진정한 채무자로 믿었기 때문에 생겼든, 또는 변제자의 변제를 제3자의 변제라고 믿었기 때문에 생긴 것이든, 어느 것이나 상관 없다"고 한다(곽윤직 (주 2), 363면; 김증한 · 김학동, 채권각론, 제7판, 2006, 738면; 김주수, 채권각론, 제2판, 1997, 587면; 양창수 (주 7), 349면 등 참조). 여기서 "변제자의 변제를 제3자의 변제라고 믿은 경우"는 갑이 아니라 을이 실제로 채무자인데, 병이 갑을 채무자라고 믿고 갑을 위해 독자적인 제3자로서 변제를 하는 사실관계를 지시하는 것으로 보이며(앞의 주 107의 National Shawmut Bank of Boston v Fidelity Mut. Life Ins. Co. 참조), 따라서 본고에서 논하는 사안유형을 염두에 두고 있는 서술은 아니라고 보인다(이 서술이 기인하는 것으로 추정되는 我妻榮, 事務管理 · 不當利得 · 不法行爲, 1937, 71면이 그러한 맥락에 관한 것이다. 鳩山秀夫, 增訂 日本債權法各論, 下卷, 1924, 824면 및 我妻榮, 債權各論, 下卷一, 1972, 1130-1131면 등과 비교해 보라. 그 밖에 松阪佐一, 事務管理 · 不當利得, 新版, 1973, 187-188면도 참조). 이에 대해 김형배, 사무관리 · 부당이득, 2003, 325면은 명시적으로 독일에서 주장되는 바의 수령자시각설을 채택하여 오상채무자에게 부당이득반환을 부정한다. 그러나 본문에서 살펴보는 바와 같이 제745조의 규정이 존재하는 이상 독일의 해석론이 그대로 우리 민법의 해석에 타당하다고 보기는 어렵다.

이러한 반론들 중에서 특히 심중하다고 생각되는 것으로 다음의 세 가지를 들 수 있다. ① 현재 급부부당이득의 법리상 변제목적지정은 법률행위이고 이에 법률행위 해석의 일반원리가 적용된다면 수령자 관점에서 급부관계가 결정되어야 한다. ② 종래 법리상 급부수령자가 중간자에게 반대급부를 하였다는 사정만으로 현존이익 상실이 인정된다고 할 수 없다. ③ 특히 현존이익 상실을 인정하는 견해는 오상채무자에게 소유권이 남아 있어 소유물반환을 청구할 수 있는 경우와 균형을 상실한다.

그러나 여기서 주의할 점은 이러한 반론은 우리 민법 제745조와 같은 규정이 없는 나라에서 제기되고 있고 그 나라에서 설득력을 가질 수 있다는 사실이다. 제745조는 그 문언상 오상채무자의 변제가 있으면 급부수령자가 오상채무자를 진정한 채무자로 생각하였는지 아니면 오상채무자를 이행보조자로 보고 급부를 진정한 채무자의 변제라고 생각하고 수령하였는지 여부를 구별하지 않고 오상채무자가 반환청구할 수 있는 것으로 전제하고 있다. 그러므로 후자의 경우 오상채무자의 반환청구가 배제된다고 해석하기 위해서는 제745조를 목적론적으로 축소해석해야 한다. 그러나 앞서 살펴본 바와 같이 이 사안유형의 이익형량(위의 Ⅲ. 1. 참조)은 오히려 그러한 축소해석을 허용하지 않는다고 보인다. 더 나아가 각국의 판례가 결론에서 서로 다른 모습을 보이고 있다는 현상 자체가 그러한 목적론적 축소해석의 자명성에 의문을 제기하게 한다. 그렇다면 제745조의 규정이 있는 이상 우리 민법의 해석으로는 두 경우를 구별하지 아니하고 오상채무자의 부당이득반환청구를 인정한다는 결론이 정당하다고 보인다. 이 점에서 제745조가 소급하는 프랑스 민법의 해석으로도 동일한 결과가 인정되고 있다는 사실은 시사하는 바가 크다(앞의 Ⅱ. 3 참조).

이러한 내용에 비추어 보면 앞서 언급한 반론들도 설득력을 가지기 어렵다. 첫째로, 현재 급부부당이득 법리에 비추어 변제목적지정은 법률행위라고 해석되어야 하고 그 내용의 해석상 수령자의 관점에서 출발해야 한다는 견해는 타당하다고 생각한다.[118] 그래서 오상채무자의 변제를 급부수령자가 진정한 채무자의 급부로 생각하여 수령한 경우, 중간자가 스스로 또는 (사정을 알지 못하는) 오상채무자를 사자로 사용해서 변제목적지정을 하였고 따라서 급부관계는 중간자와 급부수령자 사이에 있다고 해야 한다. 그러나 제745조를 목적론적으로 축소해석할 수 없는 이상 이는 그러한 변제목적지정의 효력을 부정하는 취지의 규정이며, 그 결과 중간자와 급부수령자 사이에 변제효는 발생하지 않는다. 그러므로 오상채무자는 급부수령자에게 자신의 출연을 부당이득으로 반환청구 할 수 있는 것이다. 그리고 둘째로, 제745조가 채권자가 선의로 "증서를 훼멸하거나 담보를 포기하거나 시효로 인하여 그 채권을 잃은 때에는" 부당이득반환을 부정하는 취지에 비추어 보면, 급부수령자가 오상채무자의 출연을 중간자의 급부로 생각하고 중간자에게 반대급부를 이행한 경우에도 부당이득반환의무가 소멸한다는 해석은 자연스럽고 당연하다. 증서의 훼멸이나 담보의 상실과 같이 채권자에게 미치는 불이익이 간접적이고 추상적인 경우에도[119] 오상채무자의 부당이득반환을 부정하고 있다면, 채권자가 급부 보유를 신뢰해 중간자에게 반대급부를 이행한 경우에 보다 더 보호가치가 있다는 사실은 부정하기 어렵기 때문이다. 그러므로 그러한 경우에는 채권자는 오상채무자에 대해 부당이득반환의무에서 벗어난다고 해야 한다. 이는 제745조 제1항의 유추로 설명할 수도 있겠지만, 제745조 제1항의 입법목적의 기초로 돌아가 외국 학설·판례가 설명하는 바와 같이 채권자는 그 한도에서 현존이익이 없다고 설명할 수도 있을 것이다(제748조 제1

---

118) 이미 김형석 (주 115), 342면 참조.
119) 양창수 (주 7), 356면.

항). 그리고 이러한 현존이익 상실은 입법자가 제745조를 규정하면서 용인한 결과이므로 독일 학설에 제기되는 바와 같은 반론은 유효하지 않다.

셋째의 반론, 즉 소유물반환청구와의 균형상실은 숙고할 여지가 있다. 오상채무자가 급부수령자에게 부당이득반환을 청구할 수 있다는 전제에 선다면, 예를 들어 독일의 코크스 사건이나 전자제품 사건에서 코크스가 소비되지 않았거나 전자제품이 부합되지 않은 경우 오상채무자는 이를 소유물반환으로 청구할 수 있고 이에 대해 급부수령자는 중간자에게 반대급부를 했다는 사정을 들어 현존이익 상실을 주장할 수 없을 것이지만, 코크스가 소비되었거나 전자제품이 부합된 경우에는 현존이익 상실을 주장해 부당이득반환의무에서 벗어난다는 결과는 시간적 선후와 같은 우연한 사정에 따라 취급을 달리 하는 것이어서 확실히 균형을 상실한다. 이러한 불균형을 인정할 수는 없으며, 결과를 어느 한편으로 동일하여 이를 제거해야 한다. 그런데 제745조 제1항의 해석상 오상채무자의 변제를 수령한 선의의 채권자가 증서를 훼멸하는 등의 사정이 있으면 부당이득반환청구는 배제되고, 그 이면으로 수령자인 채권자의 채권은 유효한 변제를 받아 소멸한 것으로 취급된다.[120) 그렇다면 제745조 제1항의 취지에 비추어 선의의 급부수령자가 오상채무자의 급부를 신뢰하여 중간자에게 반대급부를 이행하는 등으로 자신의 지위를 악화시켰다면, 오상채무자는 부당이득뿐만 아니라 소유물반환도 청구할 수 없다고 해석하는 것이 타당할 것이다. 즉 이 문제에 대해서도 제745조 제1항은 판단의 단서를 주고 있다고 생각된다. 이론구성은 문제이지만, 결국 불법원인급여(제746조)에 관한 판례의 입장과 마찬가지로,[121) 변제효를 발생시키는 제745조 제1항의 취지상 부당이

120) 양창수 (주 7), 352면 참조.
121) 大判(全) 1979. 11. 13., 79다483, 집 27－3, 140.

득반환청구가 배제되는 결과는 소유물반환청구의 배제도 수반한다고 해석해야 할 것이다.

3. 결론적으로 오상채무자가 자신이 채무자라고 믿고 그 이행을 위해 출연을 하였으나 채권자는 진정한 채무자의 급부로 생각하고 수령한 경우에도, 오상채무자는 자신의 출연을 부당이득으로 반환청구할 수 있다. 제745조의 규정은 당연히 적용되며, 이를 목적론적으로 축소해석할 이유는 찾기 어렵다. 그 결과 채권자가 그 보유를 신뢰하여 증서를 훼멸하거나 담보를 포기하는 등 자신의 법적 지위를 약화시켰다면 제745조 제1항에 따라 반환의무에서 벗어나고, 오상채무자는 진정한 채무자인 중간자에게 구상을 청구해야 한다(동조 제2항). 채권자가 급부의 보유를 신뢰하여 중간자에게 반대급부를 이행한 경우에도 그 한도에서 부당이득반환의무를 면한다(제748조 제1항).

이러한 결론을 가지고 모두의 大判 2010. 6. 24.(앞의 Ⅰ. 2.)의 사안으로 돌아가서, 화물차 운전기사이자 피고의 직원인 B가 자신의 이름으로 원고와 계약을 체결한 것이 아니라 권한 없이 피고를 대리하였다고 전제해 보자. 그 경우 원고는 피고에게 공급한 경유의 가액에 상당하는 금액을 부당이득으로 청구할 수 있을 것이지만(제741조, 제745조 제1항, 제747조 제1항), 그러나 피고는 공급받은 경유를 A 주유소의 변제로 보고 그에 대해 대가를 지급했으므로 그 한도에서 현존이익이 없어 반환청구에서 벗어난다(제748조 제1항). 그러므로 이 판결의 사안이 여기서 전제한 바와 같다고 하더라도, 대법원의 판단은 원고의 청구를 부정하였다는 결론에 있어서는 정당하였을 것이다. 반면 원고의 급부가 변제효를 가지게 됨으로써 채무를 면하게 되는 당사자가 없으므로 원고가 누군가에게 구상을 청구할 수는 없을 것이다(A 주유소는 실제로 피고에게 공급한 것도 없고 그 대가로 받은 것도 없다). 원고는 결국 중간자인 B에게 무권대리인 책임을 묻거나(제135조), 불법행위를 이유로 손해배상을 청구해야 할 것이다(제750조). 그리고 B의 불법행위가 성립한다고 보이므로 피고의 사용자책임(제756조)도 문제될 수 있는데, 그 성부는 B의 무권대리 행위의 사무집행관련성 여부에 좌우될 것이다.[122]

122) 무권대리가 관련된 불법행위 사안에서 사무집행관련성 판단에 대해서는 김형석 (주 115), 396면 이하 참조.

法律의 錯誤와 不當利得

이 창 현*

Ⅰ. 서 론

제자들은 양창수 대법관님의 화갑을 축하하기 위하여 심포지엄을 개최하기로 하였고, 그 중심주제가 채무불이행과 부당이득이다. 필자는 심포지엄 발표 주제의 선정에 고심을 하다가 우연히 양창수 대법관님이 츠바이게르트와 쾨츠의 공저를 번역하신 비교사법제도론을 들춰 보게 되었다. 위 책의 부당이득편에서 법률의 착오에 기한 급부의 반환에 대한 비교법적 서술이 전개되는데 자못 흥미로운 바가 있었다. 이에 부당이득법에 관한 영국책을 찾아보니 아닌 게 아니라 법률의 착오에 기한 급부의 반환을 부정하는 원칙이 약 200년 동안 유지되다가 1999년 귀족원의 판례(Kleinwort Benson Ltd v Lincoln C.C. [1999] 2 AC 349)에 의하여 폐기되었음을 알게 되었다. 위 판례는 법률의 착오에 기한 급부의 반환에 대한 쟁점뿐만 아니라 판례변경의 소급효, 소멸시효의 기산점에 대한 판단도 담고 있어 우리 민법의 해석론의 관점에서 세밀한 논의가 필요한 중요한 자료라고 생각된다. 또한 위 세 가지 쟁점은 우리나라에서 종래 심도있게 논의된 것이 아니어서 위 판례의 판시사항과 이와 관련된 영국의 논의를 소개하고 여기에 대륙법계의 논의(독일, 오스트리아, 스위스)를 보충하고 그 시사점을 기초로 우리민법상 해석론을

* 서강대학교 법학전문대학원 부교수.

전개하는 것은 상당히 의미있는 작업이라고 할 것이다.

본고에서 다룰 주요 사항을 간략하게 지적하면 다음과 같다.

첫째, 법률의 착오에 기한 급부의 반환을 부정하는 원칙에 대하여는 법률의 착오에 기한 급부의 반환을 부정하는 원칙의 전개 양상, 동 원칙에 대한 찬반논쟁, 귀족원 판시 사항을 고찰한다. 대륙법계의 논의를 아울러 살피고 나서 비채변제에 있어 주관적 요건의 의미를 분석한다. 우리 민법상 비채변제에 있어 착오의 의미를 살피고, 아울러 사실의 착오와 법률의 착오의 구분이 정당한가도 고찰하기로 한다.

둘째, 영국에서 변경된 판례는 소급적용되는 것이 당연시되었는데, 최근의 귀족원판례에 의하여 이마저도 변경되었다. 예외적이기는 하나 장래적 판례변경이 가능하게 되었다. 이와 관련하여 영국법상 판례의 의미에 대한 대법관의 견해도 소개하기로 한다. 영국의 논의를 통하여 얻은 시사점을 기초로 판례변경의 소급효에 대한 우리 민법상 해석론을 전개하기로 한다.

셋째, 판례변경사안에서 급부의 반환청구가 가능한가를 고찰한다. 더 나아가 부당이득반환이 가능하다고 볼 경우에 부당이득반환청구권에 대한 소멸시효의 기산점을 고찰한다.

Ⅱ. 법률의 착오에 기한 급부의 반환

1. 영국의 논의

가. 영국의 부당이득법

1) 개　　관

영국법은 대륙법과 달리 체계적인 일반적 부당이득법을 전개하고 있는 것이 아니라 판례상으로 인정되어 온 개별 유형이 발전된 형태로 부당이득법이 전개되고 있다.[1] 이는 소권법적 체계에 기인하나, 점차 학문적 성과에 의하여 일반적 형태로 규율하고자 하는 움직임이 나타나고 있다.

채무가 없음에도 불구하고 임의로 급부한 것의 반환은 허용되지 않는다.[2] 다만 원고가 착오나 강박을 입증한 경우에는 그러하지 않다.[3]

착오에 기한 급부의 반환과 계약의 무효에 기한 반환은 별개로 취급된다.[4] 다만 전자의 경우에는 소멸시효가 착오를 발견한 날로부터 기산한다는 장점이 있다.

2) 착오에 대한 규율

착오에 대한 규율이 복잡하게 전개되는 것은 착오에 대한 판단기준이 명확하지 않고 부당이득의 반환가부의 판단에 있어 다음과 같은 정책적 요소가 고려된다는 점에 기인한다.[5]

첫째, 착오에 기한 급부의 반환은 거래의 안전을 해칠 수 있다.

둘째, 착오에 기한 급부의 반환은 특정 사항에 대한 당사자간의 위험배분을 변경하는 것이다.

셋째, 착오에 기한 급부의 반환청구소송이 폭주할 위험이 있다. 특히 원고는 손쉽게 착오를 주장할 수 있고, 피고는 이를 쉽게 부인하기 어렵기 때문이다.

넷째, 급부수령자가 급부의 정당성을 신뢰하고 행한 급부수령자의 행위가 고려된다. 특히 최근의 귀족원에 의하면 '이득의 소멸'(change of position)이라는 항변이 인정되었다.

---

1) 民法注解[XVII], 133면(梁彰洙 집필).

2) Woolwich Equitable Building Society v IRC [1993] AC 70, 165(per Lord Goff); Hedley/Halliwell, The Law of Restitution, 2002, § 17.45.

3) Cartwright v Rowley (1799) 2 Esp 722, 723.

4) Virgo, The Principles of the Law of Restitution, 2nd ed. 2006, pp. 170–171.

5) Virgo, The Principles of the Law of Restitution, 2nd ed. 2006, pp. 137–138.

3) 착 오

착오는 적극적 착오와 소극적 착오로 구분되는데, 전자는 특정한 사실관계나 법률관계를 믿었으나 사실은 그렇지 아니한 경우를 말하며, 후자는 단순한 부지와 망각을 포함한다.6) 양자는 모두 급부와의 인과관계가 인정되고 양자의 구별은 쉽지 않다는 고려에 기한 것이다.7) 일부 논자는 적극적 착오만이 착오에 해당한다고 한다.8) 특히 유력설은 소극적 착오가 주로 문제된다고 지적한다.9)

법률의 착오는 법률상 의무에 대한 착오를 말하는데, 여기에는 법 상태에 대한 단순한 부지도 포함된다. 법률, 판례 등을 포함한 모든 법적 측면이 착오의 대상이 된다.10)

다만 급부자가 사실관계와 법률관계를 알면서 임의로 급부한 경우에는 착오가 인정되지 않는다.11) 더 나아가 의문이 있다고 하더라도 착오의 위험을 감수하고 급부한 경우에는 착오가 인정되지 않는다.12) 그러나 착오에 과실이 개재되었다고 하더라도 급부의 반환청구가 부정되는 것은 아니다.13)

---

6) Virgo, The Principles of the Law of Restitution, 2nd ed. 2006, p. 145; Goff & Jones, The Law of Restitution, 5th ed. 1998, p. 176; Winfield, "Mistake of Law", (1943) 59 Law Quarterly Review, 327.

7) Virgo, The Principles of the Law of Restitution, 2nd ed. 2006, p. 145.

8) Barrow v Isaacs abd Son [1891] 1 QB 417, 420(per Lord Esher MR); Sheehan, "What is a Mistake", (2000) 20 Legal Study 538, 540.

9) Virgo, The Principles of the Law of Restitution, 2nd ed. 2006, p. 145.

10) Virgo, The Principles of the Law of Restitution, 2nd ed. 2006, p. 140.

11) Kleinwort Benson Ltd. v Lincoln C.C. [1999] 2 AC 349, 401(per Lord Hoffmann); Virgo, The Principles of the Law of Restitution, 2nd ed. 2006, p. 162.

12) Rowe v Vale of White Horse DC [2003] EWHC 388; Virgo, The Principles of the Law of Restitution, 2nd ed. 2006, p. 162. 특히 명성의 유지, 패소의 염려 등을 이유로 변제한 경우에는 위험을 인수한 것이라고 본다(Englard, Restitution of Benefits conferred without obligation, in: International Encyclopedia of Comparative Law, Chapter 5 (2007), para. 5－19).

4) 사실의 착오와 법률의 착오의 구분

영국법상 사실의 착오와 법률의 착오의 구분은 오랫동안 통용되고 있다.[14] 즉, 사실의 착오에 기한 급부는 원칙적으로 반환가능하나, 법률의 착오에 기한 급부는 원칙적으로 반환가능하지 않다는 원칙이 귀족원의 판례변경전까지 약 200년 동안 통용되었다.

판례의 변경이 법률의 착오를 구성하느냐는 판례변경의 소급효여부에 따라 달라진다. 영국에서는 원칙적으로 판례변경의 소급효가 인정되므로 판례변경이 있는 경우 법률의 착오가 긍정되나, 판례변경의 장래효가 인정되는 경우에는 판례변경이 있더라도 법률의 착오가 긍정되지 않는다.[15]

종전의 실무에 의하여 유효한 계약으로 취급되었으나 판례에 의하여 계약이 무효로 된 사안의 경우에도 법률의 착오가 긍정된다.[16]

나. 법률의 착오에 대한 종래의 논의

1) 법률의 착오에 대한 원칙의 전개 양상

a) 시 초 18세기에는 법률의 착오와 사실의 착오를 구별하지 않다가 18세기 말에 이르러서 법률의 착오에 기한 반환청구를 부정하는 견해가 대두되었다.[17] 당시의 유력설은 법률의 부지는 용서되지

13) Banque Financière de la Cité v Parc Ltd. [1999] 1 AC 221, 235(per Lord Hoffmann); Virgo, The Principles of the Law of Restitution, 2nd ed. 2006, p. 148.

14) Law Commission Report, Restitution: Mistakes of Law and Ultra Vires Public Authority Receipts and Payments (1994) (Law Com. No. 227), para. 2.17.

15) Virgo, The Principles of the Law of Restitution, 2nd ed. 2006, p. 166. In re Spectrum Plus Ltd. [2005] 2 AC 680 사건에서 귀족원은 이미 완료된 거래 등에 대하여 중대하게 불합리한 결과를 초래하는 경우에 한하여 판례변경의 장래효가 인정될 수 있다고 판시하였다.

16) Virgo, The Principles of the Law of Restitution, 2nd ed. 2006, p. 166.

17) Kleinwort Benson Ltd. v Lincoln C. C. [1999] 2 AC 349, 368–369(per Lord Goff).

않는다는 격언은 부당이득법에서 적용되기 어렵다고 지적한다.[18] 다만 Lowry v Bourdieu 사건에서 Buller 판사는 방론으로 법률의 부지는 용서되지 않는다는 격언에 입각하여 법률의 착오에 기한 반환청구를 부정하는 견해를 피력하였다.[19] Bilbie v Lumley 사건의 판례를 계기로 영국과 미국에서 법률의 착오에 대하여 이득의 반환을 부정하는 원칙이 관철되기에 이르렀다.[20]

b) Bilbie v Lumley 사건 고지의무의 위반을 이유로 보험금의 지급을 거절할 수 있었음에도 불구하고 보험자가 피보험자에게 보험금을 지급하고 나서 법률의 착오를 발견하고 보험금의 반환이 청구되었는데, 엘렌보로(Ellenborough) 판사는 모든 사람은 법을 아는 것으로 간주되어야 하고, 그렇지 않으면 법률의 무지라는 항변의 한계를 정할 수 없다고 지적하면서 법률의 착오에 기한 부당이득반환청구를 기각하였다.[21]

c) Brisbane v Dacres 사건 선장이 관행에 따라 화물운송수입의 일부를 제독에게 상납하였는데, 선장이 나중에 그 관행이 소멸된 것을 알고 그 반환을 청구하였는데, 법원은 원고의 청구를 기각하였다.[22] 위 사건에서 법률의 부지는 용서되지 않는다는 격언을 논거로 사용하지 않았다는 점을 유의할 만하다. 특히 반대의견을 제시한 Chambre 판사는 위 격언은 범죄나 불법행위에서만 적용될 수 있다고 지적하였다.[23] 위 사건은 법률의 착오에 대한 원칙이 일반적으로 승인된 것은 아니고 비채변제의 한 유형으로 승인된 것이라고 평가된다.[24]

---

18) William Evans, An Essay on the Action for Money Had and Received, 1802, vol. 2, pp. 394－395.
19) (1780) 2 Doug. 468, 471.
20) Goff & Jones, The Law of Restitution, 5th ed. 1998, p. 214.
21) Bilbie v Lumley (1802) 2 East 469, 472.
22) (1813) 5 Taunt 143; 128 ER 448.
23) (1813) 5 Taunt 143, 158－159.

d) Kelly v Solari 사건 Kelly v Solari 사건에서 법률의 착오에 기한 급부의 반환을 부정하는 원칙이 명확하게 재확인되었다.[25)] Abinger 판사는 급부자의 심리상태를 세 가지로 나누어 급부의 반환청구의 가능여부를 분석하고 있다.[26)] 첫째, 법의 무지라고 하더라도 사실관계를 온전히 안 경우에는 반환청구가 부정된다. 둘째, 사실관계의 확인절차를 전혀 취하지 아니하여 사실관계에 개의치 않고 변제한 경우에도 반환청구가 부정된다. 셋째, 사실관계를 알고 있었으나 깜박 잊고 변제한 경우에도 반환청구가 부정된다. Parke 판사는 사실확인단계에서 잘못이 있어 오신한 경우에도 반환청구가 긍정된다고 한다.[27)]

e) 소 결 법률의 착오에 기한 급부의 반환을 부정하는 원칙은 19세기에 확립되어 20세기까지 전개되었으나, 이는 1심법원에서 주로 관철되었고 때때로 항소법원에서도 인정되었을 뿐이고 Kleinwort Benson Ltd. v Lincoln C. C. 사건에서야 비로소 귀족원에서 동 원칙이 본격적으로 검토되었다.[28)]

2) 법률의 착오에 기한 급부의 반환을 부정하는 원칙에 대한 찬반 논쟁

법률의 착오에 기한 급부의 반환을 부정하는 원칙의 근거로 다음과 같은 점이 제시된다.

---

24) Law Commission Report, Restitution: Mistakes of Law and Ultra Vires Public Authority Receipts and Payments (1994) (Law Com. No. 227), para. 2.4.

25) (1841) 9 M & W 54; 152 ER 24.

26) (1841) 9 M & W 54, 58.

27) (1841) 9 M & W 54, 59.

28) Kleinwort Benson Ltd. v Lincoln C. C. [1999] 2 AC 349, 370(per Lord Goff); Sawyer and Vincent v Window Brace Ltd. [1943] KB 32, 34(per Croom−Johnson J); Woolwich Equitable Building Society v IRC [1993] AC 70, 199(per Lord Slynn); Westdeutsche Landesbank Girozentrale v Islington LBC (1993) 91 LGR 322, 372(per Hobhouse J).

첫째, 법률의 무지라는 항변은 그 한계를 정하기 어려운 난점이 있다.[29)]

둘째, 법률해석의 난점을 고려하면 원고가 법률의 착오라는 항변을 자주 활용할 수 있어 소송의 폭주라는 위험이 있다.[30)]

셋째, 법률의 착오를 허용하면 이미 완료된 거래의 안전을 해칠 수 있다.[31)]

이에 반하여 법률의 착오에 기한 급부의 반환을 부정하는 원칙에 대하여는 다음과 같은 비판이 있다.[32)]

첫째, 착오가 없었더라면 지급하지 않았을 급부를 상대방이 계속 보유하는 것은 정당하지 않다는 것이다.

둘째, 사실의 착오와 법률의 착오의 구분이 자의적이다. 더 나아가 법률의 착오에 기한 급부의 반환을 부정하는 원칙과 그 예외의 구분도 자의적이다.

셋째, 구제적 타당성을 확보하기 위하여 법관이 사용하는 원칙의 운용은 법적 안정성을 해친다.

3) 적용 제외 사유

법률의 착오에 대한 부당이득반환청구를 부정하는 원칙에 대한 중요한 예외는 다음과 같다.[33)]

첫째, 수탁자가 법률의 착오로 초과급부를 한 경우에 형평법상 부

29) Bilbie v Lumley (1802) 2 East 469, 472.

30) Virgo, The Principles of the Law of Restitution, 2nd ed. 2006, p. 142.

31) Virgo, The Principles of the Law of Restitution, 2nd ed. 2006, p. 142.

32) Law Commission's Consultation Paper, Restitution of Payments Made Under a Mistake of Law, No 120, 1991, paras. 2.24－2.26; Burrows, The Law of Restitution, 3rd. ed. 2011, p. 223.

33) Law Commission Report, Restitution: Mistakes of Law and Ultra Vires Public Authority Receipts and Payments (1994) (Law Com. No. 227), paras. 2.9.－2.15.

당이득의 반환청구가 허용된다.

둘째, 법원의 공무를 수행하는 자가 초과급부를 하거나 초과급부를 수령한 경우에는 부당이득의 반환청구가 허용된다.

셋째, 외국법의 착오에 기한 급부는 사실의 착오로 취급되어 반환청구가 허용된다.

넷째, 형평법원은 법률의 착오에 대한 원칙에 엄격하게 구속되지 않는다.

4) 항변 사유

법률의 착오에 대한 원칙의 예외가 적용되는 경우에도 다음과 같은 항변사유가 있으면 부당이득반환청구가 기각된다.

첫째, 이득의 소멸이라는 항변이 가능하다. 수령자가 급부가 정당한 것이라고 신뢰하여 채무면제, 기부, 과소비 등을 한 경우에 급부의 반환을 명하는 것은 급부가 없었던 경우보다 더 불리하게 되는 것이어서 타당하지 않다는 것이다.[34] Lipkin Gorman v Karpnale Ltd. 사건에서 귀족원은 영국법상 이득의 소멸이라는 항변을 긍인하였다.[35] 다만 이득의 소멸이라는 항변은 급부의 수령을 신뢰하여 이례적인 지출을 하여야 한다고 하여 제한적으로 운용된다.[36]

둘째, 금반언(estoppel)이라는 항변이 가능하다.[37] 이는 상대방이 정확한 정보를 제공할 의무를 위반한 경우나 수령자가 신뢰할 만한 표

34) Law Commission Report, Restitution: Mistakes of Law and Ultra Vires Public Authority Receipts and Payments (1994) (Law Com. No. 227), para. 2.17.

35) [1991] 2 AC 548.

36) Virgo, The Principles of the Law of Restitution, 2nd ed. 2006, pp. 173-174.

37) Law Commission Report, Restitution: Mistakes of Law and Ultra Vires Public Authority Receipts and Payments (1994) (Law Com. No. 227), para. 2.24.

시를 한 경우에 한하여 적용될 수 있다. 특히 변제를 하였다는 것만으로는 표시를 한 것으로 인정되지 않는다.[38]

Kleinwort Benson Ltd. v Lincoln C.C. 사건에서 Goff 대법관은 상대방이 선의로 급부를 수령한 경우와 계약의 이행이 완료된 경우를 부당이득반환청구에 대한 항변사유로 인정하면 법률의 착오에 대한 원칙을 폐기하는 효과를 잠탈한다고 지적하였다.[39]

다. 귀족원에 의한 판례 변경

1) 사실관계

원고 은행이 피고 지방자치단체들과 이자율 스왑 계약을 체결하고 계약에 따라 이행되었다. 그러나 Hazell v Hammersmith and Fulham Borough Council 사건에서 귀족원은 이자율 스왑 계약은 지방자치단체의 권한을 넘어서는 것이어서 무효라고 판단하였다.[40] 이에 원고 은행은 피고 지방자치단체들에게 811,208파운드의 반환을 청구하였으나, 피고 지방자치단체는 42,094파운드는 6년의 소멸시효가 완성되어 반환할 필요가 없으므로 388,114파운드만을 반환하면 된다고 주장한다.

2) 소송의 경과

원고 은행은 법률의 착오에 기하여 급부한 423,094파운드의 반환을 청구하였고, 1980년 소멸시효법 제32조 제1항에 따라 착오를 안 날로부터 6년의 기간이 기산되는데, 그 기산점은 Hazell v Hammersmith and Fulham Borough Council 판결의 선고시이므로 아직 소멸시효가 완성되지 않았다고 주장하였다.

1심법원은 법률의 착오에 기한 부당이득의 반환청구를 부정하는

38) Kwai－Lian, “Mistaken Payments－The Right of Recovery and Defences”, (1995) 7 Bond Law Review 95, 115.

39) Kleinwort Benson Ltd. v Lincoln C.C. [1999] 2 AC 349, 384, 387(per Lord Goff).

40) [1992] 2 AC 1.

선례에 구속되어 소멸시효의 완성여부에 관하여 살펴보지 않고 원고의 청구를 기각하였다.

사안의 중요성에 비추어 비약상고가 허용되어 항소심재판을 거치지 않고 곧바로 귀족원의 판단을 받게 되었다.

3) 귀족원의 판단

귀족원의 대법관은 일치하여 법률의 착오에 대한 원칙이 영국법의 일부로 인정되기 어렵다는 결론에 도달하였다. 다만 법률의 착오에 대한 원칙의 폐기방법과 급부의 반환청구의 가부에 대하여 대법관 상호간에 견해의 대립이 있었다.

a) 다수의견 법률의 착오에 기한 급부의 반환을 부정하는 원칙은 더 이상 유지될 수 없고, Bilbie v Lumley 판례와 Brisbane v Dacres 판례는 폐기되었다. 다수의견은 사실의 착오이든 법률의 착오이든 착오에 기한 급부의 반환청구권이 인정하고, 이득의 소멸이라는 항변에 의하여 거래의 안전을 보장하자고 한다.

aa) 법률의 착오에 대한 급부의 반환을 부정하는 원칙의 당부 및 폐기 방법 법률의 착오이든 사실의 착오이든 급부의 반환을 허용하되, 이득의 소멸과 같은 항변을 인정하는 것이 적정한 해결책이다.[41]

대륙법계의 경험에 비추어 보면 법률의 착오에 기한 급부의 반환을 허용하더라도 소송이 폭주할 위험은 그리 크지 않다.[42]

법률의 부지는 용서되지 못한다는 격언은 부당이득법에서는 통용되기 어려우므로 법률의 착오에 대한 원칙을 정당화하는 논거로 사용될 수 없다.[43] 급부의 보유가 정당하냐의 관점에서 보면 착오의 종류

41) Kleinwort Benson Ltd. v Lincoln C.C. [1999] 2 AC 349, 373(per Lord Goff).

42) Kleinwort Benson Ltd. v Lincoln C.C. [1999] 2 AC 349, 375(per Lord Goff).

43) Kleinwort Benson Ltd. v Lincoln C.C. [1999] 2 AC 349, 406(per Lord

(사실의 착오와 법률의 착오)는 중요하지 않다.[44)]

법률의 착오에 대한 원칙을 폐기할 강력한 이유가 있음에도 불구하고 이를 의회에 미룰 이유가 없다.[45)]

bb) 판례의 변경과 부당이득 판례변경의 소급효에 따라 법률의 착오가 인정된다.[46)] 급부할 의무가 있다고 급부하였으나 후속 판례에 의하여 급부할 의무가 없어진 경우에 급부를 보유하는 것은 부당하다.[47)] 더 나아가 확고한 판례를 변경하는 사안과 불분명한 법상태를 판례로 정리하는 사안을 구별할 합리적 이유가 없다.[48)] 급부자가 새로운 판례를 알았더라면 급부하지 않았을 것이므로 양자 모두 수령자는 부당이득한 것이다.

cc) 거래의 안전을 보장하는 장치 우선 거래의 안전을 위한 장치로 귀족원 판례(Lipkin Gorman v Karpnale [1991] 2 AC 548)에 의하여 인정된 이득의 소멸이라는 항변이 고려된다.[49)] 그러나 당시의 확립된 견해에 따라 급부한 것의 반환을 부정하는 것은 타당하지 않다.[50)] 또한 수령자가 선의인 경우에는 반환청구를 부정하자는 것은 실질적으

Hope).

44) Kleinwort Benson Ltd. v Lincoln C.C. [1999] 2 AC 349, 407(per Lord Hope).

45) Kleinwort Benson Ltd. v Lincoln C.C. [1999] 2 AC 349, 375(per Lord Goff), 405(per Lord Hope).

46) Kleinwort Benson Ltd. v Lincoln C.C. [1999] 2 AC 349, 380－381(per Lord Goff).

47) Kleinwort Benson Ltd. v Lincoln C.C. [1999] 2 AC 349, 400(per Lord Hoffmann).

48) Kleinwort Benson Ltd. v Lincoln C.C. [1999] 2 AC 349, 400(per Lord Hoffmann).

49) Kleinwort Benson Ltd. v Lincoln C.C. [1999] 2 AC 349, 382(per Lord Goff), 412(per Lord Hope).

50) Kleinwort Benson Ltd. v Lincoln C.C. [1999] 2 AC 349, 382－383(per Lord Goff), 414(per Lord Hope).

로 법률의 착오에 대한 원칙을 폐기하는 의의를 반감시킬 것이다.[51] 더 나아가 계약이 이행되었다는 것만으로 착오에 기한 급부의 반환이 부정되는 것은 아니다.[52] 다만 분쟁을 종결하기 위하여 화해한 경우에는 착오의 성격과 관계없이 반환청구가 부정된다.[53]

b) 반대의견 두 명의 대법관은 법률의 착오에 기한 급부의 반환을 부정하는 원칙이 폐기되어야 하나, 판례변경사안에서는 급부의 반환청구가 허용되어서는 안된다는 견해를 피력하였다.

aa) 법률의 착오에 대한 급부의 반환을 부정하는 원칙의 당부 및 폐기 방법 반대의견은 법률의 착오에 대한 급부의 반환을 부정하는 원칙의 부당성을 인정하면서도 판례변경사안에서는 급부의 반환청구를 부정하는 태도를 취하고 있다.[54] 법률의 착오에 기한 급부의 반환을 부정하는 원칙을 폐기하는 것은 법원이 아니라 법개정위원회나 의회에 맡겨져야 한다.[55] 후자에 의하여 소권의 창출과 소멸시효기간의 개정이 적정하게 규율될 것이다.

bb) 판례의 변경과 부당이득 확고한 판례에 따라 급부하였으나 판례가 변경된 사안에서는 착오가 없으므로 반환청구가 인정될 수 없다.[56] 후속 판례에 의하여 급부 당시에 존재하지 않았던 착오가

---

51) Kleinwort Benson Ltd. v Lincoln C.C. [1999] 2 AC 349, 385(per Lord Goff), 413(per Lord Hope).

52) Kleinwort Benson Ltd. v Lincoln C.C. [1999] 2 AC 349, 387(per Lord Goff), 415–416(per Lord Hope).

53) Kleinwort Benson Ltd. v Lincoln C.C. [1999] 2 AC 349, 412(per Lord Hope).

54) Kleinwort Benson Ltd. v Lincoln C.C. [1999] 2 AC 349, 357(per Lord Browne–Wilkinson), 398(per Lord Lloyd).

55) Kleinwort Benson Ltd. v Lincoln C.C. [1999] 2 AC 349, 364(per Lord Browne–Wilkinson), 398(per Lord Lloyd).

56) Kleinwort Benson Ltd. v Lincoln C.C. [1999] 2 AC 349, 357(per Lord Browne–Wilkinson), 394(per Lord Lloyd).

창출될 수는 없다.[57] 당시 확립된 견해에 따라 행한 급부의 반환청구는 판례변경에 의하더라도 허용되지 않는다.[58] 이러한 경우에 사후적으로 반환청구를 허용하는 것은 거래의 안전이라는 중대한 공익적 가치를 훼손한다.[59] 견해의 확립성은 판례뿐만 아니라 실무와 관행에 의해서도 인정될 수 있다.[60] 당시의 법상태가 불분명함에도 불구하고 급부한 경우에는 반환청구가 불허될 위험을 인수한 것이다.[61]

cc) 거래의 안전을 보장하는 장치 　　이득의 소멸이라는 항변만으로는 거래의 안전이 충분하게 보장되기 어렵다.[62]

라. 학설 상황

법률의 착오에 대한 원칙의 폐기에 대하여 학설은 대체로 찬성한다.[63] 엘렌보로 판사는 모든 사람은 법을 알고 있다는 전제하에서 법률의 착오에 대한 원칙을 전개하였으나, 이는 형법이나 불법행위법에서는 타당할지 모르나 부당이득법에서는 허구에 불과하다고 한다.[64] 또한 부당이득의 반환허용이 가져올 서래계의 혼란은 '이득의 소멸(change of position)'이라는 항변에 의하여 적정하게 제어될 수 있으

57) Kleinwort Benson Ltd. v Lincoln C.C. [1999] 2 AC 349, 359(per Lord Browne－Wilkinson).

58) Kleinwort Benson Ltd. v Lincoln C.C. [1999] 2 AC 349, 364(per Lord Browne－Wilkinson).

59) Kleinwort Benson Ltd. v Lincoln C.C. [1999] 2 AC 349, 359(per Lord Browne－Wilkinson), 395(per Lord Lloyd).

60) Kleinwort Benson Ltd. v Lincoln C.C. [1999] 2 AC 349, 363(per Lord Browne－Wilkinson).

61) Kleinwort Benson Ltd. v Lincoln C.C. [1999] 2 AC 349, 363(per Lord Browne－Wilkinson).

62) Kleinwort Benson Ltd. v Lincoln C.C. [1999] 2 AC 349, 395(per Lord Lloyd).

63) Burrows, The Law of Restitution, 3rd. ed., 2011, p. 225; Birks, "Mistakes of Law", (2000) 53 Current Legal Problems, 205, 216.

64) Burrows, The Law of Restitution, 3rd. ed., 2011, p. 225; Virgo, The Principles of the Law of Restitution, 2nd ed. 2006, p. 141.

며,[65] 판례변경으로 인한 부당이득반환소송의 폭주는 기우에 불과하다고 한다.[66]

이에 반하여 유력설은 귀족원의 다수의견에 의하면 거래의 안전이 중대하게 위협을 받는다고 하면서 귀족원의 반대의견에 찬성한다.[67]

첫째, 법률의 착오의 경우에는 소멸시효의 기산점이 착오를 안 날로부터 기산하므로 소멸시효에 의하여 거래의 안전이 담보되기 어렵다. 이와 관련하여 '법개정위원회(Law Commission)'는 10년의 장기소멸시효기간을 설정하는 것을 권고하였다,[68] 이 경우 소멸시효의 기산점은 급부의 수령시이다.

둘째, 이득의 소멸이라는 항변은 엄격하게 해석되므로 거래의 안전이 보장되는 효과는 미미하다.[69]

마. 소　결

법률의 착오에 대한 원칙은 영미법계에서 대체로 폐기되었다. 뉴질랜드에서는 1958년 법률을 통하여 폐기되었고,[70] 캐나다에서는 1989년 판례에 의하여 폐기되었고,[71] 호주에서는 1992년 판례에 의하여 폐기되었고,[72] 스코틀랜드에서는 1995년 판례에 의하여 폐기되었다.[73] 그리고 영국에서는 1994년 '법개정위원회(Law Commission)'에 의하여

65) Burrows, The Law of Restitution, 3rd ed. 2011, p. 225.

66) Burrows, The Law of Restitution, 3rd ed. 2011, p. 227.

67) Virgo, The Principles of the Law of Restitution, 2nd ed. 2006, p. 167.

68) Law Commission Report, Limitation of Actions, Law Com. No. 270, 2001, para. 4.78.

69) 同旨: Birks, "Mistakes of Law", (2000) 53 Current Legal Problems, 205, 222－223.

70) New Zealand Judicature Amendment Act 1958, ss 94A－94B.

71) Air Canada v British Columbia (1989) 59 DLR (4d) 161.

72) David Securities Pty Ltd. v Commonwealth Bank of Australia (1992) 109 ALR 57.

73) Morgan Guaranty Trust Co of New York v Lothian Regional Council 1995 SLT 299.

의회에 의한 원칙의 개정이 권고되었고, 1999년 귀족원 판례에 의하여 법률의 착오에 대한 원칙이 폐기되었다.

귀족원에 의하여 법률의 착오에 대한 원칙이 폐기되었으나, 원칙의 폐기로 인한 문제가 완전하게 해명된 것은 아니다. 특히 판례변경의 소급효로 인하여 거래의 안전이 중대하게 위협받는 점에 대하여 다수의견과 반대의견의 시각차가 존재한다. 최근의 귀족원판례에 의하면 예외적으로 판례변경의 장래효가 인정될 수 있다고 한다. 그러한 경우에는 법률의 착오가 아예 부정되므로 반환청구가 허용되지 않을 것이다.

2. 대륙법계의 논의

가. 독 일

착오의 정당성 여하에 따라 급부의 반환여부를 결정하는 것은 상당한 불명확성을 가져오므로 독일민법의 입법자는 착오요건을 포기하였다.[74] 원고는 채무의 부존재만을 입증하면 되고, 이에 대하여 피고는 악의라는 항변을 하여야 하는 것이다.[75] 변제자의 착오는 사실의 착오이든 법률의 착오이든 반환청구권을 성립시키며, 더 나아가 착오의 중대성 여부도 반환청구권의 성립에 영향을 주지 않는다.[76] 악의의 비채변제에 대하여 부당이득반환청구권을 부정하고, 선의수익자의 보호를 위하여 이득의 소멸이라는 항변이 인정되었다.[77] 특히 악의가 인정되

74) Zimmermann/Meier, "Judicial development of the law, error iuris, and the law of unjustified enrichment—a view from Germany", (1999) 115 Law Quarterly Review, 556, 557.

75) Mayer–Maly, Rechtsirrtum und Bereicherung, Festschrift Heinrich Lange, 1970, S. 296.

76) Mayer–Maly, Rechtsirrtum und Bereicherung, Festschrift Heinrich Lange, 1970, S. 297.

77) Zimmermann/Meier, "Judicial development of the law, error iuris, and the law of unjustified enrichment—a view from Germany", (1999) 115 Law Quarterly Review, 556, 557.

기 위하여는 단순한 의심으로는 부족하고 적극적 인식이 요구된다.[78] 분쟁을 종결하기 위하여 변제하였거나 채무가 없더라도 변제한 것이라고 민법 제242조에 따라 수령자가 합리적으로 신뢰할 수 있는 경우에는 반환청구권이 부정된다.[79]

나. 스 위 스

스위스 채무법 제63조 제1항은 임의의 비채변제에 있어 변제자가 변제의무에 대한 착오를 입증하면 반환청구권이 인정된다고 규정하고 있을 뿐이며 착오의 종류에 대한 구분을 하지 않는다. 학설은 착오의 중대성 또는 정당성은 요구되지 않는다고 한다.[80] 다수설은 법률상 원인에 대하여 의문을 가진 경우에는 반환청구권이 부정된다고 하나,[81] 상당수의 견해는 단순한 의문을 가진 것만으로는 반환청구권이 부정되지 않는다고 한다.[82] 부당이득법상 착오는 의사표시에 있어 착오와 다르며, 의사의 흠결이 아니라 법률상 원인의 부존재가 반환청구권을 결정짓는다.[83] 다만 수령자의 보호를 위하여 형평의 관점에서 이득의 소멸이라는 항변이 인정된다.[84]

---

78) König, Ungerechtfertigte Bereicherung, 1985, S. 41–42; Staudinger/S Lorenz, (2007), §814 Rn. 4.

79) Staudinger/S. Lorenz, (2007), §814 Rn. 3–6.

80) Zürcher Kommentar/Oser·Schönenberger, 2. Aufl. 1929, OR Art. 63, Rn. 8–9; Berner Kommentar/Becker, 2. Aufl. 1945, OR Art. 63, Rn. 11–12.

81) von Tuhr/Peter, Allgemeiner Teil des Schweizerischen Obligationenrechts, 3. Aufl. 1979, S. 484; Basler Kommentar/Schulin, 4. Aufl. 2007, OR Art. 63, Rn. 4; Schwenzer, Schweizerisches Obligationenrecht Allgemeiner Teil, 5. Aufl. 2009, §56.07.

82) Bucher, Schweizerisches Obligationenrecht, Allgemeiner Teil, 2. Aufl. 1988, S. 673; Zürcher Kommentar/Oser·Schönenberger, 2. Aufl. 1929, OR Art. 63, Rn. 10; Berner Kommentar/Becker, 2. Aufl. 1945, OR Art. 63, Rn. 9.

83) BGE 64 Ⅱ 121, 130.

84) BGE 64 Ⅱ 121, 131.

다. 오스트리아

오스트리아 민법 제1431조는 착오를 요건으로 하나 법률의 착오도 가능하다고 규정한다. 실무상으로 착오는 추정된다.[85] 착오의 정당성은 비채변제에 있어 요건이 아니다.[86] 따라서 착오에 잘못이 있는 경우에도 반환청구가 인정된다. 특히 복잡하고 논란이 있는 법률을 개인이 안다고 하는 것이 점차 어려워지는 상황에서 법률의 착오의 정당성을 요구하기는 어렵다고 한다.[87] 다수설도 의문을 가진 것만으로는 반환청구권이 부정되는 것은 아니라고 한다.[88]

3. 평 가

가. 비채변제와 착오

영국의 논의에 의하면 판례변경으로 법률의 착오와 사실의 착오의 구분이 사라지고, 착오가 광의로 해석되고 부당이득이론이 점차 힘을 얻고 있다. 다른 한편으로 영국의 착오에 관한 논의를 통하여 착오에 관한 규율의 어려움과 아울러 유형화의 필요성을 인식하게 되었다. 더 나아가 근거있는 착오에 대한 구제의 필요성이 제기되고, 착오주장의 남용에 대한 적정한 통제수단도 요구된다.

대륙법계의 논의 중 독일은 우리와 대체로 일치하며, 스위스와 오스트리아는 착오요건을 엄격하게 적용하지 않는다. 특히 독일은 착오요건이 가지는 입증곤란의 문제를 의식하여 적극적 요건에서 배제한

---

85) Rummel/Rummel, 3. Aufl. 2002, § 1431, Rz. 5; Schwimann/Mader, Praxiskommentar, 3. Aufl. 2006, § 1431, Rz. 15.

86) OGH JBl. 1915, 589; Rummel/Rummel, 3. Aufl. 2002, § 1431, Rz. 5; Schwimann/Mader, Praxiskommentar, 3. Aufl. 2006, § 1431, Rz. 4; Klang/Wilburg, 2. Aufl. 1951, §§ 1431－1437, S. 456.

87) Klang/Wilburg, 2. Aufl. 1951, §§ 1431－1437, S. 456.

88) Klang/Wilburg, 2. Aufl. 1951, §§ 1431－1437, S. 456f.; Koziol/Welser, Bürgerliches Recht, Band 2, 13. Aufl. 2007, S. 277.

것은 유의할 만하다. 그렇다고 하여 입증곤란의 문제가 완전히 해소된 것은 아니고 수령자의 악의입증이라는 단계에서 고스란히 남게 된다. 적극적 인식이라는 내심의 사실의 입증은 대개 간접사실로 추단된다.[89)]

결국 착오가 부지, 오신, 망각 등을 포괄하는 광의로 해석되고 있으며, 근거있는 착오일 것이 요구되지 않으므로 비채변제의 주관적 요건상으로 보면 외국의 입법례는 실질적으로 차이가 없다고 해도 과언이 아니다.[90)] 다만 주관적 요건에 대한 입증책임의 주체에 대한 차이는 존재한다.

나. 사실의 착오와 법률의 착오의 구분

영미법계에서 사실의 착오와 법률의 착오의 구분이 행하여졌는데, 이는 착오의 정당성에 대한 논의와 밀접한 관계가 있다. 영미법계의 상당수의 나라에서 법률의 착오에 대한 원칙을 폐기하면서 이러한 구분은 점차 설득력을 잃어가고 있는 형국이다.

다만 귀족원의 반대의견이 지적하는 바와 같이 법률의 착오에 대하여 아무런 제한없이 반환청구를 허용하면 법적 안전성이 중대하게 위협받는 상황이 연출된다. 이는 다른 한편으로 판례변경의 소급효를 원칙적으로 인정하는 영국의 논의와 맞닿아 있는 것이다.

다만 법률의 착오의 특수성을 다음과 같이 지적하는 유력설을 주의깊게 음미할 필요가 있다.[91)]

첫째, 사안에 대한 법적 평가는 매우 어려운 것이어서 법률의 착오에 기한 급부의 반환을 허용하면 법원의 부담이 가중된다.

둘째, 법률의 착오에 기한 급부의 반환은 사실의 착오의 경우보다

89) 民法注解[XVII], 393면(梁彰洙 집필).

90) 民法注解[XVII], 393면(梁彰洙 집필)은 독일민법 제정당시에서 반환청구의 요건인 '착오'의 의미는 채무의 존재를 알지 못하였다는 것이라고 지적한다.

91) Birks, "Mistakes of Law", (2000) 53 Current Legal Problems, 205, 215.

거래의 안전을 중대하게 위협할 것이다.

셋째, 법률의 착오에 기한 급부의 반환을 자유롭게 인정하는 것은 법관의 법발전을 저해할 위험이 있다. 법관은 판례변경으로 인한 반환청구의 허용이 가져올 법적 불안정성을 염려할 것이기 때문이다.

유력설이 지적하는 바와 같이 사실의 착오와 법률의 착오를 구별하고, 특히 후자의 특수성을 고려할 필요는 있다. 그럼에도 불구하고 법률의 착오와 사실의 착오를 일도양단하여 논증하기 보다는 법률의 착오와 사실의 착오의 유형을 세분화하여 각 유형별로 급부의 반환청구가 허용되어야 하는지를 분석하는 것이 타당하다.

다. 착오의 정당성

악의의 비채변제에 대하여 반환청구를 부정하는 근거로 변제자를 보호할 필요가 없다는 점과 선행행태에 반한다는 점이 지적된다.[92] 당사자의 착오주장에 대하여 무조건 선의라고 인정하게 되면 악의의 비채변제에 대한 규정의 입법취지를 몰각하게 된다. 왜냐하면 원고는 민법 제742조에 의한 불이익을 최소화하기 위하여 우선 부지 또는 착오를 들어 자신의 선의를 주장할 것이기 때문이다. 따라서 당해 사안의 특수성을 감안하여 원고의 주관적 심리상태에 대한 객관적 평가를 통하여 변제자가 착오로의 회피를 막아야 할 것이다. 특히 악의에 대한 입증책임은 수령자에게 있는데, 변제자의 주관적 심리상태인 악의는 쉽게 입증하기 어려운 것이다.

결국 착오의 경우에는 사실의 착오와 법률의 착오를 각기 유형화하여 착오의 정당성 여부를 변제자의 보호필요성과 상대방의 신뢰보호의 관점에서 재조명할 필요가 있다.

---

92) Heck, Grundriß des Schuldrechts, 1929, S. 424; Larenz/Canaris, Lehrbuch des Schuldrechts, Band Ⅱ－2, 13. Aufl. 1994, §68 Ⅲ 1 a(S. 160). 특히 헤크는 악의의 비채변제에 있어서는 증여, 화해 등의 목적이 개재된다고 지적한다.

1) 사실의 착오의 정당성 여부

당사자는 서로 기본적 사실관계를 인식한 상태에서 계약을 체결하고 이행하는 것이므로 이에 대한 착오를 쉽게 인정하기는 어려울 것이다. 따라서 단순부지나 망각에 의한 선의주장은 받아들여지기 어렵다.

그러나 변제의 증거인 영수증을 찾지 못한 상황에서 변제하였으나 나중에 찾은 사안과 같은 경우에는 사실의 착오의 정당성을 인정할 수 있고 급부의 반환청구가 허용되어야 할 것이다.[93]

2) 법률의 착오의 정당성 여부

당사자는 기본적 사실관계를 부인하지 못하는 상황에서 종종 법률의 착오를 주장하게 된다.[94] 따라서 법률의 착오 주장을 제한없이 허용하게 되면 변제자의 보호필요성이나 수령자의 신뢰보호의 관점에서 부당한 결과를 초래한다. 결국 법령이나 판례의 부지는 근거있는 법률의 착오로 인정되기 어렵다고 할 것이다. 더 나아가 사안에 대한 법적 평가도 판례와 다수설에 따르거나 그렇지 않은 경우에는 합리적 논증에 기초한 경우에 한하여 법률의 착오의 정당성을 인정할 수 있을 것이다.

Ⅲ. 판례변경의 소급효

1. 서 설

In re Spectrum Plus Ltd. 사건에서 Nicholls 대법관은 판례변경을 오류의 발견에 의한 경우와 사회의 변화에 의한 경우로 나누어 구분하고 있다.[95] 특히 후자에 의한 판례변경은 시대의 필요에 따라 법을 발전시켜 나가야 하는 사법작용의 측면에서 정당화된다.[96] 전통적인 '법

93) 同旨: 民法注解[ⅩⅧ], 397면(梁彰洙 집필).
94) Staudinger/Seufert, 12. Aufl. 1978, §814, Rn. 2.
95) In re Spectrum Plus Ltd. [2005] 2 AC 680, 698(per Lord Nicholls).
96) In re Spectrum Plus Ltd. [2005] 2 AC 680, 726(per Lord Scott).

선언이론(the declaratory theory of law)'에 의하면 오직 하나의 법만이 존재한다는 것이나, 수정된 법선언이론은 두 개의 법(과거의 법과 그 이후의 법)이 존재할 수 있다.[97] 물론 법선언이론의 한계를 인정하면서도 법선언이론을 완전히 부정하기는 어렵다는 것이 영국의 대체적인 견해이다.[98]

2. 영국의 논의

가. 서 설

영국에서 장래적 판례변경이 가능한가에 대하여 전통적으로 부정적이었으나, 귀족원 판례에 의하여 매우 예외적인 상황하에서 장래적 판례변경이 가능하게 되었다.[99] In re Spectrum Plus Ltd. 사건에서 Lord Nicholls는 장래적 판례변경에 대한 지도의견을 제시하였고 나머지 관여 대법관이 이에 동조하였다.

사법작용은 과거 사건에 대한 법적 결론을 내리는 것이며, 법적 안정성을 증진시키기 위하여 '선례구속원칙(stare decisis)'이 오랫동안 관철되어 왔다.[100]

나. 법관에 의한 법의 계속형성

Kleinwort Benson Ltd. v Lincoln C.C. 사건에서 귀족원의 대법관들은 전통적인 법선언이론에 얽매이지 않고 다소 진전된 모습을 보이고 있다. 특히 사법환경의 변화에 따른 법창조활동을 적극적으로 인정하고 있다. 그리하여 법관은 시대적 요구에 부응하면서 법을 발전시켜

97) R. H. S. Tur, "Time and Law", (2002) 22 Oxford Journal of Legal Study 463, 473.

98) Kleinwort Benson Ltd. v Lincoln C.C. [1999] 2 AC 349, 379(per Lord Goff).

99) In re Spectrum Plus Ltd. [2005] 2 AC 680.

100) In re Spectrum Plus Ltd. [2005] 2 AC 680, 689–690(per Lord Nicholls).

나간다고 하면서 사법작용을 법발견에 한정하지 않는다고 한다.[101] 더 나아가 법이 항상 그대로 존재하는 것이라고 하면서 법의 변경을 아예 부정하는 것은 실제에 부합하지 않는다고 지적한다.[102]

다. 판례변경의 양상

1) 소급적 판례변경

과거 사건을 사후적으로 판단하는 것이므로 판례는 본질적으로 소급효를 가진다. 더 나아가 선례구속의 원칙에 의하여 판결 선고시보다 앞서 발생한 사건이라도 변경된 판례가 적용되는 것이다.[103] 소급적 판례변경은 영국이 전통적으로 취한 태도이고, 이는 변경된 판례가 과거, 현재뿐만 아니라 미래에도 정당한 것으로 적용되어야 한다는 것이다.[104] 다만 장래적 판례변경의 가능성이 진지하게 논의되었다.[105]

2) 장래적 판례변경

사람들은 현재의 법상황에 대한 이해에 기초하여 행동을 하기 마련인데, 소급적 판례변경은 당사자에게 부당한 결과를 초래할 수 있다.[106] 따라서 당사자의 신뢰보호를 위하여 고안된 것이 장래적 판례변경이다.

장래적 판례변경은 여러 가지 형태를 취한다. 첫째, 판결 선고 이후에 발생한 사건에 대하여만 변경된 판례가 적용되는 '단순 장래적 판례변경(pure prospective overruling)'이다. 둘째, 당해 사건과 판결 선고

101) Kleinwort Benson Ltd. v Lincoln C.C. [1999] 2 AC 349, 358(per Lord Browne–Wilkinson), 377(per Lord Goff), 410(per Lord Hope).

102) Reid, "The Judge As Law Maker", (1972–1973) 12 Journal of Society of Public Teachers of Law 22; Kleinwort Benson Ltd. v Lincoln C.C. [1999] 2 AC 349, 358(per Lord Browne–Wilkinson).

103) In re Spectrum Plus Ltd. [2005] 2 AC 680, 690(per Lord Nicholls).

104) In re Spectrum Plus Ltd. [2005] 2 AC 680, 691(per Lord Nicholls).

105) In re Spectrum Plus Ltd. [2005] 2 AC 680, 691(per Lord Nicholls).

106) In re Spectrum Plus Ltd. [2005] 2 AC 680, 690(per Lord Nicholls).

후 발생한 사건에 대하여만 변경된 판례가 적용되는 경우와 당해 사건, 판결 선고 전에 법원에 계류된 사건 그리고 판결 선고후 발생한 사건에 대하여만 변경된 판례가 적용되는 '선택적 장래적 판례변경(Selective overruling)'이다.

다만 장래적 판례변경에 대하여는 다음과 같은 문제점이 지적된다.

첫째, 장래적 판례변경은 차별의 문제를 초래한다.[107] 모든 사건을 새롭게 확인된 판례에 따라 동등하게 처리해야 한다는 요청에 배치된다.

둘째, 단순 장래적 판례변경의 경우에 판례변경의 계기를 제공한 당사자에게 변경된 판례가 적용되지 아니하여 법발전의 유인이 희석될 것이다.[108]

3) 장래적 판례변경이 허용되는 경우

소급적 판례변경이 확고한 실무라고 하더라도 판사는 헌법상으로 이를 변경할 권한을 가진다.[109] 사법제도의 운영에 있어 경직성은 사회의 변화에 적정하게 대응할 수 없는 치명적 약점이 될 수 있다. 그리하여 귀족원은 당해 사건을 포함하여 판례변경 전에 발생한 사건에 변경된 판례를 적용하는 것이 중대하게 불합리한 경우에는 장래적 판례변경이 가능하다고 판시하였다.[110]

---

107) In re Spectrum Plus Ltd. [2005] 2 AC 680, 696(per Lord Nicholls).

108) In re Spectrum Plus Ltd. [2005] 2 AC 680, 696(per Lord Nicholls); Sheehan, "Prospective overruling and the fixed-floating charge debate", 122 Law Quarterly Review 20, 25(2006).

109) In re Spectrum Plus Ltd. [2005] 2 AC 680, 699(per Lord Nicholls).

110) In re Spectrum Plus Ltd. [2005] 2 AC 680, 699(per Lord Nicholls). 나머지 관여 대법관들은 Nicholls 대법관의 의견에 동조하였다(In re Spectrum Plus Ltd. [2005] 2 AC 680, 700(per Lord Steyn), 709-710(per Lord Hope of Craighead), 726(per Lord Scott), 736(per Lord Walker), 736-737)(per Lady Baroness Hale of Richmond), 737(per Lord Brown of Eaton-under-Heywood)). 다만 제정법의 해석에 있어서는 장래적 판례변경이 허용되지 않는다는 반대의견이 제시되었다(In re Spectrum Plus Ltd. [2005] 2 AC 680, 700(per Lord Steyn), 726(per Lord Scott)).

3. 국내의 논의

대법원은 종중 구성원의 자격에 대한 사건에서 '장래적 판례변경'을 하였다.[111] 즉, 종중 구성원의 자격에 대한 대법원의 견해의 변경은 종중 구성원에 대한 우리 사회일반의 인식 변화와 아울러 전체 법질서의 변화에 기한 것이고 법적 안정성과 신의성실의 원칙에 기초한 당사자의 신뢰보호를 내용으로 하는 법치주의의 원리에 비추어 변경된 대법원의 견해는 이 판결 선고 이후의 종중 구성원의 자격과 이와 관련하여 새로이 성립되는 법률관계에 대하여만 적용된다고 함이 상당하되, 당해 사건의 경우에는 당사자의 권리구제를 목적으로 하는 사법작용의 본질과 정의의 요청에 비추어 소급효가 긍정된다고 한다.

유력설은 법적 안정성의 유지나 당사자의 신뢰보호를 위하여 불가피한 경우에 판례변경의 소급효를 제한하는 것이 타당하다고 한다.[112]

판례와 학설은 판례변경의 소급효를 원칙적으로 견지하는 것으로 생각된다. 이는 판례의 법적 성격에 대한 논의와 밀접한 관련이 있다. 유력설은 법원은 법을 창조하는 것이 아니라 이미 존재하는 법을 발견하여 적용하는 것이라고 한다.[113]

4. 평 가

판례변경의 소급효에 대한 영국의 논의는 상당히 시사적이다. 우선 판례변경의 소급효를 원칙적으로 인정하되, 예외적으로 법적 안정성의 유지나 당사자의 신뢰보호를 위하여 불가피한 경우에 판례변경의 소급효를 제한하는 것이 타당하다고 생각된다. 다른 한편으로 권력분

111) 대법원 2005. 7. 21. 선고 2002다1178 전원합의체 판결(집 53민, 87).

112) 尹眞秀, 相續回復請求權의 消滅時效에 관한 舊慣習의 違憲 與否 및 判例의 遡及效, 民法論攷 Ⅴ, 200면.

113) 尹眞秀, 憲法裁判所 違憲決定의 遡及效, 裁判資料 75집(1997), 681면.

립의 원칙을 염두에 둔다면 사법부의 독자적인 '법창조활동'을 인정하기 어려울 것이다.

판례변경의 경우를 구체적으로 분석하여 보면 '법선언이론(the declaratory theory of law)'과 '법창조이론(the change theory of law)'의 양자를 적정하게 조화시킬 수 있다.

첫째, 오류의 발견에 의하여 판례를 변경하는 경우에는 새롭게 선언된 법은 과거뿐만 아니라 미래에도 적용되어야 한다.[114] 따라서 이러한 경우에는 소급효가 원칙이다.

둘째, 시대적 필요에 따라 부득이하게 판례를 변경하는 경우에는 새롭게 선언된 법이 반드시 과거에도 적용되어야 하는 것은 아니고 오히려 당해 사건과 미래 사건에만 적용되어야 한다. 따라서 이러한 경우에는 장래효가 원칙이다.[115] 물론 당해 사건의 경우에는 사법작용의 본질상 새롭게 선언된 법이 적용되어야 한다.

특정한 시공간에서 생성되어 발전하는 법의 본질에 비추어 오로지 하나의 법만이 타당하다는 '순수한 법선언이론'은 성립하기 어렵고, 일정한 궤도의 수정이 불가피하다. 결국 사회의 변화에 따른 판례의 변경을 인정하는 '수정된 법선언이론'에 입각하여 법관의 법발견작업을 이해한다면, 판례변경의 소급효라는 난문이 수월하게 해결될 수 있을 것이다.

114) Sheehan, "Prospective overruling and the fixed−floating charge debate", (2006) 122 Law Quarterly Review 20, 22.

115) Scott 대법관은 사회의 변화에 따른 판례변경사안에서는 장래적 판례변경이 가능할 수 있다고 지적한다(In re Spectrum Plus Ltd. [2005] 2 AC 680, 726).

Ⅳ. 판례의 변경과 부당이득

1. 서 설

판례의 변경을 이유로 하여 부당이득반환청구가 가능한가의 논의는 변경된 판례의 소급적용을 전제로 한다. 변경된 판례가 소급적용된다고 하더라도 판결의 기판력이나 행정처분의 확정력이 존재하는 경우에는 대체로 부당이득반환청구가 부정된다. 확정판결이 있는 경우에는 판결의 기판력에 의하여 부당이득이 가능하기 위하여는 재심을 통하여 확정판결을 취소하여야 하는데, 판례변경은 재심사유에 해당하지 않는다.[116] 이는 행정처분의 확정력이 발생한 경우에도 마찬가지이다.[117] 따라서 이하에서는 판결의 기판력이나 행정처분의 확정력이 존재하지 않는 사안을 염두에 두고 판례변경과 부당이득에 관한 논의를 전개하고자 한다.

2. 외국의 논의

앞서 살핀 바와 같이 귀족원의 다수의견은 판례변경사안에서 부당

116) 대법원 1987. 12. 8. 선고 87다카2088 판결(공 1988, 278); 주석 민사소송법, 제451조, 79면(이인복 집필). 대법원은 구민사소송법 제422조 제1항 제8호(현행 민사소송법 제451조 제1항 제8호와 같다)가 규정하는 “판결의 기초된 민사나 형사의 판결 기타의 재판 또는 행정처분이 다른 재판이나 행정처분에 의하여 변경된 때”라 함은 판결의 기초가 된 재판이나 행정처분이 그 후의 다른 재판이나 행정처분에 의하여 확정적이고 또한 소급적으로 변경된 경우를 말하는 것이므로 판결의 전제로 된 행정처분의 적법여부에 관한 법원의 해석이나 판단이 그 후 다른 사건에서의 판례변경으로 그와 상반된 해석을 내렸다는 것만으로는 이에 해당하지 아니한다고 판시한다.

117) 판례는 위헌인 법률에 근거한 행정처분이 당연무효인지 여부는 위헌결정의 소급효와는 별개의 문제로서, 위헌결정의 소급효가 인정된다고 하여 위헌인 법률에 근거한 행정처분이 당연무효가 된다고는 할 수 없고, 오히려 이미 취소소송의 제기기간을 경과하여 확정력이 발생한 행정처분에는 위헌결정의 소급효가 미치지 않는다고 한다(대법원 1994. 10. 28. 선고 92누9463 판결(공 1994, 3139)).

이득반환청구를 허용하되 이득의 소멸이라는 항변을 인정하자는 것이고, 반대의견은 거래의 안전을 위하여 부당이득반환청구 자체를 부정하자는 것이다.

이와 관련하여 스위스의 논의는 상당히 시사적인데, 이는 판례변경전의 영국의 입장과 실질적으로 같다. 즉, 스위스 연방대법원은 판례변경사안에서 부당이득반환을 허용하는 것은 법적 안정성을 위태롭게 하고 끝없는 소송이 이어질 것이라고 하면서 부당이득반환청구를 기각하였다.[118] 독일도 마찬가지의 입장을 취하고 있다.[119]

유력설은 이러한 경우에는 법률의 착오가 있었다고 보기 어렵고, 오히려 당시의 법에 따라 급부의무가 정해지는 것이므로 그 후 판례가 변경되었다고 하여 급부의 반환청구가 허용되는 것은 법적 안정성이 중대하게 침해되는 것이어서 허용되지 않는다고 지적한다.[120]

3. 평 가

이에 대한 국내의 논의는 좀처럼 찾아보기 어렵다. 결국 판례변경의 소급효가 인정되느냐에 따라 부당이득의 가부가 결정될 것으로 보인다. 앞서 살핀 바와 같이 판례변경의 소급효를 원칙적으로 인정하는 입장에 선다면 부당이득이 기본적으로 긍정되어야 할 것이다.

판례변경 사안을 비채변제의 법리에 따라 검토해 보더라도 반환청구를 부정하기는 어렵다. 당사자는 종전의 판례에 따라 급부한 것에 불과하므로 채무의 부존재에 대한 적극적 인식이 있다고 보기 어렵기 때문이다. 다른 한편으로 판례변경의 가능성을 인식하는 것도 매우 어려운 일이다.[121] 더 나아가 당사자간의 법률관계를 당시의 판례에 따라

118) BGE 31 Ⅱ 291, 295.
119) BGH NJW 1957, 263.
120) Zweigert/Kötz, Einführung in die Rechtsvergleichung, 3. Aufl. 1996, S. 572－573.

확정하기로 하는 합의나 조건을 일반적으로 도출하기는 어렵다.

더 나아가 일반인에게 사안에 대한 법적 평가는 매우 어려운 부분일 수 있으므로 이에 대한 잘못을 가지고 전적으로 급부자의 불이익으로 돌리는 것은 부당하다. 다른 한편으로 수령자에게도 마찬가지로 사안에 대한 법적 평가의 잘못으로부터 자유로울 수 없는 것인데, 그로 인한 불이익을 급부자에게만 돌리는 것은 부당한 것으로 보인다. 따라서 양자의 이익을 균형있게 고려하기 위하여는 급부의 반환을 허용하되 이득의 소멸이라는 항변을 적정하게 인정하는 것이 타당한 해결책으로 보인다. 그리고 판례의 변경이 실제적으로 많지 않을 것이므로 이로 인한 법적 안정성의 위협도 그리 크지 않을 것이다.

Ⅴ. 부당이득반환청구권의 소멸시효의 기산점

1. 소멸시효제도의 취지

소멸시효는 법률관계에 필연적으로 내재하는 불명확성에 대하여 시간적 한계를 설정함으로써 그에 관한 당사자 사이의 다툼을 종식시키려는 것을 취지로 마련된 것이어서 누구에게나 무차별적·객관적으로 적용되는 시간의 경과가 1차적인 의미를 가지는 것이어서 법적 안정성의 요구는 더욱 선명하게 제기된다.[122] 최근의 경향에 의하면 소멸시효가 법적 안정성을 도모하기 위한 것이라는 점을 인정하면서도 채권자의 합리적 이익과의 균형을 요구하고 있다.[123] 구체적으로 채권자는 자

121) Zimmermann/Meier, "Judicial development of the law, error iuris, and the law of unjustified enrichment—a view from Germany", (1999) 115 Law Quarterly Review, 556, 560.

122) 대법원 2010. 9. 9. 선고 2008다15865 판결(공 2010하, 1876).

123) 梁彰洙, "유럽契約法原則의 消滅時效規定—우리 民法에의 示唆를 덧붙여", 民法研究 8권, 2005, 137면.

신의 권리를 추급할 수 있는 적절한 기회를 가져야 하는 것이다.[124]

2. 사실상 장애와 법률상 장애의 구분

소멸시효는 객관적으로 권리가 발생하고 그 권리를 행사할 수 있는 때로부터 진행하고 그 권리를 행사할 수 없는 동안에는 진행하지 아니하는데, 여기서 '권리를 행사할 수 없다'라고 함은 그 권리행사에 법률상의 장애사유, 예컨대 기간의 미도래나 조건불성취 등이 있는 경우를 말하는 것이고, 사실상 그 권리의 존부나 권리행사의 가능성을 알지 못하였거나 알지 못함에 과실이 없다고 하여도 이러한 사유는 법률상 장애사유에 해당한다고 할 수 없다.[125] 특히 대법원판례의 변경도 법률상 장애사유에 해당하지 아니한다고 해석된다.[126]

유력설은 판례의 법원성을 부정하는 통설에 따라 반대판례의 존재를 법률상 장애라고 보기 어렵다고 지적한다.[127]

이에 반하여 영국의 논의에 의하면 판례변경사안에서 소멸시효의 기산점을 판례변경시로 삼고 있다. 다만 법적 안정성의 관점에서 장기소멸시효기간을 설정하자고 하는 법개정의 목소리가 높다.

독일의 다수설은 반대 판례의 존재가 2002년 전면개정 전의 독일 민법 제202조 제1항의 시효정지사유에 해당하지 않는다고 보았고,[128]

---

124) 유럽계약법원칙 제14:301조는 채권자가 채무자와 채권발생원인사실을 알지 못한 것에 합리적 이유가 있는 동안에는 시효가 진행하지 않는다고 규정한다.

125) 대법원 2010. 9. 9. 선고 2008다15865 판결(공 2010하, 1876).

126) 대법원 1993. 4. 13. 선고 93다3622 판결(공 1993, 1397); 대법원 2010. 9. 9. 선고 2008다15865 판결(공 2010하, 1876). 대법원 1970. 2. 24. 선고 69다1769 전원합의체 판결(집 18-1, 민 129)의 대법원판사 손동욱, 나항윤의 반대의견에 의하면 대법원판례가 법률이나 법률과 같은 것이 될 수 없으므로 반대판례의 존재가 법률상 장애로 볼 수 없다고 하나, 대법원판사 방순원의 별개의견에 의하면 반대판례의 존재는 법률상 장애라고 한다.

127) 民法注解[Ⅲ], 제166조, 464면(尹眞秀 집필).

128) Staudinger/Peters, 13. Bearbeitung, 1995, § 203 aF, Rn. 7.

개정된 제205조는 당사자간의 합의에 기한 급부거절권에 기하여서만 시효의 정지를 규정하고 있을 뿐이다. 따라서 현행 독일민법의 해석론으로 판례의 변경을 이유로 시효정지를 인정하기 어렵다는 것이 대세이다.[129)] 다만 입법자가 예견할 수 없는 사안에 대하여 형평을 이유로 하여 예외적으로 시효정지가 있을 수 있다고 한다.[130)] 더 나아가 법률의 부지나 착오는 민법 제206조 소정의 불가항력에 해당하지 않는다.[131)] 이와 관련하여 소멸시효의 진행을 주관적 요소에 결부시키지 않은 입법자의 결단이 민법 제206조의 적용으로 훼손될 수 있다고 지적된다.[132)]

3. 평 가

종래의 국내논의에 의하면 판례변경은 사실상의 장애이므로 판례변경의 소급효를 인정하여 부당이득반환청구가 허용된다고 하더라도 상당수의 소송은 소멸시효완성에 의하여 당사자가 권리를 구제받기는 상당히 어렵게 된다. 이러한 결론은 논리적 측면에서 보면 흠잡을 것이 없으나, 실제에 부합하지 않는 흠이 있다고 할 것이다. 학설은 대체로 판례의 법원성을 인정하기 어렵다고 하더라도 최소한 사실상의 구속력은 인정하고 있다.[133)] 여기에 채권자의 권리행사가능성이라는 보장이라는 소멸시효법의 최근의 경향을 보태어 보면 달리 생각해 볼 여지가 있다.[134)] 특히 확고한 반대 판례가 존재하는 경우에 채권자가 법적 조

129) Begr. RegE, BT-Drucks. 14/6040, S. 119; Staudinger/Peters, (2004), § 206, Rn. 8; Staudinger/Dilcher, 12. Bearbeitung, § 202 aF, Rn. 13; MünchKomm/Grothe, 6. Aufl. 2012, § 206, Rn. 5.

130) BAG NJW 1962, 1077, 1078.

131) MünchKomm/Grothe, 6. Aufl. 2012, § 206, Rn. 6.

132) BGH NJW 1997, 3164, 3165.

133) 金旭坤, "判例의 法源性", 現代民法學의 諸問題: 晴軒金曾漢博士華甲紀念, 1981, 4-5면.

치를 취하는 것은 쉽지 않는 것이고, 그에게 법적 조치를 취할 것을 기대하는 것은 합리적이지 않기 때문이다. 그런데 현행 민법 제162조와 제166조는 객관적 체계에 근거하고 있으므로 판례의 변경을 법률상 장애라고 보기 어려워 해석론으로 당사자를 구제할 방법은 없다. 다만 10년이라는 기간에 의하여 채권자의 권리행사가능성이라는 측면이 어느 정도 보장된다고 하는 점에서 위안을 삼아야 할 것이다.

국무회의를 통과한 민법 개정안 제162조는 5년의 단기소멸시효제도(제1항)와 10년의 장기소멸시효제도(제3항)를 결합하고 있는데, 이는 채권자의 권리행사가능성을 보장함과 동시에 소멸시효기간이 무제한 연장되는 것을 막아 채무자의 이익을 보호하고 있는 것이다.[135] 민법 개정안 제162조 제1항에 의한 소멸시효의 기산점은 판례변경시가 된다고 할 것이다.

Ⅵ. 결　　론

영국에서 약 200년간 유지되어 온 판례를 폐기하였으나 법률의 착오에 기한 급부의 반환을 부정하는 원칙은 나름 상당한 근거를 가진 것이어서 착오의 유형 등의 판단에서 참고할 필요가 있다. 독일의 논의에

---

134) 梁彰洙, "유럽契約法原則의 消滅時效規定 — 우리 民法에의 示唆를 덧붙여", 民法硏究 8권, 2005, 139면.

135) 법무부편, 민법개정안 공청회(2010. 12. 21)자료집 — 법인 · 시효제도 개선 관련, 96 – 97면. 개정안 제162조(채권의 소멸시효기간)는 다음과 같다(동 자료집, 97 – 98면).

"① 채권은 채권자가 권리를 행사할 수 있다는 사실과 채무자를 안 때로부터 5년 동안 행사하지 아니하면 소멸시효가 완성된다.

② 부작위를 목적으로 하는 채권의 소멸시효는 채권자가 위반행위와 채무자를 안 때로부터 진행된다.

③ 권리를 행사할 수 있는 때 또는 위반행위를 한 때부터 10년이 지나면 제1항 · 제2항에도 불구하고 소멸시효가 완성된다."

서 알 수 있는 바와 같이 착오요건은 적극적 요건에서 탈피하였으나 여전히 소극적 요건으로 기능하고 있다는 점에서 착오의 유형과 정당성에 대한 논의를 좀 더 세밀하게 전개해 나가야 할 것이다.

판례의 법적 성격과 판례변경에 대한 영국의 논의는 상당히 시사적이었다. 법관에 의한 법의 계속 형성은 단순한 법발견작용에 한정될 수 없고 일정한 경우에는 사회의 변화에 따른 법창조활동으로 확대될 수밖에 없을 것이다.

판례변경의 소급효와 관련하여서는 우선 오류의 발견에 의한 판례변경과 사회의 변화에 따른 판례변경으로 구분하여 보는 것이 유익하다. 전자의 경우에는 원칙적으로 소급효가 인정될 수 있을 것이고, 후자의 경우에는 장래효가 인정될 수 있을 것이다.

판례변경의 소급효가 인정되는 사안에서 당사자는 종전의 판례에 따라 급부한 것에 불과하므로 채무의 부존재에 대한 적극적 인식이 있다고 보기 어렵고, 다른 한편으로 판례변경의 가능성을 인식하는 것도 매우 어려운 일이어서 부당이득반환청구가 허용되는 것이 타당하다.

확고한 반대 판례가 존재하는 경우에 채권자가 법적 조치를 감행하는 것은 쉽지 않고, 그에게 법적 조치를 취할 것을 기대하는 것도 합리적이지 않다. 그러나 객관적 시효체계를 기반으로 하는 현행 소멸시효법에서 해석론을 통하여 당사자를 법적으로 구제하기는 어렵다. 다만 주관적 시효체계에 근거한 개정안 제162조 제1항에 의하면 단기소멸시효의 기산점을 판례변경시로 하는 해석이 가능할 수 있고, 무제한 시효기간이 연장되는 불합리는 동조 제3항을 통하여 적정하게 통제될 수 있다.

비교법 명저의 저자들은 법률의 착오에 대한 비교법적 논의를 정리하면서 '가장이유'가 아니라 '실질적 비교형량'을 강조하고 있다.[136)]

---

136) Zweigert/Kötz, Einführung in die Rechtsvergleichung, 3. Aufl. 1996, S.

이는 양창수 대법관님이 강의와 논문을 통하여 여러 차례 강조한 바이어서 더욱 공감이 간다.[137)]

후진양성과 민법학의 발전에 커다란 기여를 하신 양창수 대법관님의 화갑을 축하드리면서 이 논문을 전해 드리고자 한다.

---

576. 동소에 의하면 법률의 착오에 기한 논의를 3가지 유형으로 나누어 전개하면서 각 유형별로 중요한 사정요소에 입각하여 비교형량을 거쳐 결론을 내렸다.

137) 가령 梁彰洙, "民事의 實務와 理論", 民法硏究 6권, 2001, 1면 이하, 특히 7면.

부당이득의 현대적 기능과 입법

—이스라엘 민법초안에 대한 다니엘 프리드먼의 報告를 소재로—

李 準 珩*

Ⅰ. 들어가며

1. 80년대 후반 우리나라의 민법학은 부당이득 유형론이 제기한 문제, 즉 "실무가 통설, 나아가서는 제741조가 부당이득의 성립이 인정되기 위하여 요구하고 있는 요건들의 판단을 소홀히 하고 있는" 것은 결국 민법 제741조 이하의 부당이득 규정이 "분쟁을 처리함에 있어서 직접 의거할 수 있는 '개별적 법률관계를 확실하게 규율하는 특정한 법규범'을 제시"하는 데에 실패하였기 때문이라는 인식에 도달하였다.[1] 그런데 통설이 "법문에 충실하게 부당이득의 요건"을 보고 있으므로,[2] 그렇다면 결국 문제는 "실무로 하여금 부당이득법적인 일상문제를 신속하고 마찰 없이 처리할 수 있도록 하는 단순하고 명확한 규정"이 현재 "우리 실정에서는 특히 간절한 것이라고 생각"할 수밖에 없다는 것이다.[3]

필자는 2009년 2월부터 법무부가 주도하고 한국민사법학회가 협력

---

* 한양대학교 법학전문대학원 교수.

1) 양창수, 일반부당이득법의 연구(서울대 박사학위논문), 1987, 258면.

2) *ibid.*, 1면.

3) *ibid.*, 275면(주 2에서 독일의 König의 논문 중 한 구절을 인용).

하여 운영하고 있는 민법개정위원회에 2년간 참가하면서 분에 넘치게도 부당이득법 분야의 개정안을 제출할 기회를 얻었었다. 결론부터 말하면 결국 개정안을 기한(2011년 2월)내에 제출하지 못하였는데, 여기에는 무엇보다도 필자의 역량 및 시간의 부족과 함께[4] 기왕의 개정논의나 입법제안이 거의 없었다는 점도 이유라면 굳이 그 이유로 들 수 있을 것이다.

2. 모든 법분야에서 입법은 계속해서 발전하고 있지만, 특히 부당이득에 관한 입법에 대해서는 아직까지(이게 도대체 가능하고 또 바람직한 것인지는 차치하고) 이른바 국제적 기준(international standard)이 없다.[5] 무엇보다도 부당이득법의 사정범위를 어디까지로 볼 것인지는 고사하고 이를 독자적 그리고 통일적인 규율영역으로 인정할 것인지가

---

4) 참고로 필자가 속해있었던 제1분과는 부당이득장 외에도 총칙편 중 통칙장과 법률행위장, 채권편 계약장 중 총칙절을 남당하였는데, 2년간 거의 빠짐없이 격주로 모였지만 주로 법률행위장과 계약장 총칙절(특히 제1관 계약의 성립)의 개정안을 마련하는 데에 노력을 경주하였다(부당이득에 관하여는 검토를 하지 못하였다). 자세한 경과와 성과는 池元林, "계약 및 법률행위법의 개정방향: 법무부 민법개정위원회 제1분과위원회의 개정작업을 중심으로", 민사법학 제48호, 2010. 3, 3~33면 참조.

5) 소개 나라들의 부당이득법에 관하여는 이미 훌륭한 概觀書(내지 논문)가 나와 있다. 여기서 몇 가지만 언급하면 *Daniel Visser*, Unjustified Enrichment in Comparative Perspective, in: *Mathias Reimann & Reinhard Zimmermann*(eds.), The Oxford Handbook of Comparative Law, Oxford, 2006, p. 969 ff., *James Gordley & Arthur Taylor von Mehren*, An Introduction to the Comparative Study of Private Law: Readings, Cases, Materials, Cambridge, 2006, p. 552 ff., *Reinhard Zimmermann*(hrsg.), Grundstrukturen eines Europäischen Bereicherungsrechts, Tübingen, 2005, *Jack Beatson & Eltjo Schrage*(eds.), Casebooks on the Common Law of Europe: Unjustified Enrichment, Oxford, 2003; *David Johnston & Reinhard Zimmermann*(eds.), Unjustified Enrichment: Key Issues in Comparative Perspective, Cambridge, 2002, *Eltjo Schrage*(ed.), Unjust Enrichment and the Law of Contract, The Hague, 2001.

다투어진다(이 점은 사무관리법도 마찬가지이다). 독일법처럼 입법자가 명백하게 통일적 입법을 한 예가 있는가 하면[6] 프랑스의 입법자와 판례처럼 독자적(준계약으로서 非債辨濟의 성문화)이긴 하지만 비통일적인 접근태도(일반조항의 흠결)를 보이는 예도 있고,[7] 영국의 판례처럼 최근까지 완고하게 부당이득법의 독자성을 거부하는 예가 있기도 하다.[8]

흥미롭게도 이들 모든 나라에서 최근 30년 또는 10년 이내에 새로운 — 그러나 또렷한 — 경향이 등장하였다. 독일법의 경우는 30년대 빌부르크(Wilburg), 50년대 폰 캐머러(von Caemmerer)의 이론이 70년대를 거치면서 급부이득과 침해이득, 비용이득, 구상이득 등으로 유형화가 진행되었고,[9] 최근에는 아예 부당이득에 대한 자족적 규율방식에 대하여 회의를 표하는 견해조차 등장하였다.[10] 프랑스에서는 1993년 4

---

6) 독일민법 제812조 내지 제822조.

7) 일찍이 非債辨濟를 사무관리와 함께 準契約으로 인정한 Pothier의 태도를 계승하여 프랑스민법의 기초자는 非債辨濟만을 제1376조 내지 제1381조에서 규정하였을 뿐이다.

8) 영국의 Court of Appeal은 *Commissioners of Inland Revenue Her Majesty's Attorney-General v. Deutsche Morgan Grenfell Group PLC*, [2005] EWCA Civ. 78, 특히 para. 274에서 착오로 인한 변제의 경우 법적 원인의 결여가 부당이득반환청구의 기초가 될 수 있고 또 되어야 한다는 주장을 끝내 받아들이지 않았다. 오스트레일리아의 Federal Court도 이미 1999년에 나온 *Roxbourough and others v. Rothman of Pall Mall Australia Ltd.*, 167 A.L.R. 326에서 한편으로 부당이득이 이득반환을 설명하는 통일적 법개념이라는 사실은 인정하면서도 '부당성'의 판단은 결국 "무엇이 공정한지, 양심적인지 하는 주관적 평가가 개입한다. 이에 반하여 반환을 긍정하려면 착오나 강박, 반사회성과 같은 일정한 무효화 요소가 있어야 한다"고 하여 부당성 판단과 반환 여부의 판단을 서로 구별한다.

9) 이에 관한 소개로서는 무엇보다도 양창수(주 1), 178면 이하 및 189면 이하 참조.

10) 물론 이미 자족적 규정이 있는 독일법에 대하여 이러한 규정을 삭제하여야 한다는 주장이 독일학자들 사이에서 있는 것은 아니고, 주로 유럽 차원에서 부당이득에 관한 리스테이트먼트(Restatement) 내지 공통참고기준(Common Frame of Reference)을 만드는 데에 회의적인 형태로서 나타난다. 독일(계)의 대표적인 회의론으로는 *Christiane C. Wendehorst*, The Draft Principles of

월 2일 파기원 합의부에서 가장 중요한 성문규정인 제1376조에서 그동안 요구해 왔던 착오 요건을 (적어도 객관적으로 채무가 존재하지 않는 한) 삭제하는 혁신적인 판결을 내렸고,[11] 전통적으로 프랑스법계로 분류되는 이탈리아, 스페인, 네덜란드의 민법전에는 부당이득에 관한 일반조항이 등장하였다.[12]

최근 대륙법의 흐름을 상징적으로 보여주었던 극적인 예로는 2007년 발표된 유럽私法 공통참조기준(Common Frame of Reference, CFR) 학계초안 중 부당이득 부분(제7권)을 들어야 할 것이다.[13] 특히 일반조

European Unjustified Enrichment Law Prepared by the Study Group on a European Civil Code: A Comment, ERA－Forum 2006, pp. 244~264, 260~263 참조. 그러나 이 論者조차도 불과 1년 전에 발간된 논문에서는 정반대의 입장을 취하고 있었다. *Christiane C. Wendehorst*, Die Leistungskondiktion und ihre Binnenstruktur in rechtsvergleichender Perspektive, in: *Reinhard Zimmermann*(hrsg.)(주 5), pp. 47~173, 96, 138 참조.

11) *Cass., ass. plen.*, 2 avr. 1993, Bull. civ. n° 9, p. 373.

12) 예를 들어 1992년 네덜란드 신민법 제6:203조 내지 제6:212조를, 과거 나폴레옹 민법전을 모델로 하였던 1838년 민법전과 비교하면 비채변제 규정은 그대로 유지하면서도 여기에 일반규정(다만 冒頭가 아닌 마지막 조문인 제6:212조의 제1항)을 추가적으로 두고 "손실자의 손실을 반환하는 것이 합리적인 때에는 상대방의 이득을 한도로 하여 그 손실을 반환"하도록 하였다. 同 조항에 대한 비교법적인 평가로는 *Peter Schlechtriem*, Restitution und Bereicherungsausgleich in Europa Ⅰ, Tübingen, 2000, Ch. Ⅰ, Rn. 58~61 참조. 네덜란드 부당이득법에 관한 일반적인 소개로는 *Hugo J. van Kooten*, The Structure of Liability for Unjustified Enrichment in Dutch Law, with References to German, French and Italian Law, in: *Reinhard Zimmermann*(hrsg.)(주 5), pp. 221~241.

13) CFR 학계초안(Academic Draft of CFR)의 경과와 작업방식에 관하여는 크리스티안 폰 바(Christian von Bar), "유럽사법의 통일과 우리 민법학의 과제" 및 "Der DCFR, das Optionale Instrument und die Herausbildung eines Europäischen Privatrechts", 민사법학 53권, 2011. 3, 265~296면 및 298~304면 참조. 또한 *Christian von Bar and Eric Clive*(eds.), Principles, definitions and model rules of European private law: draft common frame of reference(DCFR), Volume 1, Oxford, 2009, 25, 28을 보면 부당이득 부분의 팀장은 폰 바(von Bar)와 스완(Stephen Swan)이 공동으로 맡았다고 한다.

항인 제Ⅶ－1:101조에서 통일적 요건(부당이득 반환의 원칙)을 선언한 다음에 부당성의 기준과 이득의 유형화를 시도할 것인가와 관련하여 여러 시도가 있었다고 한다.[14] 여기에서는 그 전말과 내용을 상세히 살필 여유는 없지만, 한 가지 주목할 점은 '법률상 원인 없이' 기준이 아닌 '부당성 요소' 기준을 채택하였다는 사실이다. 冒頭조문은 전통적인 대륙법의 방식대로 시작하지만, 거기서 나오는 개념 내지 기준(가령 '부당성', '이득' 등)을 평가하기 위한 요소들을 바로 다음에 이어지는 일련의 조문들에서 하나씩 규정하고 있다.

반면에 영국법의 경우는 실무(House of Lords)에서 고프 경(Lord Goff of Chievely)이 1991년 Lipkin Gorman v. Karpnale Ltd. 판결로써 부당이득의 통일적 구성의 가능성을 열었고[15] 대학에서 벅스(Birks)가 오랜 주저함 뒤에 2003년 펴낸 부당이득법 교과서에서 기존의 전통적 접근방식(이른바 unjust factor)을 버리고 대륙법의 태도를 받아들이면서 통일적 '법률상 원인 없이' 요건으로 코페르니쿠스적 전향[16]을 단행하였다(그러나 그는 전향 직후 급작스럽게 세상을 떠났고 여전히 부당이득 개념에 대한 '가장 매서운 회의주의자'는 영국[17]에 남아 있게 되었다). 아마도

---

14) 가령 *Stephen Swan*, The Structure of Liabilityfor Unjustified Enrichment: First Proposals of the Study Group on a European Civil Code, in: *Reinhard Zimmermann*(hrsg.)(주 5), pp. 265, 282 ff.를 보면 2004년 2월 당시 시안(거의 최초 시안으로 보인다)이 나오는데, 첫 조문은 최종조문과 거의 같지만, 그 바로 다음 조문부터는 커다란 차이가 있다.

15) [1991] 2 A.C. 548, [1991] 3 W.L.R. 10(H.L.).

16) *Peter Birks*, Unjust Enrichment, Oxford 2003, p. 87 ff. 그가 그전까지 취하였던 전통적인 견해를 보려면 *Peter Birks*, An Introduction to the Law of Restitution, Oxford 1985 참조.

17) 정확히 말하면 현재는 아일랜드에 있다(인용구의 출처는 *Christiane C. Wendehorst*, No Headaches over Enrichment: Response to Daniel Friedmann, in: *Kurt Siehr/Reinhard Zimmermann*[eds.], The Draft Civil Code for Israel Comparative Perspective, Tübingen, 2008, pp. 113~131, 122). 바로 스테픈 헤들리(Stephen Hedley)가 그인데, 그는 The Empire Strikes Back? A Restate-

이상의 배경에는 옥스퍼드(영국)와 함부르크(독일) 사이의 교류도 한몫하였을 것으로 짐작되는데, "영국 부당이득법의 아버지"라고까지 불리면서 가장 권위 있는 부당이득 주석서의 저자이기도 한 고프 대법관은 독일정부로부터 최고훈장까지 받은 독일법 전문가이고,[18] 벅스 교수의 추도논문집에서는 독일의 여러 대학교수들이 자신의 옥스퍼드 체류당시 그와의 교류를 회고하고 있기 때문이다.[19]

영미법계에서 최근 가장 주목할 만한 또 다른 성과로서는 아무래도 미국법률가협회(ALI)가 작성하여 발표한 부당이득법 제3차 리스테이트먼트를 꼽아야 할 터인데, 그 구성을 보면 冒頭조문에서 "타인의 비용으로 부당하게 이득한 자는 상대방에게 이를 반환하여야 한다([a] person who has been unjustly enriched at the expense of another is required to make restitution to the other)"고 마치 폼포니우스(Pomponius)의 명제[20]을 떠올리는 일반원칙을 선언한 다음, 연이어 원인의 유형화

ment of the Law of Unjust Enrichment, [2004] Melbourne Univ. Law Review 24에서 Peter Birks의 An Introduction to the Law of Restitution을 "아마도 부당이득법에 관한 가장 영향력 있는 단행본일 것"이라고 평가하면서 그 책이 출간된 후 학계에서는 이를 뛰어넘으려는 열망이 계속해서 있어왔으며, 심지어 벅스 스스로도 그러한 열망에 사로잡혀 이를 대체하는 새로운 무엇을 써야한다고 생각하였고, 그렇게 해서 나온 Unjust Enrichment는 교리주의의 한계를 드러냈다고 비판한다. 그의 견해를 보여주는 저작으로는 가령 Unjust Enrichment as the Basis of Restitution — An Overworked Concept, (1985) 5 Legal Studies 56; Unjust Enrichment, [1995] Cambridge Law Journal 578; Restitution: Its Division and Ordering, London, 2001; A Critical Introduction to Restitution, London, 2001 등이 있다.

18) en.wikipedia.org/wiki/Robert_Goff,_Baron_Goff_of_Chieveley(2012. 9. 17. 최종방문). *Robert Goff/Gareth Jones*, The Law of Unjust Enrichment(8th ed.), London, 2011(2006. 12. 나왔던 제7판까지의 제목은 The Law of Restitution 이었다).

19) *Andrew Burrows/Alan Rodger*(eds.), Mapping the Law: Essays in Memory of Peter Birks, Oxford, 2006에는 독일의 Reinhard Zimmermann, Sonja Meier, Gerhard Dannemann, Joseph Georg Wolf, 그리고 네덜란드의 Eltjo Schrage의 글들이 실렸다.

(취소, 해제, 불법행위 등) 및 이에 따른 각각의 고유한 규정들을 구분하여 두는 식의 체계를 취하였다.

끝으로 부당이득법 분야에서 대륙법과 영미법을 아우르는 성과로서 2007년 일단락된 국제비교법사전(International Encyclopedia of Comparative Law)의 제10권 「부당이득과 사무관리(Restitution/Unjust Enrichment and Negotiorum Gestio)」의 발간을 언급하지 않을 수 없다. 사실 이 책은 그 내용 자체보다도 발간과정과 그 영향이 보다 중요하지 않은가 한다. 책임편집자 중 한 사람인 故 슐레히트림(Peter Schlechtriem)에 따르면 이 책의 기획은 이미 1970년대 책임편집자 중 다른 한 사람인 故 폰 캐머러(Ernst von Caemmerer)와 그의 助手였던 故 쾨니히(Detlef König)에 의하여 이루어졌다고 한다.[21] 이들은 주로 사실관계(가령 급부에 의한 재화의 이전 또는 침해행위로 인한 이득과 같은)에 기초하되 여기에 교리적인 범주(가령 증여나 가족관계와 같은)를 보충적으로 추가하여 이 책의 편장을 기획하였고, 이것이 30년 이상의 시간이 흘러서 하나의 단행본으로 나오기까지 그대로 유지되었다. 하지만 그 기간 동안 부당이득에 관한 관심이 "예기치 않게" 되살아나서 수많은 논문과 이론, 엄청난 판례와 중요한 입법이 세상이 나와서 同書의 완간 이전에 이미 그 내용의 상당 부분을 시대에 뒤떨어진 것으로 만들 정도가 되었다.

3. 그런데 미국의 제3차 리스테이트먼트의 관계자 명단이나 국제비교법사전의 목차를 들여다보면 한 가지 눈에 띄는 사실을 발견할 수

---

20) D. 50.17.206(누구도 다른 사람의 손실로써 불법하게 이득을 얻어서는 안 된다는 것이 자연법의 원칙이다. Iure naturae aequum est neminem cum alterius detrimento et iniuria fieri locupletiorem).

21) *Peter Schlechtriem*, Chapter 1: Introduction, s. 1(p. 3), in: International Encyclopedia of Comparative Law, Volume X: Restitution/Unjust Enrichment and Negotiorum Gestio, Tübingen, 2007.

있는데, 그것은 이스라엘 법학자들의 이름이 빠지지 않는다는 점이다. 아니, 단순히 빠지지 않는다고 하기보다는 중요한 역할을 하고 있다고 표현하는 쪽이 보다 정확할 것이다. 리스테이트먼트의 관계자 명단은 우리의 경험에 비추어 볼 때는 상상하기 어려울 정도로 방대하다. 그러나 100명이 넘는 명단 중에 해외인사는 그리 많지 않은데(슐레히트림도 그 중 1인이다), 그 중 이스라엘 학자의 비중은 영국 학자의 비중과 큰 차이가 나지 않는다. 국제비교법사전의 집필자는 모두 9인인데 그 중 3명이 이스라엘 학자일 뿐만 아니라 이들은 모두 가장 핵심적인 부분의 집필자들이다. 엥글라드(헤브루大)가 급부부당이득(제5장), 코헨(텔아비브大)이 타인채무의 변제(제10장), 프리드만(텔아비브大)이 코헨과 함께 구상부당이득(제11장)을 썼기 때문이다(부당이득의 주된 유형 중에서 침해부당이득[제8장]만 非이스라엘 학자인 슐레히트림가 썼다). 실제로 부당이득법에 관한 한 국제무대에서 이스라엘 학자들의 활약이 상당하다는 것은 Restitution Law Review(RLR)의 목치나 옥스퍼드大 출판사(OUP) 발간목록을 보더라도 쉽게 알 수 있다.

이스라엘의 부당이득법이 필자의 관심을 끌었던 또 다른 이유는 이스라엘의 법제가 영미법계와 대륙법계의 혼합형이면서도 다른 혼합형 법제와 달리 영미법계에서 출발하여 대륙법계에 접근하는 모습을 보이고 있고(특히 私法영역에서) 그것이 법전화 과정에서 자발적인 선택에 의하여 이루어졌다는 점이다.[22] 현재 이스라엘에서는 민사법 영역의 통일법전을 마련하기 위한 준비, 즉 학계와 정부와 오랫동안 준비해 온 초안에 대한 심의가 국회 차원에서 몇 년째 진행 중이다. 여기에서 그 중 부당이득법에 관한 규정에 이르기까지의 경과와 그 내용을 살펴봄으로써[23] 향후 우리 입법에 시사점을 얻고자 한다.

22) 이준형, "이스라엘 민법전 초안에 관한 연구", 2009년 한국민사법학회 추계학술대회 자료집, 105면 이하; 함영주 · 이연주, "이스라엘 대표당사자소송법제의 발전과정 및 시사점", 저스티스 통권 제132호(2012. 10.), 105면.

Ⅱ. 법원에 의한 부당이득법리의 발전(영국법으로부터의 독립 내지 영국법의 先導)

이스라엘 부당이득법은 본래 영국법에 그 기초를 두고 있었다. 1917년 시작되었던 영국군의 팔레스티나 지방 점령은 1차 세계대전이 끝날 때까지 계속되었다. 1922년 7월 24일 당시 국제연맹은 영국에 팔레스티나에 대한 신탁통치를 결정하였고, 그로부터 한 달도 채 되기도 전인 1922년 8월 20일 영국은 통치신탁 받은 팔레스티나의 헌법에 해당하는 最高令(Palestine Order-in-Council)을 제정하였는데, 그 제46조에서 민사준거법을 정하고 있었다.[24] 이에 따르면 同令 발효 이전의 법령(영국 점령 이전에 적용되었던 오스만 제국의 법령을 포함하여)이 우선적으로 적용되긴 하지만 영국의 코먼로(common law)와 형평법(equity)도 특별한 사정이 없는 한 법령의 흠결을 메우기 위하여 보충적으로 적용

23) 이하의 서술은 전체적으로 *Kurt Siehr/Reinhard Zimmermann*(eds.)(주 17), pp. 97~111에 실린 다니엘 프리드먼(Daniel Friedmann)의 보고("The Israeli Law of Restitution and the Draft Civil Code")를 기초로 한다. 또한 인용하는 판결례 중 이스라엘의 그것은 모두 이를 다시 확인하지 않고(확인할 수 없어서) 그대로 재인용한 것이다.

24) 제46조(준거법): 민사법원의 사법권 행사는 1914년 11월 1일을 기준으로 팔레스타인에서 시행중인 오토만 법과 그 후 공적 통지에서 시행중이라고 실제로 선언되었거나 선언 가능하였던 오토만 법, 그리고 본 법령 개시 당시에 팔레스타인에서 시행중이거나 앞으로 시행 또는 제정될 다른 국왕령, 법령, 규칙에 좇아야 한다. 그 다음으로 이상의 法源을 가져다 쓸 수 없는 경우에는 영국에서 시행중인 코먼로와 형평법 이론의 내용, 영국의 Courts of Justice와 Justices of the Peace에 관한 당시의 관할과 先例에 비추어 이들 각 법원에 인정되는 권한 및 그 절차·실무(그러나 권한 및 절차·실무가 그 후 다른 규정에 의하여 수정, 추가, 대체된 경우는 제외)에 좇아야 한다. 코먼로와 형평법 이론이 팔레스타인에 적용되는 경우는 어디까지나 팔레스타인의 상황과 주민 그리고 국왕의 사법권에 대한 제한이 허용되는 범위 내에서 그것도 지역상황에 비추어 그 적용이 필요하다는 조건이 성취되는 때에 한한다. 출처 http://unispal.un.org/UNISPAL.NSF/0/C7AAE196F41AA055052565F50054E656(2013년 6월 20일 최종방문).

된다고 규정하고 있다. 이스라엘 학자에 따르면 위 조항은 영국법(당시는 準契約이라 불렸던 부당이득법을 포함하여)이 이스라엘에 흘러들어오는 파이프라인(importing pipeline)이 되었다고 한다.[25] 이러한 사정은 1948년 5월 15일 이스라엘의 건국과 동시에 영국의 신탁통치가 끝난 뒤에도 적어도 법률적으로 그대로 유지되었는데, 1948년 5월 19일 제정된 법률행정법령(Law and Administration Ordinance) 제11조에서 1948년 5월 14일(이스라엘 건국 前日) 기준으로 발효 중인 법령(앞서 인용한 제46조도 포함하여)의 효력은 특별한 사정이 없는 한 그대로 존속한다고 선언하였기 때문이다.

그러나 실무의 운영은 이와 다르게 흘러갔는데, 이미 일찍부터 이스라엘의 법원은 부당이득과 관련하여 당시 영국의 지배적인 법상황과 상당히 다른 태도를 취하였기 때문이다. 영국에서 準契約의 이론적 근거로서 당시 사용되었던 묵시적 계약이론(theory of implied contract)대신에 1760년 Mansfield 경이 유명한 Moses v. Macferlan 판결[26]에서 취했던 입장을 받아들여서 이스라엘 법원은 이미 50년대부터 Bar On v. Topol 또는 City of Tel-Aviv v. Armon-Aharonowitz 등 先例가 되는 사건에서 부당한 이득을 막기 위한 반환책임의 부과라는 접근방식을 취하였다.[27] 반면에 영국의 법원이 부당이득을 일반적인 법원칙으로 인정한 것은 그로부터 40년 가까이 흐른 뒤인 1991년 Lipkin Gorman v. Karpnale Ltd. 판결에서였다.[28]

---

25) *Daniel Friedmann*, The Effect of Foreign Law on the Law of Israel, (1975) 192 Isr. L. Rev. 10, p. 61을 보면 영국법의 무분별한 수용을 경계하였던 실무가(Silberg 판사)의 다음과 같은 판결(Haker v. Barasch 사건)을 인용하고 있다. “이스라엘 법은 비록 완벽하지 않고 흠결이 있더라도 법률문제를 어떤 식으로든 규율하고 있다. … 우리는 제46조의 ‘수입 파이프라인’을 쓰면 안 된다. 이스라엘 법에 있는 것으로써 처리하여야 한다.”

26) 97 E.R. 676.

27) (1954) 8 P.D. 1065, 1079; (1956) 10 P.D. 1035.

이스라엘 법원에 의하여 새롭게 일반적 원칙으로 인정받게 된 이 제도(부당이득)를 무어라고 부를 것인가와 관련하여 체친(S. Z. Chechin) 대법관은 구약성경 중 예레미야書 17장 11절에 나오는 "불의로 치부하는 자는 자고새가 낳지 아니한 알을 품음 같아서 그 중년에 그것이 떠나겠고 필경은 어리석은 자가 되리라"라는 구절이야말로 새로운 원칙의 사상을 가장 잘 표현한 것이라고 주장하였다. 예레미야에서 표현되는 내용에 정확히 들어맞는 번역이 적당하지 않기에 보통은 그냥 "부당이득"이란 표현을 사용한다(이스라엘 학자들의 글을 보면 대체로 그 영문번역으로는 restitution보다는 unjust enrichment를 선호하는 듯하다).

이처럼 이스라엘의 대법원은 비교적 일찍부터 부당이득을 일반법 원칙으로서 승인하였지만, 실제로 하급심차원에서 이를 직접 적용하여 판결한 예는 처음에는 많지 않았고 오히려 구체적인 사안에서는 여전히 영국의 선례들이 적용되었다. 그러므로 부당이득이 인정되었던 것은 영국법에서 통용되던 범주에 해당하는 때에 한하였다. 그러다가 이러한 태도에 중대한 변경을 가져온 계기는 이스라엘 건국 후 20년 가량이 흐른 다음에 나왔던 Yafet v. Eastwood 판결이었다.[29] 이 사건의 원심은 착오로 지급한 금전을 반환하라는 원고의 청구를 그 착오가 법률의 착오라는 이유로 기각하였는데, 이것은 Bilbie v. Lumley 판결[30]을 선례로 하는 당시의 영국법에 따른 것이었다. 5명으로 구성된 이스라엘의 대법원은 상고를 인용하면서 법률의 착오와 사실의 착오를 구별하는 태도를 배척하고 자발적인 지급이라고 보기 어려운 중대한 착오가 있는 때에는 비록 그것이 사실의 착오가 아니라 법률의 착오라 할지라도 지급받은 금전을 반환하여야 한다고 선언하였다. 영국법이 이와 비슷한 결론에 다다른 것은 그로부터 30년가량이 흐른 다음인

28) [1991] 2 A.C. 548(앞의 주 15).

29) (1969) 23(1) P.D. 604.

30) 102 E.R. 448(1802).

House of Lords의 Kleinwort Bension Ltd. v. Lincoln City Council 판결에서였다.[31)]

Yafet 사건에서 대법원이 취하였던 태도는 그 후 입법화되었다. 즉, 1973년 계약(총칙)법은 그 제14조 및 제15조에서 착오 또는 부실표시로 인한 계약의 취소를 다루면서 "착오"를 "수익가능성에 관한 착오가 아니라면 사실의 착오이든 법률의 착오이든 不問"한다고 규정하였다.

Yafet 사건의 뒤를 이어 기념비적인 판결들이 몇 개 나오면서 이스라엘 사법체계에서 부당이득법은 중심적인 역할을 맡게 되었고, 높은 수준의 발전을 보이게 되었다.

부당이득법을 일반법원칙으로서 승인한 직후 반환청구에 대한 일반적인 항변사유에 대한 승인이 이루어졌다. 이스라엘 대법원은 先例인 Israel v. Bank Hapoalim 판결[32)]에서, 피고의 반환책임을 형평과 善에 따라서(ex aequo et bono) 긍정할 수 있는 것과 마찬가지로 형평과 선에 따라서 피고의 책임을 부정하여야 하는 사정이 있는 때에는 피고의 책임을 부정할 수 있다고 선언하였다.[33)] 그리하여 change of position의 항변이 이스라엘 법에서 인정되었다. 여기서 다시 한번 우리는 그 당시 영국법은 estoppel(선행행위 모순금지)의 항변은 인정하였지만 change of position의 항변은 인정하지 않았다는 사실을 지적할 수 있다.[34)]

이스라엘 대법원에 의한 또 다른 기념비적인 판결로는 Palimport v. Ciba Geigi[35)]가 있다. 이 사건의 피고는 이전 소송에서 원고의 제품

31) [1992] 2 A.C. 349. 이에 관하여는 *Robert Goff/Gareth Jones*, The Law of Restitution (6th ed., 2002) pp. 217~228 참조.

32) (1978) 32(1) P.D. 153

33) 여기서 Sussman 재판장은 미국의 1937년 Restitution 리스테이트먼트 제142조 제1항도 인용하였다.

34) 이 항변은 영국에서 *Lipkin Gorman v. Karpnale Ltd.* [1991] 2 A.C. 548 이전에는 인정되지 아니하였다.

이 피고의 특허권을 침해한다는 이유로 법원의 판매금지명령을 받아냈었다. 그 금지명령은 본래 기한이 없었지만 이의신청이 받아들여져서 취소되었다. 그러자 원고가 이번 소송에서, 금지명령이 효력을 가졌던 기간 동안에 제품을 팔 수 없었으므로 원고의 고객들이 피고에게 가서 경쟁상품을 샀기 때문에 피고는 이득을 취했고 자신은 손해를 보았다고 주장하였다. 이스라엘 대법원은 원고가 금지명령이 유효했던 기간 동안에 입은 손해의 경우는 cause of action이 없다고 보았다. 그러나 원고는 비록 손해배상청구권은 갖고 있지 않지만 부당이득반환청구권은 있다고 하였다. 수스먼(Sussman) 대법관은 판결로서 금원을 취득한 사람의 경우 그 판결이 나중에 번복되었음에도 받은 금원을 반환하지 않은 때에는 부당한 이득을 얻은 것이라고 하였다. 이 사건에서 피고는 원고로부터 금원을 취득한 것은 아니며, 그의 이득은 제3자, 즉 원고의 과거 고객과의 계약에서 발생한 것이었다. 그렇지만 이스라엘 대법원은 부당이득법의 적용범위는 광범위하여 이러한 사안에도 적용된다고 판시하였다. 카한(Kahan) 대법관은 부당이득이 소유권침해에 국한되지 않는다고 하면서 다음과 같이 설시하였다.

> "사법정책적 관점에서 본인은 부당이득법을 소유권침해에 한정하여야 하는 이유는 없다고 본다. (중략) 그와 같은 제한에 반대하는, 설득력 있는 이유가 여럿 존재한다. 판결의 번복으로 인한 손해에 대하여 배상을 인정하지 않는다는 원칙은 전적으로 존중되어야 하고 또 이를 흔들어서도 안 되지만, (중략) 번복된 판결로 인하여 상대방의 손실로써 일방이 얻은 이득을, 즉 만약 그와 같은 판결이 없었더라면 자신이 아니라 오히려 상대방에게 갔었을 그러한 이득을 계속 보유한다는 것은 정당화되지 않는다. 생각하건대 이

35) (1975) 29(1) P.D. 592.

사안에서 원고의 재산권 침해가 없었다는 점을 기준으로 삼는 것은 무의미하다. 자신의 고객에게 자신의 상품을 팔아서 이익을 취할 수 있는 권리가 과연 자신의 동산이나 부동산을 보유할 권리와 같은 정도로 보호를 받을 만한 가치가 없는 것일까?"(판결문 607면)[36]

영미법계에서는 이러한 결론을 지지하는 다른 예가 없고, 다만 최근에 영국의 Court of Appeal에서 나온 한 판결에서 이를 따르려는 움직임을 찾아볼 수 있다.[37]

이스라엘 대법원이 내린 주요 판결 가운데 세계적으로 반향을 불러일으킨 또 다른 판결로는 Adras Ltd. v. Harlow & Jones가 있다.[38] 이 사건에서 피고는 독일의 한 기업이었는데, 이 기업은 원고에게 이스라엘의 하이파(Haifa) 항까지 c.i.f. 조건으로 7천 톤의 철광석을 판매하기로 약속했었다. 가격은 톤당 570독일마르크였다. 제4차 중동전쟁의 발발로 인한 여러 가지 어려움에도 불구하고 1974년 1월부터 4월까지 약 5,025톤이 선적되어 원고에게 보내졌다. 그러나 1974년 4월 매도인

---

36) Kahan 대법관의 이 설시부분은 영국의 *Smithkline Beecham plc. v. Apotex Europe Ltd.* [2006] EWCA Civ. 658, [2006] All E.R. (D) 317에서 Jacob 재판장에 의하여 인용되었다.

37) *Smithkline Beecham plc. v. Apotex Europe Ltd.* [2006] EWCA Civ. 658, [2006] All E.R. (D) 317. 이 사건에서 법원은 이스라엘 판례를 지지하는 이스라엘 학자 Daniel Friedmann의 견해를 직접 인용하였지만 완전히 설득된 것은 아니었다. 여기에서 傍論에 그쳤던 이유는 영국의 사안에서는 금지명령을 신청한 것이 제3자였기 때문이었다. 그와 같은 경우에는 부당이득이 문제될 여지가 없다는 점은 명백한 듯하다. *Daniel Friedmann*, Valid, Voidable, Qualified and Non-existing Obligatins: An Alternative Perspective on the Law of Restitution, in: *Andrew S. Burrows*(ed.), Essays on Restitution, Oxford, 1991, pp. 247, 266의 note 75 참조.

38) (1988) 42(1) P.D. 221. 이 판결의 영어 번역본으로는 [1994] Restitution Law Review 23 참조.

은 저장비용의 압박으로 남은 철광석을 매각할 수밖에 없다고 매수인에게 통지하였다. 제3자에 대한 판매는 함부르크에서 톤상 804.70독일마르크의 가격으로 f.o.b. 조건하에 이루어졌다.

이스라엘 대법원은 3대2의 다수결로, 부당이득의 일반원칙에 따라서 계약위반으로 얻은 이득은 반환받을 수 있다고 선언하였다. 그와 같은 반환은 특정물매매의 경우뿐만 아니라 불특정물매매의 경우에도 인정될 수 있는데, 물론 계약위반과 피고의 이득 사이에 인과관계가 있어야 한다. 이 사안에서 함부르크에 저장하였다가 제3자에게 팔린 철광석은 본래 원고를 위한 것이었다. 이러한 사실은 계약위반과 제3자와의 매매로 인한 이득 사이에는 인과관계를 인정하기에 충분하다고 이스라엘 대법원은 보았다.

Adras Ltd. 사건의 결론은 계약위반으로 인한 반환의 범위는 피고가 얻은 이득이 아니라 원고가 입은 손해로써 정한다는 영미법의 전통적인 접근방식과 정면으로 배치된다. 전통적인 접근방식은 수많은 법경제학 옹호자들의 지지를 받아왔다. 그들은 낙약자가 위반으로 얻는 이득이 요약자가 입은 손해보다 큰 때에는 낙약자는 자유롭게 그 계약을 위반할 수 있어야 하며 심지어 위반을 장려해야 한다고 보았다. 그들의 주장에 따르면 그와 같은 '효율적' 불이행은 자원을 보다 효율적으로 이용하는 결과를 낳기 때문에 낙약자로부터 그가 얻은 이득을 빼앗아가서는 안 된다고 한다. 이 문제는 엄청난 관심을 끌어서 수많은 문헌의 관심대상이 되었다. 영국에서 이 전통적인 접근방식은 최근까지 유지되었으나 변화의 바람을 맞게 되어서 최근 House of Lord는 한 판결에서 계약위반으로 인한 이득의 반환을 명할 수 있다는 주장을 받아들였다. 다수의 미국판결들 또한 계약위반으로 인한 이득의 반환을 긍정하였다. 그렇지만 이 문제는 그렇게 단순하지 않은바, 계약에는 다양한 유형이 있고 또 불이행이 일어날 수 있는 사안도 다양하며 그 중에는 이득반환이 적당하지 않은 경우도 있기 때문이다.

Adras Ltd. 사건에는 중요한 측면이 하나 더 있다. 이스라엘에서 계약위반의 구제수단은 1970년 계약(계약위반의 구제수단)법이라는 성문법에서 규율하는데, 동법에는 계약위반의 잘 알려진 구제수단들, 즉 강제이행, 해제, 손해배상에 관한 규정은 있지만, 위반행위를 한 당사자가 위법행위로 인하여 취득한 이득을 반환하도록 하는 규정은 존재하지 않는다. 그와 같은 규정이 없는 이유는 아마도 동법의 기초자가 단지 그러한 가능성을 인식하지 못하였기 때문일 것이다. 그럼에도 불구하고 이스라엘의 대법원은 Adras Ltd. 사건에서 반환이 가능하다고 판시한 것이다. 이러한 태도에서 알 수 있듯이, 부당이득의 원칙은 준거법인 성문법규에 아무런 규정이 없는 다양한 영역에서조차 성문법규에 추가적으로 적용될 수 있다. 물론 성문법규에 부당이득 원칙의 적용을 부정하는 명문의 규정이 있거나 당해법규의 입법취지와 조화될 수 없는 경우에는 그와 같은 추가적 적용이 당연히 불가능하다. 그러나 Adras Ltd. 사건은 부당이득이 다른 법영역에 영향을 미칠 수 있는 정도가 어느 정도인지를 보여주었다. 즉, 반환청구에 대한 일반적인 항변사유에 대해서도 이와 비슷한 태도를 취하여, 다양한 私法 영역에 존재하는 성문법규정의 내용을 살펴보고 그 규정 또한 부당이득의 원칙에 근거하고 있다고 판단되는 때에는 부당이득 영역에서 인정되는 일반적 항변사유에 기하여 당해 성문법규에 대항할 수 있다고 본 것이다. 특히 계약해제로 인한 반환청구를 규율하는 성문의 법규가 계약법에 따로 있음에도 불구하고 이러한 법규에 대하여 부당이득법상의 항변을 인정하였다.[39] 이러한 항변을 계약의 영역에 인정하는 데에는 엄격한 제한

39) *Ginsberg v. Ben Yosef*(1993) 47(1) P.D. 540. 또한 *Cheese v. Thomas*[1994] 1 W.L.R. 129(C.A.) 참조. 이들 판례와 그 이해에 관한 간략한 서술로는 *Daniel Friedmann,* Reversible Transfers — The Two Categories, [2003] Restitution Law Review 5 참조.

이 있긴 하여야 하겠지만, 그렇다고 언제나 부정하여야 하는 것은 아니고 적어도 일부 사안에서는 이를 인정할 수 있다고 개방적으로 보아야 한다는 주장까지도 최근에는 제기되고 있다.

Ⅲ. 부당이득을 통한 새로운 권리 내지 법익의 창설

부당이득법은 그 본질이 구제법의 영역에 속한다. 개념적으로는 교정적 정의에 기초하여 권원을 주장하거나 보호하는 기능을 하는데, 여기서 권원은 다른 법영역, 가령 물권법, 계약법, 인격권 등에서 발생하는 것이 보통이다.[40] 본래는 일방에 속한 권원이 다른 사람의 이익이 되도록 전유하거나 이전하거나 사용하였음에도 법률의 제재를 받지 않은 때에는 부당이득법을 가져다가 개입한다. 그와 같은 권원이 애초에 없는 때에는 부당이득도 존재하지 않는다. 그래서 Leibovitz v. Eliahu Ltd.[41]에서는 원고가 파커 만년필의 이스라엘 내 유일한 수입업자였고 제조업자와 계약에 따라서 파커 만년필을 수입할 수 있는 배타적 권리를 갖고 있었음에도 불구하고, 피고가 해외의 다른 구입처에서 파커 만년필을 성공적으로 조달하여 이른바 병행수입을 하였고, 원고는 금지명령을 신청하면서 이러저러한 주장을 하였는데, 그 중에는 자신이 파커 만년필을 홍보하고 또 시장을 확대하기 위하여 상당한 비용을 투자하였으므로 병행수입자는 그만큼 이득을 얻었다는 주장이 들어있었다. 금지명령신청은 기각되었는데, 그 이유는 원고에게는 그 시장에 대한 독점적 권리가 없었기 때문이었다. 따라서 피고는 원고에게 속한 권원

40) 부당이득법은 이른바 “경쟁규칙”, 다시 말해서 자원에 대한 공정한 경쟁에 참가할 권리를 보호하여야 한다는 논의도 있다. *Ofer Grosskopf*, The Protection of Competition Rules via the Law of Restitution, (2001) 79 Texas Law Review 1981 참조.

41) (1990) 44(2) P.D. 309.

을 전유하지도, 빼앗지도, 침해하지도 않았고, 그러므로 원고의 손실로 부당하게 이득하지도 않았다.

결과적으로 부당이득 반환책임은 사전에 원고에게 어떠한 권리가 귀속되어 있을 것을 전제로 하고, 이러한 권리야말로 피고가 얻는 이득의 원천이 된다. 하지만 부당이득법이 법적 권원을 발생시키는 법영역(물권법, 채권법, 인격권법 등)에 부수적인 존재만은 아니다. 부당이득법은 불법행위법과 마찬가지로 기존의 권리를 확대하고 또 새로운 권원을 만들어내는 데에 중요한 기능을 한다. 영국법에서 불법행위법이 법적 권원을 만들어내는 데에 있어서 역사적으로 어떠한 역할을 하였는지는 잘 알려져 있다.[42] 정도에 있어서는 다소 차이가 있긴 하지만 부당이득법도 비슷한 역할을 한다. 미국연방대법원의 International News Service v. Associated Press 판결[43]은 그 고전적인 예를 보여준다. 이 사건에서는 통신사인 피고는 원고가 발표한 취재기사를 그대로 베껴서 자신의 고객에게 돈을 받고 팔았다. 東岸과 西岸 사이의 시차가 있어서 피고는 그 기사를 전신으로 이용하여 보낼 수 있었고 또 최신 뉴스인 상태에서 판매할 수 있었다. 이스라엘 대법원은 피고가 “파종도 하지 않은 곳에 가서 수확을 하고자” 하였고 “파종한 사람의 산물을 가로챘다”고 결론내리고 원고의 손을 들어주었다.[44] 이렇게 통신사가 수집한 ‘최신 뉴스’를 경쟁자가 가로채지 못하도록 그 통신사의 이익을 승인하고 법적으로 보호하는 데에 부당이득 개념을 동원하였다.[45] 다른 많은

42) *Daniel Friedmann*, The Protection of Entitlements via the Law of Restitution—Expectancies and Privacy, (2005) 121 Law Quarterly Review 400~402.

43) 248 U.S. 215(1918).

44) 248 U.S. 215(1918), 239~240.

45) 이 판결에 대해서는 상당한 기간 동안 다소 유보적인 태도가 많았다. *George Palmer*, The Law of Restitution, Boston, 1978, vol. 1, 112~120. 하지만 최근 불공정경쟁 개념이 떠오르면서 이 사안에서 말하는 이익은 부활하였다. *Richard*

판결에서도 부당이득법은 새롭게 법률의 승인을 받을 권원을 창설하기 위하여 동원되었는데, 특히 퍼블리시티권의 발전과 관련하여 이를 주목할 만하다.[46] 이스라엘에서도 비슷한 상황이 전개되었다. 최근의 예로서는 이스라엘 대법원의 Aloniel Ltd. v. McDonald가 있다.[47] 이 사건에서 유명 농구선수였던 Ariel McDonald는 이스라엘에서 McDonald 체인망을 운영하는 Aloniel Ltd.가 자신의 이름을 자신의 동의도 받지 않고 광고에 사용함으로써 프라이버시권을 침해하고 자신의 명성에 손해를 끼쳤으며 그 결과 Aloniel측이 이득을 얻었다고 주장하면서 소를 제기하였다. 이 사건의 사실관계는 상당히 재밌긴 하지만 여기에서 굳이 논할 필요는 없을 것이다.[48] 다만 이스라엘 대법원이 과연 퍼블리시티권을 승인하여야 할 것인지를 검토하는 데에 상당한 분량을 할애하였으며 결론적으로 언론의 자유를 위한 몇 가지 제한이 있긴 하지만 이를 긍정하였다는 사실을 지적하는 것으로 여기에서는 충분하다. 이렇게 이름과 명성에 대한 경제적 이익의 보호는 그 근거를 부당이득법에서 제공하였다. 이스라엘의 대법원은 또한 퍼블리시티권이 재산권인가 여부를 굳이 판단하지 않고도 청구를 인용할 수 있다고 설시하였다. 책임을 인정하는 데에는 다른 사람의 명성을 그와 같이 이용하는 것이 불

A. Epstein, International News Service v. Assoicated Press as Sources of Property Rights in News, (1992) 78 Virginia Law Review 85; *Douglas Baird*, Common Law Intellectual Property and the Legacy of International News Service v. Assoicated ress, (1983) 50 University of Chicago Law Review 411; *Leo J. Raskind*, The Misappropriation Doctrine as a Competitive Norm of Intellectual Property Law, Property and the Restitutionary Impulse, (1992) 78 Virginia Law Review 149. 또한 Restatement(3nd) Unfair Competition, §38과 comments, 409~413, 416~422도 참조.

46) 예를 들어 *Zacchini v. Scripps-Howard Broadcasting Co.* 433 U.S. 562(1977), 569, 575~576('인간탄환' 공연에 관한 권리와 관련한 다툼).

47) (2004) 58(4) P.D. 314.

48) 이 사건의 요약은 [2006] Restatement Law Review 176을 참조.

공정하고 타당하지 않다는 사실만으로도 충분하다고 하였다. 이와 같은 경우에는 그로 인한 이득이 불공정하다는 것이다. 하지만 다른 어떤 사람의 이름이나 명성을 영리 목적으로 이용하는 것이 부당이득이 되는 것은 그 사람이 그러한 이용에 대하여 배타적 권리를 가질 때에 한한다. 그 사람이 배타적 권리를 갖고 있지 않은 때에는 그의 이름을 다른 사람들이 사용한다고 해서 그것을 적어도 법률적 의미에서 부당이득이라고는 할 수 없다. 따라서 다른 사람의 이름이나 명성을 무단으로 이용하는 것을 부당이득으로 본다는 것은 새로운 권리, 즉 퍼블리시티권의 승인을 전제로 한다.

흥미로운 사실은 이스라엘의 1981년 프라이버시법 제2조 제6항이 사람의 이름, 형상, 사진, 음성을 영리 목적으로 이용하는 것을 프라이버시 침해라고 규정하고 있다는 점이다. 그러나 이스라엘 대법원은 프라이버시 법 및 동법 제2조 제6항의 목적은 프라이버시, 즉 혼자 있을 권리, 원하지 않은 개인정보의 공개를 막을 수 있는 권리의 보호에 있다고 보았다. 제2조 제6항의 퍼블리시티권, 즉 자신의 유명세와 명성을 배타적으로 사용한다는 경제적 이익을 보호하기 위한 조항은 아니라는 것이다. 그러나 유명인의 이름을 그 유명인이 동의하지 않는 목적에 이용하거나 혹은 그 명성을 훼손하는 방식으로 이용한 경우에도 同조항은 적용될 수 있음은 Onasis v. Christian Dior-N.Y. Inc.[49]의 경우에서 이미 확인된 적이 있다. 그러므로 이스라엘의 대법원이 퍼블리시티권을 창설하는 데 있어서 프라이버시법 제2조 제6항에 있는 특정한 규정을 근기로 하기보다는 부당이득법을 발전시킴으로써 새로운 권원을 창설하는 방식을 선택하였음은 명백하다.

하지만 이스라엘 대법원은 그리고 나서 항변, 특히 이스라엘 부당이득법 제2조의 항변을 검토하였는데, 만약 이 항변이 인정되면 법원은

49) 472 N.Y.S. 2d 254(1984).

이득의 취득이 원고에게 손실을 야기하지 않았다고 볼 수 있거나 또는 이득반환이 부당한 다른 사정이 있는 때에는 당사자의 반환의무를 면하게 할 수 있다. 이 사건에서 이스라엘 대법원은 책임의 근거가 부당이득이므로 이러한 항변은 인정될 수 있는데, 이 사건의 사안에 비추어 볼 때 Aloniel은 책임을 면한다고 판시하였다.

부당이득법을 새로운 권원의 창설에 사용하는 문제와 관련하여 중요한 의미를 가지는 또 다른 판결로는 A. Sh. I. R. Import, Production & Distribution v. Forum Avisarim and Consumption Products Ltd.가 있다.[50] 이 판결은 공산품의 위조제품 제작을 금하는 금지명령신청이 인용되었던 3개의 하급심판결과 관련된 것이었다. 이 3개의 사건 모두에서 원고는 무체재산권에 관한 법률규정을 청구원인으로 주장할 수 없었는데, 특허권이나 저작권, 의장권 중 어느 하나도 침해받지 않았고, 또 3개의 사건 어디에서도 피고의 영업권침해(passing off) 등 불법행위가 없었다.

이 쟁점을 다룬 하급심판결은 많았지만, 결론이 서로 달랐다. 일부 판결은 위조제품의 제작이 부당이득청구권을 발생시킨다고 본 데 반하여, 다른 판결에서는 영업권침해도, 해당 법률에서 규정하는 무체재산권침해도 없다면 청구권이 없다고 하였다.

7명의 대법관으로 확대부를 구성한 이스라엘 대법원이 이 사건을 다루었는데, 먼저 그 중 2개의 사건의 경우는 금지명령을 인정할 수 없다고 하여 이의를 받아들였으나, 나머지 1개의 사건(block relief system 모방행위에 대한 금지명령)에 대해서는 4 대 3의 다수결로 이의신청을 기각하였다. 이 결정문은 길고 복잡한데, 여기서 이를 상세하게 적을 필요는 없을 것이다. 다만 이 사건에서 대법관 중 일부는, 아이디어가 지적재산법의 보호대상이 아닌 경우에도 심지어 저작권자가 아이디어

50) (1998) 52(4) PD 289. 이 사건 요약은 [2000] Restitution Law Review 412.

를 대중에서 공개하는 데에 자발적인 동의를 한 때에도 부당이득의 원칙을 동원하여 아이디어를 보호하는 것이 정당화되는 사정이 존재할 수 있다고 보았다는[51] 점을 지적하는 데에 그치기로 한다. 하지만 이러한 사정이 과연 정확하게 어떠한 것을 가리키는지는 여전히 명료하지 아니하다.

바락(Barak) 대법원장의 결정문은 다수견해와 입장을 같이하고 있기는 하지만, 그가 이유설시 중에서 눈에 띄는 것은 경쟁자의 아이디어를 베끼는 것은 불공정경쟁행위가 된다는 접근방식이었다. 이러한 입장에서 보면 원고의 권리는 그의 아이디어에 대한 독점적 지위에 기한 것이 아니라 그의 경쟁자가 보여준 부적절한 행위에 기한 것이 된다. 그러므로 구제수단의 허용 여부와 그 정도는 아이디어의 성격뿐만 아니라 피고의 행위 기타 사안의 제반사정에 따라서 결정되게 된다. 바락 대법원장은 법원의 결정으로 새로운 지적재산권을 창설함으로써 봉착하는 어려움을 이런 식으로 피하고자 하였던 것이다. 그럼에도 불구하고 비록 협소하고 침해되기 쉬운 것이기는 할지라도 어찌되었건 하나의 권리가 창설되었다는 점은 부정하기 어렵다.

반대입장을 취한 두 대법관(Chechin, Englard)은 무체재산권 법제의 보호대상이 아니고 또 공개된 아이디어를 보호하기 위하여 부당이득법을 동원할 수는 없다고 보았다.

이 결정은 부당이득의 원리가 이스라엘에서 얼마나 널리 적용되고 있는지를 보여준다. 이 결정의 주된 문제점은 대법원이 정립한 가이드라인이 불명료하다는 점에 관한 것이고, 다수의견이 너무 지나친 것이

51) 이러한 입장은 *International News Service v. Associated Press*(앞의 주 43 참조)에서 Brandeis 대법관이 반대의견에서 밝힌 "사람의 가장 고귀한 산출물, 즉 지식, 검증된 진리, 아이디어는 자발적으로 다른 사람들과 의견교환을 한 다음에는 마치 공기와 같이 공공이 자유롭게 이를 이용할 수 있다"는 견해와 대비된다.

아닌가 하는 의견도 있었다.[52] 그러나 분명한 사실은 이 사건에서 제품으로 나타난 아이디어에 대하여 기존 무체재산법의 범위 바깥에서 권원이 새롭게 창설되었는데, 그럼에도 불구하고 권원의 대상이 되는 아이디어의 정확한 성격이 무엇이고 또 권원의 범위가 어디까지인지는 여전히 불명확하다.

Ⅳ. 이스라엘의 현행법률(1979년 부당이득법)

이스라엘의 법률을 보면 부당이득법에 속한다고 볼 수 있는 규정들이 여러 법률에 산재해 있는데, 예를 들자면 계약법(총칙)에 있는 연대채무자들 사이의 부담부분 및 구상권 관련 규정이 그러하다. 이들 규정은 여기에서는 다루지 않는다. 여기에서는 그보다 1979년 이스라엘 부당이득법의 규정을 주로 검토한다. 이 법률의 제목을 보면 부당이득이란 용어가 나온다. 그러나 특수한 반환이유에 관해서는 그 중 극히 몇 개의 조문만이 이를 다룰 뿐이다. 그 대신에 제1조에서 부당이득의 일반원칙을 채택하고 '법률상 원인 없이' 이득을 얻은 자에게 반환책임을 부과한다. 이 문구는 프랑스 법에서 가져온 것으로 보이는 이 문구는, 그러나 이스라엘에서는 특별한 영향을 미치지 않았고, 이스라엘의 법원에서는 계속해서 부당이득이란 표현을 사용한다. 프랑스 법의 영향은 부당이득법 분야에서 찾기 어렵다. 1979년 부당이득법은 반환청구에 대한 항변 일반에 대해서도 '반환청구를 부당하게 만드는 제반사정'과 같은 광의의 개념을 사용하고 있다(同法 제2조). 그 밖에도 1979년 부당이득법에 오면 몇 가지 특별히 중요한 변화가 처음으로 나타났는데, 하나는 타인의 채무의 변제에 관한 제4조이고, 다른 하나는 타인

52) 그 밖에도 피고가 원고의 아이디어를 베끼는 것을 언제까지 금할 것인가 하는 문제도 제기되었다.

의 이익을 위한 행위에 관한 제5조이다. 이 두 법조항은 자발적 행위자에 대하여 엄격한 영국법의 태도 대신에 다른 사람의 이익을 보호하기 위한 개입행위에 대하여 보다 리버럴한 태도를 취하였다. 제4조의 핵심 내용은 타인의 채무를 변제한 사람은 "상대방이 그 변제에 반대할 합리적인 이유가 없지 않는 한 반환청구를 할 수 없다"는 것이다. 이 법문의 표현은 다소 착종되어 있다. 두 개의 부정문으로 되어 있고, 변제자는 "반환청구를 할 수 없다"는 입장에서 출발하고 있긴 하지만, 이러한 입장은 곧바로 문장 後段의 제한("상대방이 그 변제에 반대할 합리적인 이유가 없지 않는 한")을 받음으로써 반환청구를 부정하는 前段이 실제로는 뒤집어지는 결과가 된다. 이 조문의 실제 의미는, 타인의 채무를 변제한 사람은 채무자가 그 변제를 반대할 합리적인 이유가 없는 한 반환청구를 받을 수 있다는 것이다.[53] 제4조의 어색한 표현은, 同條의 존재 자체가 다른 사람의 일에 개입하는 행위를 대단히 적대시해온 영국법의 전통과 결별하였음을 증명하는 것이면서, 동시에 여전히 그러한 전통의 영향하에 있음을 반영한다.

제5조는 이스라엘 법이 부당이득법에 있어서 대륙법의 지배적인 태도에 보다 접근해 있음을 보여주는 또 다른 징표이다. 同條는 다른 사람의 생명, 신체적 완전성, 건강, 명예, 재산을 지키기 위하여 선의로서 합리적으로 행위한 사람에게 그가 지출한 비용의 상환을 받을 수 있는 권리를 인정한다. 나아가 同條는 개입행위를 한 사람('손실자[benefactor]'라 부른다)이 자신의 행위의 결과 손해를 입은 경우에 법원은 "그 사안의 제반사정에 비추어 그러한 행위가 정당하다고 판단되는 때에는" 그 재량에 따라서 상대방('수익자[beneficiary]'라 부른다)에게 손실자의 재산상 손해에 대한 배상도 명할 수 있도록 하였다(그러나 생명

53) 그렇지만 이 조문의 표현은 입증책임에 영향을 주어서 채무자가 그 변제를 반대할 합리적인 이유가 없다는 사실을 변제자가 입증하여야 할 것이다.

이나 신체상해에 대한 배상은 허용하지 않았다). 손해배상을 재산상 손해로만 제한하는 것은 모순인 듯 보이며, 실제로도 그러하다. 그 이유는 아마도 수익자의 부담이 지나치게 무거워지는 것을 막기 위함일 것이다. 다른 한편으로는 다른 사람을 구조하는 과정에서 신체상해를 입은 사람은 국가보험법의 해당규정에 따른 보상을 받을 수 있기 때문이라고 설명하기도 한다. 이렇게 이스라엘의 1979년 부당이득법 제4조와 제5조는 대륙법의 결론에 가까운 태도를 보여주었지만, 사무관리라는 법제도를 완전히 배제하는 데까지는 이르지 못하였다. 양자의 차이를 굳이 설명할 필요는 없을 것이고, 여기에서는 대륙법에서 사무관리라는 제도가 엄격히 말해서 부당이득법의 일부가 아니며 별도의 법제도를 이룬다는 점만을 지적하면 족할 것이다.[54] 반면에 이스라엘의 입법자는 사무관리를 부당이득법에 포함시켰다.

제4조 및 제5조에 나타난 개입자와 구제자에 대한 리버럴한 접근방식은 아마도 요부조자에 대한 부조를 요구하는 이스라엘의 태도에서 비롯된 것일 것이다. 이것은 오랫동안 내려온 유대적 가치에 기반한 것으로서 이러한 가치는 또 다른 법률인 “네 이웃의 피를 흘려 이익을 도모하지 말라”를 1998년에 제정하도록 하였다. 이 다소 이상한 法名은 성경(레위기 제19장 제16절)에서 따온 것이다. 성경의 이 문구는 전통적으로 구조의무를 부과한 것으로 해석되었으며, 이스라엘의 이 법률은 생명이나 건강이 갑작스러운 위험에 처한 사람이 있을 경우에 그 사람을 구하는 것이 자신이나 다른 사람을 위태롭게 하지 않고도 가능한 때에는 구조할 의무를 부과한 것이다. 이러한 의무의 위반은 경범죄로서 벌금형에 처하도록 하였다. 구조의무에 관한 논의는 이미 많이 있으므

54) 가령 우리민법에서 사무관리는 제734조 내지 제740조에서 다루고 부당이득은 제741조 내지 제749조에서 규율한다. 그러나 International Encyclopedia of Comparative Law는 두 주제를 합쳐서 volume Ⅹ에서 Restitution—Unjust Enrichment and Negotiorum Gestio이란 제목을 붙였다(주 21).

로[55] 여기에서는 생략한다.

이스라엘의 1979년 부당이득법은 대단히 짧다. 사실은 이번에 이스라엘 민법초안의 저본이 되었던 법률들 가운데 가장 짧다. 착오로 인한 변제의 반환과 같이 부당이득법 분야에 알려진 '고전적인' 특수부당이득 요건은 하나도 들어있지 않다. 아마도 특수부당이득요건은 모두 同法 제1조에 있는 일반부당이득 요건 속에 들어있다고 보았기 때문일 것이다. 별도의 요건으로 언급한 것은 위에서 살펴본 제4조 및 제5조에 불과하다. 이들 요건을 따로 언급한 이유는 아마도 기존의 법을 변경하여 '자발적으로 나선 사람'의 반환청구권을 확대하고자 하였기 때문이었을 것이다. 반면에 기존의 법에서도 인정되었던 모든 다른 요건들은 일반요건으로써 충분하다고 보았다.

Ⅴ. 이스라엘 민법초안의 부당이득규정

이스라엘 민법초안은 기존의 이스라엘 법에 급격한 변화를 시도하고 있지는 아니하다. 다만 그 중 부당이득에 관한 규정들을 보면 기존 법률에 비하여 훨씬 상세하기 때문에 그 길이가 상당히 늘어났는데, 추가된 내용은 무엇보다도 오늘날 이스라엘의 판례와 학설에 대한 일반적인 이해에 바탕을 둔 것이기에, 대체로 이번 초안은 이스라엘 판례에

55) 예를 들어 *Ernest J. Weinrib*, The Case for a Duty to Rescue, (1980) 90 Yale Law Journal 247; *Steven J. Heyman*, Foundation of the Duty to Rescue, (1994) 47 Vanderbilt Law Review 673 참조. 영국법과 대륙법의 접근방식의 차이에 관하여는 *Andrew Ashworth*, Principles of Criminal Law(3rd ed.), Oxford, 1995, pp. 49~50 참조. 또한 *Andrew Ashworth/Eva Steiner*, Criminal Omissions and Public Duties: The French Experience, (1990) 10 Legal Studies 153도 참조. 유대법의 입장에 관하여는 *Aaron Kirschenbaum*, 'The Good Samaritan' and Jewish Law, (1976) 7 Diné Israel, An Annual of Jewish Law Past and Present 7 참조.

나타난 부당이득 법리의 적용 확대 경향과 입장을 같이한다고 할 수 있다. 초안 제487조(제411조)[56]는 이득반환의 일반요건을 담고 있는데, 기존 법률의 제1조와 마찬가지로 여기에서도 '부당이득'이란 용어를 사용하지 않는다. 本條에서 시도한 주된 변화라면 기존의 1979년법 제1조가 '법률상 원인 없이' 이득하였을 것을 요건으로 하는 데 반하여 여기에서는 이득자가 이득할 '권원 없이' 이득하였을 것을 요건으로 한다는 점이다. 프리드먼은 초안의 기초자가 현재 영국법에서 한참 논의중인 '부당요소' 요건과 보다 일반적인 '법률상 원인의 흠결' 요건 사이의 차이에 관한 논쟁[57]에 어떠한 입장을 취하고자 이러한 표현변경을 한 것은 아니라고 설명하면서 그 이유로서 이미 기존 법률 제1조의 문언에서 '법률상 원인의 흠결'이라는 思考를 표현하고 있었음을 든다.[58]

반면에 초안 제488조(제412조)는 부당이득 절에 있는 규정들이 초안의 다른 장절에 있는 반환청구권에도 적용이 있음을 규정하였는데, 이것은 기존 법률에는 없었던 새로운 것이다. 이스라엘의 학설과 판례가 취하는 적용 확대의 입장을 수용한 것이라고 할 수 있다. 이에 따라서 반환청구권에 대한 형평에 기한 항변은 초안의 다른 장절에 있는 다양한 반환청구규정에도 또한, 비록 반환이 인정되는 맥락에 따라서는 극히 제한되는 경우가 있을 수 있지만,[59] 적용이 가능하게 되었다.

---

56) 이하에서 인용하는 조문번호는 수정된 초안, 즉 *Kurt Siehr/Reinhard Zimmermann*(주 17), p. 249, pp. 309~311에 따른다(그 한글번역은 뒤의 [자료]로 게재). 이스라엘 민법전 초안 및 2006~2007년 당시 존재하였던 그 英譯本에 관하여는 같은 책, pp. Ⅵ~Ⅶ 참조. 괄호 안의 조문번호는 처음 초안의 그 것이다(이하 동일).

57) *Jack Beatson*, Unlawful Statutes and Mistake of Law: Is there a Smile on the Face of Schrödinger's Cat?, in: *Andrew Burrows/Alan Rodger*(eds.)(주 19), pp. 163 ff. 참조. 또한 *Sonja Meier*, No Basis: A Comparative View, in: *ibid.*, pp. 343 ff.도 참조.

58) *Daniel Friedmann*(주 23), p. 109.

59) 앞의 주 39 및 해당 본문의 서술 참조.

초안 제489조(제413조) 또한 새로운 내용이다. 本條는 특수부당이득에 관한 규정을 두지 않았던 기존 법률의 문제점을 해결하고자 반환청구가 허용되는 전형적인 사안들의 목록을 제시하였다. 여기에는 불법행위에 의하여 이득한 경우, 착오나 부실표시 또는 강박이나 착취에 기하여 재산권을 이전한 경우, 수익자가 청구하였거나 합의한 재산권 이전이지만 상대방이 대가를 기대하였음을 수익자가 알았거나 알았어야 하였을 경우, 무효인 또는 해제나 취소된 계약에 따라서 재산권을 이전한 경우 등이 포함된다. 가령 판결에 따른 변제가 있었으나 그 판결이 나중에 번복된 경우와 같이 재산권 이전의 원인이 사후에 사라진 경우는 마지막 유형에 포함시킬 수 있을 것이다. 同條의 목록은 어디까지나 예시적인 것이기 때문에 가령 이른바 '[사적]수용이 허용되는 경우(permissible taking)', 즉 피고가 원고의 물건을 사용할 수는 있지만 (특히 긴급을 요하는 경우) 대가를 지급하여야 하는 경우는 여기에 포함되어 있지 않다.[60] 그런데 제489조(제413조)는 명문으로 同條가 제487조(제411조)의 일반요건과 다른 규정이 아님을 규정하고 있으므로, 제487조(제411조)의 일반부당이득으로써 제489조(제413조)에서 나열하는 특수부당이득을 보충하는 것이 가능하다.

이스라엘 민법초안 제490조(제414조)와 제491조(제415조)는 현행 1979년 부당이득법 제4조와 제5조의 규정을 기본적으로 반복하고 하면서도 여기에 몇 가지 수정을 가하였다. 그 중 하나가 앞서 살펴본 현행법 제4조의 이중부정을 긍정문으로 바꾼 것인데, 이에 따르면 다른 사람의 채무를 변제한 사람은 그 채무자(수익자)가 변제에 반대할 합리적인 이유가 없는 한 그 반환을 청구할 수 있다고 한다. 나아가 초안 제

60) *Vincent v. Lake Erie Transportation Co.* 109 Minn. 456, 124 N.W. 221 (1990)과 *Daniel Fiedmann*, Restitution of Benefits Obtained through the Appropriation of Property or the Commission of a Wrong, (1980) 80 Columbia Law Review 504, 540 이하 참조.

490조(제414조) 제b항은 다른 사람의 채무를 변제한 사람을 위하여 원래의 채권자에게 제공되었던 담보와 관련하여 대위가 일어난다고 규정한다.

초안 제492조(제416조)는 1979년법에 없었던 새로운 것이다. 同條에 따르면 반환은 1차적으로 원물반환의 방식으로 하여야 하지만, 원물반환이 불가능하거나 불합리한 때에는 가액반환의 방식으로 하여야 한다.

초안 제493조(제417조)는 반환범위를 규율한다. 同條의 규정에 따르면 반환범위를 산정하는 때에는 (1)수익자가 얻은 이득과 수익자의 기여 정도, (2)수익자가 실제 이용한 것에 대하여 지급하여야 하는 합리적인 대가, (3)이득의 시장가격 등을 비롯하여 다양한 사정을 참작하여야 한다. 당사자들 사이에서 이득을 분배할 수 있는지는 따로 규정하고 있지 않지만,[61] 대체로 (1)의 범주에 포함시킬 수 있을 것으로 보고 있는 듯하다.[62] 다양한 요소 중 어떤 것을 선택할 것인지에 관하여는 따로 지침은 없다. 미국의 리스테이트먼트는 피고가 가해행위를 의식적으로 한 경우와 선의로 한 경우를 엄격하게 구별한다. 리스테이트먼트에 따르면 의식적인 가해행위자는 자신의 모든 이득에 대하여 책임지고 이를 해명하여야 한다.[63] 선의로 행위한 자는 훨씬 더 관대한 처우를 받고 책임도 자신이 수취한 가치를 넘는 한도에서 지는 것이 보통이다.[64] 이스라엘 민법초안에는 그와 같은 구별이 없지만, 법원이 이에

61) 이를 긍정한 예로서 *Sheldon v. Metro−Goldwyn Pictures Inc.* (1939) 106 F. 2d 45, (1940) 309 U.S. 390 참조.

62) *Daniel Friedmann*(주 23), p. 110.

63) 리스테이트먼트(3차) 원상회복 및 부당이득, 이사회초안 제6호(2004년 12월 12일) 제40조 참조, 특히 38면 이하의 同條 주해 b 참조. 또한 同 리스테이트먼트, 이사회초안 제8호(2006년 11월 29일) 55면 이하도 참조. 그러나 같은 자료, 78면의 예시 24에서 결론은 다소 완화되었다.

64) 리스테이트먼트(3차) 이사회초안 제8호(위의 주) 제51조 참조. 또한 전반적인

관하여 상당한 재량을 갖고 있으므로 피고의 행태를 어떻게 평가할 것인가에 따라서 반환범위의 판단에 상당한 영향을 줄 것이라고 말하여도 좋을 것이다.

초안 제494조(제418조)와 제495조(제419조)는 代償에 관한 권리를 규정한다. 여기에서는 이득자가 다른 사람 소유의 물건과 상환으로 물건이나 권리(이를 代償이라 부른다)를 취득한 경우에 그 물건의 소유자는 代償에 대한 권원이 있고, 그가 代償을 취득할 때까지 代償에는 그를 위한 신탁이 설정된 것으로 본다. 여기에 「신탁」 개념을 끌어들인 것은 상당한 의미가 있을 수 있다. 신탁이 설정된 것으로 보면 원고는 신탁재산(여기에서는 代償)에 대하여 피고의 다른 채권자를 배제할 수 있고, 신탁재산이 환가되는 때에는 환가금액만큼 원고는 권원을 행사할 수 있기 때문이다. 지금까지 이스라엘의 판례는 과거 영국법상 이익추급(tracing)의 법리를 적용해왔는데, 만약 이번 초안이 그대로 입법화되면 부당이득법에 이익추급의 법리가 明文으로 들어온 것이 되어 이스라엘 법에서 그 적용범위는 더욱 넓어지고 이론적으로도 보다 발전하게 될 계기가 될 것으로 기대된다.

끝으로 이스라엘 민법초안은 반환청구권에 대한 포괄적인 항변을 두고(제496조[제420조]), 법원이 항변을 인정할 것인가를 판단할 때에 고려할 사항들을 나열하였는바, 1)원고가 손실이 없었던 경우,[65] 2)피

서술로는 *Daniel Friedmann*, Restitution for Wrongs: The Measure of Recovery, (2001) 79 Texas Law Review 1879도 참조.

65) 이러한 고려사항은 이미 현행 부당이득법 제2조에도 언급되어 있다. 이것은 유대법이 취하는 원칙에서 비롯된 것인데, 이에 따르면 어떤 사람이 다른 사람의 손실 없이 이득을 얻었다면 그에게 책임을 물을 수 없다. 이 유대법 원칙의 적용범위가 어디까지인지는 여기에서 상세히 살피지는 않지만, 이와 같은 경우 유대법은 완전한 면책을 인정하는 데 반하여 이스라엘 법에서 손실 없음은 법원이 고려해야 할 사항이 아니라 단지 고려할 수 있는 사유에 불과하다는 점만은 여기에서 지적하기로 한다. 실제로 이스라엘의 판례 중에는 원고에게 아무런 손실이 없음에도 불구하고 반환을 명한 것이 있다. 예를 들어 *S. G. M.*

고에게 이득할 道義的인 이유가 있었던 경우, 3)피고가 이득을 보유할 것이라고 믿고 선의로 자신의 처지를 변경한 경우, 4)이득한 것을 멸실, 훼손하거나 제3자에게 善意로 이전한 경우, 5)이득의 수취가 수취자의 동의 없이 이루어졌고 수취자가 실제로 수취한 것에서 이익을 얻지 못한 경우, 6)수취자가 법률상 완전한 능력을 갖고 있지 못하고 반환을 명하는 결정을 할 때에는 법률상 능력을 제한한 정책과 상충하는 경우, 7)반환하도록 하는 것이 公序에 반하는 경우 등이 그것이다.

요컨대 이스라엘 민법초안은 부당이득법의 적용을 확대하려는 입장을 보여주며 지금까지 이스라엘 법에서 부당이득법에 부여해온 중요한 역할을 그대로 승인하였다. 현행 부당이득법에 비하여 훨씬 더 규정은 상세하지만, 그럼에도 불구하고 반환을 허용할 것인가 그리고 반환청구에 항변을 인정할 것인가 하는 兩 측면에서 법원에 광범위한 재량의 여지를 남겨두었다.

Ⅵ. 나 오 며

프리드먼의 보고에 이어 토론에 나선 벤더호르스트(Christiane C. Wendehorst)[66]는 일단 전통적인 독일민법의 입장에서 이스라엘 민법초안의 상당수(제488조, 제492조 내지 제494조)가 엄밀한 의미의 부당이득과는 거리가 있는, 오히려 구제수단으로서의 반환청구 일반에 관한 규정이고 또한 제491조는 사무관리 규정, 그리고 제490조와 제495조는 부당이득과 다른 제도(前者는 사무관리, 後者는 계약)에 걸쳐있는 규정임(결국 제487조 내지 제489조가 좁은 의미의 부당이득과 관련 있는 규정임)

Henionim v. The State of Israel (1983) 37(2) P.D. 633 참조.

66) 2007년 1월 함부르크 막스 플랑크 연구소 토론 당시는 괴팅겐 대학 소속이었으나 현재는 비엔나 대학 소속.

을 지적한다.[67]

그런데 벤더호르스트의 본격적인 토론은 바로 그 다음에 시작되는데, 구제수단으로서의 반환청구 일반에 관해서는 독립된 규정체계가 필요함에도 불구하고 좁은 의미의 부당이득에 관해서는 별도의 章節이 필요 없다고, 아니 보다 정확히 말하면 그러한 章節을 두는 것이 오히려 "민법전의 통일성을 해친다(undermine the coherence of a civil code)"고 주장한다.[68] 비슷한 연배에 속하지만 옥스퍼드의 벅스의 영향[69] 하에서 부당이득의 비교법을 연구한 마이어(Sonja Meier)나 다너만(Gerhard Dannemann)과 달리 벤더호르스트는 독일민법의 부당이득 규정을 절대시하지 않고 이를 상대화할 수 있는 리버럴한 입장으로 유명하지만, 이번 토론문 이전까지는 그래도 부당이득에 대한 별도의 규율 필요성을 이렇게까지 전면적으로 부정하지는 않았으며, 적어도 벅스가 '부당이득의 핵심사안'이라고 표현하였던 착오변제의 경우는 구제수단으로서의 반환청구만으로 해결할 수 없고 별도의 부당이득법이 필요하는 입장이었다.[70] 그러나 그 후 실패한 급부는 일반적 구제수단으로서의 반환청구(restitution)로 충분히 회복할 수 있다는 입장으로 선회하였고,[71] 따라서 이스라엘 민법초안 중 좁은 의미의 부당이득과 거리가 있다고 평가했던 조문(제488조, 제492조 내지 제495조)은 구제수단으로서의 일반적 반환청구(원상회복)에 관한 규정으로서 의미가 있다고

67) *Christiane C. Wendehorst*(주 10), p. 121.

68) *ibid.*, p. 130.

69) 현재 Sonja Meier는 마부르크 대학, Gerhard Dannemann는 옥스퍼드 대학 소속. 이들에 대한 옥스퍼드와 벅스의 영향에 대한 스스로의 평가는 *Sonja Meier*(주 56), p. 343 및 *Gerhard Dannemann*, Unjust Enrichment as Absence of Basis: Can English Law Cope?, in: *Andrew Burrows/Alan Rodger* (eds.)(주 19), p. 363 참조.

70) 앞의 주 10의 뒷부분의 서술 참조.

71) *ibid.*

결론짓는다.[72)]

이스라엘 부당이득법 초안을 둘러싼 프리드먼의 보고와 그에 대한 벤더호르스트의 토론은 여러 가지 점에서 대단히 흥미롭다. 벤더호르스트의 토론(그 밖의 저작)에서 주로 부당이득과 계약의 관계에서 실패한 계약의 일반적 구제수단으로서의 원상회복적 반환청구 외에 부당이득법의 고유한 영역이 과연 있는 것인지, 있다면 그 영역의 범위와 운영원리는 어떻게 되는지 등과 같은 의문을 갖게 되었다면, 프리드먼의 보고에서는 부당이득과 사무관리 내지 불법행위에서 부당이득의 기능과 역할을 어디까지 확대할 것인지, 확대한다면 그 한계는 어디까지이고 또 상호관계는 새롭게 어떻게 정립하여야 하는지 등과 같은 문제 앞에 서게 된다.

최근 나온 우리 학계의 연구를 보면 퍼블리시티권을 인격권에 의한 보호로 구성하고자 하는 시도나 독점규제법상 부당한 공동행위에 대한 손해배상을 기본적으로 민법상 불법행위의 실질을 갖는다는 입장에서 접근하는 입장은 있으나,[73)] 이들 문제영역에서 부당이득 내지 원상회복이 작동할 수 있는 가능성에 대한 연구는 좀 더 기다려야 할 듯하다. 또한 부당이득의 효과 측면에서 代償 내지 이득추급의 법리의 수용 여부에 대한 검토도 앞으로의 과제라 할 것이다.[74)]

---

72) *Christiane C. Wendehorst*(주 10), p. 130.

73) 권태상, 퍼블리시티권의 이론적 구성에 관한 연구: 인격권에 의한 보호를 중심으로(서울대 박사학위논문), 2012. 2. 및 이선희, 독점규제법상 부당한 공동행위에 대한 손해배상청구(서울대 박사학위논문), 2012. 8.

74) 그 前단계로서 이른바 Change of Position 법리에 관한 연구로는 최준규, 영국부당이득법상 Change of Position에 대한 연구: 독일법과의 비교 및 우리법에의 시사점을 중심으로(서울대 석사학위논문), 2007.8. 일본학계의 논의수준을 엿볼 수 있는 문헌으로는 沖野眞已, 救濟: 受託者の「利益の吐き出し」責任について, NBL No. 791(2004. 8. 15.), 44頁, 49~54頁.

[자료] 이스라엘 민법초안[75]

제4편 채무

제4장 비자발적 채무

제2절 부당이득

제487조([이득]반환의 원칙) – (a) 다른 사람(이 절에서 損失者[benefactor]라 함)으로부터 이득을 얻은 자(이 절에서는 受益者[beneficiary]라 함)가 이익에 대한 권원이 없었던 때에는 그 이득을 損失者에게 반환한다.

(b) 수익이 수익자, 손실자, 제3자 중 누구의 행위에 의한 것이든 따지지 아니한다.

제488조(반환의무에 관한 이 절의 적용범위) – 이 절의 규정은 이 법의 다른 절에서 규정하는 반환의무의 경우에도 당해 절의 규정에 반하지 않는 한 적용된다.

제489조(반환사유) – 제487조의 일반조항에 반하지 않는 한 수익자는 다음 중 1에 해당하는 사유로 인하여 얻은 이득은 손실자에게 반환한다.

(1) 손실자에 대한 불법행위로 인한 수익

(2) 다음과 같은 사정하에서 이루어진 손실자의 이득제공행위로 인한 수익

a. 착오, 사기, 강박, 착취 때문에 이루어진 손실자의 행위

b. 무효이거나 취소, 해제된 원인행위에 기한 손실자의 행위

c. 손실자가 보상을 기대한다는 사실을 알거나 알았어야 하는 수익자가 요구하였거나 동의하여 행하여진 손실자의 행위

제490조(타인의 채무를 변제함으로 인한 반환) – (a) 손실자가 수익자에 대한 의무 없이 수익자의 제3자(이 절에서 채권자라 함)에 대한 채무를 변제한 때에는 이득의 반환을 청구할 수 있다. 그러나 수익자가 채무 또는 그 일부에 대하여 대항할 수 있는 충분한 사유가 있었던 때에는 그러하지 아니한다.

(b) 채권변제의 담보를 위하여 채권자에게 제공되었던 저당권 기타 권리는

75) *Kurt Siehr/Reinhard Zimmermann*(eds.)(주 17), pp. 249 ff., 특히 pp. 309~311에서 실린 英譯本의 번역임.

채권자를 해하지 않는 한도에서 수익자에 대한 손실자의 반환청구권을 담보하기 위하여 손실자에게 이전된다.

(c) 前項에 따른 저당권 기타 권리의 이전이 있었던 경우에 손실자의 요구가 있으면 당사자들은 채권자가 가졌던 권리와 동일한 권리가 손실자에게 이전될 수 있도록 필요한 조치를 취하여야 한다.

(d) 손실자는 채무의 변제를 위하여 그가 제공한 것과 다른 것의 반환을 청구할 수 없다.

제491조(타인의 이익을 지켜낸 경우) – (a) 손실자가 계약상 의무 없이 수익자의 생명, 신체, 건강, 존엄, 재산을 지키기 위하여 선의로써 합리적으로 행위한 때에는 다음의 규정에 따른다.

(1) 손실자가 그와 같은 행위를 함에 있어서 실제로 지출하였거나 지출하기로 약속한 비용이 제3자에 대한 채무를 포함하여 합리적인 경우는 수익자가 이를 그에게 상환하여야 한다.

(2) 손실자가 그와 같은 행위로 인하여 재산상 손해를 입은 경우는 법원이 수익자에게 그 배상을 명할 수도 있다.

(3) 법원이 손실자를 위하여 적당한 보수를 정할 수도 있다.

(b) 제a항과 관련하여 [거기서] 언급한 가치[즉, 수익자의 생명, 신체, 건강, 존엄, 재산]를 지키기 위하여 자신의 재산이 동원된 경우는 이를 지키기 위하여 행위한 것으로 본다.

(c) [손실자의] 행위나 전술한 재산사용, 손실자가 지출하였거나 지출하기로 약속한 비용에 대하여 반대하였거나 반대할 충분한 이유가 있었던 수익자는 배상 내지 상환할 의무가 없다. 그러나 행위나 재산사용이 수익자의 생명, 신체, 건강을 지키기 위하여 법률의 규정에 의하여 이루어진 경우는 그러하지 아니하다.

제492조(반환의 방법) – 반환은 원물로써 하여야 한다. 원물반환이 불가능하거나 비합리적이라면 가액반환으로 한다.

제493조(반환의 산정) – 반환하여야 할 이익을 산정할 때에는 특히 다음의 사정을 참작하여야 한다.

(1) 수익자가 얻은 이익과 함께 수익자가 그 이익이 기여한 정도

(2) 수익자가 그 이익을 사용한 경우는 적당한 대가 금액

(3) 가액반환이 문제되는 경우는 그 이익의 시장가치

제494조(代償에 대한 규율) – 손실자의 권리 대상이었던 물건이 멸실, 훼손, 이전되고 그에 갈음하여 다른 사람[수익자]이 물건이나 제3자에 대한 권리(이 절에서는 代償[substitution]이라 함)를 취득한 때에는 다음의 규정에 따른다.

(1) 손실자가 [원]물건의 소유자였던 경우는 수익자는 代償을 손실자에게 돌려줘야 한다. 代償이 손실자에게 반환되기 이전에는 손실자를 위하여 신탁된 것으로 본다.

(2) 손실자가 [원]물건에 소유권 이외의 권리를 가졌던 경우는 손실자의 그 물건에 대한 권리는 代償에 대한 권리로 변경된다. 代償에 대한 권리가 손실자에게 이전되기 이전에는 손실자를 위하여 신탁된 것으로 본다.

제495조(대상이행) – 채무의 이행이 불가능하게 되었고 그래서 제3자로부터 배상 내지 보상을 받을 수 있는 권리가 있는 경우에 채무자는 그 권리 또는 채무대신에 받은 것을 채무에 갈음하여 채권자에게 이전해 주어야만 한다. 그와 같은 이전이 있기 이전에는 [채무자의 배상 내지 보상을 받을 수 있는] 권리 또는 [채무자가] 받은 것은 채권자를 위하여 신탁된 것으로 본다.

제496조(반환이 부정되는 경우) – 법원은 다음 중 1에 해당하는 경우 수익자의 이익반환의무를 전부 또는 일부 면제시킬 수 있다.

(1) 그 이익으로 손실자가 아무런 손실도 입지 않은 경우

(2) 수익자가 그 이익에 대하여 도덕적 권리가 있는 경우

(3) 수익자가 선의로 그 이익을 신뢰하고 자신의 처지를 변경한 경우

(4) 그 이익이 멸실, 훼손되거나 타인에게 이전되고 또 수익자가 선의로 행위한 경우. 그러나 이는 제492조의 규정에 영향을 미치지 아니한다.

(5) 그 이익이 수익자의 동의 없이 제공되었고, 또 수익자가 이를 이용하지도 않은 경우

(6) 수익자가 제한능력자이고 그에게 반환의무를 부과하는 것이 그의 행위능력을 제한한 취지에 적합하지 아니하는 경우

(7) 이익반환이 公益에 부합하지 않은 경우

집필진 소개(가나다 순)

김성수 경찰대학교 법학과 부교수
김재형 서울대학교 법과대학·법학대학원 교수
김형석 서울대학교 법과대학·법학대학원 교수
박주현 서울이비인후과의원 원장
신동현 한림대학교 법행정학부 조교수
이준형 한양대학교 법학전문대학원 교수
이창현 서강대학교 법학전문대학원 부교수
전원열 김·장 법률사무소 변호사
제철웅 한양대학교 법학전문대학원 교수

채무불이행과 부당이득의 최근 동향

초판인쇄 2013년 11월 1일
초판발행 2013년 11월 10일

엮은이 김재형·제철웅
펴낸이 안종만

편 집 김선민·나경선
기획/마케팅 조성호
표지디자인 김지은
제 작 우인도·고철민

펴낸곳 (주) 박영사
서울특별시 종로구 평동 13-31번지
등록 1959. 3. 11. 제300-1959-1호(倫)
전 화 02)733-6771
f a x 02)736-4818
e-mail pys@pybook.co.kr
homepage www.pybook.co.kr
ISBN 979-11-303-2508-8 93360

정 가 29,000원